权威·前沿·原创

皮书系列为
"十二五"国家重点图书出版规划项目

经济特区蓝皮书

BLUE BOOK OF
SPECIAL ECONOMIC ZONES

中国经济特区发展报告 (2014)

ANNUAL REPORT ON THE DEVELOPMENT OF CHINA'S
SPECIAL ECONOMIC ZONES (2014)

主　编/陶一桃
执行主编/袁易明

社会科学文献出版社
SOCIAL SCIENCES ACADEMIC PRESS (CHINA)

图书在版编目(CIP)数据

中国经济特区发展报告.2014/陶一桃主编.—北京：社会科学文献出版社,2014.12
(经济特区蓝皮书)
ISBN 978-7-5097-6865-5

Ⅰ.①中… Ⅱ.①陶… Ⅲ.①经济特区-经济发展-研究报告-中国-2014 Ⅳ.①F127.9

中国版本图书馆 CIP 数据核字（2014）第 289567 号

经济特区蓝皮书
中国经济特区发展报告（2014）

主　　编／陶一桃
执行主编／袁易明

出　版　人／谢寿光
项目统筹／周　丽　高　雁
责任编辑／颜林柯　林　尧

出　　版／社会科学文献出版社·经济与管理出版中心（010）59367226
　　　　　　地址：北京市北三环中路甲 29 号院华龙大厦　邮编：100029
　　　　　　网址：www.ssap.com.cn
发　　行／市场营销中心（010）59367081　59367090
　　　　　　读者服务中心（010）59367028
印　　装／北京季蜂印刷有限公司
规　　格／开　本：787mm×1092mm　1/16
　　　　　　印　张：29　字　数：468 千字
版　　次／2014 年 12 月第 1 版　2014 年 12 月第 1 次印刷
书　　号／ISBN 978-7-5097-6865-5
定　　价／89.00 元

皮书序列号／B-2009-117

本书如有破损、缺页、装订错误，请与本社读者服务中心联系更换

版权所有　翻印必究

本蓝皮书得到
教育部哲学社会科学发展报告培育项目"中国经济特区发展报告"立项资助和深圳市宣传文化基金资助。

经济特区蓝皮书编委会

主　　　编　陶一桃

执 行 主 编　袁易明

执行副主编　钟若愚　伍凤兰

主 编 助 理　周轶昆

主 任 委 员　吴　忠　陶一桃

编委会成员　（按姓氏笔画排序）

　　　　　　　朱廷峰　吴　忠　林　起　俞友康
　　　　　　　郝寿义　钟若愚　赵康太　陶一桃
　　　　　　　袁易明

主要编撰者简介

陶一桃 女，1958年生于哈尔滨，1986年考取上海财经大学中国经济思想史专业博士研究生，从师于著名学者胡寄窗先生，1989年获博士学位。1994年调入深圳大学，曾任经济系主任、经济学院党委书记、经济学院院长。现任深圳大学党委副书记兼纪委书记、深圳大学中国经济特区研究中心主任；深圳大学理论经济学学科带头人、博士生导师；深圳市地方级学术领军人才；中国经济思想史学会副会长；广东省社科联第四、第五届委员；广东省经济学会副会长；广东省《资本论》研究会副会长；深圳市第四届人民代表；深圳市妇联第二、第三届执委；深圳市政协第五届委员。同时是享受国务院特殊津贴专家。

主要学术著作有：《中国古代经济思想史评述》（中国经济出版社，2001年），《经济文化论》（中国冶金工业出版社，2000年），《经济学是一种生活方式》（中国社会科学出版社，2002年），《西方经济学的问题演进》（中央编译出版社，2002年），《中国经济特区史论》（社会科学文献出版社，2008年），《粤港深公共经济制度比较》（人民出版社，2010年），《中国经济特区史要》（商务印书馆，2010年），《深圳经济特区年谱》（中国经济出版社，2010年）等。承担国家社科基金重点项目"经济特区与中国道路"；所主编的《中国经济特区史论》2010年获广东省哲学社会科学优秀成果著作类一等奖，2010年获得国家社科基金"中华外译项目"，《中国经济特区史论》一书已由英国Emerald出版社出版。

袁易明 男，1963年生。经济学博士，教授、博士生导师。深圳大学中国经济特区研究中心副主任，《中国经济特区研究》主编，深圳市产业经济研究会副会长，曾聘任世界银行地区研究顾问。

长期致力于经济增长、产业结构理论与政策研究。主持世界银行课题、国家教育部、水利部、非洲开发银行研究课题25项，主笔完成世界银行课题报告2个和深圳市政府重大政策课题报告15个。

出版学术著作8部：《资源约束与产业结构演进》《中国经济特区产业结构演进与原因》《平等——效率的替代与选择》《产权、机制、效率》《台湾香港公营经济》《政治经济学的现代形态》《市场经济的两大结构》《世界国有企业研究》等。

专著《台湾香港公营经济》（1998年）是国内该领域第一部学术专著，2006年完成的《福利目标下中国所有制结构调整的路径选择》建立了中国所有制改革的社会边际福利方法，2002年完成的研究《平等——效率的替代与选择》建立了中国经济运行效率、所有制结构与平等间关系的分析框架和结构模型；在《经济学动态》、《南开经济研究》、《学术研究》和《海外事情研究》（日）等国内外刊物上发表论文90余篇。

多次受邀参加国际学术会议演讲，2014年5月在卢旺达基加利非洲开发银行2014年会经济特区高级学术会议上演讲，2012年1月在联合国开发计划署"中非发展与减贫"国际会议上发表主题演讲，2011年2月受邀参加在亚的斯亚贝巴非盟总部由非洲联盟委员会、联合国非洲经济委员会和OECD主办的学术会议并演讲，并受邀在竞争性产业集群发展南南合作交流会中国片区会议上做学术演讲。

摘　要

《中国经济特区发展报告（2014）》是教育部人文社科重点研究基地——深圳大学中国经济特区研究中心着力打造的高端学术品牌和标志性科研成果之一。它客观地反映了深圳等传统经济特区和喀什、霍尔果斯、图们江等新兴经济特区在政治、经济、社会、文化、制度、环境、创新、改革方面的年度进展及面临的问题和挑战，并提出了相应的对策。

《中国经济特区发展报告（2014）》以国家整体发展战略规划的视角，对中国经济特区，包括改革试验区和部分新特区一年的发展状况进行了整体评述，从特区的发展现状、比较分析、政策建议等方面，对经济特区的转型、资源的使用与可持续发展、经济社会发展、社会保障、科技创新等问题进行分析，并针对每一具体问题提出发展建议。同时对五大传统特区及上海浦东新区和天津滨海新区一年的发展状况进行了总结和研究，动态考察了一年来中国区域发展战略的调整状况并对非洲国家经济特区的发展进行了研究。《中国经济特区发展报告》具前沿性和原创性，已经在海内外产生了标志性的影响，是研究中国经济特区的重要资料来源，同时也是经济特区研究的重要成果。

Abstract

Annual Report on the Development of China's Special Economic Zones (*2014*) is one of the high-end academic brands and iconic scientific research achievements energetically developed by the key research base of Humanities & Social Sciences of Ministry of Education—China Center for Special Economic Zone Research, Shenzhen University. The annual report objectively reflects the whole year's progress of politics, economy, society, culture, system, environment, innovation and reform as well as the problems, challenges and countermeasures in traditional special economic zones such as Shenzhen and new special economic zones such as Kashgar, Khorgos and Tumen River etc.

From the perspective of the national overall development strategy planning, *Annual Report on the Development of China's Special Economic Zones* (*2014*) makes analysis of China's Special Economic Zones, including overall review on the whole year's development state of the reform experimental zone and part of new special economic zones, which focuses on analyzing the transformation of special economic zones, use of resources, the sustainable development, economic and social development, social security and technical innovation from the aspects of present situation of development, the comparative analysis, and policy suggestions and puts forward development suggestions for each specific issue. Meanwhile, report on special economic zones is to summarize and make research on the whole year's development status of five traditional special economic zones, the Shanghai Pudong New Area and the Tianjin Binhai New Area, and make dynamic investigation of regional development strategy adjustment situation in China and the

Abstract

development research of special economic zones in African countries. With its forefront and originality, *Annual Report on the Development of China's Special Economic Zones* has had an iconic influence both at home and abroad, which is important historical data source and major results in the study of special economic zones in China.

目录

中国经济特区的成功经验（代序） ………………………………… 陶一桃 / 001

BⅠ 总报告

B.1 中国经济特区年度发展报告 ………………………… 陶一桃 李 猛 / 001

BⅡ 专题研究报告

B.2 中国经济特区产业转型发展报告 …… 袁易明 周轶昆 阎振坤 / 015
B.3 中国经济特区资源效率与可持续发展报告 …… 钟若愚 彭新才 / 048
B.4 中国经济特区创新发展报告 ………………………………… 张 凯 / 068
B.5 中国经济特区体制改革报告 ………… 陈家喜 黄惠丹 左瑞婷 / 100
B.6 中国经济特区社会信用体系建设报告 ………… 张克听 张 芳 / 123
B.7 中国经济特区社会保障发展报告
　　　　　　　　　　　………… 高兴民 许金红 张祥俊 高法文 / 138
B.8 中国经济特区金融产业发展报告 ……………………… 郭茂佳 / 164
B.9 中国经济特区文化产业发展报告 ……………………… 钟雅琴 / 209

BⅢ 特区发展分述报告

B.10 深圳经济特区发展报告 ………………………… 伍凤兰 潘 凤 / 221

B.11	珠海经济特区发展报告	陈红泉 / 238
B.12	汕头经济特区发展报告	陈红泉 / 253
B.13	厦门经济特区发展报告	刘伟丽 潘 凤 / 263
B.14	海南经济特区发展报告	刘伟丽 闫振坤 / 280
B.15	上海浦东新区发展报告	章 平 / 304
B.16	天津滨海新区发展报告	章 平 / 322

BⅣ 特区发展动态考察报告

B.17	深圳前海合作区发展报告	雍 炜 / 333
B.18	中国（上海）自由贸易试验区发展报告	范霄文 秦 渝 / 354
B.19	中国图们江地区外商投资发展报告	沈万根 / 368
B.20	新兴经济特区发展报告	王保卫 张 颖 / 379
B.21	非洲经济特区发展报告	罗海平 / 404
B.22	后　记	陶一桃 / 430

皮书数据库阅读**使用指南**

CONTENTS

The Successful Experience of China's Special Economic
  Zones (In Lieu of a Preface)   *Tao Yitao* / 001

B I   General Report

B.1   Annual Report on the Development of China's Special
  Economic Zones   *Tao Yitao, Li Meng* / 001

B II   Reports on Specific Researches

B.2   Report on the Development of Industrial Transformation of China's
  Special Economic Zones
      Yuan Yiming, Zhou Yikun and Yan Zhenkun / 015

B.3   Report on the Resource Efficiency and the Sustainable Development
  of China's Special Economic Zones   *Zhong Ruoyu, Peng Xincai* / 048

B.4   Report on the Innovation and Development of China's Special
  Economic Zones   *Zhang Kai* / 068

B.5   Report on the Development of Institutional Reform of China's
  Special Economic Zones
      Chen Jiaxi, Huang Huidan and Zuo Ruiting / 100

B.6   Report on the Social Credit System Construction of China's
  Special Economic Zones   *Zhang Keting, Zhang Fang* / 123

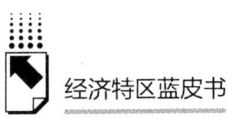

B.7 Report on the Social Insurance Development of China's Special Economic Zones
    Gao Xingmin, Xu Jinhong, Zhang Xiangjun and Gao Fawen / 138

B.8 Report on the Development of Financial industry of China's Special Economic Zones   *Guo Maojia* / 164

B.9 Report on the Development of Cultural Industry Report of China's Special Economic Zones   *Zhong Yaqin* / 209

B III Reports on the Special Economic Zones

B.10 Development Report on Shenzhen Special Economic Zone
    Wu Fenglan, Pan Feng / 221

B.11 Development Report on Zhuhai Special Economic Zone
    Chen Hongquan / 238

B.12 Development Report on Shantou Special Economic Zone
    Chen Hongquan / 253

B.13 Development Report on Xiamen Special Economic Zone
    Liu Weili, Pan Feng / 263

B.14 Development Report on Hainan Special Economic Zone
    Liu Weili, Yan Zhenkun / 280

B.15 Development Report on Shanghai Pudong New Area *Zhang Ping* / 304

B.16 Development Report on Tianjin Binhai New Area *Zhang Ping* / 322

B IV Investigation Reports on the Development Trends of the Special Economic Zones

B.17 Development Report on Shenzhen-Hong Kong Cooperation on Modern Service Industries in Qianhai Area   *Yong Wei* / 333

CONTENTS

B.18　Development Report on China (Shanghai) Pilot Free Trade Zone
　　　　　　　　　　　　　　　　　　　　　　　Fan Xiaowen, Qin Yu / 354

B.19　Report on the Foreign Investment Development of China's
　　　　Tumen River Area　　　　　　　　　　　　　*Shen Wangen* / 368

B.20　Development Report on New Special Economic Zones
　　　　　　　　　　　　　　　　　　　　　　　Wang Baowei, Zhang Ying / 379

B.21　Development Report on African Special Economic Zones
　　　　　　　　　　　　　　　　　　　　　　　　　Luo Haiping / 404

B.22　Afterword　　　　　　　　　　　　　　　　　　*Tao Yitao* / 430

中国经济特区的成功经验
（代序）

陶一桃*

中国不仅曾经是一个传统的计划经济大国，同时又是一个发展中国家。中国社会由计划向市场转型的过程，既是改革开放的过程，又是新兴市场经济国家的营建过程。尤其是在经济全球化的今天，作为发展中的新兴市场经济国家，中国与其他发展中国家和新兴市场经济国家面临许多共性的问题，如都既受益于经济全球化，又受制于经济全球化；都会面临未富先老的问题；都会遭遇公共教育和公共医疗卫生保障问题；都存在完善市场经济体制、完善社会法制法规、完善社会规制、向国际惯例学习等诸多共同问题。我认为，中国在"举国体制"下不同程度地解决发展中国家及新兴市场经济国家所共同面临的发展问题和社会问题，对发展中国家及新兴市场经济国家具有一定的借鉴意义，正如亚洲"四小龙"的成功和台湾地区土地改革成功的普遍性意义一样。人类发展的共同规律和普遍问题的存在，往往使某一国家的民族性或国别性的成功具有客观上的世界意义。当然，这种意义绝不是为世界树立样板，而是为人类提供可供分享的智慧和精神财富。"中国道路"作为一种成功的转型路径，为新兴市场经济国家的经济发展及现代化的实现路径选择提供了鲜活的案例。

另外在中国，特区已经成为在区域经济发展不平衡的大背景下，以一座城市及其周边区域的发展繁荣带动更大区域的发展繁荣，从而实现现代化的一条有效路径和捷径。而中国经济特区的成功经验，对世界新兴市场经济国家以建立经济特区的方式带动本国经济的发展，提供了珍贵的经验和同样珍贵的教训。

---

* 陶一桃，深圳大学党委副书记、纪委书记，中国经济特区研究中心主任、教授。

（一）选择、引进并坚持改革的市场经济方向

早在1980年经济特区条例公布之后，广东省就明确提出：特区要以引进外资为主，以实行市场经济为主。而当时的中国还把搞市场经济视为"洪水猛兽"，将其等同于搞资本主义复辟。因此，1982年，特区仅仅建立两年，就面临传统意识形态的猛烈批判，"反和平演变"成为主旋律。尽管1978年就已开启的中国改革开放的大业从基本面来说，已经踏上了不可逆转的道路，但同时又笼罩着巨大的阴影。1992年邓小平的南方谈话充满政治智慧与伟人的胆略，力排众议、扭转乾坤，为中国的改革开放最终确定了市场经济的方向。那就是关于市场经济不等同于资本主义、社会主义也有市场经济的定论。

对中国来说，没有特区，就没有市场经济的实践和市场经济的发展，也就不可能有经济特区的成功与示范。市场经济成就了中国经济特区，市场经济也挽救了中国。

（二）坚持以开放促改革

中国的对外开放始于经济特区的设立。改革开放加快了当代中国从传统社会向现代社会的整体转型，经济体制也由此发生了根本性的变化。对外开放在最初仅仅意味着扩大对外贸易、引进技术设备等。而随着改革开放的进一步深化，开放的含义也进一步明确并得到扩展，全面开放的实质是制度创新和体制借鉴。

深圳经济特区的改革开放源于其毗邻香港的地缘优势，深港合作自然成为深圳改革开放的重要内容。在很大程度上，"把香港请进来"，既符合中国社会改革开放的根本方向，又有助于寻找到构建现代化城市的捷径。香港这个因素，是深圳经济特区成功的得天独厚的区域因素。

中国社会的改革开放在逻辑和现实中经历了由外向型经济向开放型经济的转型和由政策性开放向制度性开放的过渡。两者既体现为逻辑上的演进，又表现出发展进程的统一性。它们既是同一过程的两个方面，又是这一过程发展的必然结果。

1. 外向型经济走向开放型经济

外向型经济是一种"两头在外"的经济运行方式，特指原料进口、产品经过加工后再出口的经营方式。在中国由封闭经济逐步走向开放经济的发展过程中，经济同时由内向发展向外向发展转变。在改革开放初期设立经济特区，开发、开放沿海城市，主要是为了学习外商的经营经验，重在利用外资、发展外贸、增加供给、解决短缺经济问题，从而带动经济增长。此后浦东新区的开发、开放也是中国外向型经济发展战略的重要步骤。

但外向型经济逐渐暴露出一些内在缺陷：以沿海地区为主的高度倾斜的对外开放，使经济的整体开放度不高，开放的目标过度集中；国内区际差异扩大；联动开放效应低下；开放循环链条中断等。外向型经济被开放度更高的、内外融合的开放型经济所取代成为客观的必然趋势。

开放型经济是指由成熟的运行机制和法律制度支撑的开放度较高的经济体系。开放型经济体现为政府基本按照市场经济的机制和规则进行管理活动，具有成熟的经济制度的性质，比外向型经济具有更深刻的内涵和更高的开放度。发展开放型经济的核心，就是要参与国际竞争和国际经济合作，最大限度地吸收人类社会创造的一切有利于我国现代化建设的文明成果。

2. 政策性开放走向制度性开放

在走向开放型经济的历程中，对外开放的经济体制也经历了从政策性开放迈向制度性开放的渐进性过程。最初启动开放进程所采用的特殊政策体系虽然不具有严格的"制度性"意义，而是针对特定地区和对象的差别待遇和优惠措施，但它也是广义上的开放经济体制在初期的一种必要的表现形式。不过在快速推动对外开放发展以及通过内生力量推动与此相应的一系列体制改革之后，中国逐渐向构建契合现代市场经济运行机制的、完善的开放经济体制的方向迈进，开放经济体制由此逐渐具有了真正的"制度性"内涵。这一严格意义上的"制度性"开放经济体制的最终建成和完善，正是中国今后的主要任务和目标。

早期我国主要通过特殊政策启动对外开放和相应的体制改革，经济特区的创办和发展便是这一方式的典型。在特区经验成功之后，中央延续这一"给予特殊政策启动开放"的思路与模式，将对外开放拓展到更多的地区和领域，如沿海开放城市、经济技术开发区和沿海经济开放区,并实施了由沿海开放到沿边开放的战略转移。在实行特殊政策启动开放的同时,国内体制也进行了一些相应的改革和变化,从而逐步建立较为完善的吸收利用外资、发展外贸的经营管理体制。

2001年中国加入WTO,标志着对外开放开始从政策性开放逐渐转变为制度性开放,真正开始构建具有深刻"制度性"内涵的开放经济体制。

从政策性开放向制度性开放的转变,关键在于进行积极而有效的制度环境建设。从提供优惠政策转向建设环境及制度,从利用优惠政策促进开放转变为通过建立良好的社会软环境,如基础设施、交通通信、教育水平、人力资本、行政效率、法制规范等来促进外向型经济的发展。现阶段的全球化竞争主要在于良好的制度和法制环境,因此要形成国际竞争与合作的新优势,就必须建立一个公平、透明、良好的法制和制度环境。

(三)尊重与拓展对人的解放

中国的改革开放是从解放生产力开始的,而对生产力的解放的实质就是对人和人性的解放。

1. 改革开放调动了市场经济的主体——个人的积极性

社会最终的主体不是国家、城市和单位,而是市场经济中作为经济人的人。如深圳95%以上的移民构成生产力最基本的要素——人的自由流动,大力引进香港以及海外资金构成生产力最强大的要素——资本的自由流动。从20世纪90年代开始,大批农民工进城,他们成为中国经济特区的建设大军、服务大军的主体,也是"中国奇迹"的创造者。

2. 改革开放调动了中国市场经济的另一主体——地方政府的积极性

这也是中国特色所生产的"魅力"的重要原因所在。地方政府由计划经济体制下的"被安排""去执行"转变为市场经济环境中的因竞争而主动创新。区域竞争(包括省际、市际、县际)构成中国经济特殊的强大内在动力,"中国奇迹"在这里可以得到有力的解释。被赋予了庄严的使命感再加上转变个人命运的强烈欲望,使特区政府更加充满活力。

然而,创新的主体并不是政府,而是企业。良好的特区创业环境终于孕育出腾讯、华为、中兴、比亚迪、巨人、格力等创新型企业及其背后的企业家。创新型企业已经成为特区的中流砥柱，高新技术产业使特区成为国内的高科技重镇，可以说，企业家是市场经济的灵魂，企业家阶层的形成是特区自由发展的坚强基石。

对人的解放不仅在于政治，更在于经济，其根本内容就是对个人产权的确认。清楚地界定资产权利是市场交易的关键条件。中国的改革开放把以等级界定权利转变为以资产界定权利，唯此中国才发生奇迹。重新界定产权后，中国大幅度降低了全盘公有计划模式的制度运行成本，解放了庞大人力资源的生产力与创造力，从而得以在全球市场上形成综合成本竞争优势。正是改革开放大幅度降低了中国经济的制度成本，使中国成为增长最快的经济体，并以自己的增长改变了全球经济格局。

（四）充分发挥"举国体制"的优势

中国经济特区的成功，反映出鲜明的中国特色所特有的"魅力"，其中一个重要的标志就是"举国体制"所具有的空前的动员力与集中力。如高交会、文博会等，一声令下，千军万马齐奔腾，效率之高、规模之大、动员之广是左右无法比拟的。当然，我并不认为转型中的过渡状态和超常规特殊项目的获得是一种常态和应有的特色。中国经济特区30多年的辉煌成就说明了中国特色的发展道路的正确性，这条具有鲜明中国特色的道路之所以正确，是因为它在本质上体现的仍然是国际社会的普遍价值和市场经济的基本原则，而这一切又都是对人类社会发展的一般规律的发现与揭示。

从根本上说，中国进行的是自上而下的强制性制度变迁，政府尤其是中央政府是这场制度变迁的发轫者、领导者或者说最直接的倡导者，同时又是这场制度变迁中的"被改革者"。一方面，没有中央政府的决策和授意，就不可能有改革开放的实践，如特区的产生就是中央赋予地方政府特殊政策的结果与产物；另一方面，政府又处于政府的权力还要由政府的权力来剥夺的自我改革之中。中国30多年改革开放的实践证明：对于转型国家而言，政府在强制性制度变迁中的作用无疑是巨大的，甚至可以说，没有政府自上而下的强大政治力量的推动，就无法完成由计划经济向市场经济的转型，更不可能有今天市场经

济的普遍确立和社会经济的繁荣。尤其是中央政府和强大的"举国体制"会在资源稀缺或有限的情况下,高效地集中资源干大事,并以决策的高效性引领社会经济的发展方向。以强制性制度变迁确立市场经济体制和在市场经济体制已基本确立的前提下完善市场经济,这两种情形下政府的职能与作用是不同的,前者或许更需要政府通过比较强势的干预,推进市场经济的形成,从而加速完成由计划向市场的转变,而后者则要求政府在尊重市场规律和机制的前提下,矫正市场失灵,服务于市场而非驾驭、主导市场。强大的国家与发达的市场作为结果无疑是令人向往的,但作为实现的过程,它要求我们处理好国家与市场或者说政府与市场的关系。

(五)解放思想,敢于创新,宽容失败,营造宽松、包容、自由、分享的改革开放的文化环境

30多年前中国的改革开放就是从解放思想开始的。如果说改革开放是中国制度变迁的路径,那么解放思想则是实现这一路径的前提与保障。没有解放思想就不可能有改革开放的实践,而改革开放又把解放思想从理念变成了现实;没有敢于创新的精神,就不可能有中国社会经济持续发展的原动力,而中国社会经济持续发展的现实又为敢于创新提供了更加广阔、包容的制度空间;没有宽松、包容、自由、分享的社会环境,就不可能有社会经济的主体——人的主观能动性的发挥,而人的主观能动性的发展与展现又为宽松、包容、自由、分享的社会环境注入新鲜的活力与创造力。

我赞同这样一个说法:我们的社会不会因为缺少奇迹而枯萎,却会因为缺少创造奇迹的思想而失去生命力。

(六)以要素禀赋的变化带动产业结构的调整与发展方式的转型

深圳经济特区的起步是从"三来一补"开始的。选择这样的发展方式是由当时的要素禀赋决定的。改革开放初期的深圳只是一个计划经济比较薄弱的名不见经传的小渔村,那个时期的深圳所拥有的具有相对优势的生产要素是低廉的劳动力和土地,而缺乏的则是资金、技术和管理。时逢香港经济的产业更新换代与结构调整,以加工业为主体的劳动密集型产业在开放政策的

中国经济特区的成功经验（代序）

引导下，及时而又恰如其分地落户于急需制造业的深圳，并在转移产业的同时把资金、技术、管理和现代企业制度一并转移到了成长中的深圳。通过承继市场经济发达地区和国家的产业更新链条，深圳不仅降低了经济发展的起步成本，同时也大大降低了向市场经济学习的成本，确定了外向型经济的基本特征。同时，"输入"的加工制造业，还以其派生需求催生了第三产业的兴起与发展。

当深圳经济踏上高速增长的轨道时，自身自然资源先天不足的约束很快显现出来，并引起决策者们的切实关注。自然资源的先天不足，意味着任何以过多的自然资源要素消耗和使用为增长方式的选择，都会在稀缺规律的作用下，使人们不得不为财富的创造和社会的发展支付较高的价格，从而增加经济增长的代价。

从以"三来一补"为主体到以高新技术产业为支柱，深圳适时地选择了一条可持续发展的道路。以制度变迁中政府决策的主导力量（专项资金设立和政策优惠等），解决了初期高投入的资金缺口问题，减轻了高新技术企业独担风险的压力；以改革者特有的宽阔胸怀营造了高新技术产业落户、成长、发展、创新的制度环境，吸引一大批国内外著名的高新企业落户深圳；以变革者的远见卓识为高新技术产业的后续发展提供了智力保证，一些著名大学和各类科研机构在深圳生根筑巢。到2000年，深圳计算机磁头产量居世界第三位，微型计算机产量占全国的25%，程控交换机产量占全国的50%，基因干扰素产量占全国的60%，同时深圳还是全国最大的打印机、硬盘驱动器、无绳电话的生产基地，并已形成电子信息、生物技术、新材料、光机电一体化和激光五大高新技术支柱产业。

在相当长的时间里，模仿一直是中国高新技术产值增长的主要途径。然而对于一个国家来说，真正的国际竞争力不可能长期来自模仿。深圳市政府很快认识到，产业自身的创造力，即原始创新能力、集成创新能力、引进消化吸收再创新能力，才是企业永久生命力和国家持久竞争力的根本源泉。于是，自主创新作为一种充分体现可持续发展理念的战略思考，被现实地提了出来。

转变经济发展方式要求我们的社会必须改变以往对劳动力简单使用与低价消费的做法，在制度安排上把对廉价劳动力的"浩劫性"使用，变为有目的的增值性使用,即以技术培训和福利完善的方式,增加劳动力自身的经济价值,从而增加产品的附加值。

大多数经济相对落后的发展中国家所面临的并不是自然禀赋意义上的资源缺乏问题,而是要素结构意义上的资源约束问题。所谓要素结构意义上的资源约束,是指"要素禀赋结构"低下,即在一个国家或地区的经济发展中,缺少如资本、技术、教育、管理、法制等较高级的要素,而没有受过教育或受教育程度不高的一般劳动力则较为丰富。因此,结构低下不是结构低下的原因,而是"要素禀赋结构"低下的结果或现实表现。

(七)走向全面发展是实现社会持续发展、繁荣的必由之路

经济繁荣会带来社会繁荣,但繁荣本身并不会自动带来社会文明。经济繁荣、制度文明、社会昌盛必将共同构成中国社会制度变迁的最终目标。

无论从理论还是实践上说,"经济增长"与"经济发展"之间的关系都不是简单的"土豆"与"马铃薯"的关系。"经济增长"意味着更多的产出,指一个国家的产品和劳务数量的增加,或按人口平均的实际产出的增加,通常以GDP或人均GDP来衡量。"经济发展"则是指伴随着经济结构、社会和政治体制改革的经济增长,它不仅意味着产出的增长,还意味着与产量增加同时出现的产出与收入结构的变化,以及经济体系、政治条件、文化条件的变化;它不仅意味着社会的富裕,而且还意味着在社会富裕的同时贫困和饥饿的消失以及相关联的文盲现象、疾病、夭折的消失;它不仅意味着物质财富的丰富,还意味着人的精神、权力、机会的平等,以及对人的尊重与权利的平等给予;它不仅意味着个人福利的最大化,还意味着社会整体福利的提升,以及对社会剩余机会均等的分享。GDP是社会发展的物质基础,但绝不可能是社会发展的最终目标。没有社会福祉提升的GDP和人均GDP的增长,只能是一个缺乏灵魂和人文关怀的单纯物质的增长。

中国政府提出的科学发展观不仅把"发展"从增长方式的转变拓展到社会发展,从经济领域扩展到社会生活的各个领域,而且无疑把人的发展真正纳入了社会发展的内涵之中。人作为人类社会的主体,其创造财富的过程,必定也是唤醒自尊心和对自由产生要求的过程。因为人自身解放的标志不仅是富裕

（当然，没有富裕就谈不上解放），还必然包括与富裕同时拥有的权利与尊严；生产力解放的标志不仅是获得自由流动的权利，还要获得公平交换和选择的权利。没有选择的公平与自由，就没有发展的幸福与尊严。

中国的社会改革是在较低的人均收入水平上展开的，由于尚未形成庞大的中产阶级，加之转型社会分配制度与社会保障制度不完善，因此经济增长中的贫困现象和经济繁荣中的低福利问题，"过早"地成为政府必须用制度安排来解决的社会问题。应该肯定地说，政府必须把社会福利制度作为实现普遍富裕的保障措施，而不是作为普遍富裕的结果来实现。对任何社会来说，创造财富的同时制造着贫穷、实现繁荣的同时降低着部分人的幸福感，比普遍贫穷更可怕。无论如何，我们的社会都不能把社会福利看作经济发展的奢侈品，因为它不仅本身就是发展的重要内容和实质性自由的组成部分，而且也是对社会整体发展目标最具有道德力量的检验与证明。

另外，要真正建立一个完整有效的城乡普惠的社会福利体系，实现"使全体人民学有所教、劳有所得、病有所医、老有所养、住有所居"的美好目标，就必须进行深刻的社会制度变迁。因为这既不完全是资源短缺的问题，也不是政策问题，而是制度的问题。传统体制是造成中国社会城乡"二元结构"的制度根源。在传统体制中，我们的社会在消灭城乡差距的美好口号中，以户籍制和所有制形式固化着城乡差别，扩大着城乡差距，并使城乡差别成为一种广大农民不得不接受的社会常态。真正彻底打破城乡"二元结构"，变"二元结构"为城乡一体化的"一元结构"，使农民真正拥有与城市居民相同的公民身份与权利，是这场制度变迁的首要任务。没有对"二元结构"的打破，就没有城乡差距的消失，没有城乡差距的消失，就不可能有真正城乡普惠的社会福祉的存在，农民也只有在城乡"二元结构"的历史性"消失"中，才能获得真正的作为公民的尊严、权利与平等。

追求富裕与富强是世界各国人民的共同愿望与目标。尽管人类追求的目标很多是相同的，但实现或达到目标的路径则是多样的，并不存在一个放之四海而皆准的发展路径与模式。各国的发展经验是可以借鉴、分享的，但适合自己的才是最好、最有用进而最有绩效的。

总报告

General Report

B.1
中国经济特区年度发展报告

陶一桃 李 猛*

本报告是2013年度中国经济特区发展报告的延续。通过对可获取的最新统计数据的分析，本报告力图展现中国经济特区发展的最新状况。为了与2013年度的报告相承接，本报告采用了与2013年度报告基本相同的写作框架和数据分析指标。

一 2014年经济特区发展的基本背景

2014年，中国经济正从"旧常态"向"新常态"全面迈进。就国际环境而言，随着世界比较优势的空间区际迁移和局部地区贸易保护主义的重新抬头，经济特区的经济增长方式和结构都面临突破和调整的巨大压力；就国内环

---

* 陶一桃，女，深圳大学党委副书记，中国经济特区研究中心主任、教授、博士生导师；李猛，男，深圳大学经济学院教授，中国数量经济学会理事。

境而言，经济特区在经济增速上不断呈现结构性放缓态势，正经历着重要的转折点。

在这样一个国内外背景下，中国的改革开放和经济社会发展进入一个重要的转折期，经济社会发展等诸多方面（经济要素、技术要素、政治法律要素、社会要素、文化要素、生态资源要素）正经历着前所未有的掣肘和瓶颈，原有的发展模式已经无法持续，而经济特区在以上诸方面的再一次创新、发展和引领，必将为中国向"新常态"全面迈进提供一条充满挑战和机遇的前行路径。

一方面，这需要经济特区从经济发展、制度和体制等层面不断锐意改革，并形成彼此间良性、有机的互动，有效推动经济结构优化升级，不断走向国际；另一方面，还需要国家在未来的开发、开放中推进不同地区、不同层面、不同发展路径的经济特区与非经济特区在经济、制度、文化等方面的深入融合与发展。

综上所述，针对当前中国经济与社会发展中存在的日益尖锐的诸多非均衡、非协调性问题，党中央正从诸多方面系统性地提出一系列促进经济特区全面可持续发展的新规划和新政策，以有力地指导和支持经济特区的科学发展。从各经济特区的发展实际看，区域竞争与合作态势明显，追求经济科学发展的动力强大，各特区在转变发展方式、节能减排、节约用地、保护生态等方面取得了新的进展。但同时，各经济特区发展的基础支持条件如交通、矿产资源、石油、土地等进一步偏紧，节能降耗压力很大，依赖房地产部门集中投资的态势明显。应该看到，长期以来中国的经济与社会发展是非均衡的、非协调的、非和谐的，如此下去，发展是不可持续的。目前一些突出问题的表现是：经济总量的增长虽然很快，但实现增长的方式仍然是粗放的；经济发展与社会发展不协调，经济增长的成果并没有被全体国民有效、合理地共享，贫富差距不断扩大；城乡发展不协调问题十分突出，城市与农村的"二元经济结构"没有得到根本改变。

二 经济特区进展与评述

总的来看，2014年世界经济仍延续低速增长态势，我国经济由高速增长向中高速增长转变,由需求衰退周期逐渐转变为供给调整周期。为了平衡我国东西部区域的发展,国家主席习近平提出以创新大合作模式建设"丝绸之路经济带"的构想,逐步形成区域大合作,重现丝路辉煌,实现民族复兴的梦想。三个新兴经济特区①便是"丝绸之路经济带"中闪耀的"点",国家对三个新兴经济特区寄予厚望并给予了鼎力支持。三个新兴经济特区为中国经济社会的经济梯度发展战略发挥了非常重要的作用。

具体来看,除当初五大特区即深圳、汕头、珠海、厦门、海南和六个国家级新区即甘肃兰州新区、重庆两江新区、浙江舟山群岛新区、广州南沙新区、上海浦东新区、天津滨海新区之外,改革开放试验区(示范区、合作区)相继成立,区域规划陆续制定,国家级保税区、保税物流园区、国家级高新区、国家级保税港区、保税物流中心、出口加工区边境经济合作区、特殊经济开发区、综合保税区、重点开发开放试验区等其他各种类型经济特区的发展潜力进一步提升。与此同时,区域经济发展已被纳入国家发展战略,在原有"东部率先、中部崛起、西部开发、振兴东北"这四大区域经济战略板块的基础上,更为细致的区域规划正在不断深入和实施。②从以往的区域规划来看,在一个范围较大的空间实施一项政策仍然显得比较宏观,将范围进一步缩小,每个地方的侧重点不同,则可以进一步凸显地区优势。通过梳理经济特区经济的最新进展,可以为经济特区进一步推进改革提供一个良好、坚实的理论和实践基础,也可以为今后中国社会经济各个层面的进一步发展指明新的方向。

(一)经济特区在中国社会经济发展诸方面进一步深化改革

1. 经济特区在经济和产业层面的进展

2013年中国经济特区坚持在创新中发展和在转型中升级,加快产业的转

---

① 中国图们江区域(珲春)国际合作示范区、喀什经济特区、霍尔果斯经济开发区。
② 目前已出台规划文件或在规划中的经济区域分别有:天山北坡经济带、辽中南地区、辽宁沿海经济带、沈阳经济区、哈大齐工业走廊、长吉图经济区、成渝地区、兰西经济区、黔中经济区、关中-天水经济区、长江中游城市群、鄱阳湖生态经济区、长株潭经济区、中原经济区、广西北部湾经济区、黄河三角洲高效生态经济区等。2013年以来,国家审批区域发展规划较为密集,如已审批通过的有《陕甘宁革命老区振兴规划》《黔中经济区发展规划》《中原经济区发展规划》等。

型升级步伐，五大经济特区的GDP同比增长速度继续高于全国（7.7%），其中，深圳、珠海、汕头呈两位数增长。深圳的GDP增速（10.5%）比2012年略有上升，珠海、汕头、海南的GDP增速有所回升，分别提高到10.5%、10%和9.9%，厦门的GDP同比增速由2012年的12.1%下降到9.4%（见图1）。

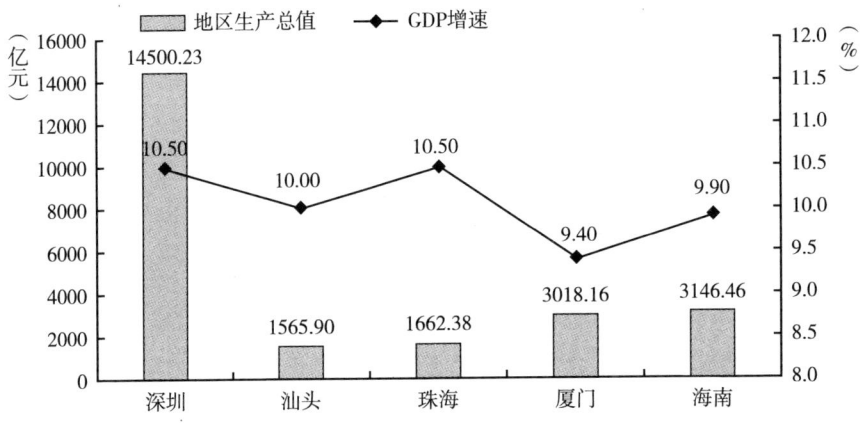

图1　2013年五大经济特区地区生产总值及增速比较

现阶段，在国际经济持续低迷、外需乏力的背景下，中国转变经济发展方式显得更加紧迫。作为外贸依存度较高的经济特区，工业经济稳步发展，深圳、珠海、汕头的规模以上企业工业增加值增速分别为9.6%、10.6%和12.6%，厦门、海南的工业增加值增速较2012年同期略有放缓，分别为11.9%和6.4%（见图2）。工业增加值同比增速高于全国平均水平的是珠海、汕头和厦门，海南的工业增加值增速低于全国平均水平，深圳也略低于全国平均水平。从经济类型上看，经济特区的国有企业、股份制企业、外商及港澳台投资企业的增加值同比增速较2012年同期大都出现不同程度的提高。其中，珠海、汕头的国有企业增加值增速分别提高到10.5%和14.6%，但海南的国有企业增加值增速下降至5.6%。经济特区的股份制企业继续以两位数的增速保持较快增长，其中，汕头的股份制企业的增速最快，达到23.3%，并且比2012年提高7%。作为中国改革开放的排头兵，产业发展出现又一个新局面。

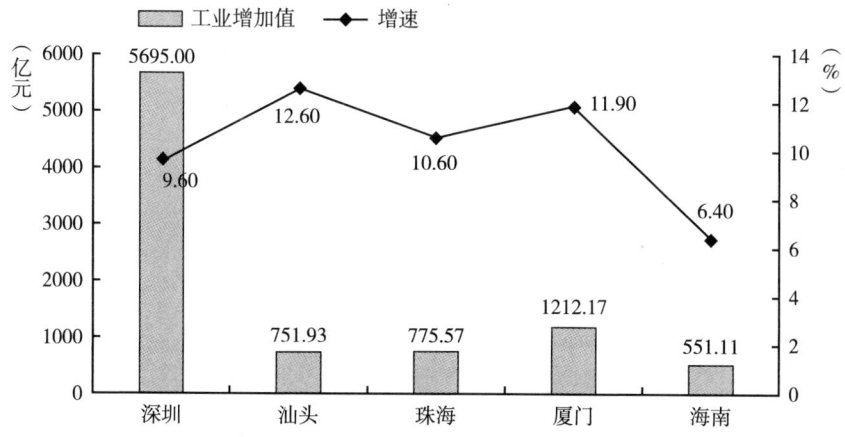

图 2　2013 年五大经济特区规模以上企业工业增加值及增速比较

资料来源：五大经济特区 2012 年和 2013 年《国民经济和社会发展统计公报》。

五大经济特区在经济增速上日益呈现结构性放缓的态势，同时稳步推进传统产业的转型升级，优化产业结构。深圳、汕头、珠海、厦门、海南经济特区持续推动传统产业逐步由价值链低端向高端延伸，加快产业结构的调整升级步伐。其中，深圳战略性新兴产业对经济增长的拉动作用凸显。2013 年深圳市战略性新兴产业的总规模达 1.63 万亿元，增长 19.8%，成为经济发展的主引擎。战略性新兴产业的增加值占深圳 GDP 的比重达 34.5%，比 2012 年提高 4.6 个百分点。

珠海处于战略性新兴产业的成长期，2013 年继续推进战略性新兴产业的重点项目，推进软件、航空与集成电路设计、新能源客车、海洋工程装备制造四大省级战略性新兴产业基地建设，投资 16.57 亿元开发建设 9 项战略性新兴产业工程项目。

汕头的战略性新兴产业有一定发展，已经形成新材料、高端电子信息、生物医药、半导体照明、动漫、太阳能光伏、环保、软件等战略性新兴产业，涌现了东方锆业、超声电子、奥飞动漫、金刚玻璃、益德环保等一批骨干企业，尤其在锆、北斗导航和卫星遥感、大数据、环境友好型新材料等产业具有良好的基础和极大的发展潜力。

厦门重点培育、发展的新兴战略性产业有新一代信息技术、生物医药与高端医疗、新材料、新能源、光电、软件等产业。以生物医药产业为例，2013年厦门的生物医药实现工业产值85亿元，占福建省生物医药产值的50%以上。

海南的战略性新兴产业呈现良好的发展势头，战略性新兴产业的产值突破600亿元，占全省规模以上工业的比重提高1.7个百分点，以新能源汽车、生物医药、电子信息等为代表的七大战略性新兴产业的产值增长17.9%。其中，信息产业独占鳌头，主营业务收入实现320亿元；医药产业完成产值约115亿元，同比增长15%。今后海南还将加快推进与阿里巴巴、腾讯、中关村等国内行业龙头企业的产业合作，促成一批电子信息产业项目落地；加快建设惠普、微软、印度NIIT等信息产业项目，积极培育、发展互联网产业和动漫产业；推进英利三期项目建设，促进太阳能电池总产能达2吉瓦；推进海口药谷做大做强。①

2. 经济特区在文化层面的进展

大数据时代的到来深刻影响着文化产业的发展。在此背景下，各经济特区的文化产业发展面临长期市场化不足所带来的"短缺与过剩并存"的转型升级问题。五大经济特区中的深圳市在国内率先提出"文化立市"的发展战略。深圳作为全国文化产业发展的前沿地带，2013年继续探索"文化+科技"、"文化+旅游"、"文化+创意"、"文化+金融"以及"文化+电商"等产业新模式。文化创意产业的十大重点领域快速增长，主要企业同比平均增速达20%。全市年营业收入超亿元的文化创意企业超过100家，年营业收入超10亿元的企业超过20家。文化软件、动漫游戏、新媒体及文化信息服务业等以数字内容为核心的文化产业新业态快速发展。

珠海市在2013年继续推进文化强市建设工作，致力于提升珠海文化产业的软实力。2013年，珠海市出台《珠海市高端服务业发展规划（2013～2020）》和《珠海市促进高端服务业发展的若干政策意见》。《珠海市高端服务

---

① 梁振君等：《2013年海南省战略性新兴产业产值破600亿》，《海南日报》，www.sme.gov.cn，2014年1月23日。

业发展规划（2013～2020）》提出珠海市高端服务业的发展方向和重点任务是，"聚焦休闲旅游、金融服务、商贸物流、国际会展、文化创意、科技服务等六大领域，以壮大规模、优化结构、突出特色、增强功能、提升能级为重点任务，全面提升高端服务业参与全球经济中高端竞争的意识和能力，努力建设成为全国具有鲜明特色的现代服务业聚集区"①，为珠海市文化产业的未来发展指明了方向。2013年8月颁布的《珠海市文化产业园区管理试行细则》则规范了文化产业园区的相关管理工作。

厦门在文化产业发展中，创意及设计产业的表现尤为突出。2013年厦门市的GDP比2012年增长10.4%，其中文化产业的增加值增长17.5%，比全市GDP的增长高出7.1个百分点。具体而言，文化产业的主营收入增速均达10%以上。

汕头目前已经形成具有自身特色的较为完整的文化产业体系，初步形成了潮阳光盘音像、澄海动漫玩具、金平和龙湖包装印刷三大区域性优势产业。汕头市发布了《汕头市文化产业发展"十二五"规划》，规划中提出了汕头市文化产业下一步发展的主要目标："文化产业发展速度明显高于同期地区生产总值增长速度，在国民经济中所占比重逐步提高；文化产品和服务更加丰富多彩，人民群众精神文化需求得到进一步满足；文化市场主体活力显著增强，文化产业结构更加优化、布局更加合理；文化产品市场和要素市场更加健全，文化市场秩序更加规范。"②

海南也制定了"十二五"文化发展规划，规划中提出要"落实全岛一体化发展战略，倾力打造海口、三亚两大文体产业带，充分发掘建设中西部少数民族地区特色文体产业群，为加快文化产业发展指明方向，推动全省文化产业持续健康发展"。海南省于2013年8月认定33个省文化产业重点项目，项目计划总投资达1046.98亿元，当年已动工与已投产项目分别为9个，当年完成

---

① 宋显晖：《珠海将出台高端服务业发展规划及相关政策意见建设全国特色鲜明现代服务业聚集区》，《珠海特区报》2013年5月14日。
② 汕头市人民政府办公室：《印发〈汕头市文化产业发展"十二五"规划〉的通知》，汕头市政府门户网站，http：//www.shantou.gov.cn/publicfiles/business/htmlfiles/0001010/2.3.3/201304/287915.html，2014年4月16日；《加大文化产业投入　建设广东文化强省》，广东统计信息网，http：//www.gdstats.gov.cn/tjzl../tjfx/201306/t20130617_122580.html。

投资117.3亿元。① 新认定的示范园区（基地）中海南生态软件园2013年底完成投资66亿余元，入园企业达309家，其中游戏、动漫、设计、软件开发等知识型企业达到268家。海南生态软件园2013年实现产值93.3亿元，完成入库税收2.28亿元，同比增长91.6%。②

3. 经济特区在创新层面的进展

2014年，五个经济特区的创新发展特色不一而足，深圳作为领跑者，在高新技术环境培育、产业结构升级和人才培养这三方面得到进一步发展；汕头则充分利用其地理优势及丰富的侨乡资源，重新振兴"海上丝绸之路"；海南在发展特色旅游经济的同时，文化与科技并举，并有效运用"四兴一惠体系"。

对于不同的经济特区来说，第一，在创新环境支撑能力方面，海南优于汕头；而仅就创新能力而言，汕头又略占上风。在创新环境支撑能力和知识创新能力两个方面，珠海远超厦门，而在技术与产业创新能力方面，珠海稍逊于厦门。第二，标准化以后的数据表明，深圳、珠海相对于厦门来说有优势，而海南和汕头两者的创新发展还有待进一步努力。

4. 经济特区在生态资源层面的进展

从年度指标看，2013年各特区维持了较高的人均GDP增长，但经济发展对物质资源投入的依赖程度仍然较高。厦门、汕头的DMI增长率分别高达16.45%和11.83%，人均DMI指标只有深圳特区近年来维持平稳，其余经济特区仍处于人均物质资源投入持续增长阶段。可见，目前各特区仍处于工业化发展的快速阶段，伴随着较高的经济增速，经济增长对资源消耗的依赖程度仍然较高。

未来30年，经济特区的发展应更注重可持续发展的质量和效率，着力提高经济发展的整体品质，加快经济发展方式的转变。构建核心竞争优势、提升经济发展质量不是经济特区的独特追求，中国各地的发展都面临类似问题。但

---

① 陈蔚林、黄一丹：《我省33个文化产业重点项目完成投资过百亿》，《海南日报》2014年3月22日。
② 陈蔚林、黄一丹：《我省33个文化产业重点项目完成投资过百亿》，《海南日报》2014年3月22日。

由于经济特区多年来持续高速增长，率先发展的领先优势明显，因而更要求其在未来发展中为质量和效率提升留下创新发展空间。①

（二）"新区"肩负实施国家战略的使命

国家发改委的公开资料显示，下一步会加大对"新区"的制度供给。国家发改委未来将重点加快上海自贸区、"丝绸之路经济带"等功能区建设，重点加快相关领域的先行先试，为进一步改革提供重要经验。

1. 上海自贸试验区的新进展

上海自贸试验区成立一年来，根据《中国（上海）自由贸易试验区总体方案》提出的目标任务，在参照国际通行规则的基础上，积极推进投资贸易便利、货币兑换自由、法制环境规范和监管高效便捷的制度创新，"苗圃"效应开始显现，已有21项制度在全国复制推广，营商环境得到显著改善，制度创新试验的效果显现。据上海工商局初步统计，从2013年9月29日上海自贸试验区成立至2014年9月15日，上海自贸试验区共新设企业12266家，其中外资企业为1677家。在短短一年的时间，企业注册数量超过原上海保税区20年的企业注册总量。新设企业的注册资本总额超过3400亿元，跨境人民币业务累计金额已达1760亿元。

当年，深圳特区撬动了计划经济体系的瓦解，而今天的上海自贸试验区则率先突破改革"深水区"的制度樊篱，打造中国经济升级版，探索建立使中国融入经济全球化发展格局的制度体系。"法无禁止皆可为"的负面清单投资管理制度基本建立，"一线放开、二线严格管理"的金融框架制度与监管模式基本形成，"法无授权不可为、法定职责必须为"的事中、事后监管制度框架业已形成，以贸易便利化为重点的贸易监管制度有效运行。这些制度创新为内资外资、国企民企提供了平等的市场竞争环境，激发了市场活力，降低了企业运营成本，对以审批为主的政府管理模式的颠覆性创新的正溢出效应已开始显现。

---

① 钟若愚：《以效率和质量看待经济特区的未来发展》，《特区经济》2012年第2期。

2. "丝绸之路"引领下的多边合作

随着全球经济一体化的发展,各国纷纷通过制定经济政策来消除国家之间的贸易壁垒,逐渐实现区域经济一体化,以达到互利互惠。亚洲各个地区之间经济互补性强,加强相互之间的合作可以实现国家间的共同繁荣,且中亚、西亚、南亚、东北亚、东南亚的自然资源丰富,战略地位非常重要。美国从自身地缘政治经济战略角度出发在2011年提出"新丝绸之路"计划,希望能在欧亚大陆腹地的经济发展中掌握一定主导权。尽管此概念由美国提出,但是"新丝绸之路"计划为我国的西部大开发提供了契机,有利于我国加强与中亚、南亚、西亚国家的经贸与文化联系。

2013年9月中国国家主席习近平在哈萨克斯坦提出了与欧亚各国建立经济联系的创新合作模式——"丝绸之路经济带"。2013年10月习近平又在印度尼西亚提出和东盟国家发展海洋合作伙伴关系,建设21世纪"海上丝绸之路"。2014年7月在第二届中国延边·俄罗斯远东市长合作会议上,中俄两国的城市负责人都提出要采取积极的措施推进"东北亚海上丝绸之路经济带"的建设。

我国实施"丝绸之路经济带"和"海上丝绸之路"的战略可以为环太平洋国家和地区提供难得的机遇,推进沿边合作开发的进程。我国在新的战略时期将沿边开放作为对外开放的重点,在沿边开放地区实施特别开放政策,加快沿边开放的速度,按部署将图们江区域建设成为东北亚开放的重要枢纽,将喀什和霍尔果斯建设成为对西亚开放的重要基地。作为沿边区域开发的主要参与国,朝鲜、俄罗斯和哈萨克斯坦都采取了积极的态度和措施来改善沿边区域的外部环境和经贸关系,为区域发展提供新的多边合作空间。

三 经济特区发展面临的挑战

2014年10月21日,国家统计局公布了前三季度的经济增长数据。2014年1~9月,全国GDP增速为7.4%。其中第三季度的GDP增速为7.3%,创下了2009年第二季度以来的季度GDP增长新低。总体而言,2014年既是各经济特区进一步加快结构调整和继续走向科学发展的一年,也是问题依然存在、形势仍然严峻的一年。这些被人们论及的问题包括:转型提质的紧迫性增强,外延性发展特征仍然突出;创新能力亟待提升,特区经济发展的资源、环境形势更加严峻,改善民生福祉的支持系统亟待加强。

(一)经济特区应激活内生增长动力,进行持续、深度转型

中国经济特区的发展目前正处在一个关键时期。从长期来看,特区制度创新所需破除的全局性、根本性障碍日趋显现,特区发展的制度创新优势相对内地省市日趋衰减,制度创新诱发的增长活力空间愈发狭小。从短期来看,特区经济发展正与全国经济发展呈现越来越强的趋同性。2014年,中国经济特区的经济增长速度虽然高于全国平均水平,但也呈现增速放缓迹象。在国际经济形势持续低迷、外需日趋乏力的背景下,作为外贸依存度较高的经济特区,其产业发展会遭受更大的外部风险和不确定性。在此背景下,中国经济特区的产业转型更应从特区战略转型的全局出发,针对当前绝大多数经济特区科技投入产出能力不足、科技创新水平低等突出问题,积极挖掘技术创新所诱发的内生增长动力,加快推动特区产业的深度转型。

(二)中国经济特区经济和金融发展面临的新挑战

1. 国际经济下行的挑战

虽然目前美国经济呈现复苏的迹象,但日本、欧洲和其他新兴经济体的经济状况仍不乐观。同时,中长期美国QE退出对世界经济会产生怎样的冲击和影响还存在很多不确定性,特区出口仍未见明显改善。国际经济形势的不确定性,无论是对特区的金融业跨境融资还是定价都带来了巨大挑战。

2. 国内经济下行的挑战

从固定资产投资角度看,2014年1~9月增速只有16.1%,低于上半年的17.3%;1~9月广义货币(M2)增速只有12.9%,而上半年曾达到14.7%。通过比较发现,6月底M2为120.96万亿元,但到了9月底M2只有120.21万亿元。

我们都知道,在过去几个月里,先后传出央行给国家开发银行1万亿元

PSL贷款，给五大行5000亿元SLF贷款，以及重新定义存贷比、两次定向降准等消息，似乎给人以逐步宽松的感觉。但事实上，M2存量反而有所减少。从货币供应和投资上，我们都可以看出中央政府在"踩刹车"，而这是为了避免重走老路，为了促进经济增长方式的转变，为了全面推进改革。

四 2014年发展路径与需注意的问题

（一）特区应切实加快转型升级，转向追求品质

经济特区在2014年应切实落实科学发展观，特别要将改善经济发展效益放在首位。

全国人大财经委原副主任贺铿认为，稳增长首先要求各级政府稳心态，"冰冻三尺非一日之寒"，恢复到正常也不可能一蹴而就。他预计需要3~5年时间，经济才会恢复到比较健康的发展状态。"恢复之后，我们的经济还有跨越发展期。我们人均GDP低，而且工业化水平也很低，在这种情况下，我们还应该有较长时间的跨越发展期，速度比较高的跨越发展期。只要把经济结构调整好，到3~5年之后，我们就还有8%、9%这样高速发展的跨越发展期，还会有一段时间。"

（二）特区应增加公共服务支出，加快建立、完善以居住证为基础的社保制度

推进户籍制度改革，建立更加公平公正的社保服务是人心所向、大势所趋。各经济特区应当按照国务院的总体要求，按照总量控制、公开透明、公平公正的原则，建立健全居住证制度，弱化户籍意识，强化居民观念，体现以人为本、和谐共生的服务理念。改变原有的在户籍证上附着过多社保福利、非户籍人口与户籍人口社保福利差距过大的现状，逐步将医疗保险、劳动保险、生育保险等功能与居住证对接，扩大居住证的服务内容，为持居住证的居民提供更加完善的服务，以缩小其与户籍居民之间的差别，不断增加常住非户籍人口的福利。

财政政策应加大对结构调整和社会发展事业的支持力度，提供资金用于当

地公共服务支出，如教育、医疗卫生（目前基本由最低一级政府即县级政府承担）等。随着全国人口红利大环境的消散，人口老龄化的不断到来将使城镇养老负担系数大幅增加，不断加大医疗费用的需求和支出。要确保不同人群能够享受同等社保待遇，并妥善解决劳动者在特区工作和缴纳社保后回乡或去别地的社保关系转移和接续问题。要努力遏制房价过快上涨，防止一二线城市房屋价格的非理性膨胀。① 未来应大力发展资本市场，加强资本市场制度建设。

（三）未来改革正逐步推进和实施，2015年增长目标会更趋理性

2014年开始的反腐措施取得很好的成效，行政部门的权力受到制约，在经济低速增长的形势下，政府将加大财政资金的拨付、加快基建项目的施工，并通过定向宽松政策维持相对宽松的货币环境，甚至不排除通过降息等手段来降低社会融资成本。② 同时，还会加快改革红利的释放，包括鼓励民间投资、加快混合所有制改革、破除垄断、加快农村土地流转等。笔者认为，十八届四中全会将在这些日渐明朗的改革中扮演"催化剂"的重要作用，并推动更多改革逐步深入。

2015年增长目标会更低，事实上，随着中国经济总量越来越庞大，再加上到了调整结构、转变经济增长方式的关键阶段，让速度适当降低是更明智的。笔者一直持这种观点：只要目前把经济结构调整好，3～5年之后，就还会有8%、9%这样高速发展的跨越发展期，还会有一段时间。当然，在这种增长中应特别给予民营企业、中小企业更多的机会和发展机遇。

"别走得太快，等一等你的灵魂"，接下来中国经济特区的创新与成功，是中国迈向现代化进程的重要媒介，是市场经济体制与中国特殊的制度装置相结合的完美产物。不失时机的体制改革和制度变迁将促进经济增长模式的进一步转变，使"中国梦"完美地演绎下去。

---

① 根据国际货币基金组织的计算方式，以房价相对薪酬来考虑的全球十大最不可负担的房地产市场中已经有7个来自中国，包括北京、上海、深圳、香港、天津、广州和重庆。中国的新房价格在2013年7月出现了7.11%的同比增长，也是2012年12月以来的最大涨幅。

② http：//finance.ifeng.com/a/20141021/13203388_0.shtml。

未来在新常态背景下,中国的发展必须融入世界发展的轨迹。具体来看,"一带一路"("丝绸之路经济带"和"21世纪海上丝绸之路")规划特别值得关注,这不仅因为APEC经济体与"一带一路"区域有着极高的重合度,同时因为这项规划将在中长期对中国和世界产生重大而深远的影响。

参考文献

[1] 国家统计局2000~2014年《中国统计年鉴》。
[2] 国家统计局:《新中国五十五年统计资料汇编》,新华出版社,2005。
[3] 《中国统计摘要》(2014年)。
[4] 全国及各省市区2014年统计公报。
[5] 国家统计局网站有关数据,www.stats.gov.cn。
[6] 中国政府网有关政策,www.gov.cn。
[7] 国土资源部有关规划、政策和公报,www.mlr.gov.cn。
[8] 国家环境保护总局有关规划、政策和公报,www.mep.gov.cn。
[9] 国家发展和改革委员会有关规划、政策,www.ndrc.gov.cn。
[10] 陶一桃主编《中国经济特区发展报告(2013)》,社会科学文献出版社,2014。

专题研究报告

Reports on Specific Researches

中国经济特区产业转型发展报告

袁易明　周轶昆　阎振坤*

2013年中国经济特区继续坚持有质量的稳定增长，坚持在创新中发展和在转型中升级，加快产业的转型升级步伐，深入推进改革创新，着力解决经济发展过程中出现的各种突出矛盾，克服工业订单不足、原材料价格上涨、劳动力成本上升等各种困难，取得可喜的成绩。五大经济特区的GDP同比增长速度继续高于全国（7.7%），其中，深圳、珠海、汕头呈两位数增长。深圳的GDP增速（10.5%）比2012年略有上升，珠海、汕头、海南的GDP增速有所回升，分别提高到10.5%、10%和9.9%，厦门的GDP同比增速由2012年的12.1%下降到9.4%。

---

* 袁易明，深圳大学中国经济特区研究中心副主任，教授、博士生导师；周轶昆，深圳大学中国经济特区研究中心讲师，经济学博士；阎振坤，深圳大学中国经济特区研究中心博士研究生。

一 经济特区产业升级发展的基本趋势

（一）制造业高端化推动工业转型升级

深圳由于土地资源日趋紧缺，传统产业发展空间有限，人力、原材料、电力等成本不断上升，产业利润空间日益压缩，传统产业在发展中遇到不少问题。2013年深圳淘汰、清理、转型低端落后企业3145家，传统产业不断向价值链高端延伸，加工贸易企业中委托设计和自有品牌的比重超过65%。钟表、黄金珠宝、服装、家具、眼镜等产业的时尚化、品牌化转型步伐加快，其中，黄金珠宝产业集聚基地成为全国知名品牌创建示范区，钟表产业快速集聚发展，使深圳成为全国唯一的"中国钟表之都"。淘汰低端制造、制造业高端化正成为深圳工业转型升级的新路径。深圳市2013年先进制造业增加值达4162.87亿元，增长12.2%，占规模以上工业增加值的比重达73.1%；高技术制造业增加值达3370.67亿元，增长12.3%，占规模以上工业增加值的比重达59.2%。[1] 为科学把握传统产业转型升级的方向和重点，2013年深圳在其出台的《关于加快信息化发展的若干意见》中提出了通过加快信息化和工业化融合推动传统产业转型升级，并制定了进一步促进电子商务发展的政策措施。目前，"深商e天下"电子商务平台所集聚的企业超过3000家，深圳的电子商务交易额突破9500亿元。[2]

2013年是珠海产业转型升级的攻坚之年，通过加强信息化和工业化的深度融合，珠海大力推进以格力电器为代表的家电电器以及打印耗材、精细化工等传统优势产业稳步升级，工业发展走出了低谷。其中，格力电器荣登国内首个千亿级专业化家电企业和珠海首个千亿级企业宝座；佳能珠海高新区工厂总投资达15亿元，竣工投产后不仅扩大了相机产能，而且加快了产品与技术升级；富山工业园的方正越亚封装基板项目整体技术处于国内外领先

---

[1] 《2013年深圳经济运行情况》，http://www.sztj.gov.cn/xxgk/tjsj/tjfx，2014年2月18日。
[2] 《深圳市2012年国民经济和社会发展统计公报》，http://www.sztj.gov.cn/xxgk/tjsj/tjgb/201304/t20130412_2127275.htm，2013年4月10日。

水平，引领产业结构向高端迈进。随着联想赛纳打印机研发制造基地和国际耗材采购中心的建设，珠海的打印耗材产业逐步由单纯代工配套向自主创新转型。[①] 2013年珠海先进制造业增加值增长12.2%，其中，装备制造业增加值增长13.3%，钢铁冶炼及加工业增长15.2%，石油及化学行业增长7.2%。

汕头的传统产业基本形成了以纺织服装、工艺玩具、化工塑料、机械装备、食品医药、印刷包装、电子信息和音像制品八大支柱产业，并形成了17个各具特色的产业集群，其中，纺织服装产业的总量最大。为推动传统产业的规模、层次上新台阶，汕头大力发展现代物流、电子商务、会展、专业市场四大主导产业，将参展线下展会和电子商务线上平台推广结合起来，加快推动传统产业转型升级。一批依托特色产业集群的电子商务平台相继建成，在行业和区域内颇具影响力。例如，大树玩具"阿凡达商城网"建成了国内外品类最齐全的玩具类产品专业电子商务平台，"中国工程机械信息网"成为国内重工行业历史最长和最具影响力的全国性电子商务平台。汕头充分发挥侨乡、特区的优势，推动先进制造业招商，扶持本土企业做大做强、转型升级。2013年汕头先进制造业增加值达84.74亿元，增长9.8%。高技术制造业增加值达29.07亿元，增长4.5%。信息技术在汕头的制造业领域已得到普遍推广，在机械制造业的推广率达70%，计算机辅助设计与制造技术的推广率在设计行业高达90%，龙头企业已开始引进工业机器人以及柔性操作系统来代替人工操作。在规模以上企业中，汕头有80%以上的企业进行了企业信息化建设，其中，近90%的企业从计算机单机工作模式过渡到多机协作网络运作模式，并有75%以上的企业设置了信息技术支持部门。[②]

厦门抓转型促升级、做大做强工业支柱产业的一系列政策的作用日渐显现，13条工业主要产业链全年完成规模工业产值3199.98亿元，对产值增量

---

① 沈文金等：《三高一特珠海转型升级蓝色路线图引领珠海经济跨越》，《珠海特区报》2013年2月26日。
② 汕头市经济和信息化局：《2013年汕头工业商贸信息经济发展情况及未来发展思路》，http://www.stjxj.gov.cn/NewsDetail.aspx?id=414，2014年3月3日。

的贡献率达84.1%，其中，有6条产业链的产值突破百亿元。工业带动经济增长的作用明显，对厦门经济的贡献率达55.9%。为引导和扶持企业向产业链高端环节发展，厦门加大了对工业技改的扶持力度，支持企业完成技改投资201.8亿元，工业技改投资增长15%，占工业投资的比重提高8个百分点。其中，金鹭精密硬质合金刀具、宏发电声、安井食品等一批重大技改提升项目相继竣工投产。大力发展云计算、北斗导航应用、大数据、电子商务等产业，加快工业化与信息化融合。积极引进消费电子、工业设计等信息产业集群龙头项目和创新型中小企业，大力推广物联网技术，完善关键技术链条，以两化融合引领产业集聚发展，推动产业转型升级。2013年厦门先进制造业高端化提速，规模以上工业总产值达4678亿元，增长13.1%。规模以上工业企业达1664家，其中产值超10亿元的企业有63家、超百亿元的企业有8家。生物医药产业产值超过200亿元，增长30%。电子、机械两大支柱产业分别实现产值1837亿元和1196亿元，并且是全球最大的触控屏组件研发生产基地。[①]

海南2013年的工业生产面临较大困难，受炼化检修、石化和汽车行业下行等因素影响，海南工业生产低速增长。为保持工业的平稳增长，海南从政策、资金、能源调度等方面加大对工业企业的发展扶持力度。一方面，海南省财政安排了10亿元专项资金支持重点产业园区的发展，引导和鼓励金融机构增加对中小企业的信贷投放，进一步减轻企业的税收负担。八大支柱产业实现工业增加值434亿元，同比增长7.2%，比规模以上工业高0.9个百分点，占规模以上工业的85.3%，比2012年提高0.7个百分点。另一方面，通过加大产业结构调整、严格控制高耗能项目上马、坚决淘汰落后产能等措施，关闭17家橡胶加工厂、2家糖厂、2家砖厂、1家水产品加工厂、2家造纸厂和1台燃煤发电机组。综合能耗明显降低，万元GDP能耗比2012年下降3.5%左右。制造业高端化进一步提高。2013年，海南规模以上高科技工业制造业实现工业增加值60.51亿元，比规模以上工业增加值增速高10.9个百分点，对规模以上工业增加值增长的贡献率为28.6%。其中，规

---

① 2014年《厦门市政府工作报告》，2014年1月21日。

模以上工业中医药、电子信息、新材料和新能源三大产业产值所占比重为9.9%,同比提高1.4个百分点。电子及通信设备制造业增加值同比增长28.4%,医药制造业增加值同比增长8.4%,医疗仪器设备及仪器仪表制造业增加值同比增长33.9%。①

(二)战略性新兴产业推动经济增长

深圳战略性新兴产业对经济增长的拉动作用凸显。2013年深圳市战略性新兴产业的总规模达1.63万亿元,增长19.8%,对GDP增长的贡献率首次突破50%,成为经济发展的主引擎。战略性新兴产业的增加值达5002.50亿元,增长20.5%,比深圳市平均经济增速高10个百分点;占深圳GDP的比重达34.5%,比2012年提高4.6个百分点。在六大战略性新兴产业中,文化创意产业的增加值达1357.00亿元,新一代信息技术产业的增加值达2180.30亿元,互联网产业的增加值达590.59亿元,新能源产业的增加值达335.97亿元,新材料产业的增加值达310.36亿元,生物产业的增加值达228.28亿元。"国际生物谷"总体发展规划出台,高端生物医学工程、下一代信息网络、生物基因产业纳入国家战略性新兴产业集聚发展试点。

珠海还处于战略性新兴产业的成长期,2013年继续推进53个战略性新兴产业的重点项目,推进航空、软件与集成电路设计、海洋工程装备制造、新能源客车四大省级战略性新兴产业基地建设,投资16.57亿元开发建设9项战略性新兴产业工程项目。其中,投产项目有4项,包括联想赛纳打印机研发制造基地、方正越亚封装机项目、佳能珠海高新区工厂和珠海丽珠集团新工业园,续建项目有2项,包括银通新能源汽车项目和高新区总部基地项目,新开工项目有3项,包括珠海联邦制药新建项目、惠普(HP)智慧城市(珠海)项目和中海油珠海精细化工园项目。在这些重点建设项目的引领带动之下,珠海的战略新兴产业布局将更加鲜明,优势地位将逐步凸显。

---

① 《2013年我省规模以上工业经济运行情况分析》,www.hainan.gov.cn,2014年1月27日。

汕头的战略性新兴产业有一定发展，已经形成新材料、高端电子信息、生物医药、半导体照明、动漫、太阳能光伏、环保、软件等战略性新兴产业，涌现了东方锆业、超声电子、奥飞动漫、金刚玻璃、益德环保等一批骨干企业，尤其在锆、北斗导航和卫星遥感、大数据、环境友好型新材料等产业具有良好的基础和极大的发展潜力。为确保针对战略性新兴产业的各项优惠政策落到实处，2013年6月出台了《汕头市扶持工业骨干企业和战略性新兴产业企业投资发展的若干措施》，对优先发展的战略性新兴产业企业在用地、财税、能源、融资、科研、外贸等方面制定了一系列扶持措施。例如，在财政扶持措施方面，突出重点、优化方向，以促进战略性新兴产业发展和园区集聚建设为目标。对于企业投资战略性新兴产业，按《汕头经济特区现代产业用地使用权出让办法》规定，给予用地保障。

厦门重点培育、发展的新兴战略性产业有生物医药与高端医疗、新一代信息技术、新能源、新材料、软件、光电等产业。以生物医药产业为例，2013年厦门的生物医药实现工业产值85亿元，占福建省生物医药产值的50%以上。海沧生物医药产业园的开发建设，为区域性创新医药产业的整体升级提供全面支撑。该产业园已启动天医堂、蓝湾生物、大博医疗、艾德生物、生物医药通用厂房二期等项目建设，完成灿弘光电、正屋电子、通达光电等项目的前期工作，2015年园区将全部建成投入使用。厦门火炬高新区是培育、发展战略性新兴产业的另一重要载体。2013年厦门火炬高新区获得41个国家创新基金的扶持项目，获得国家创新基金的支持累计有194个项目，获批资金累计超过1亿元。

海南的战略性新兴产业发展态势良好，战略性新兴产业的产值突破600亿元，占规模以上工业的比重提高1.7个百分点，以新能源汽车、电子信息、生物医药等为代表的七大战略性新兴产业的产值增长17.9%。其中，信息产业独占鳌头，主营业务收入实现320亿元；医药产业完成产值约115亿元，82家药企通过新版GMP认证。工业高技术产业的比重进一步提高，高新技术产品的出口增长11.1%。全年新培育并通过国家高新技术企业认定的企业有28家。规模以上工业中医药、电子信息、新材料和新能源三大产业的产值所占的比重为9.9%，同比提高1.4个百分点。今后海南还将积极培育发展互联网产业和动漫产业,加快推进与腾讯、阿里巴巴、中关村等龙头企业的合作,加快建设微软、惠普、印度 NIIT 等信息产业项目;大力推进海口药谷做大做强。①

(三)服务业现代化加速推进

深圳 2013 年的现代服务业增加值比 2012 年增长 12.6%,达到 5492.37 亿元。服务业产业链和价值链进一步向高端攀升,新业态不断涌现。深圳每年提供 8000 万元用于支持服务外包和服务贸易产业的发展,服务外包示范效应明显,软件出口连续多年居全国首位。深圳目前已经集聚了全国 80% 以上的供应链企业,涌现出如朗华、怡亚通、越海、信利康、年富、一达通、普路通等一批龙头企业,这些企业的快速成长提升了深圳的物流服务能力。入驻深圳的创新型金融机构可获 100 万~500 万元的资助,金融业对产业的支撑作用日益增强。深圳每年还提供 2000 万元用于扶持会展业的发展,深圳的安博会、文博会、光博会等 12 个品牌展会都获得国际展览业协会(UFI)的认证,名列全国第三。会展作为深圳生产性服务业中的重要组成部分,对深圳电子信息、机械、珠宝、服装、钟表、内衣等产业的发展壮大起到了重大的推动作用。前海现代服务业的飞跃为深圳的现代服务业注入了新的活力。

珠海 2013 年现代服务业的增加值达 441.64 亿元,增长 10.3%,占 GDP 的 26.6%。主要港口完成货物吞吐量增长 29.5%,达 10024 万吨。港口集装箱吞吐量增长 7.6%,达 87.26 万标准箱。接待国内游客增长 4.5%,达 2423.9 万人次,其中,过夜游客增长 0.8%,达 1308.9 万人次。国内旅游收入达 189.92 亿元,增长 8.0%。实现旅游总收入 241.8 亿元,增长 2.5%。2013 年底全市中外资银行业等金融机构的本外币各项存款余额同比增长 19.5%,达 4121.58 亿元;中外资银行业等金融机构本外币各项贷款余额同比增长 7.9%,达 2071.90 亿元。虽然珠海的高端服务业水平有所提升,但

---

① 梁振君等:《2013 年海南省战略性新兴产业产值破 600 亿》,《海南日报》,www.sme.gov.cn,2014 年 1 月 23 日。

优势还不够突出、创新乏力、服务业集聚水平仍较低，不能有效支撑产业转型升级。根据《珠海市高端服务业发展规划（2013~2020）》，珠海高端服务业的发展方向和重点任务是聚焦休闲旅游、金融服务、商贸物流、国际会展、文化创意、科技服务六大领域。2013年5月，珠海出台了《珠海市促进高端服务业发展若干政策意见》，从优化发展环境、加大人才引进和培养力度、加大资金扶持力度、推进项目服务、加强土地保障、扩大税费优惠六大方面对高端服务业进行重点扶持，珠海高端服务业将呈现更加强劲的发展态势。

2013年汕头的现代服务业投资延续高增长态势，达到25.1%。宝奥物流城正在加快建设货物超市、正大配送中心和国际玩具城。汕头金融超市建成运营，金融业发展有所加快，新增恒生银行、东亚银行等8家金融机构。2013年底金融机构（含外资）本外币存款余额达2530.16亿元，比年初增长10.7%；金融机构（含外资）本外币贷款余额达971.93亿元，比年初增长19.7%。在金融机构（含外资）人民币的中长期贷款中，个人消费贷款达110.78亿元，比年初增长15.0%。2013年旅游业加快发展，接待过夜游客比上年增长11.0%。其中国际游客增长5.0%，国内游客增长11.1%。旅游总收入增长18.7%，达147.01亿元，其中旅游外汇收入增长4.9%，达5430.58万美元。

2013年厦门的现代服务业发展水平不断提升。航运物流业和旅游会展业加快发展。港口货物吞吐量增长10.8%，集装箱吞吐量增长11.2%，空港旅客吞吐量增长13.8%。旅游人数和旅游收入分别增长13.1%和15%。石材展、佛事用品展成为该行业全球规模最大的展览，展览面积突破160万平方米。软件和信息服务业的总销售收入达591.7亿元，增长28.3%。中外资金融机构本外币存贷款余额分别增长16.6%和14.4%。两岸股权交易中心正式挂牌。筹设大陆首家台资占51%的两岸合资全牌照证券公司。新认定9家市级总部企业，中国交建海西总部、网龙研发中心等落户厦门。文化产业加快发展。荣获国家文化和科技融合示范基地称号，新增3家省级文化产业示范基地。闽台（厦门）文化产业园二期启动建设。龙山文创园、海峡两岸建筑设计文创园等改造项目顺利推进。厦门国际艺术品金融交易中心、灵玲国际马戏城等重大项目加快实施。①

海南2013年服务业实现增加值1518.70亿元,对经济增长的贡献率达57.7%,是经济增长的主要推动力。其中,金融业实现增加值151.64亿元,对服务业增长的贡献率为12.7%。年末金融机构本外币存款余额和外币贷款余额分别为5952.50亿元和4630.78亿元,分别比2012年末增长16.4%和18.9%。证券和期货交易总额达78394.42亿元,比2012年增长86.9%。旅游总收入比2012年增长13.0%,达428.56亿元。旅游业增加值比2012年增长11.3%,达229.96亿元。邮轮旅游迅速崛起,助推海洋旅游发展,新增东山岭文化旅游区、兴隆热带花园旅游区、三亚亚龙湾热带天堂森林旅游区3家国家4A级旅游景区。

(四)开放式创新提升产业创新能力

深圳2013年新认定国家高新技术企业591家,全社会研发投入占GDP的比重提高到4%,其中华为公司成为我国首家跻身全球研发支出50强的企业,技术创新向引领式迈进。组织重大技术攻关项目66项,新增国家、省、市级重点实验室、工程中心、工程实验室、技术中心等176家,累计955家。新组建3D显示、大数据等产学研资联盟。开放式创新步伐加快,新增开展境外研发业务的企业31家,新引进10个海外高层次创新团队。PCT国际专利申请量超过1万件,占全国的48.1%。三项专利申请受理量和专利授权量分别为80657件和49756件,分别增长10.3%和2.2%。2013年获中国专利金奖4项,占全国的20%。

珠海的研发能力提高,科技型企业的规模进一步扩大,新增国家高新技术企业63家,省、市级工程中心和企业技术中心总数达到287家。全社会研发投入占GDP的比重达2.52%,连续7次获评"全国科技进步先进市"。2013年申请专利8017件,同比增长12.96%,最能体现创新能力的发明专利和实用新型专利申请比重上升,达到82.62%,比广东省的平均比重高21个

---

① 厦门市发展和改革委员会:《关于厦门市2013年国民经济和社会发展计划执行情况与2014年国民经济和社会发展计划草案的报告》,http://www.xm.gov.cn,2014年1月28日。

百分点。企业申请专利7037件，占全市专利申请总量的88%，比重排名居广东省第1位。发展势头迅猛的重点骨干企业的发明专利申请量占全市的比重提高，其中格力电器的专利申请量占珠海的41.4%，发明专利申请量排名前10位的企业占珠海发明专利申请量的59.14%。有效发明专利量为1919件，比2012年增加427件，同比增长28.62%。[1]每百万人口年发明专利申请量和每万人口拥有研发人员数量居广东省第2位。珠海通过出台《人才开发促进条例》，吸引了一大批海外高层次留学人员到珠海创业，引进3D打印、中星微电子等一批顶尖创新团队和领军人才，高素质人才队伍集聚发展。

汕头的专利产出数量和省科技奖的获奖数量一直位居广东省前列，2013年专利申请量达11000件，授权量达6833件，分别比2012年增长5.9%和3.8%。签订各类技术合同67项，技术交易额达8461.88万元。汕头市科技型企业群体不断壮大，民营科技企业有802家，增长4.0%；国家创新型企业有3家，居广东省地级市第3位；省创新型企业有15家，省创新型试点企业有8家，发挥了科技对经济社会发展的支撑作用。汕头大力引进创新科研团队，2013年华兴冶金设备股份有限公司等4家企业引进的创新科研团队入选省"扬帆计划"，共获得3200万元扶持资金。广东益德环保科技有限公司、广东光华科技股份有限公司引进的创新科研团队成功入选"珠江人才计划"，共获得3000万元扶持资金。[2]

厦门规模以上高新技术企业实现产值2099亿元，占规模以上工业总产值的44.9%。新认定高新技术企业104家，总数达820家。其中，国家火炬计划重点高新技术企业有28家，创新型企业有184家，国家级创新型企业有14家。工程技术研究中心有83个，科技企业孵化器有12个，企业技术中心有152个，产业技术创新战略联盟有12个，技术贸易机构有669家，重点实验室有51个，博士后工作站有23个。设立先进复合材料产业技术研究院等科研

---

[1] 《我市去年企业申请专利7037件占全市总量88%比重排名全省第一》，http://www.zhuhai.gov.cn/xxgk/xwzx/zhyw/201403/t20140301_5561603.html，2014年3月1日。
[2] 聂金秀、罗勉：《汕头市国家创新型企业群体不断壮大》，中国发展网，http://www.chinadevelopment.com.cn/，2014年6月3日。

机构，135 个项目获国家科技计划立项。拥有钨材料、视听通信、半导体照明、软件、生物与新医药、电力电器 6 个国家特色产业基地。PCT 国际专利申请量达 248 件，国内专利申请量达 11162 件，国内专利授权量达 8255 件，其中发明专利申请量达 2971 件，发明专利授权量达 890 件，每万人拥有发明专利 9.17 件。登记技术合同 2688 项，合同总成交额达 31.1 亿元。

海南通过国家高新技术企业认定的企业累计达 127 家，2013 年新增 28 家。2013 年申请专利达 2358 项，专利授权达 1331 项。新增 11 家省级重点实验室和 3 家省级工程技术研究中心。海南组织实施 1 项 863 计划项目、8 项国家火炬计划项目、4 项国家科技支撑计划项目、150 项国家自然科学基金项目、8 项国家星火计划项目、4 项科技部国际科技合作项目、21 项科技型中小企业技术创新基金项目和 10 项国家农业科技成果转化资金项目。共有 76 项科技成果获得海南省科技进步奖和成果转化奖。①

二 经济特区产业转型发展能力分析

转型升级是当前引领五大经济特区经济发展的共同战略，从经济特区发展的路径看，不同的区位、产业基础起点、制度安排等因素决定不同经济特区产业转型发展的能力，从而决定中国经济特区产业发展的不同路径。

（一）经济特区产业转型能力的总体比较

从产业形态上看，产业转型是在结构、组织和技术等多方面实现高级化发展的过程；从要素配置的角度来看，产业转型是在一定的市场需求条件下，资本、劳动力等生产力从衰退产业向新兴产业转移的过程。在一定时限内，特区间产业转型能力的不同主要体现为产业成长速度、产业结构转换水平和贸易方式转换程度的差异。

1. 经济特区产业成长性比较

2013 年，深圳地区的生产总值为 14500.23 亿元，同比增长 10.5%；

---

① 海南省统计局、国家统计局海南调查总队：《海南省 2013 年国民经济和社会发展统计公报》，2014 年 1 月 24 日。

汕头地区的生产总值为1565.9亿元，同比增长10%；珠海地区的生产总值为1662.38亿元，同比增长10.5%；厦门地区的生产总值为3018.16亿元，同比增长9.40%；海南地区的生产总值为3146.46亿元，同比增长9.90%。深圳的生产总值比汕头、珠海、厦门、海南地区生产总和的1.5倍还多。

为刻画不同经济特区产业成长性的总体差异，下文引用变异系数来衡量深圳、汕头、珠海、厦门、海南之间的差异程度。变异系数的具体计算公式是：

$$CV = \frac{\delta}{\bar{X}}, \delta = \sqrt{\sum_{i=1}^{n} \frac{(x_i - \bar{x})^2}{n}}$$

其中，δ为标准差，是样本中变量值与其均值的离差平方的平均值的算数平方根，可以精确地反映地区经济指标的离散程度。$\bar{x}$为样本的均值，n为样本数，x_i表示i地区的样本值，将标准差与平均值相比是为了剔除由基数大小不同所造成的影响。

如图1所示，从地区生产总值变异系数看，2013年，五大经济特区地区生产总值的变异系数为102.65%，说明五大经济特区的产业规模差异极大。2012年，五大经济特区地区生产总值的变异系数为101.31%，略低于2013年的变异系数水平，说明五大经济特区产业规模的总体差距有不断加大的趋势。

从地区生产总值增速变异系数看，2013年，五大经济特区地区生产总值增速的变异系数为4.10%，说明五大经济特区的地区产业规模增速变化差异较小。2012年，五大经济特区地区生产总值增速的变异系数为17.17%，显著高于2013年的水平，说明五大经济特区产业规模增速的总体差距有所缩小。

分产业来看，海南第一产业的规模最大，是深圳、汕头、珠海和厦门第一产业规模总和的4.56倍；深圳第二产业和第三产业的规模最大，分别是汕头、珠海、厦门、海南地区第二产业总和和第三产业总和的1.59倍和1.81倍（见图2）。

从地区三次产业产值规模的变异系数看，五大经济特区的产值规模变异系数均大于100%，说明特区之间三次产业规模的差距较大。从趋势上看，2013年五大经济特区第一产业产值的变异系数略低于2012年，说明五大经济特区

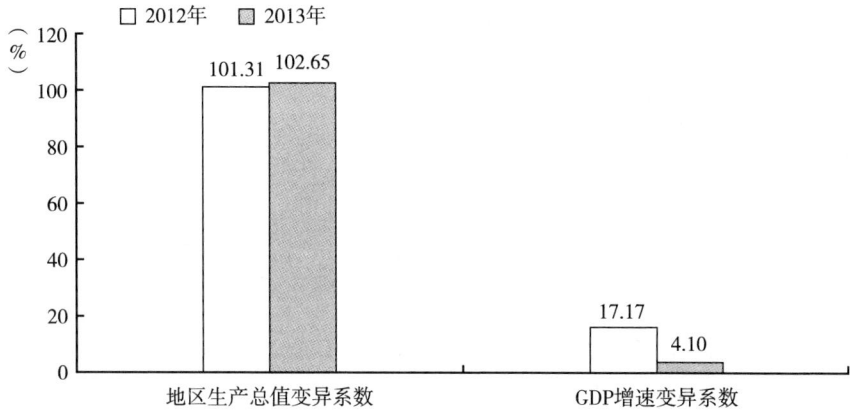

图 1　2012 年与 2013 年五大经济特区地区生产总值及增速变异系数比较

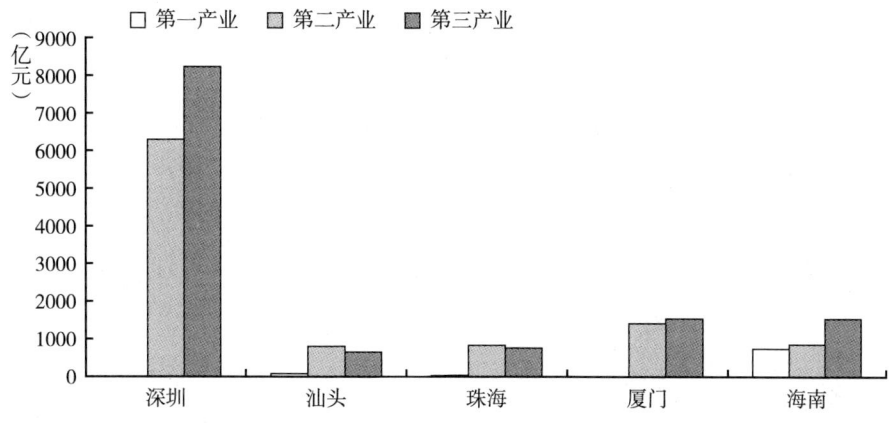

图 2　2013 年五大经济特区三次产业规模比较

第一产业产值的差距在逐步缩小；与之相反，从趋势上看，2013 年五大经济特区第二产业和第三产业规模的变异系数均较 2012 年有所上升，说明五大经济特区第二产业和第三产业产值规模的差距正在进一步扩大。2013 年深圳第一产业增速大幅下降，造成五大经济特区第一产业规模增速的变异系数呈负数，且远远大于 1000%，说明五大经济特区第一产业规模增速的差距极大。相较第一产业，第二产业和第三产业的规模增速均低于 30%，且 2013 年第二产业和第三产业的变异系数均有所下降，说明五大经济特区第二产业和第三产业的增速差距逐步变小（见图 3）。

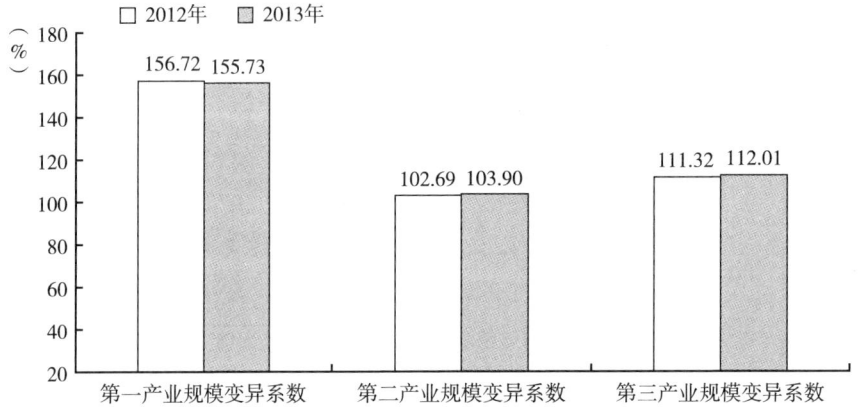

图3 2012年与2013年五大经济特区三次产业规模变异系数比较

2. 经济特区产业结构转换水平比较

从三次产业结构看，2013年深圳的三次产业结构比例由2012年的0.04∶44.31∶55.65调整为0.04∶43.43∶56.53；汕头的三次产业结构比例由2012年的5.81∶51.50∶42.69调整为5.57∶52.22∶42.21；珠海的三次产业结构比例由2012年的2.58∶52.95∶44.47调整为2.59∶51.07∶46.34；厦门的三次产业结构比例由2012年的0.89∶48.77∶50.34调整为0.86∶47.54∶51.60；海南的三次产业结构比例由2012年的24.92∶28.15∶46.93调整为23.39∶27.66∶48.95（见图4）。在五个经济特区中，除汕头外，深圳、珠海、厦门、海南的第二产业比重均有不同程度的下降，第三产业的比重均有不同程度的提高。2013年，深圳第一产业的比重与2012年持平，珠海第一产业的比重有所上升，其他三个经济特区的比重均较2012年有所下降。

在五个经济特区中，深圳和厦门的三次产业结构为"三、二、一"，第三产业所占比重已经超过50%，显示产业结构演进已经处于较为高级的阶段；珠海和汕头的三次产业结构为"二、三、一"，第二产业所占比重超过50%，说明工业化进程还处于深化中；海南的三次产业结构为"三、一、二"，显示在特殊要素禀赋、区位等因素的影响下，特区的产业结构演进呈现不同的发展路径。

为了更好地说明经济特区三次产业结构的总体变化状况，可以计算经济特

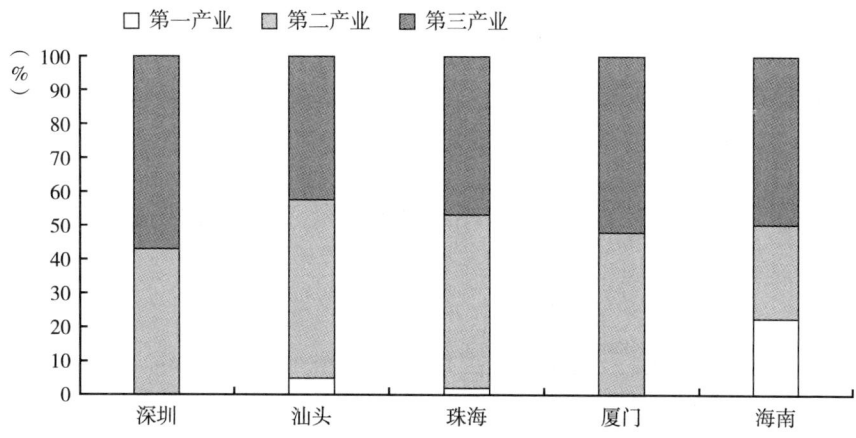

图 4　2013 年五大经济特区三次产业结构比较

区的产业结构变化值 C_{ij}。令 $C_{ij}=\sum|Q_{ij1}-Q_{ij0}|$，其中，$Q_{ij}$ 为 i 经济特区的 j 产业在整个产业中所占的比重，其下标 0、1 分别代表 2012 年和 2013 年。C_{ij} 值越大，说明经济特区产业结构的变化程度越大，反之则越小。

根据计算结果，与 2012 年相比，2013 年深圳、汕头、珠海、厦门和海南的产业结构变化值依次是 1.77%、1.44%、3.75%、2.54% 和 4.03%。由此可见，2013 年海南产业结构变化最快，其次是珠海、厦门，汕头的产业结构变化最慢。与上年相比，五大经济特区的产业结构变化值均有所下降，其中下降幅度最大的是汕头，2013 年汕头产业结构的变化值大约是 2012 年的 1/4（见图 5）。

除了了解经济特区产业结构变动的总体状况之外，为了解经济特区三次产业变动的方向和强度，还需要计算产业变化趋势值 B_{ij}，令 $B_{ij}=\dfrac{Q_{ij1}}{Q_{ij0}}$，当 B_{ij} 大于 1 时，表明 i 经济特区的 j 产业比重提升，即 j 产业出现相对扩张；当 B_{ij} 等于 1 时，表明 j 产业比重保持不变；当 B_{ij} 小于 1 时，表明 j 产业比重下降，产业相对而言在收缩。B_{ij} 值与 1 的距离越大，说明 j 产业扩张或收缩的强度越大，反之则越小。

根据计算结果，从三次产业变化趋势的平均值来看，在五大经济特区中，汕头、珠海的第一产业均呈扩张态势，深圳、厦门、海南的第一产业呈收缩态势；汕头、珠海、厦门的第二产业呈扩张态势，深圳、海南的第二产业呈收缩

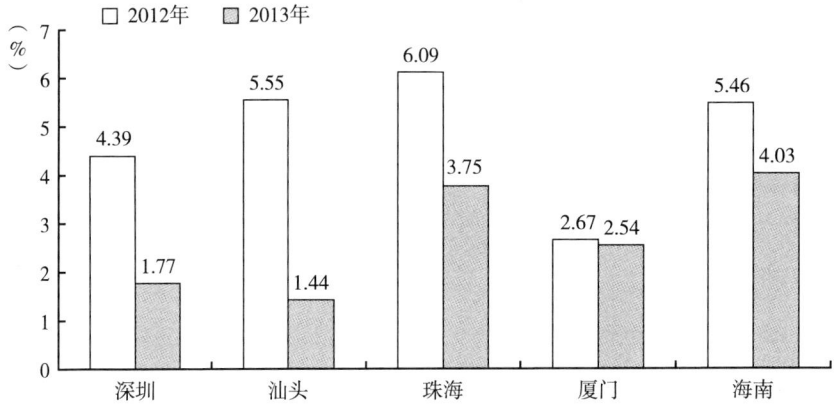

图 5　2012 年和 2013 年五大经济特区产业结构变化值比较

态势；深圳、厦门、海南的第三产业呈扩张态势，汕头、珠海的第三产业呈收缩态势（见图6）。

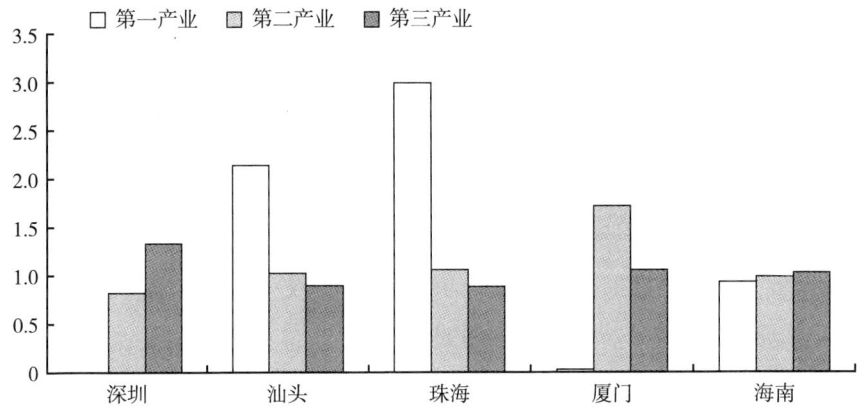

图 6　2013 年五大经济特区三次产业变化趋势值

从三次产业变化趋势值的平均值来看，与2012年相比，2013年五大经济特区的三次产业变化趋势值的平均值均有所增加，表明2013年五大经济特区的三次产业总体均呈扩张态势。分产业来看，第一产业在2012～2013年扩张最快，其次是第二产业，扩张最慢的是第三产业，2012年与2013年第三产业变化趋势值的平均值基本持平（见图7）。

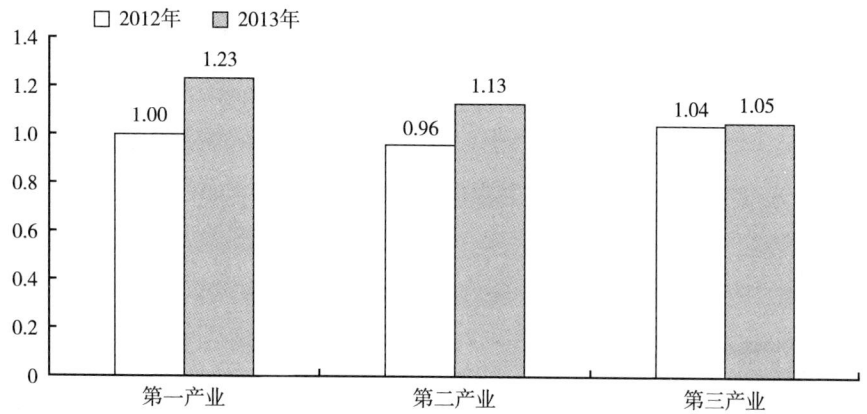

图 7　2012 年和 2013 年五大经济特区产业变化趋势值的平均值对比

（二）经济特区制造业产业转型分析

1. 经济特区制造业成长性比较

2013 年，深圳规模以上企业工业增加值为 5695 亿元，同比增长 9.60%；汕头规模以上企业工业增加值为 751.93 亿元，同比增长 12.60%；珠海规模以上企业工业增加值为 775.57 亿元，同比增长 10.60%；厦门规模以上企业工业增加值为 1212.17 亿元，同比增长 11.90%；海南规模以上企业工业增加值为 551.11 亿元，同比增长 6.40%。从规模以上企业工业增加值来看，深圳规模以上企业工业增加值分别为汕头、珠海、厦门和海南的 7.57 倍、7.34 倍、4.70 倍和 10.33 倍。2012 年，深圳规模以上企业工业增加值分别为汕头、珠海、厦门和海南的 7.62 倍、7.62 倍、4.20 倍和 9.77 倍。由此可见，汕头、珠海的工业增加值水平与深圳的差距在 2013 年有所缩小，而厦门、海南的工业增加值水平与深圳的差距在 2013 年有所扩大。

从规模以上企业工业增加值的变异系数看，2013 年，五大经济特区规模以上企业工业增加值的变异系数为 109.11%，说明五大经济特区规模以上企业工业增加值的差异较大。2012 年五大经济特区地区生产总值的变异系数为 105.55%，略低于 2013 年的变异系数水平，说明五大经济特区规模以上企业工业增加值的总体差距有不断加大的趋势。从规模以上企业工业增加值增速的变异系数看,2013年规模以上企业工业增加值增速的变异系数较2012年下降7.22个百分点,表明五大经济特区规模以上企业工业增加值增速的差异总体呈不断缩小的趋势(见图8)。

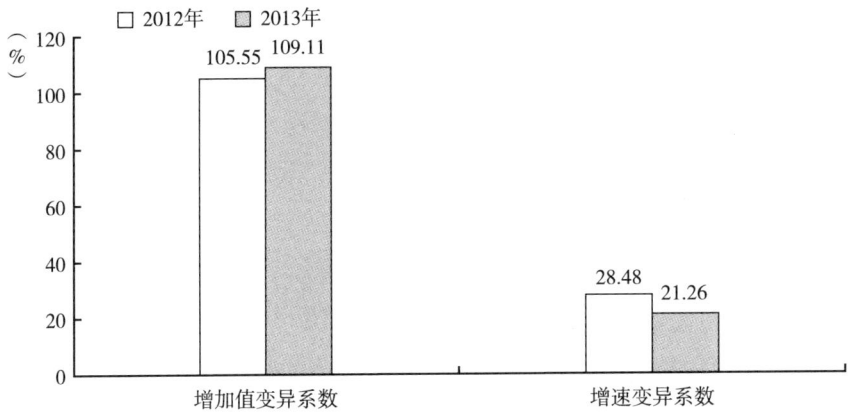

图8 2013年五大经济特区规模以上企业工业增加值及增速比较

2. 经济特区制造业效益比较

从规模以上工业企业利润总额指标来看,2013年,深圳规模以上工业企业利润总额为1344.27亿元,同比增长18.30%;汕头规模以上工业企业利润总额为145.50亿元,同比增长19.40%;珠海规模以上工业企业利润总额为297.95亿元,同比增长27%;厦门规模以上工业企业利润总额为224.53亿元,同比下滑2.60%;海南规模以上工业企业利润总额为123.16亿元,同比下滑7.64%(见图9)。

在五大经济特区中,深圳规模以上工业企业利润总额最高,分别是汕头、珠海、厦门和海南规模以上工业利润总额的9.24倍、4.51倍、5.99倍和10.91倍。从增速上看,珠海规模以上工业利润总额增速最快,达到27%,其次是汕头和深圳,增速分别是19.40%和18.30%,厦门和海南工业均呈负增长态势。

相对2012年,深圳、汕头、珠海、厦门2013年规模以上工业企业利润总额的增速均显著提高,其中,深圳、珠海、厦门规模以上工业企业利润总额的增速均实现了由负转正,显示了三地加快产业转型的良好效果。相比于上述四

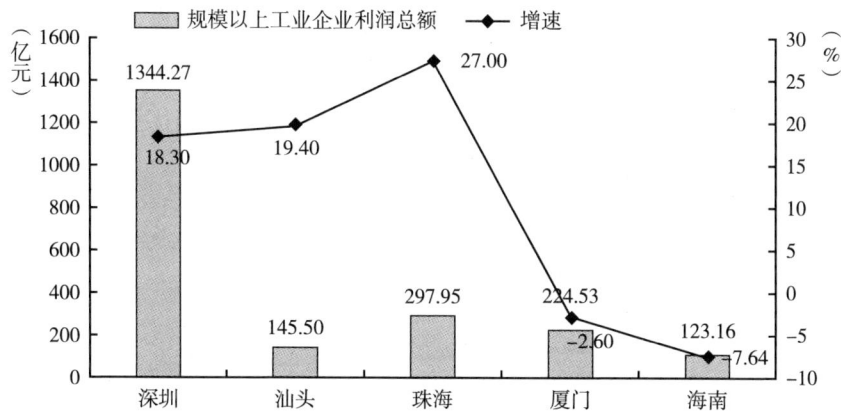

图9 2013年五大经济特区规模以上企业利润总额及增速比较

个经济特区,海南经济特区规模以上工业企业利润总额增速由正转负,工业转型发展面临较大压力(见图10)。

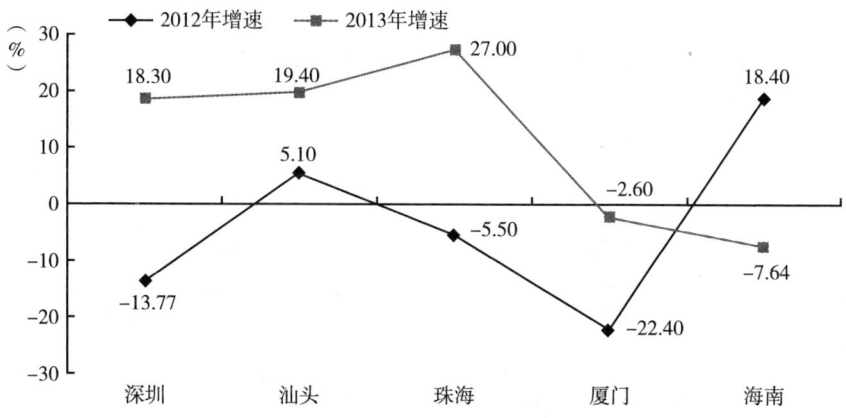

图10 2012年和2013年五大经济特区规模以上企业利润总额增速比较

为进一步刻画各经济特区规模以上企业单位增加值中企业利润的"含金量",引入工业增加值中利润总额比例这一指标。2013年,深圳工业增加值中利润总额比例为23.60%,汕头工业增加值中利润总额比例为19.35%,珠海工业增加值中利润总额比例为38.42%,厦门工业增加值中利润总额比例为18.52%,海南工业增加值中利润总额比例为22.35%。由此可见,珠海工业增加值中利润总额的比例最高，其次是深圳、海南、汕头和厦门。与2012年相比，海南工业增加值中利润总额比例上升呈突变态势，由2012年的1.47%戏剧性地上升至22.35%。其次是珠海，工业增加值中利润总额比例由20.09%快速上升至38.42%，其他三个经济特区该指标基本呈稳定状态（见图11）。

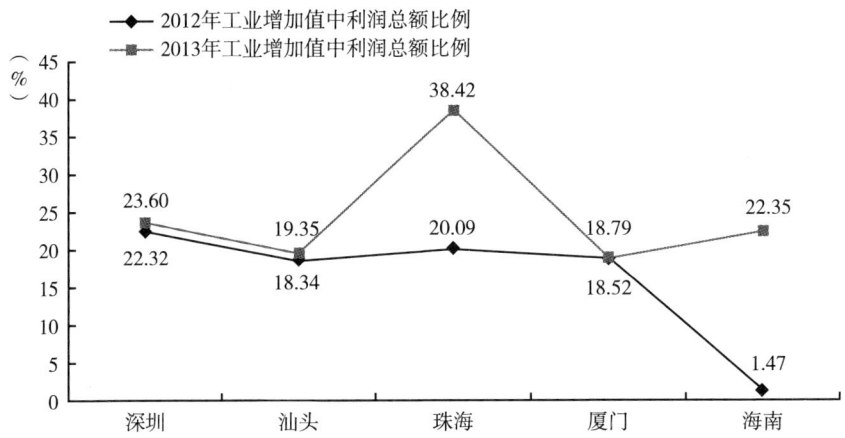

图11　2012年和2013年五大经济特区工业增加值中利润总额比例比较

3. 经济特区制造业能耗比较

从工业用电投入看，2013年，深圳工业用电为625.83亿千瓦时，同比增长1.30%；汕头工业用电为100.92亿千瓦时，同比增长7%；珠海工业用电为77.44亿千瓦时，同比增长12%；厦门工业用电为109.14亿千瓦时，同比增长7.50%；海南工业用电为120.52亿千瓦时，同比增长11.92%。深圳工业用电分别是汕头、珠海、厦门、海南工业用电的6.2倍、8.08倍、5.73倍和5.19倍（见图12）。

从单位工业增加值的工业用电能耗看，深圳每单位工业增加值用电0.11亿千瓦时，汕头每单位工业增加值用电0.13亿千瓦时，珠海每单位工业增加值用电0.10亿千瓦时，厦门每单位工业增加值用电0.09亿千瓦时，海南每单位工业增加值用电0.22亿千瓦时，由此可见，厦门每单位工业增加值用电投入水平最低，其次是珠海、深圳、汕头，海南每单位工业增加值用电投入最高（见图13）。

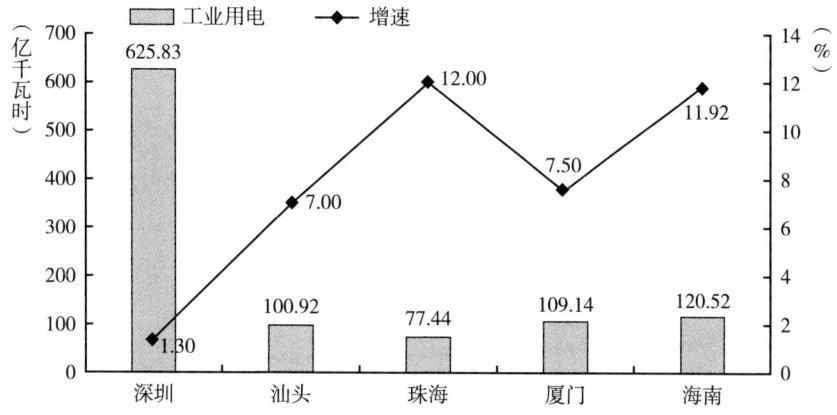

图 12　2013 年五大经济特区工业用电及同比增速比较

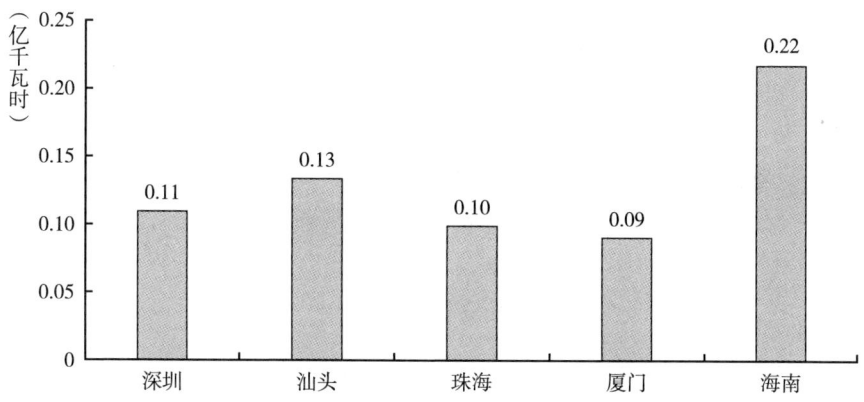

图 13　2013 年五大经济特区单位工业增加值的用电量比较

4. 经济特区制造业产业转型投资动力比较

2013 年，在全社会固定资产投资中，深圳工业产业投资达 377.28 亿元，同比下滑 22.40%；汕头工业产业投资达 402.42 亿元，同比增长 24.50%；珠海工业产业投资达 254.26 亿元，同比增长 36.20%；厦门工业产业投资达 271.82 亿元，同比增长 2.30%；海南工业产业投资达 244.71 亿元，同比增长 15.67%（见图 14）。

与 2012 年相比，深圳经济特区工业产业投资增速由 9.60% 下滑至负增长水平，汕头经济特区工业产业投资增速由 40.80% 下滑至 24.50%，珠海经济特区工业产业投资增速由21%上升至36.20%，厦门经济特区工业产业投资增速由0.89%上升至2.30%，海南经济特区工业产业投资增速由49.52%下滑至15.67%。总体来看，汕头、珠海、海南的工业产业投资势头总体仍比较强劲，深圳和厦门的工业产业投资力度较弱（见图15）。

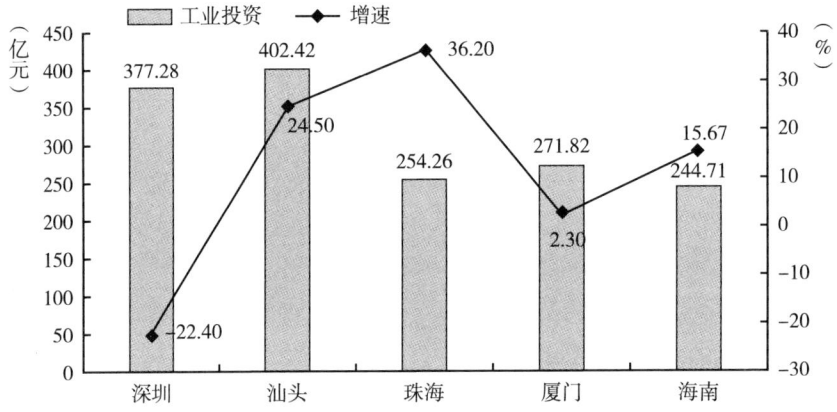

图14　2013年五大经济特区工业投资及增速比较

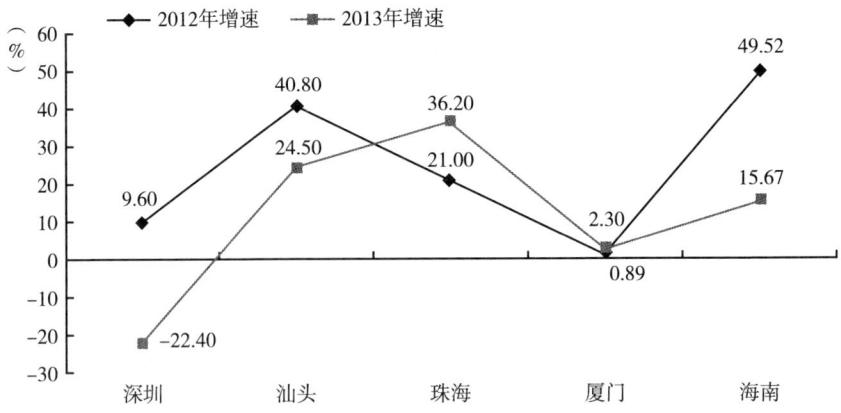

图15　2012年和2013年五大经济特区工业投资增速变动情况比较

从全社会固定资产投资的组成结构看，深圳工业投资占全社会固定资产投资的15.09%，汕头工业投资占全社会固定资产投资的51.29%，珠海工业投资占全社会固定资产投资的26.46%，厦门工业投资占全社会固定资产投资的20.17%，海南工业投资占全社会固定资产投资的8.98%。由此可见，汕头工业投资在全社会固定资产投资中的比重最高。

计算五大经济特区工业投资占全社会固定资产投资比重的变化趋势值，可以发现除珠海、厦门的变化趋势值大于1之外，其他三大经济特区的变化趋势值均小于1，说明珠海、厦门的工业投资在全社会固定资产投资结构中呈扩张态势，而深圳、汕头和海南的工业投资在全社会固定资产投资结构中呈收缩状态（见图16）。

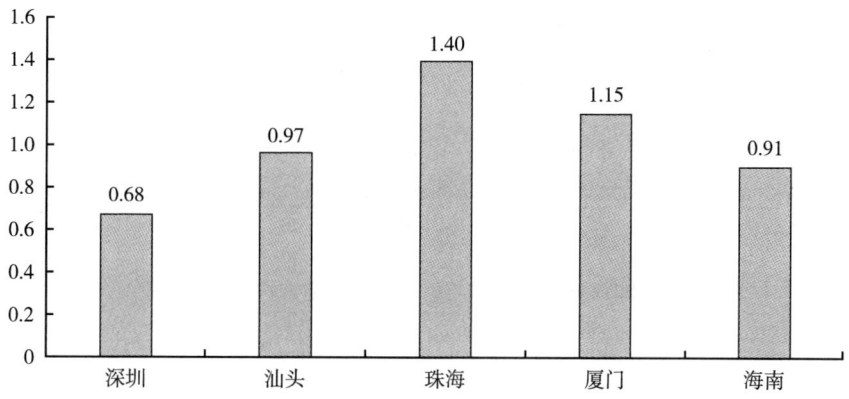

图16　2013年五大经济特区工业投资在固定资产投资结构中的变化趋势值

（三）经济特区服务业产业转型分析

1. 经济特区服务业结构变化比较

按照国民经济统计行业分类，服务业主要包括交通运输、仓储和邮政业、批发和零售业、住宿和餐饮业、金融业、房地产业和其他服务业。根据五大经济特区服务业主要行业的数据分析，可以计算出2012~2013年深圳、汕头、珠海、厦门和海南的服务业结构调整变化值分别为3.58%、2.01%、46.85%、4.06%和3.79%。从中可以看到，珠海服务业内部结构变化显著大于深圳、汕头、厦门和海南（见图17）。

分行业来看，按服务业结构划分，将五大经济特区六大服务行业的结构调整变化值相加,可以得到六大服务行业的总体结构调整变化值。根据变化值大小,其他服务业(主要包括营利性服务业和非营利性服务业)的结构调整变化值最大,为24.60%,其次是批发和零售业,结构调整变化值为13.70%,第三是房地产业,结构调整变化值为10.15%,交通运输、仓储和邮政业的结构调整变化值最小,为2.83%(见图18)。

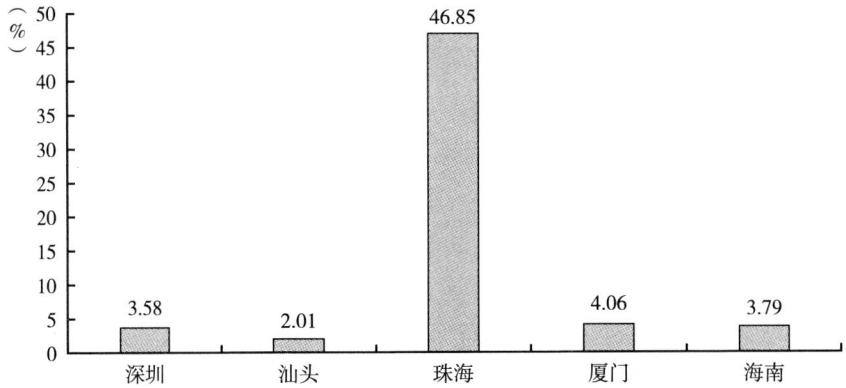

图17　2013年五大经济特区服务业内在结构变化值比较

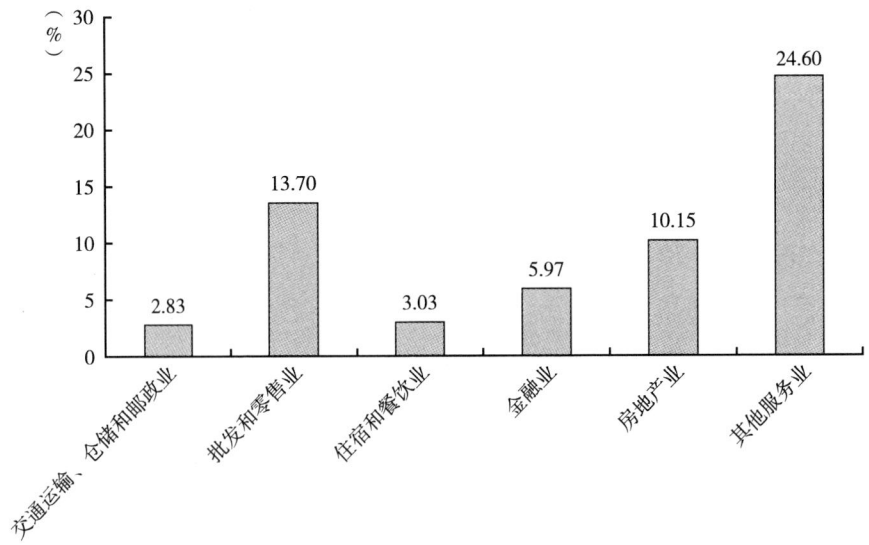

图18　2013年五大经济特区六大服务行业的内在结构变化值比较

2. 经济特区服务业行业变动比较

根据2013年五大特区服务业结构的各项数据,可以计算出各经济特区的行业变化趋势值。从计算结果可以看出,除其他服务业的行业变化趋势值小于1以外,其他行业的变化趋势值均大于1,说明五大经济特区服务业的子行业整体均处于扩张态势(见图19)。

具体到每个特区,深圳批发和零售业、房地产业的行业趋势值大于1,在服务业结构中处于扩张状态,其他行业变化趋势值小于1,在服务业总体结构中处于收缩状态。在汕头服务业结构中,交通运输、仓储和邮政业与批发和零售业及其他服务业的行业趋势值大于1,在服务业结构中处于扩张状态,其他子行业在服务业结构中处于收缩状态。珠海除其他服务业外,其他子行业均处于扩张状态。厦门除住宿和餐饮业、金融业和房地产业处于扩张状态外,其他均处于收缩状态。海南经济特区除批发和零售业、金融业外,其他行业均处于收缩状态。

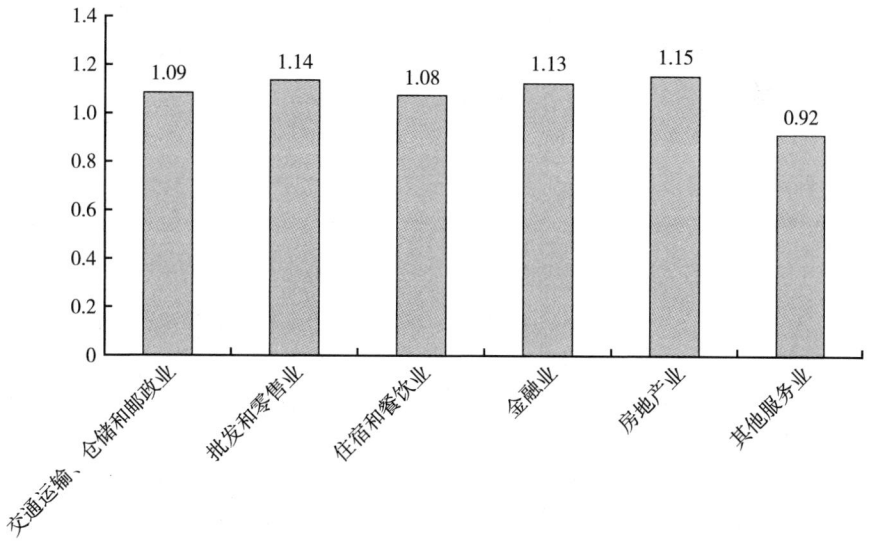

图19 2013年五大经济特区服务业行业变化趋势值平均值比较

三 经济特区产业转型发展能力的测度

本报告通过构建产业转型发展能力的定量评价指标体系,分析各个经济特区的转型发展能力,并采用层次分析法对各个经济特区的产业转型发展能力进行定量评价。

(一)评价指标体系设计及数据来源

产业转型能力是产业成长水平、结构转换水平、规模水平、效益水平和相关支撑条件竞争力的综合体现。基于产业转型水平的表征因素和袁易明、周轶昆、闫振坤(2013)[①]的研究,结合经济特区数据的可得性,确定经济特区产业转型评价指标体系,如表1所示。

表1 经济特区产业转型能力评价指标体系

评价目标	一级指标	二级指标
经济特区产业转型能力评价体系	产业成长水平	工业增加值同比增速
		现代服务业增速
		服务业投资增速
	结构转换水平	三次产业结构变化值
		服务业产业结构变化值
		第二产业结构变化趋势值
		第三产业结构变化趋势值
	规模水平	现代服务业产值
		高级产业的产值
	效益水平	规模以上企业单位工业增加值能耗效率
		单位工业增加值中利润总额比例
	相关支撑条件(市场和技术创新条件)	高新技术产品出口贸易额
		专利授权数量

资料来源:本评价指标体系的相关数据主要来源于各经济特区的统计公报、《海南统计年鉴2014》、《福建统计年鉴2014》以及广东省知识产权局、厦门市知识产权局和海南省知识产权局的官方网站,部分数据由作者根据原始数据计算整理得到。

---

① 袁易明、周轶昆、闫振坤:《中国经济特区产业转型发展报告》,载《中国经济特区发展报告(2013)》,社会科学文献出版社,2014。

（二）分析结果

基于主成分分析法，利用 SPSS17.0 对公因子进行提取。如表 2 所示，公因子的特征值从第 5 个开始变化平稳，且小于 1。前 4 个公因子的累计贡献率为 100%，因此，提取前 4 个公因子比较合适。

表 2　总方差解释度汇总表

成分	初始特征值			提取平方和载入			旋转平方和载入		
	合计	方差的%	累计%	合计	方差的%	累计%	合计	方差的%	累计%
1	5.074	39.029	39.029	5.074	39.029	39.029	4.618	35.522	35.522
2	3.346	25.738	64.767	3.346	25.738	64.767	3.352	25.782	61.304
3	2.840	21.850	86.617	2.840	21.850	86.617	2.976	22.894	84.198
4	1.740	13.383	100.000	1.740	13.383	100.000	2.054	15.802	100.000
5	4.458×10^{-16}	3.429×10^{-15}	100.000						
6	2.481×10^{-16}	1.909×10^{-15}	100.000						
7	1.796×10^{-16}	1.382×10^{-15}	100.000						
8	1.040×10^{-16}	7.998×10^{-16}	100.000						
9	-7.209×10^{-17}	-5.545×10^{-16}	100.000						
10	-1.263×10^{-16}	-9.717×10^{-16}	100.000						
11	-1.643×10^{-16}	-1.264×10^{-15}	100.000						
12	-2.546×10^{-16}	-1.959×10^{-15}	100.000						
13	-5.918×10^{-16}	-4.552×10^{-15}	100.000						

如表 3 所示，从旋转后的主成分因子载荷矩阵可以看出，在构成综合得分的四大因子中，现代服务业增速、现代服务业产值、高级产业的产值、高新技术产品出口贸易额、专利授权数量指标在第 1 个因子中载荷较重。从指标属性来看，这些指标在经济特区产业转型能力评价指标体系中主要集中在一级指标中的产业成长水平、产业规模水平和转型支撑条件领域，这些指标是转型能力的内核性因素，可以命名为转型实力因子。在总方差解释度中，转型实力因子占总解释度份额的 35.53%。

服务业产业结构变化值、第三产业结构变化趋势值、单位工业增加值中利润总额比例在第 2 个因子中载荷较重。从指标属性来看，这些指标在经济特区产业转型能力评价指标体系中主要集中在结构转换水平和效益水平领域，这些指标是转型能力内核性因素的进一步体现，可以命名为转型动力因子。在总方差解释度中，转型动力因子的贡献度仅次于转型实力因子，占总解释度份额的25.78%。

工业增加值同比增速、服务业投资增速、规模以上企业单位工业增加值能耗效率在第3个因子中载荷较重，这些指标在经济特区产业转型能力评价指标体系中主要集中在产业成长水平和效益水平领域，主要反映产业转型的潜力，可以命名为转型潜力因子。在总方差解释度中，转型潜力因子占总解释度份额的22.89%。

三次产业结构变化值、第二产业结构变化趋势值在第4个因子中载荷较重，这些指标集中在一级指标的结构转换水平领域，可以命名为转型活力因子，该因子占总解释度份额的15.80%。

表3 旋转后的公因子载荷矩阵

	成分			
	1	2	3	4
工业增加值同比增速	-0.008	0.027	0.976	-0.217
现代服务业增速	0.526	-0.033	-0.850	0.025
服务业投资增速	-0.223	-0.228	0.061	-0.946
三次产业结构变化值	-0.306	0.489	-0.497	0.648
服务业产业结构变化值	-0.159	0.978	0.094	0.098
第二产业结构变化趋势值	-0.385	-0.265	0.545	0.697
第三产业结构变化趋势值	-0.205	0.962	0.145	0.106
现代服务业产值	0.981	-0.127	-0.145	0.015
高级产业的产值	0.988	-0.129	0.014	0.088
规模以上企业单位工业增加值能耗效率	0.266	0.268	0.836	0.397
单位工业增加值中利润总额比例	0.034	0.996	-0.060	0.058
高新技术产品出口贸易额	0.996	-0.082	-0.021	0.017
专利授权数量	0.991	-0.055	0.006	-0.126

基于得分矩阵和表4中的公因子得分结果，写出各因子的得分表达式如下：

$$F_1 = 0.034X_1 + 0.087X_2 - 0.061X_3 - 0.065X_4 + 0.009X_5 - 0.077X_6 + 0.0002X_7 + 0.212X_8 + 0.219X_9 + 0.103X_{10} + 0.048X_{11} + 0.222X_{12} + 0.222X_{13}$$

$$F_2 = 0.036X_1 + 0.005X_2 + 0.018X_3 + 0.076X_4 + 0.305X_5 - 0.177X_6 + 0.297X_7 - 0.002X_8 - 0.010X_9 + 0.060X_{10} + 0.323X_{11} + 0.014X_{12} + 0.038X_{13}$$

$$F_3 = 0.338X_1 - 0.273X_2 + 0.029X_3 - 0.191X_4 + 0.028X_5 + 0.159X_6 + 0.044X_7 - 0.015X_8 + 0.039X_9 + 0.290X_{10} - 0.016X_{11} + 0.028X_{12} + 0.040X_{13}$$

$$F_4 = -0.134X_1 + 0.033X_2 - 0.473X_3 + 0.295X_4 - 0.056X_5 + 0.383X_6 - 0.051X_7 + 0.027X_8 + 0.063X_9 + 0.165X_{10} - 0.076X_{11} + 0.021X_{12} - 0.057X_{13}$$

将五大经济特区的指标值代入上述方程，计算出各因子得分，并运用总方差解释表中公因子方差的贡献率，可以构造出综合评价模型：

$$F = 0.35522F_1 + 0.25782F_2 + 0.22894F_3 + 0.15802F_4$$

将各因子的得分代入上式，可以得到五大经济特区产业转型能力的综合得分（见表5）。

表4　成分得分系数矩阵

	成分			
	1	2	3	4
工业增加值同比增速	0.034	0.036	0.338	-0.134
现代服务业增速	0.087	0.005	-0.273	0.033
服务业投资增速	-0.061	0.018	0.029	-0.473
三次产业结构变化值	-0.065	0.076	-0.191	0.295
服务业产业结构变化值	0.009	0.305	0.028	-0.056
第二产业结构变化趋势值	-0.077	-0.177	0.159	0.383
第三产业结构变化趋势值	0.0002	0.297	0.044	-0.051
现代服务业产值	0.212	-0.002	-0.015	0.027
高级产业的产值	0.219	-0.010	0.039	0.063
规模以上企业单位工业增加值能耗效率	0.103	0.060	0.290	0.165
单位工业增加值中利润总额比例	0.048	0.323	-0.016	-0.076
高新技术产品出口贸易额	0.222	0.014	0.028	0.021
专利授权数量	0.222	0.038	0.040	-0.057

表5　五大经济特区产业转型能力综合得分排序

	转型实力 因子得分	转型动力 因子得分	转型潜力 因子得分	转型活力 因子得分	综合得分	排序
深圳	0.628911	-0.0288	-0.03859	-0.02474	0.536781	1
珠海	-0.11115	0.450245	0.046028	0.017192	0.402315	2
厦门	-0.10313	-0.18027	0.210785	0.210778	0.138163	3
汕头	-0.1961	-0.13993	0.15338	-0.23181	-0.41446	4
海南	-0.21853	-0.10125	-0.3716	0.028581	-0.662799	5

（三）经济特区产业转型能力评价结论

定量分析的得分清楚地表明，深圳的产业转型能力综合得分居五大经济特区首位，珠海居第2位，厦门居第3位，汕头居第4位，海南居第5位。与2012年五大经济特区的产业转型综合得分[①]相比，2013年厦门的产业转型能力由第2位下降至第3位，说明厦门的产业转型能力有所下降。2013年珠海的产业转型能力由第3位上升至第2位，说明珠海的产业转型能力有所上升。

从构成综合得分的4个主要因子看，每个经济特区在4个因子构成上各有优劣。如深圳经济特区尽管综合得分和转型实力得分最高，但转型动力、转型潜力和转型活力不足，三个因子的得分在综合评价体系中均为负数。

从因子构成的指标成分看，现代服务业增速、现代服务业产值、高级产业的产值、高新技术产品出口贸易额、专利授权数量指标在转型实力因子中载荷较重。2013年，深圳现代服务业增加值达5492.37亿元，比上年增长12.6%；高新技术产品出口达1690.18亿美元，同比增长19.7%；专利授权量为49756件，增长2.2%。现代服务业强大的产业规模效应和优越的产业转型支撑条件为深圳加速产业转型创造了良好的条件，但与其他4个特区相比，空间约束——三次产业结构转换空间不足、投资约束——现代服务业投资乏力、制造

---

① 袁易明、周轶昆、闫振坤：《中国经济特区产业转型发展报告》，载《中国经济特区发展报告（2013）》，社会科学文献出版社，2014。

业发展减慢——工业增加值同比增速较低是影响当前深圳产业转型升级的三大原因。

珠海在转型动力、转型潜力和转型活力方面的得分较为均衡，尤其在转型动力因子方面，珠海具有领先优势。从因子构成的指标成分看，服务业产业结构变化值、单位工业增加值中利润总额比例指标在转型动力因子中是载荷因素的主体。2013年，珠海服务业产业结构变化值达到47%，第三产业结构变化趋势值为1.71，单位工业增加值中利润总额比例达到0.38，三项指标均远远领先于其他4个特区。产业结构调整不断加快、第三产业扩张加速和工业效益不断增强在客观上加快了珠海产业转型的进程，但在产业规模、产业转型的支撑条件两个方面，珠海与深圳相比还有较大差距。

厦门在转型潜力因子和转型活力因子方面具有领先优势。从因子构成的指标成分看，工业增加值同比增速、服务业投资增速、规模以上企业单位工业增加值能耗效率、三次产业结构变化值、第二产业结构变化趋势值在转型潜力因子和转型活力因子上载荷较重。2013年，厦门在规模以上企业单位工业增加值能耗效率和工业增加值同比增速两个方面具有相对领先优势，是支撑厦门的产业转型能力的核心因素。但厦门在转型实力和转型动力两方面得分较低，这是厦门在5个经济特区中难以形成产业转型综合领先优势的主要原因。

汕头在产业转型潜力因子方面具有相对优势。在五大经济特区中，其产业转型能力综合得分中仅次于厦门，产业转型实力和产业转型动力因子在五大经济特区中排名第4，产业转型活力因子在五大经济特区中排名第5。

海南在产业转型活力因子方面具有相对优势，但其他3个因子的得分均为负数，说明海南经济特区在5个经济特区中产业转型的综合能力最弱。

四 经济特区产业转型发展的政策建议

（一）制定实施产业差异发展战略，推动特区产业高级化

现代产业是经济特区产业转型的根本载体。近年来，深圳形成以现代服务

业、现代制造业、高新技术产业、战略性新兴产业和未来产业为主体的现代产业体系,相较而言,珠海、厦门、汕头尽管现代产业也有一定的规模,但总体来看,高新技术产业和现代服务业是这3个经济特区现代产业的主体,特色鲜明的战略性新兴产业和未来产业发展不足,目前尚未形成布局科学的现代产业体系。海南经济特区近年来比较重视旅游岛建设,现代服务业和房地产业成为拉动产业发展的主要动力,但现代制造业、高新技术产业的发展严重滞后,现代产业体系的建设更是任重道远,也难以形成海南经济特区高端化发展的有力支撑。深圳构建现代产业体系的经验值得其他4个特区借鉴,未来特区产业要实现高端化发展,就必须摒弃依托单一产业或某几个领域的产业发展模式,而必须结合特区本地实际,努力构建可以发掘自身要素禀赋和区位优势的现代产业体系。

(二)摒弃速度理念,坚定升级主线,培育特区产业转型力量

注重产业发展速度与质量效益相统一是新时期深圳、珠海、汕头等经济特区实践"三个定位、两个率先"的基本要求。围绕产业发展速度与质量效益的平衡,各大经济特区的产业转型呈现多种路径。一方面,以深圳为代表的经济特区注重"深圳质量"的打造,在注重产业结构优化提升的同时,第二产业投资尤其是工业投资增速显著下滑,工业投资在产业结构中的变化趋势值也显著落后于其他4个特区;另一方面,以海南为代表的经济特区加快产业发展,在加快产业发展速度的同时,规模以上企业单位工业增加值用电水平居高不下、单位工业增加值中利润总额比例偏低表明产业发展的质量和效益有待提高。除了深圳和海南两个特区之外,汕头、珠海、厦门也呈现产业发展速度与质量效益不统一的现象。以厦门为例,2013年,厦门三产产业增加值均有显著增长,但从产业发展的质量和效益来看,2013年,厦门规模以上工业企业利润总额比上年下降2.6%,投资收益下降40.7%。在第三产业固定资产投资中,房地产投资占城镇投资的比重却高达50.2%,超过50%的投资总额用于带有投机性的房地产开发业。产业发展速度与质量效益不统一不仅不利于提升经济特区产业发展的内在协调性,同时也极大地制约了经济特区产业转型的后劲。

参考文献

[1]《深圳市 2013 年国民经济和社会发展统计公报》，深圳市统计局网站，2014 年 4 月 9 日。

[2]《珠海市 2013 年国民经济和社会发展统计公报》，珠海市统计局网站，2014 年 3 月 28 日。

[3]《汕头市 2013 年国民经济和社会发展统计公报》，汕头市统计局网站，2014 年 3 月 25 日。

[4]《厦门市 2013 年国民经济和社会发展统计公报》，厦门市统计局网站，2014 年 4 月 10 日。

[5]《海南省 2013 年经济和社会发展统计公报》，海南省统计局网站，2014 年 1 月 27 日。

[6] 海南省统计局、国家统计局海南调查总队：《海南统计年鉴 2014》，中国统计出版社，2014。

[7] 福建省统计局、国家统计局厦门调查总队：《福建统计年鉴 2014》，中国统计出版社，2014。

B.3
中国经济特区资源效率与可持续发展报告*

钟若愚　彭新才**

在资源跨期约束条件下解析可持续发展，要强调选择价值的理念，即当代人应当为后代人保存自然和文化资源的多样性，使之具有选择的多样性。① 本报告在物质流分析（Material Flow Analysis，MFA）的基础上，构建城市和区域层面的资源效率研究指标，考察中国五大经济特区的资源效率和可持续发展问题。

一　城市层面物质流分析与资源效率分析框架

可持续发展视角下的生产效率不仅要关注劳动生产率、资本产出率等指标，更要关注生态效率视野中的资源生产率问题。物质流分析可以为研究资源效率与可持续发展问题提供一种新的视角。②

（一）城市层面的物质流分析框架与指标

物质流分析把社会经济系统看作一个整体，考察其总体输入、消耗与输出，即"社会的新陈代谢"。从输入端对进入经济系统的物质流进行研究，可

---

* 本报告是教育部人文社科重点研究基地重大项目（10JJDZONGHE019）的阶段性成果。
** 钟若愚，深圳大学中国经济特区研究中心教授、博士生导师，深圳市应用经济研究会会长；彭新才，深圳大学中国经济特区研究中心硕士研究生。
① 钟若愚：《选择价值与城市未来》，《中国社会科学报》2012年10月29日。
② 钟若愚：《自然资源价值与效率问题研究》，《求索》2008年第5期；钟若愚：《中国资源生产率和全要素生产率研究》，《经济学动态》2010年第7期。

以界定城市或区域层面物质流分析的物质类目。

物质流分析方法在国家、区域和城市层面研究尺度上的差异，导致通行的国家层面的 MFA 框架并不适于研究城市可持续发展问题。① 目前国内现有的城市 MFA 大多基于欧盟导则这一框架，如 2004 年徐一剑等利用欧盟导则分析贵阳市的物质流情况，给出了 1978~2002 年资源投入以及 1996~2002 年污染排放总量、结构、强度与人均规模的变化。② 此后黄和平、黄晓芬、钟若愚等同样使用欧盟导则对常州市武进区、上海市、深圳市等地分别进行了城市物质流分析。③

本报告建立了一个简化的物质流分析框架以探讨城市或区域层面的资源效率问题。对于不同的资源消耗型城市而言，直接物质输入量与本地物质消耗指标有几种对应关系，对于资源调入型的城市，简化分析框架可将直接物质消耗等同于直接物质输入指标。根据城市边界系统的界定以及城市物质资源使用数据的可得性，且为了着重研究经济增长过程中与工业化发展相关的物质资源的利用问题，本报告对所用的直接物质输入指标加以简化分类，如表 1 所示。

表 1　城市物质流分析的简化框架：直接物质输入指标的分类

指标	大类	构成项目	细分指标	主要内容
输入指标 DMI	直接物质输入 = 本地投入 + 外地调入 DMI = DE + I	本地投入 DE	1. 化石燃料	（1）原煤 （2）原油 （3）天然气
			2. 工业金属矿物质	（1）铁矿石 （2）铝矿石 （3）铜矿石 （4）其他

---

① 陈波、杨建新等：《城市物质流分析框架及其指标体系构建》，《生态学报》2010 年第 22 期。
② Xu Y J, Zhang T Z, Shi L, Chen J N, "Material Flow analysis in Guiyang," *Journal of Tsinghua University (Science and Technology)*, 2004, 44 (12): 1688 - 1691.
③ Huang H P, Bi J, Li X M, Zhang B, Yang J, "Material Flow Analysis (MFA) of an Eco - economic System: A Case Study of Wujin District, Changzhou," *Acta Ecologica Sinica*, 2006, 26 (8): 2578 - 2586.

续表

指标	大类	构成项目	细分指标	主要内容
消耗指标 DMC	直接物质消耗＝直接物质输入－本地调出 DMC＝DMI－E	本地投入 DE	3. 工业非金属矿物质	(1)化学化工原料 (2)初级形态的塑料 (3)玻璃、水泥等 (4)其他
			4. 生物质	(1)农作物 (2)林产品 (3)水产品 (4)畜产品
		调入(进口)I		化石燃料；工业矿物；生物质
		调出(出口)E		化石燃料；工业矿物；生物质

注：①城市物质流分析框架借鉴国家物质流分析框架，对应于国家层面的进出口，城市层面上则称为调入、调出；②以上简化框架可参考钟若愚、庄伟锋：《中国经济特区资源效率与可持续发展报告》，载《中国经济特区发展报告（2012）》，社会科学文献出版社，2013，第41~47页。

（二）基于物质流分析的资源效率指标

资源生产率指标 $P_{resource}$ 可以用经济社会发展的价值量 $Value$（一般是 GDP 总量）和资源实物量 $Material$ 的比值来衡量：

$$P_{resource} = \frac{Value}{Material} \tag{1}$$

借助物质流分析方法，可以从一种新的视角研究资源效率与可持续发展问题。物质流分析通过分类经济系统的投入物质、排出物质和存量物质，结合物质流体系和国民经济核算体系，构建一系列衍生指标，主要包括以下三类：（1）物质投入指标，如资源使用强度与资源生产率；（2）物质消耗指标，如资源消耗强度与资源消耗产出率；（3）物质排放指标，如物质排放强度与物质排放产出率等。在资源生产率指标基础上建立基于物质流分析的资源效率分析框架。

在此框架中，我们把社会经济系统作为一个整体来考察其总体的物质输入、消耗与输出，对经济系统输入端的物质流进行研究。从资源生产率的含义出发，还可进一步分析资源生产率因素对经济增长的影响，分解出其中由经济增长所带来的反弹效应以及提高资源生产率所带来的物质减量效应等。①

资源生产率首先是一种生产效率，它衡量经济活动使用自然资源的效率。在新古典经济学中资源的效率问题仅仅是一种经济效率，即资源配置的效率，相应的，获取资源效率的手段也只是市场价格。从可持续发展的角度来考虑，生产效率不仅要注重劳动生产率，还要关注生态效率视野中的资源生产率。式（1）所示的资源生产率，是对经济效率与生态因素的综合考虑，因而本质上是一种超越经济效率的生态效率概念。②

二　中国五大经济特区物质流分析及结果

（一）物质流分析的数据来源及处理

本报告的数据均来自公开出版的统计年鉴及相关调研。由于城市和区域系统界面存在数据匮乏、获取成本过高等问题，因此数据处理过程遵循以下假设：（1）对某种物质的消费需求，如果本地有生产则优先选择本地生产；（2）本地生产的某种物质如果供过于求，假设其调入为零；（3）若本地的物质产出无法满足本地需求，假定其调出为零。除了海南省之外，其他经济特区的化石燃料、金属矿物质、工业非金属矿物质均属于内部供给不足、需从外部调入或进口的状态，可依据假设（3）进行数据处理。

主要类别的物质流数据处理如下。

（1）化石燃料、金属矿物质、工业非金属矿物质均由市外引进，本地基本上没有开采。化石燃料、金属矿物质、工业非金属矿物质以年产量表示，化石燃料由原煤、原油和天然气三部分组成，数据取自历年统计年鉴。③

---

① 钟若愚、庄伟锋：《中国经济特区资源效率与可持续发展报告》，载《中国经济特区发展报告（2012）》，社会科学文献出版社，2013。
② 钟若愚：《自然资源价值及其效率问题研究》，《求索》2008年第5期。
③ 钟若愚、庄伟锋：《中国经济特区资源效率与可持续发展报告》，载《中国经济特区发展报告（2012）》，社会科学文献出版社，2013。

(2) 工业金属矿物质由金、铜、铝、铅、锌和铁矿石等物质组成，本报告采用可获得的成品钢材及个别年份的进口铁矿石数量和铝材数量等进行计算①，从相应统计年鉴中仅可以得到产品的产量数据，因此通过投入产出关系计算其原矿需求量。基于上述本地产量供不应求的假定，可令直接物质投入量＝本地开采量+外地调入量，原矿需求量即本地开采量+外地调入量，因此原矿需求量等于直接物质投入量。此外，本报告不计算矿产资源开采的生态包袱数值。

(3) 生物质由农作物、经济作物、林木、水产品等代表。本报告根据主要生物质的本地人均消费量对生物质消耗量进行估算。

（二）各经济特区物质流分析结果

本报告在城市或区域层面引入物质流分析方法，得到物质流分析的基本指标——直接物质输入指标DMI，用其来表征各特区在经济发展过程中的物质资源投入，在此基础上进一步衡量其资源效率问题。

1. 历年DMI总量及其变化

DMI指标反映了各特区在经济增长过程中的直接物质投入总量的情况。表2和图1所示为1996~2013年各经济特区DMI总量的变化情况，在所考察的五大经济特区中，海南省的直接物质消耗总量高于其他特区，DMI总量较低的是厦门和珠海。

表2 1996~2013年五大经济特区直接物质投入指标情况

单位：万吨

年份	直接物质投入				
	海南	深圳	厦门	汕头	珠海
1996	1327.0	1150.4	211.4	647.4	267.6
2000	1829.4	1340.2	313.0	605.7	443.9
2005	2300.2	1743.0	571.0	745.6	641.7
2006	2599.8	1889.3	679.8	771.5	691.2

---

① 根据铝矿石含铝量40%、1吨粗钢需要1.6吨含铁量为62%的铁矿石等技术指标进行换算。

续表

年份	直接物质投入				
	海南	深圳	厦门	汕头	珠海
2007	2843.3	1910.8	674.6	771.1	932.3
2008	3005.7	1863.5	766.5	760.4	1031.0
2009	3408.5	1787.3	768.1	873.6	1052.2
2010	3807.2	1861.3	944.1	1177.6	1123.0
2011	4423.2	2024.7	1049.1	1288.8	1144.1
2012	4720.1	1912.1	1103.2	1308.6	1191.2
2013	5114.2	1891.2	1292.0	1463.4	1269.6

资料来源：根据本报告的物质流分析简化框架计算整理得到；对2012年的数据进行了修正。

从资源消耗的增长情况看，厦门的DMI总量从1996年的211.4万吨增长到2013年的1292.0万吨，1996～2013年的平均增长速度为11.2%；DMI年均增速最低的是深圳（3.0%），海南、汕头和珠海的年均增速分别为8.3%、4.9%和9.6%。

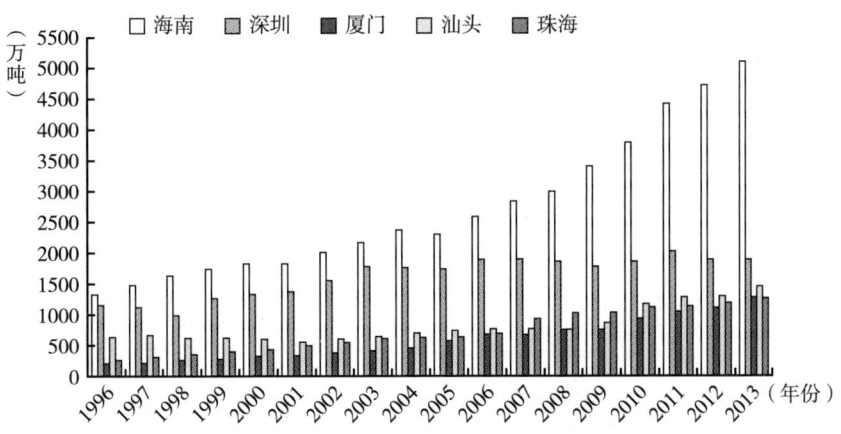

图1 1996～2013年五大经济特区直接物质投入指标比较

从历年的变化情况看，海南2010年的DMI指标比上年增长11.7%（见图2）。分析其DMI构成的增长情况可知，当年DMI的增长主要来自工业非金属矿物质与建筑材料的大幅增长，其增幅高达33.2%。

深圳1997年的DMI指标比上年下降2.54%，分析其DMI构成可以发现，

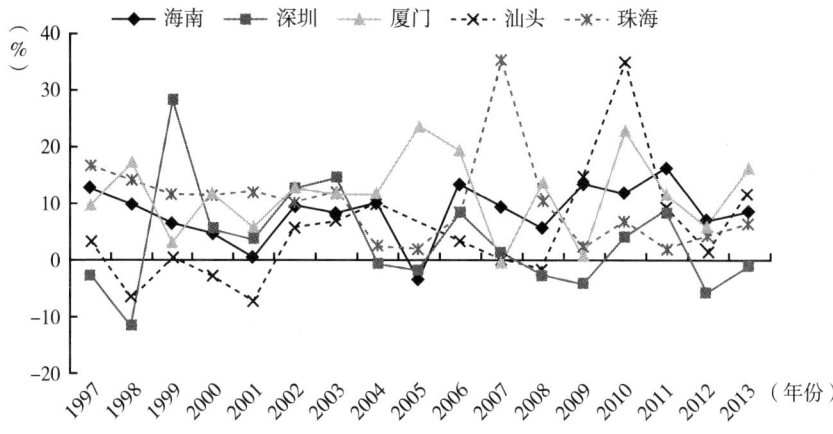

图 2 1997～2013 年各特区 DMI 指标增长率

当年金属矿物质的使用量较上年下降 0.97%，非金属矿物质占 DMI 总量的比重较上年下降 16.6%。可以发现，非金属矿物质、金属矿物质等使用量的剧烈波动是影响考察期间 DMI 变化的重要因素，这说明 DMI 指标反映了各特区在工业化进程中对主要物质资源的消耗及变动情况。

2. 人均 DMI 指标及其比较

人均 DMI 指标反映各特区在经济增长过程中物质资源消耗的人均投入水平。从表3可见，珠海的人均 DMI 在各特区中最高，2013 年高达 7.98 吨/人；2013 年人均 DMI 指标最低的两个特区是深圳市（1.78 吨/人）和汕头市（2.68 吨/人）。厦门的人均 DMI 在 1996 年为 1.1 吨/人，是当时各特区中最低的，但到 2013 年已上升至 3.46 吨/人，高于深圳、汕头两地。

表 3 1996～2013 年各特区人均 DMI 指标比较

年份	人均直接物质投入(吨/人)				
	深圳	汕头	厦门	海南	珠海
1996	2.38	1.52	1.10	1.86	2.82
2000	1.91	1.29	1.53	2.40	3.59
2005	2.11	1.51	2.09	2.78	4.53
2006	2.17	1.54	2.36	3.11	4.78
2007	2.09	1.52	2.22	3.36	6.32

续表

年份	人均直接物质投入(吨/人)				
	深圳	汕头	厦门	海南	珠海
2008	1.95	1.48	2.35	3.52	6.82
2009	1.80	1.67	2.33	3.94	6.83
2010	1.79	2.18	2.65	4.38	7.19
2011	1.93	2.38	2.91	5.04	7.30
2012	1.81	2.40	3.02	5.32	7.53
2013	1.78	2.68	3.46	5.71	7.98

注：人均指标用历年常住人口数计算。

从图3可以看出，珠海的人均DMI指标一直高于其他几个特区。从指标构成中可以发现，其DMI构成中化石燃料的消耗增幅较大。

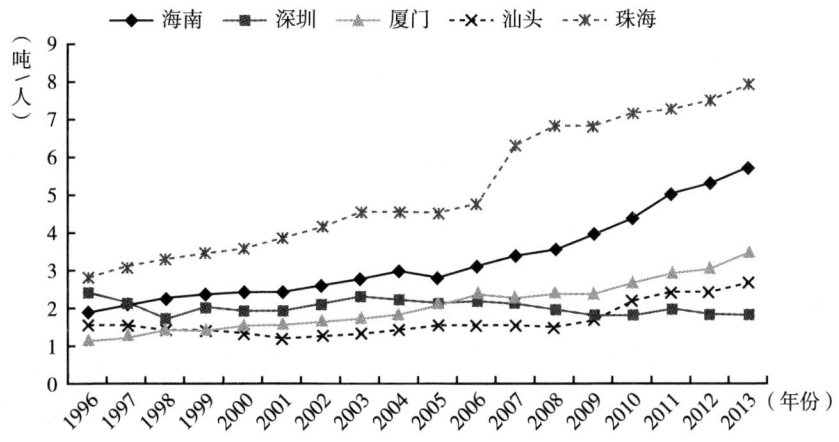

图3 1996~2013年五大经济特区人均DMI指标变化

从人均DMI的年均增速来看，在考察期间，海南、厦门、珠海三地的人均物质资源消耗的增长率在5个经济特区中居于高位（分别为6.8%、7.0%和6.3%），汕头的人均物质消耗增长率平稳（3.4%），只有深圳实现了人均DMI的净减少，为-1.7%（见表4）。

表4　1996~2013年各特区人均DMI及其年均增速比较

人均DMI　　年份	厦门	汕头	海南	深圳	珠海
1996年(吨/人)	1.10	1.52	1.86	2.38	2.82
2013年(吨/人)	3.46	2.68	5.71	1.78	7.98
年均增速(%)	7.0	3.4	6.8	-1.7	6.3

资料来源：根据本报告的物质流分析结果计算整理得到。

1996~2013年，深圳DMI总量的年均增速仅为3.0%，在各特区中最低，同期常住人口的年均增长速度却高达4.8%，因而人均DMI指标逐步降低，到2013年仍是各特区中人均物质资源消耗最少的城市。这也说明深圳在各特区中率先进入DMI总量平稳增长但人均物质投入逐步趋缓甚至下降的阶段，表明近年来深圳在经济增长过程对物质资源消耗的需求逐步趋缓。

（三）1996~2013年各特区资源利用构成的比较

考察1996~2013年各特区的DMI构成情况，可以发现各特区资源投入的构成结构均发生了较大变化，其中厦门、珠海两地的变化具有一定的特点。

首先考察厦门。从DMI的构成情况来看，1996~2013年，厦门经济发展中的资源投入结构发生了以下变化：（1）金属矿物质的比重快速提高，1996年所占比重为5.2%，到2013年达28.4%，略低于2010年的最高值32.2%；（2）化石燃料投入所占比重一直最大，1996年化石燃料占DMI的比重为45.1%，2013年占41.2%；（3）随着厦门制造工业快速成长，非金属矿物质使用量占DMI投入的比重持续提高，由1996年的14.1%上升到2013年的20.9%（见图4）。

由此可见，自然资源投入的构成变化，与厦门产业发展的阶段性变化密切相关。厦门在工业化进程中，一方面，化石燃料的投入快速增长；另一方面，第二产业所使用的金属与非金属矿物质所占比重上升，近年来处于相对稳定的状态。

其次考察珠海。从珠海1996~2013年的DMI构成情况可以发现，珠海的直

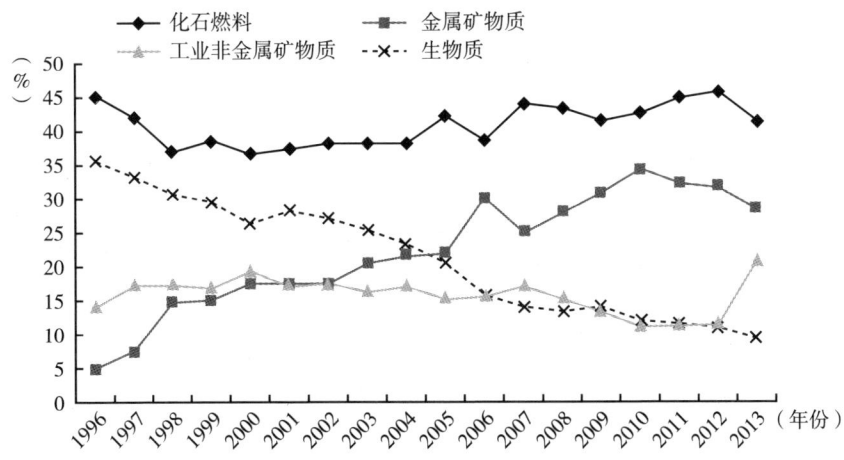

图 4　1996～2013 年厦门直接物质输入指标的构成变化

接物质资源投入总量由 1996 年的 267.63 万吨上升到 2013 年的 1269.61 万吨，年均增长 9.6%。在 DMI 构成中，化石燃料所占比重平稳上升后微降；金属矿物质所占比重持续上升，由 1996 年的 19.7% 上升到 2013 年的 30.3%；生物质所占比重持续下降，由 1996 年的 41.2% 降至 2013 年的 7.0%（见图 5）。

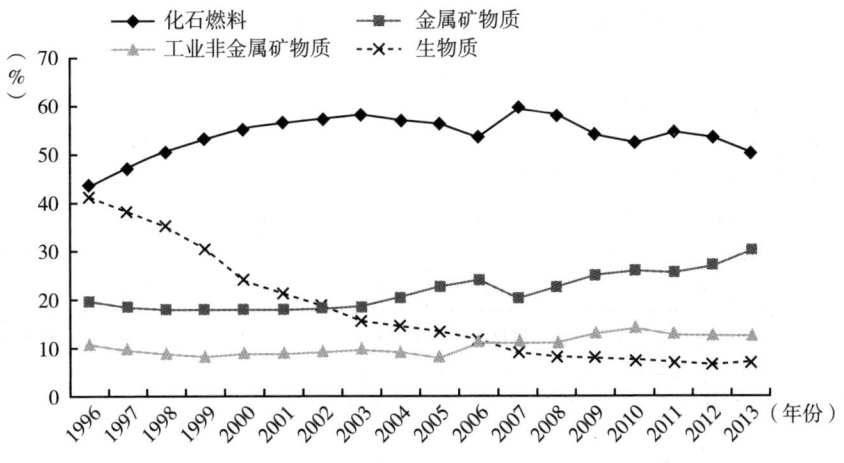

图 5　1996～2013 年珠海直接物质输入指标的构成变化

珠海 DMI 构成的变化，充分反映了三次产业结构变化与对应的物质资源消耗构成变化相一致。在考察期间，珠海的三次产业结构发展经历了第二产业比重快速上升、第一产业比重下降的过程。此外，DMI 和人均 DMI 指标在此期间经历了较快增长，在五大特区中，其物质资源消耗总量和人均值均较高。①

三　2013 年中国经济特区资源投入和资源效率比较

（一）2013 年各特区资源投入及其构成比较

如表 5 所示，从物质资源投入总量指标及人均指标来看，各特区 2013 年直接物质资源投入总量从高到低依次为海南（5114.2）、深圳（1891.2）、汕头（1463.4）、厦门（1292.0）、珠海（1269.6）；但表征人均物质资源投入水平的人均 DMI 指标的排序则有所不同，从高到低依次为珠海（7.98）、海南（5.71）、厦门（3.46）、汕头（2.68）、深圳（1.78）。各特区的物质资源总量投入与人口总量、经济总量、经济发展的资源需求总量直接相关，人均资源投入指标则将人口总量因素排除，较为明确地反映出各地经济发展所消耗的资源情况。

表 5　2013 年各特区 DMI 及人均 DMI 等指标比较

指标	DMI（万吨）	人均 DMI（吨/人）	资源生产率（元/吨）	GDP（亿元）	年末常住人口（万人）	人均 GDP（万元）	人均 GDP（美元）
海南	5114.2	5.71	4190.6	2143.1	895.3	2.39	3926
深圳	1891.2	1.78	61380.0	11607.9	1062.9	10.92	17913
汕头	1463.4	2.68	21651.4	1402.1	546.4	2.57	4209
珠海	1269.6	7.98	9581.0	1490.0	159.0	9.37	15367
厦门	1292.0	3.46	11735.7	2797.4	373.0	7.50	12301

资料来源：根据本报告的物质流分析框架及相关数据计算整理；GDP 及人均 GDP 以 2000 年不变价计算；人均 GDP 美元用 2013 年底人民币对美元中间价计算。

---

① 一些研究对资源消耗问题只考虑能源等单要素资源的消耗情况，会得出诸如海南省的资源消耗系数较小的结论（参见刘慧媛、杨忠直《资源消耗与经济增长：一个动态面板数据方法》，载《投资研究》2012 年第 8 期）。但综合考虑资源投入而不是单一资源投入，例如使用 MFA 分析方法将资源投入进行分类整理和综合计算，我们会发现，采用综合资源消耗对应的产出等指标，能更为真实地反映过去 30 多年经济发展过程中的真实资源投入与消耗情况，得出的结论自然也颇为不同。

因部分省市对其常住人口数、GDP等指标进行了调整，以及在计算过程中个别数据存在出入，特将2012年各特区的DMI及人均DMI等指标进行调整修订和重新计算（见表6）。

表6 2012年各特区DMI及人均DMI等指标调整修订

指标	DMI（万吨）	人均DMI（吨/人）	资源生产率（元/吨）	GDP（亿元）	年末常住人口（万人）	人均GDP（万元）	人均GDP（美元）
海南	4720.1	5.32	4131.4	1950.1	886.6	2.20	3519
深圳	1912.1	1.81	54938.8	10504.9	1054.7	9.96	15936
汕头	1109.5	3.02	23047.0	2557.1	367.0	6.97	11148
珠海	1308.6	2.40	9740.7	1274.7	544.8	2.34	3743
厦门	1191.2	7.53	11319.6	1348.4	158.3	8.52	13632

注：根据相关统计年鉴的数据进行调整修订和重新计算。

从资源投入的构成情况看，2013年各特区DMI构成中比重最大的部分均为化石燃料的消耗，其次是工业用金属矿物质和非金属矿物质，这与当前经济发展中工业化增长对能源与工业矿物质的消耗需求相一致（见表7）。

表7 2013年各特区DMI构成比较

指标	DMI（万吨）	1.化石燃料(%)	2.金属矿物质(%)	3.非金属矿物质(%)	4.生物质(%)	人均DMI（吨/人）
海南	5114.2	32.8	13.5	34.8	18.9	5.71
深圳	1891.2	41.5	17.5	23.5	17.5	1.78
汕头	1463.4	53.2	12.4	18.4	15.9	2.68
珠海	1269.6	50.3	30.3	12.3	7.0	7.98
厦门	1292.0	41.2	28.4	20.9	9.6	3.46

资料来源：根据本报告的物质流分析框架及相关数据计算整理。

其中化石燃料占比最高的是汕头（占DMI的比重达53.2%），最低的是海南（占32.8%）。化石燃料占比最低的是海南，其化石燃料消费总量（1676.6万吨标准煤）在各特区中最高，远高于占比最高的汕头（778.5万吨标准煤），化石燃料的构成较为均衡，原煤、原油、天然气分别为685.22万吨、621.13万吨和370.20万吨标准煤。工业用金属与非金属矿物质合计占比情况，从高到低依次为厦门（49.3%）、海南（48.3%）、珠海（42.7%）、深圳（41.0%）和汕头（30.8%）。

（二）2013年各特区资源利用效率比较

资源生产率用每投入1吨物质量（DMI）所创造的GDP来表示，这一指标能够综合反映区域或城市的资源利用效率。为便于比较，GDP按2000年的可比价格计算。自1996年以来，各特区的资源使用效率总体呈上升趋势，个别年份出现负增长（见表8）。

表8 1996～2013年各特区资源生产率指标

单位：元/吨

年份	海南	汕头	珠海	厦门	深圳
1996	2897.4	4519.5	8084.3	13161.0	10639.9
2000	2879.7	7432.0	7487.8	16034.4	16322.0
2005	3703.3	8422.2	9894.0	17948.0	26738.9
2006	3709.2	9083.7	10664.9	17668.3	28754.9
2007	3927.3	10270.7	9251.1	20830.3	32649.2
2008	4097.7	11507.8	9136.4	20807.8	37532.9
2009	4036.4	11089.4	9538.8	22426.0	43301.8
2010	4192.0	9369.3	10086.7	21001.2	46639.1
2011	4041.0	9032.2	11014.3	21753.0	47184.4
2012	4131.4	9740.7	11319.6	23047.0	54938.8
2013	4190.6	9581.0	11735.7	21651.4	61380.0

资料来源：根据本报告的物质流分析结果计算整理得到，其中资源生产率指标均采用2000年的不变价格GDP计算，部分年份数据有调整。

2013年各特区的资源生产率水平以深圳最高（6.14万元/吨），往下依次为厦门（2.17万元/吨）、珠海（1.17万元/吨）、汕头（0.96万元/吨）、海南（0.42万元/吨）。人均资源消耗水平则以珠海最高、深圳最低，人均GDP指标则以深圳最高、海南最低。

四 经济特区资源效率与可持续发展分析

资源效率与可持续发展的比较分析以资源效率为基础，由于数据可获得性问题，目前在物质流分析基础上引入全要素生产率指标来进一步研究各特区的可持续发展问题还存在困难，因此本报告对资源效率与可持续发展问题的解析只以资源生产率等指标为依据，在此基础上结合人口、经济、资源消耗之间的关联加以评价分析。

（一）1996～2013年各经济特区的资源生产率

1996～2013年各特区资源生产率指标的变化情况如图6所示。

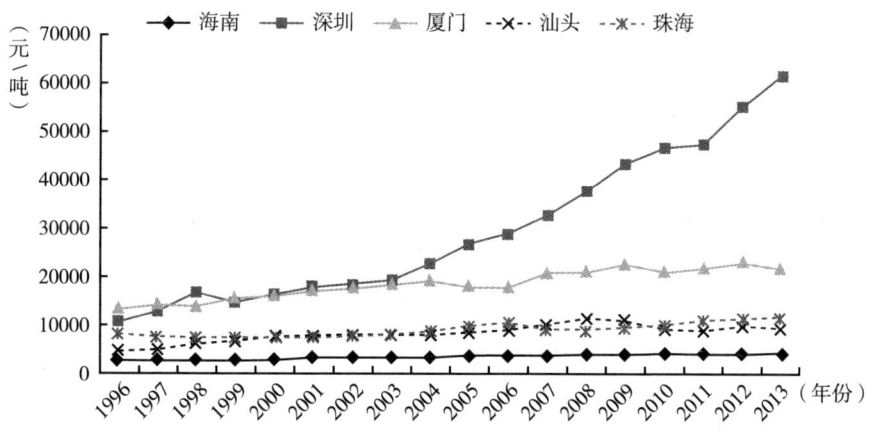

图6　1996～2013年各特区资源生产率水平比较

1996年厦门的资源生产率水平在各特区中最高，为1.32万元/吨，其次为深圳（1.06万元/吨）。到2013年，深圳的资源生产率水平达到6.14万元/吨，1996～2013年平均增长10.9%；厦门的资源生产率水平在2013年达到2.17万元/吨，1996～2013年平均增长3.0%。

各特区的资源生产率增长速度如图7所示。1997～2013年，深圳的资源生产率增长最快，总体保持在10%以上，其他四大经济特区的资源生产率增长速度不太稳定，近年来总体上增长变化的绝对值低于6%。

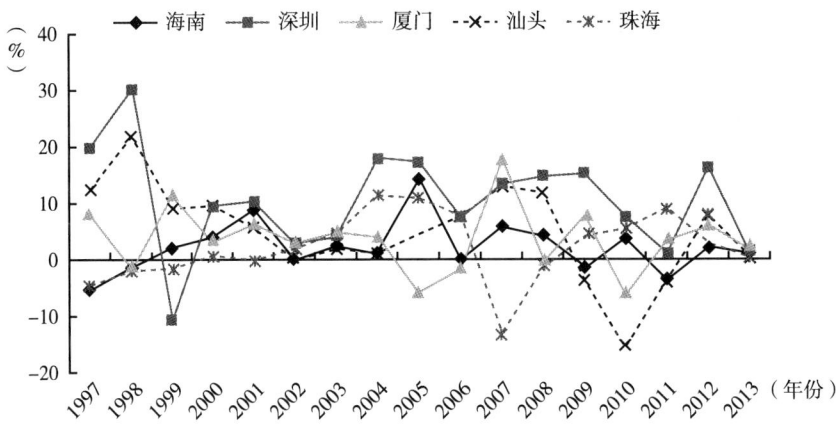

图7 1997~2013年各特区资源生产率增长速度比较

珠海、海南两地的资源生产率增长速度在各特区中最低，年均增速均为2.2%（见表9）。

表9 1996~2013年各特区资源生产率及其年均增速比较

资源生产率(元/吨)	海南	珠海	厦门	汕头	深圳
1996年	2897.4	8084.3	13161.0	4519.5	10639.9
2013年	4190.6	11735.7	21651.4	9581.0	61380.0
年均增速(%)	2.2	2.2	3.0	4.5	10.9

资料来源：根据本报告的物质流分析结果计算整理得到。

（二）经济特区资源效率与可持续发展

对各特区的资源生产率等指标的年均增速进行比较可以看到，1996~2013年，各经济特区都经历了持续快速增长。用2000年的不变价格比较，各特区的年均经济增速均在9.7%以上，深圳和厦门的年均增速均超过14%。与此同时，资源投入总量的增长也保持在较高水平。深圳、汕头的DMI年均增长速度分别为3.0%和4.9%，海南、珠海和厦门的资源消耗总量的增长速度较高（见表10）。考虑人口增长因素，人均资源消耗的年均增速仅深圳为负，这与深圳在此期间常住人口总量高达5%的年均增长速度有关。因而，综合人口、资源消耗和经济增长因素，各特区资源生产率的增长水平以深圳为最高，年均增长率达10.9%。

表10 1996～2013年各特区主要指标增长率比较

单位：%

各指标增长率	深圳	汕头	厦门	海南	珠海
DMI	3.0	4.9	11.2	8.3	9.6
GDP	14.1	9.7	14.5	10.6	12.0
常住人口	4.8	1.5	4.0	1.3	3.1
人均DMI	-1.7	3.4	7.0	6.8	6.3
资源生产率	10.9	4.5	3.0	2.2	2.2

进一步考察各经济特区资源与产出增长的关系。

人均DMI指标和资源生产率水平的比较显示，2013年各特区的人均DMI水平由低至高分别为深圳、汕头、厦门、海南、珠海，资源生产率水平由高至低则为深圳、厦门、珠海、汕头、海南。前者反映人均物质资源的消耗水平，后者反映整体的资源产出效益状况（见表11）。

表11 2013年各特区人均资源消耗及资源效率水平排序

指标	深圳	汕头	厦门	海南	珠海
人均DMI(吨/人)	1.78	2.68	3.46	5.71	7.98
指标	深圳	厦门	珠海	汕头	海南
资源生产率(万元/吨)	6.14	2.17	1.17	0.96	0.42

资料来源：根据本报告的物质流分析结果计算整理得到。

结合各特区的资源消耗、资源效率和经济增长指标来看，深圳和厦门的人均资源消耗水平在各特区中相对较低，且资源生产率水平相对较高。通过进一步提升资源效率水平，经济特区将步入持续发展阶段。

可以用Pearce的增长恒等式对2013年各特区的资源消耗、资源效率、人口增长与经济增长间的关系做出一个基本判断。

$$R_{DMI} = \frac{yP_{population}}{P_{resource}} \qquad (2)$$

其中 R_{DMI} 为资源使用量，以直接物质投入量 DMI 指标来表征；y 是人均产出，以 $\dfrac{GDP_{real}}{P_{population}}$ 表示；$P_{population}$ 指人口，以年末常住人口表示；$P_{resource}$ 是资源生产率（Resource Productivity），以当年物质投入所对应的实际产出表示。

对式（2）取对数并对时间求全微分可得：

$$\dot{R}_{DMI} = \dot{y} + \dot{P}_{population} - \dot{P}_{resource} \qquad (3)$$

其中 $\dot{y} = \dfrac{1}{y}\dfrac{dy}{dt}$，其余依此类推。这种表达方式描述了资源消耗与人口、经济产出之间的一种基本关系。从式（3）可知，资源生产率的增长（$\dot{P}_{resource}$）必须大于人口与人均产出的增长之和才能避免资源使用量的绝对增长。①

表12　2013年各特区资源、人口、产出增长关系的年度基本判断

单位：%

经济特区	DMI增长	人均GDP增长	人口增长	资源生产率增长	恒等关系核算
海南	8.35	8.83	0.98	1.43	8.38
厦门	16.45	7.64	1.63	-6.06	15.33
深圳	-1.10	9.65	0.77	11.72	-1.30
汕头	11.83	9.69	0.28	-1.64	11.61
珠海	6.58	9.96	0.49	3.68	6.78

资料来源：根据本报告的物质流分析结果及相关数据计算整理得到。

表12给出了对各特区2013年资源、人口、产出基本关系的计算结果，从各特区相关指标之间的关系来看，DMI增长基本上与人均GDP增长加上人口增长减去资源生产率增长的结果相一致。例如，2013年深圳DMI减少1.10%，这与人均GDP增长（9.65%）加上常住人口增长（0.77%），减去资源生产率增长（11.72%）得到的 -1.30% 基本一致。2013年厦门DMI消耗的增长为16.45%，资源生产率增长为负

---

① Grant Allan and Nick Hanley, "The Macro-economic Rebound Effect and the UK Economy," *Report for DEFRA*, May 2006.

(-6.06%），其人口增长（1.63%）远高于其他经济特区。可见，2013年五大经济特区的相关指标数据，验证了几个特区间资源、人口与产出之间基本关系的一致性。

（三）对经济特区资源效率与可持续发展的相关建议

1. 以效率和质量看待经济特区的可持续发展

从年度指标看，2013年各特区均维持了较高的人均GDP增长，但经济发展对物质资源投入的依赖程度仍然较高，厦门、汕头的DMI增长分别高达16.45%和11.83%，人均DMI指标只有深圳特区近年来维持平稳，其余经济特区仍处于持续增长阶段。可见，当前各经济特区仍处于工业化快速发展阶段，伴随着较高的经济增速，经济增长对资源消耗的依赖程度仍旧较高。

经济特区的未来发展应注重可持续发展的质量和效率，着力提高经济发展的整体质量，加快经济发展方式的转变。核心竞争优势的打造和经济发展质量的提升不是经济特区的独特追求，中国各地的发展都面临类似问题。由于多年来经济特区率先发展和持续高速增长的领先优势明显，在未来发展中要更加注重为质量和效率的提升留下创新发展空间。①

2. 物质流分析是考量资源效率与可持续发展的有效方法

物质流分析对经济系统的物质投入、消耗和流动状况进行考察，得到衡量资源投入与消耗状况的简洁且有效的指标，拓展了可持续发展研究的方法和应用。由于MFA方法主要衡量资源消耗的质量单位，可在一定程度上与单纯使用货币单位在不同地区和不同时期进行比较的做法相互补充，从而使可持续发展的度量建立在更为规范全面的量化基础上。物质流分析不仅在欧盟主要成员国被列为统计体系的一部分，而且近年来在世界范围内都得到推广和应用。

中国尚未建立规范的物质流分析体系，不同学科、不同学者测算的结果还存在较多差异，其应用也因而受到相当多的制约。尽快建立中国物质流分析及

---

① 钟若愚：《以效率和质量看待经济特区的未来发展》，《特区经济》2012年第2期。

资源效率的统计指标体系，对我国可持续发展的研究和政策制定是极为必要和基础的工作。

3. 资源效率应成为衡量经济特区可持续发展的重要指标

目前中国仍未进入工业化进程的中高级阶段，经济特区的发展虽然领先一步，但其经济增长仍需要较高的要素投入来拉动。从经济发展的阶段性来看，这有其必然性，但是依赖要素投入的高增长是不可能长期维系的，必须认识到提高资源效率和全要素生产率对实现经济长期可持续发展的重要性。因而，以效率和质量看待经济特区的可持续发展，首先要求大幅提升资源效率水平。更直接的，在即将到来的"十三五"期间，应将资源效率问题作为可持续发展和科学发展的重要内容纳入新的国民经济和社会发展规划。

参考文献

［1］陈效述、乔立佳：《中国经济—环境系统的物质流分析》，《自然资源学报》2000年第1期。

［2］黄晓芬：《基于资源生产率的城市绿色竞争力研究》，同济大学博士学位论文，2006。

［3］苏东斌、钟若愚：《中国经济特区导论》，中国经济出版社，2010。

［4］钟若愚：《以效率和质量看待经济特区的未来发展》，《特区经济》2012年第2期。

［5］钟若愚：《中国资源生产率和全要素生产率研究》，《经济学动态》2010年第7期。

［6］钟若愚：《选择价值与城市未来》，《中国社会科学报》2012年10月29日。

［7］钟若愚、林滨：《中国经济特区资源效率与可持续发展报告》，载陶一桃主编《中国经济特区发展报告（2013）》，社会科学文献出版社，2014。

［8］European Communities（2001），*Economy – Wide Material Flow Accounts and Derived Indicators*，*A Methodological Guide*，Luxembourg：Office for Official Publications of the European Communities.

［9］Gylfason, Thorvaldur（2001），"Natural Resources, Education, and Economic Development," *European Economic Review*, Elsevier, Vol. 45（4 – 6）: 847 – 859.

［10］Krutilla, J. V.（1967），"Conservation Reconsidered," *American Economic Review*

57 (4): 777 - 786.
[11] OECD (2001), *Measuring Productivity*: *Measurement of Aggregate and Industry - Level Productivity Growth*, Paris: OECD Publications.
[12] Pearce, D. W. (2001), "Measuring Resource Productivity," Paper to DTI/Green Alliance Conference, February 2001.

B.4 中国经济特区创新发展报告

张 凯*

在过去一年中，尽管全球经济还处于缓慢调整和低速增长时期，中国经济却以 GDP 总量 568848 亿元、同比增长 7.7% 的佳绩"平""稳""好"地漂亮收官。即便如此，中国的经济改革仍然处于至关重要的发展阶段，改革能否有效落实到经济创新发展的各个领域和环节尤为关键。与发达国家相比，中国经济虽然增速较高，但起点较低，相比以往既定的"保八"的总体目标尚有微弱距离。如何使经济在未来占据高速、稳定、健康增长的制高点是一个重大问题，创新发展已成为其不可或缺的重要举措。经济特区不仅是中国经济的典型代表，也是经济创新发展的先行者。经济特区创新经济发展的好坏直接决定了未来创新发展经验的多少以及经济发展优势的强弱。所以花大力气研究特区经济的创新发展对未来经济的可持续性高速发展有着极其重要的意义，同时对未来创新型国家战略的顺利实施也有指导作用。

一 2013 年度经济特区创新发展概况

经济特区的本意是以关税减免等优惠政策为依托，通过创造良好的投资环境，鼓励外商投资，辅之以高新技术和科学合理的管理方法，促进特区经济得到"特殊发展"——技术发展。2013 年，五大经济特区创新发展的特色不一而足。

（一）深圳创新发展稳步推进

创新是深圳的代名词。深圳一直以来就以创新为重心，其创新发展已有数

---

* 张凯，深圳大学商学院副院长，教授、博士生导师。

十年之久，如今逐步迈入更高层次的平台，同时也意味着转型方针初见成效。在过去一年，深圳经济坚持以质量为中心、以创新为支柱，创新平台逐步完善。战略性新兴产业发展迅猛，占GDP的比重越来越大，为深圳创新驱动力的提高打下坚实基础；国家自主创新示范区的成立相当于为深圳量身定做了创新驱动力孵化器。2013年深圳经济总量突破2300亿美元，人均GDP高达2.2万美元，正式步入创新驱动阶段，发展速度甚至超过同时期的一些欧美发达国家。凭借如此高速的发展，深圳已经成为中国经济发展中的佼佼者。在科研投入方面，深圳的研发投入占GDP的比重高达4%，已经接近甚至超过某些发达国家的水准。高额的研发投入，直接为深圳的创新经济注射了一剂强心针。

1. 战略性新兴产业打造创新驱动轨道

深圳在2009年首次重点推出战略性新兴产业。主要原因在于其具有战略性、产业型、科技主导型三大优良特点。战略性新兴产业以年均20%的惊人速度茁壮成长，俨然成为深圳的支柱产业和第一经济增长点。至2013年末，深圳的战略性新兴产业得到了飞速发展：全年战略性新兴产业的生产总值达1.63万亿元，同比增长近20%，占总体经济的半壁江山，较3年前的整体规模（8091亿元）几乎翻了一番；增加值突破5000亿元大关，增长超过20%，比经济平均增速还要高10个百分点；对GDP增长的贡献率首次突破50%，已经逐步成为经济发展的主动脉。在六大新兴产业中，新一代信息技术产业作为深圳的龙头产业，产值增长2000亿元，增速达25%；作为深圳新生产业的文化创意产业，总额增长近1500亿元，同比增长20%。战略性新兴产业的高速发展促使城市创新能力大幅度提升。如果以人均GDP1.7万美元为一个城市是否进入创新驱动增长阶段的标准，那么深圳（人均GDP2.2万美元）早已步入创新驱动轨道。就自主创新环境而言，深圳已经达到或接近国际水准，为完善产学研技术创新体系提供了有利条件，营造了良好的创新氛围。

2. 自主创新示范区提供创新驱动力孵化器

创新是促进城市高速发展的主要驱动力，科技创新是经济发展的内在动力。提升科技竞争力是建设创新型城市的重要一环和关键步骤。对于深圳这座创新城市而言，高新技术企业作为城市创新发展的主体，在功能上已经延伸、发展为经济发动机，为经济创新发展提供源源不断的上升动力，也为解决经济发展不平衡问题指出一条捷径。深圳在实施自主创新战略的同时，不断营造科技创新环境，大力提高自身科技转化成果的质量，积极增加创新主体的数量。在营造创新环境方面，深圳创建了继北京、武汉、上海三大示范区之后中国第四个独具特色的自主创新示范区。其特色不仅体现在不盲目照搬现有的各项政策与配套措施，而且反映在其进一步结合深圳自身的具体发展优势与不足，针对科技金融改革创新、深化深港经济科技合作关系等方面做出积极探索。加速推进国家自主创新示范区建设，对加快金融创新发展、开发创新源头以及改善创新环境有决定性的作用。同时还能间接支撑经济发展转型成功，提高核心技术的自主开发能力，推动新兴产业跨越式发展，从而加快创新型国家建设战略的实施进程。

在科技成果转化方面，深圳 2013 年高新技术产品产值达 1.4 万亿元，增加值占 GDP 的比重超过 1/5；全社会研究和发展经费支出首次超过 500 亿元，占 GDP 的比重提高至 4%，与国外发达国家水准相平，彰显致力于高新技术研发的决心；PCT 国际专利申请量突破 1 万件大关，占全国的比重接近 50%，形成"一个深圳，半片中国"的局面。深圳在 2013 年底圆满完成《深圳国家创新型城市总体规划实施方案（2011～2013 年)》中的各项任务。3 年来，新增各类创新载体 528 家，超过前 30 多年的总和，创新载体总数累计达到 955 家，其中国家级的有 69 家；组织实施 153 项科技重大技术攻关项目和 126 个科技应用示范项目，其中基因测序、超材料、4G 通信等领域的技术水平跻身世界前沿。[①]

3. 特色人才创建创新驱动平台

创新经济的发展离不开人才，人力资本对于各个特区而言都是极其宝贵而又稀缺的资源。深圳出台并大力推行"孔雀计划"等人才激励措施，在引进海外高层次人才团队的同时，加强本土特色人才培养及人才"源头"平台建设。根据深圳市"十二五"规划，深圳将建设 10 所特色学院。该政策的提出旨在引入优质资源，有针对性地进行特色学科建设和高层次办学。例如和国外

---

① 《深圳市 2013 年国民经济和社会发展统计公报》2014 年 4 月 8 日，http://www.sztj.gov.cn/xxgk/tjsj/tjgb/201404/t20140408_2337341.htm。

知名大学合作，重点培养生物、互联网、文化创意、新一代信息技术等战略性新兴产业和医疗卫生、环境保护、金融、艺术等重点支持领域的特色人才。为了拓宽战略性新兴产业，深圳需要对口的特色人才。特色学院建设的提出恰逢其时，符合深圳发展战略性新兴产业的迫切需要，能够有效缓解当前市场需求与人才匹配不协调的问题，在体制创新模式上开辟一条新路径。深圳在2013年前已完成华大基因学院、深圳先进技术学院、深圳大学光启新材料特色学院三所学院的建设，2013年新增深圳大学（盐田）工业设计特色学院、深圳大学城市轨道交通学院、深圳旅游特色学院，着力培养创意文化、交通运输、旅游管理专业人才。新增的三个学院将会为深圳战略性产业的快速发展开拓特色人才的活水源头。

（二）珠海创新发展科技崛起

由于珠海和深圳的特殊地理位置，珠海巧妙地沿袭深圳经验，不断培育自身发展优势，坚持以高新技术为中心，以生态文明发展和科学发展为基本点，努力夯实"蓝色珠海、科学崛起"的战略基础。2013年，珠海为打破2012年的大小企业产值失衡这一局面，有针对性地提出打造珠海"三高一特"产业体系，以高新技术带动产业结构升级，引进创新人才作为科学崛起的引擎，打造一个整体经济均衡发展的新珠海。

1. "三高一特"现代产业体系

2012年，珠海特区的GDP在珠三角排名靠后，根本原因是大小企业产值对比失衡。怎样才能打破这一尴尬局面？经过认真分析与调查研究，珠海决策层决定正式出台《"三高一特"现代产业体系规划》，旨在促进中小企业以集结成群之势对抗大型企业，促使经济整体均衡发展。这里的"三高一特"指以高科技含量、高附加值、低能耗、低污染的产业群为核心，建立包括高端制造业、新兴技术产业、服务业、特色海洋经济和生态农业等在内的新型产业体系。随着"三高一特"在政府报告中首次提出，珠海的交通枢纽地位初步确立，珠海构建"三高一特"体系的战役已经打响。快速打造"三高一特"现代产业体系，有助于珠海提高中小企业的科技竞争力和科技研发水平，并形成集聚科技、定位高端、富有特色的产业集群。没有高端就没有生命力，没有规

模形成不了竞争力,这是珠海成为特区30多年来历经8次定位走出来的经验之路。实施此计划有利于打破旧有的"一枝独大"格局,鼓励中小企业与大型企业均衡发展。"三高一特"引导珠海依托高新技术资源以及陆海资源,完善珠江口西岸"科技崛起"的战略布局,利用已有条件、基础和载体,形成强有力的产业集群,为未来新兴支柱产业的崛起打下坚实基础。

2. 科技创新带动产业结构升级

科技创新是当今经济得以创新发展的灵魂,没有科技,一个城市就丧失了灵魂。珠海一直以来狠抓、稳抓科技创新,利用科技创新带动产业结构升级,坚持不懈大力实施"科技兴海"战略。截至2013年底,全市经认定的高新技术企业达335家,新增62家,经认定和年审通过的软件企业达190家;拥有国家重点实验室分支机构5家,国家级企业技术中心2个。[①] 2013年全年珠海的高新技术产值近2000亿元,其中电子计算机及办公设备制造业增长最快,增速达20%,其次是电子及通信设备制造业和医药制造业,增速超过10%,其他制造业的增速均在5%左右,说明高新技术制造业仍有比较大的提升空间。如何抓住这个机会?产业结构优化升级离不开科技创新,必须依靠研发投入大力提高创新驱动力。创新驱动与全社会研发投入、每万人口拥有研发人员数量和每百万人口年发明专利密切相关,从2013年每万人口拥有研发人员数量来看,珠海(130多人)已达中等发达国家水平,但是想要接近国内外一流水平,珠海还必须加大研发投入,真正做到科技强市。

3. 创新人才建设把握科学崛起的命脉

科技创新归根到底是科技人才的竞争。只有拥有创新人才,才可能驾驭经济创新。高层次人才对于特区来说一直都是稀缺资源,也是各特区必争的重要资源。在人才引进方面,珠海不甘示弱,在2013年全年积极引进一批海外高层次创新团队和领军人才,如3D打印、中星微电子等高新技术人才,为完善"三高一特"的战略布局做好充分准备。根据"蓝色珠海、科学崛起"的战略方针,珠海积极提升自主创新能力,推动产业转型升级,加快"三高一特"现代产业体系的建设。2013年珠海出台了一系列政策及办法,如《蓝色珠海

---

① 珠海市统计局:《2014珠海概览》,http://www.stats-zh.gov.cn/zhoverview/2014zhgl。

高层次人才计划》、《鼓励海外高层次人才创业和引进国外智力暂行办法》、《横琴新区建设人才管理改革试验区行动计划（2013~2015）》、《横琴人才管理改革试验区中长期人才发展规划（2013~2020）》、《珠海经济特区横琴新区人才开发目录（2013~2015）》和《珠海经济特区横琴新区特殊人才奖励办法》等。在吸引海外人才的同时，珠海不断加大与周边高校的合作力度，接纳具有本地特色的专属性人才。三江人力资源综合服务中心分别与中国社会科学院研究生院深圳研究院、中山大学等国内知名大学和科研院所达成共识，这为珠海占据珠三角海外高层次人才引进战略制高点做出了突出贡献。① 这些措施的顺利实施，势必加速珠海"三高一特"现代化产业体系的实现，为珠海现代化产业的腾飞打下牢固基础。

（三）汕头创新发展独辟蹊径

汕头特区在经济发展过程中走过多次弯路，直接导致经济排名靠后。2013年汕头频遭洪涝和台风等天灾，发展相对于其他4个经济特区来说略有不足，但是总体来说经济稳中有进、富有自身特色。汕头经济特区以高新技术为依托，战略性地利用地理优势提出重新振兴"海上丝绸之路"，制定活用侨乡资源、努力实现"一核三区"空间总布局的战略性方针。

1. 据地利重振"海上丝绸之路"

港口在国际贸易中扮演着极其重要的角色，汕头因其特殊地理优势而成为天然港口。由于汕头长期位于"海上丝绸之路"的特殊位置和重要节点，因而拥有深厚的历史渊源和内涵，贸易行业有过一段辉煌历史。2013年全年，汕头的贸易总额为90亿美元，仅占GDP的5%，足见贸易产业对GDP的贡献不足，所以很有必要而且很有可能振兴"海上丝绸之路"，提高贸易产值占GDP的比重，重现往日光彩。十八届三中全会提出要重新打造新世纪"海上丝绸之路"，而潮汕地区自古以来都与"海上丝绸之路"有重叠部分，实施该战略势必对粤东经济产生联动，与广东经济的总体战略协同。汕头将自身定位为"丝路"上的通信枢纽，依托蓬勃发展的大数据产业和日益兴起的云计算

---

① 段科峰：《深化珠港澳合作加快发展珠海高端服务业》，《珠港澳研究》2013年第12期。

技术，充分利用海缆资源，将汕头周边的港口连成一片，呈集聚态势，扫除距离障碍，组建一条蓝色贸易"海上丝绸带"。汕头作为5个特区之一，经济总体情况不及其他4个特区，已经滑落至中国粤东沿海经济带中最为薄弱的一节，若抓住该契机，则将对汕头的经济腾飞起到重要作用。假以时日，待港口等重要基础设施进一步完善，汕头将以港口为支撑、以高新技术为保障、以城市为依托，跨越"海上丝绸之路"，不断加强、深化与丝路沿途各国的合作关系，积极拓宽与东南亚贸易合作的道路，更好地开拓东南亚市场。

2. 打"侨"牌创建创新区

汕头三面环山一边临海，这种特殊的地理位置间接导致汕头的经济发展进退不得其法。如何突破地理位置的瓶颈，寻求更高、更快的新型城市发展？早在2011年汕头就出台了《汕头市城市发展战略规划》，定下了"南拓、北优、东扩、西联"战略，其意在于扩大汕头的经济平台，联动周边地区，重点出击，力争成为新的海湾新区。《汕头海湾新区发展总体规划（2013～2030年）》指出，首先要充分发挥特区发展的新优势，建立名副其实的新区。其次要突出"侨"字，汕头因"侨"而立，拥有独特的海外"三缘"优势，在鼓励海外侨民返乡投资等方面有着无可比拟的历史优势。创建新区与发挥侨乡优势、凝聚侨乡力量并重，加强与周边经济圈的经济合作，构建面向世界、服务华侨的海湾新区。再次要大力落实"港"字，占尽港口贸易优势，据港兴城，依港建新区。最后要着眼于"数"字，加快数字化进程，推广云计算等新兴信息技术的应用，扎实推进"一核三区"经济发展战略的实施。汕头应该牢牢抓住此契机，加快新区的建设步伐，建设不一样的新区，重现汕头的特区特色，再创粤东特区的辉煌，在五大特区中大放光彩！

3. 抓重点发展高新技术服务业

在高新技术服务业方面，汕头市并没有舍弃将科技与传统产业相结合的做法，反而呈越来越猛的发展态势，如电子商务园如雨后春笋般出现在汕头，应用电子商务的主体高达10万家，其交易规模超过400亿元，比2012年翻了一番，发展速度居全国首位。汕头依托高新技术产业，以发展四大骨干产业为核心，以"五个100工程"为基准，开拓绿色科技创新道路；产业结构不断优化，现代产业项目的投资额达150亿元，占总投资额的比重超过1/5；全市签订各类技术合同67项，技术交易额达8462万元。[①] 鼓励并扶持企业开展技术创新，专利申请量超过1万件，比2012年增长5.9%。汕头的经济主体比较零散，缺少龙头企业，其中不乏创新科技主体。民营科技企业达800家，全年新增企业40余家；民营企业的专利申请量不断攀升，表明民营经济迈向科技创新之路，意味着汕头经济正朝科技主导、产业结构不断升级优化的目标稳步前进。2013年中，汕头出台相关文件，指出要加快电子商务建设，促使特区朝数字化方向发展，集结一批动漫创意产业，提升产业创新升级的驱动力。以上重点建设将推进汕头经济多元化的发展历程，直接提高汕头经济的科技含量，最终实现产业结构最优化。

（四）厦门创新发展持续高昂

2013年，厦门经济稳中增强，产业结构日趋优化，经济正处于转型攻坚期，将创新发展坚持到底是完善经济正确转型的重要步骤。厦门以火炬高新区为龙头，带动工业结构优化，确保经济成功转型；通过云计算深化建设，使自身更具数字化特色，促进城市一体化。自贸区的诞生，是厦门与台湾地区贸易合作关系进一步加深的重要里程碑。

1. 火炬高新区发挥经济特区中的龙头带动作用

2013年，厦门尽管面临工业巨头后劲不足等压力，发展势头减缓，但火炬高新区却发展迅猛。无论是总体经济规模还是质量，它在所有高新区中都独具特色。根据最新统计数据，火炬高新区获得了可喜的成绩：2013年全年高新区在人才战略带动下实现规模以上工业总产值近2000亿元，占全市规模以上工业总产值的40%，几乎占工业总产值的半壁江山；就创新载体高新技术企业而言，整年新增高新技术企业39家，2013年底共计有392家，接近400家，几乎占火炬高新区企业总数的1/10，占全市高新技术企业总量的比重超过1/3，其中有近30个世界500强企业项目，有接近100家规模上亿元的企业，俨然已是特区中的"特区"，成为引领厦门工业发展的强劲引擎；作为全

---

① 汕头市统计局、国家统计局汕头调查队：《汕头市2013年国民经济和社会发展统计公报》2014年3月18日。

国唯一的光电显示产业集群试点,厦门光电显示产业集群的总产值已接近千亿元大关。在这份耀眼的成绩单背后,人才这个因素不容忽视:至今,火炬高新区共培育出了4名国家"千人计划"创业人才、47名省"百人计划"创业人才和63名市"双百计划"人才,高层次人才落户数量排在众多高新区首位。在人才、资本和战略的作用下,火炬高新区在光电、通信设备等四大主导产业和新一代信息技术、生物医药、电子商务等五大产业领域内独领风骚,科技成果远超其他高新园。如今,火炬高新区正发挥着龙头带动作用,领跑厦门的科技发展。

2. 厦台两岛联手共织云计算信息网

厦门和台湾隔海相望、一衣带水,两地的经济贸易合作关系历史悠久、颇有渊源。从2012年的交通运输合作、文化交流和贸易商往来等到2013年共建云计算信息网和通力建设跨海贸易一体化桥梁。

经过一年的大力推广,云计算在厦门已粗具规模。为了深化云计算示范区的建设,厦门出台了《闽台云计算产业示范区总体规划(2013~2020)》,旨在分析云计算产业面临的机遇和挑战,深化与台湾的经济合作关系,共享厦台两地的资源,联合共建闽台云计算产业示范区。该规划对示范区的目标、产业布局等具体建设方面做出了详细规划,这为厦门积极争取与台湾相关企业和机构的合作,共同建设、运营闽台云计算产业示范区提供了契机,可以有力地吸引境内外特别是台湾的知名云计算企业落户园区,发展云计算产业集群。根据该规划,到2015年,厦门市将建成总投资超过50亿元、产业规模达100亿元、带动300亿元关联产业发展的云计算示范区产业发展框架,到2020年,厦门市将建成总投资超过200亿元、产业规模超过500亿元、带动千亿元关联产业发展的云计算示范区,成为国家战略层面的云计算产业基地以及亚太地区重要的云计算中心。[①] 持续建设云计算产业,助厦门新添一个战略性产业,为未来经济的创新发展配置战略引擎。

厦门积极借鉴上海自贸区的经验,充分利用自身的"对台"地理优势,加强对台贸易合作关系如两岸金融合作等,积极推动两岸贸易信息平台的建

---

① 厦门市统计局、国家统计局厦门调查总队:《厦门市2013年国民经济和社会发展统计公报》2014年3月20日。

设,打造符合本地特色的自贸区,将厦门本岛和空港新区全部纳入自贸区,实现全岛均衡发展。

3. 城市信息化网络渐成雏形

城市信息化又称城市数字化。它以计算机网络为基础,以现代高科技包括计算机技术为依托,对城市各类信息资源进行开发管理。城市信息化程度的高低直接决定这个城市信息连通性的好坏,市民可通过网络、手机等应用资源实时掌握城市的交通、气候、医院、金融等实用信息,间接对自己生活实施有利规划。2013年厦门连获"中国智慧城市创新应用奖"和"中国智慧城市推动奖"两大奖项,成为全国首个拿下两个奖项的特区,这两个奖项意味着厦门创新活动的活跃性增强,创新应用能力得到充分展示。厦门不断推进数字化城市建设,在计算机技术与市民生活中间建立一座快捷的桥梁,将便民工程建设到底。"无线城市"平台的月访问量达1400万人次,建成TD-LTE基站1171个,实现了厦门岛内99%以上地区的网络覆盖;完成医疗云硬件资源池搭建工作,开通全市统一的预约挂号服务平台;建成智慧交通云平台,提供实时公交、实时路况查询等服务,日均访问量超过90万人次;e通卡累计发卡527万张,全年交易额突破6亿元。① 在这些辉煌成就的背后是一些软件公司的成立及其软件产出:2013年新增软件企业86家,累计达到625家;新增软件产品近600件,累计达到3800多件。随着云计算产业建设的深入以及城市信息化的不断加强,市民将会越发享受到其便捷之处。

(五)海南创新发展"文""科"并进

海南作为全国最大的经济特区,主打旅游特色产业,国家先后批准海南省成立洋浦经济开发区、海口保税区和亚龙湾国家级旅游度假区,海南利用特色旅游刺激经济健康稳健增长。2013年海南完成生产总值3146亿元,其中旅游总收入为429亿元,比上年增长13%,旅游业总收入占GDP的比重为13.6%,虽然该比重相对于其他城市较高,但是与同为特区的厦门在2013年

---

① 厦门市统计局、国家统计局厦门调查总队:《厦门市2013年国民经济和社会发展统计公报》2014年3月20日。

的旅游总收入（621亿元）还是有一定距离。尽管如此，海南继续以文化夯实旅游发展基础，将信息技术作为创新发展的支柱，用创新科技搭建科技兴岛的战略平台，并取得了预期的效果。

1. 文化产业打下旅游创新发展基石

文化是一个民族的灵魂，是千百年来传统的积淀，旅游则是文化传播的载体。两者相互实现才是其价值的最佳表现形式。海南在建设国际旅游岛的过程中，积极促使文化与旅游有机融合发展，使二者相得益彰，不仅完成了400亿元的旅游收入，比2012年增长10%有余，而且使文化产业开拓了新市场并占有一席之地，传统与现代时尚文化交锋，两者发展迅猛，逐步成为海南文化产业发展的主力军，走出一条百花齐放、竞相争艳的特色文化之路。2013年是中国第一个海洋旅游主题年，标志着海南成为海洋旅游先行者，引领沿海城市开拓海洋旅游新领域；2013中国海南岛欢乐节在年末拉开序幕，演绎了海南文化与旅游的有机融合发展，如黎族织布、制陶等一些文化遗产展示；多样的"私人定制"旅游产品也因贺岁大片《私人定制》在当地取景而供不应求，活跃了海南冬季旅游市场的气氛，调动了当地人民的销售积极性。这些注入鲜明文化特色的海南旅游，相比于其他旅游城市，因海南特色而愈发夺目。

2. 信息技术成为创新性旅游发展支柱

科技创新是实现城市可持续发展的原动力，随着国际旅游岛上升为国家战略，其战略地位已经提升至一个新水准，作为国内旅游业发展的风向标，如何让国际旅游岛"一体化"、"走出去"、与国际接轨？科技创新是其最佳路径选择。信息技术和智能化应用在旅游产业升级和可持续发展中扮演着越来越重要的角色，具体落在实处就是要依靠科技把海南打造成智能岛、信息岛。《海南省"十二五"科技发展规划纲要》明确指出，要凭借科技创新，推动海南经济发展。如今，海南岛以科技兴岛为主线，一如既往地坚持建设信息岛、智能岛。

2013年4月在博鳌亚洲论坛上海南与微软成为战略合作伙伴，携手发展软件产业，力争把海南岛建设成一个智能化、信息化、国际化的旅游岛屿。为解决海南软件产业的人才问题，微软暂定设立"微软IT学院"，帮助海南自主培养具有本土特色的信息技术人才。相信不久，随着未来首家"微软创新中心"的诞生，海南将成为微软全球产业布局中亚太地区的一颗重要棋子。

海南,一座旅游岛屿,凭借微软的极高知名度,依托自身的优质资源,以领先技术平台为基础,通过与具有世界影响力的企业合作,集聚国内外知名软件企业扎根海南,形成产业群聚效应,共同组建百亿元级的绿色软件产业链。

2013年,海南省的高新技术企业发展迅速,初步形成以生物与新医药、电子信息、新能源和新材料为重点的高新技术和战略性新兴产业集群。高新技术企业达127家,实现总收入320亿元,占全省规模以上工业总产值的16%;科技活动支出达15.6亿元,为海南的科研活动提供了强有力的保障,间接为海南省调结构、转方式发挥了积极导向作用。

3. 创新科技搭建科技兴岛战略平台

海南2012年的科研硕果累累,2013年,海南经济创新发展的重心落在科技创新以及科技成果转化运用环节,并取得可喜的成绩:一些新兴领域的24家企业通过国家高新技术企业认定,收入超亿元的企业达40余家,获得国家科技经费15亿元,乃历史之最。海南省科技与知识产权工作会议提出要大力实施"四兴一惠体系",即科技兴工、科技兴农、科技兴旅、科技兴海、科技惠民和构建海南特色的技术创新体系,其目的在于将技术支持贯彻落实到海南创新发展的四大领域即农业、旅游业、海洋业以及惠民方面。2013年海南全省建设农业科技集成示范园10个,农业新科技、新品种覆盖率达95%以上;推广科技成果应用于景区,整合了10家企业、院所,其中有9项技术在景区得到了推广应用;培训农业科技110位技术人员和农民50余万人次,直接受益农民高达200万人次;在多个地区实施"膜法"饮水安康示范工程200多宗,解决近50万名群众的饮水安全问题,获得广大人民的一致好评。①

二 特区创新发展的综合评价

(一)创新型城市内涵

随着约瑟夫·熊彼特的创新理论的提出,创新型城市的国外研究愈演愈

---

① 海南省统计局、国家统计局海南调查总队:《海南省2013年国民经济和社会发展统计公报》2014年1月24日。

烈。我国提出到2020年建成创新型国家城市的口号后，国内对创新型城市的研究逐步深入，对创新型城市的定义也逐渐统一，其定义来源于约瑟夫·熊彼特的创新概念：实施新组合或构建全新的生产函数。这里并没有给出新组合里面包含哪些生产要素如艺术、教育、服务行业等。所以后续的研究把重心集中在创新包含哪些要素上，如制度创新、知识要素的引入，以及这些要素是否导致经济跨越式发展。这里包括两个方面，一是创新型城市的定义，二是构建创新型城市创新发展的评价体系。前者注重定性分析，后者着眼于定量分析。所以选择一个恰当的评价体系评价创新发展是近年来研究的深入点。《关于进一步推进创新型城市试点工作的指导意见》对"创新型城市"的定义进行了界定：创新型城市是自主创新能力强、科技支撑引领作用显著的城市。胡俊峰认为创新型城市由研发资源的高密度聚集区和科技研发中心、产业链的"高端"节点集聚地以及新兴产业中心、品牌资源密集区和大批创新型企业和公司的总部聚集地等组成。[①] 而陈媞等认为创新型城市是当城市经济和社会发展达到一定程度之后，通过以人类智慧为基础的创新活动，使创新成为城市发展的核心驱动力，提高城市创新资源聚集度，增强城市创新能力并达到一定高度，推动城市发展及社会进步的城市。[②] 周梦玲认为创新型城市是以创新为核心驱动力，包含技术创新、知识创新、制度创新、服务创新、文化创新、创新环境等的城市。[③]

由上述讨论我们可以定义创新型特区：当城市经济和社会发展达到一定程度后，以政府扶持为推动力，借高校人才为企业创新发展提供原动力，鼓励创新、容忍失败、加强合作、开放竞争软环境的经济试验区。

（二）评价城市创新能力的意义

政府职责就是管理好整座城市，使这座城市能够实现跨越性发展。政府职责是否到位与城市的创新发展密切相关。所以，对城市创新发展的评价为

[①] 胡俊峰：《创新型城市建设的国内外经验及其对南通的启示》，《江海纵横》2014年第2期。
[②] 陈媞：《城市创新与创新型城市的比较研究》，《科技创业月刊》2013年第1期。
[③] 周梦玲：《国家创新型试点城市推进情况——以连云港市为样本》，《社会观察》2014年第2期。

政府明确了改善的方向，提供了政绩比较依据之一，从而做到扬长避短，为创新发展战略的实施做好充足的准备。创新型城市评价体系是对城市创新能力评价与测度的有效工具。通过对城市创新能力进行评价，可以有效考核城市创新能力的高低，有助于各城市制定创新战略、调配创新资源和提高创新效率。有效评价城市创新能力也能够为我国建立创新型国家做铺垫，对整体的进度有量的把握，从而为早日实现创新型国家夯实基础。由于历史背景、文化差异、经济不均衡等因素，不同城市的创新能力有较大的差异，各自的创新路径不一致，选择合适的创新能力评价体系，能够系统、综合、直观地评价每个城市的创新能力，从而引导城市取长补短，为可持续快速发展奠定基础。

（三）指标选取

尽管国内创新型城市理论研究与实践起步较晚，但是经过几年的逐步摸索，我国陆续涌现出一大批创新型城市评价体系。其方法不外乎主成分分析、因子分析等建模方法，由于这些方法依赖典型性指标，因此不同程度地依赖人的主观能动性，而一些代表创新型发展的指标并没有得到使用。在这里先简单介绍一下国内学者创建创新型城市评价体系的具体做法。

高晓亚等认为创新型城市的形成对应着创新业绩、创新潜力、创新环境这3个因素。① 接着选取代表以上3个因素的11个评价指标，通过主成分分析得出一个变量值，然后将这个变量值与相应的标准比较，从而得出该城市与生命周期理论相对应的某个发展周期。这里的创新在于利用生命周期理论来考虑问题，从而选取相应的指标，这样比较贴合实际。

邹燕认为目前的评价体系研究虽然取得了一些成果，但是存在重测评分析、轻结构分析等研究思路问题，以及忽视指标体系的实证筛选和优化处理等技术性问题，所以她把城市创新能力分成知识创新能力、技术和产业创新能力、创新环境支撑能力3个评价模块，并运用主成分分析法对样本城市的创新能力进行分类测评，并结合聚类分析的处理结果，进而比较这些城市的创新能

---

① 高晓亚等：《创新型城市评价与运行机制研究》，《科技信息》2012年第35期。

力结构，最后得出各个城市的创新能力得分和排名。① 该方法首先并没有单独运用主成分分析法，而是将主成分分析的结果与聚类分析的结果相结合，可靠性较高，灵活性较好，对于文中所选取的指标，我们可以根据不同的城市做出适当调整。

郭丽华等通过对评价体系的研究发现其指标同质化、脱离民生目标、硬指标和软指标比例失衡等问题，因为中国是以构建和谐社会为最终目标，最终是要落在民生上面，所以切实联系民生成为指标设立的一个重要原则。② 为解决上述3个问题，她认为应该建立以惠及民生为核心、融合投入和产出指标、兼顾硬件指标与软件指标的评价体系。她虽然没有运用具体方法分析，但她对前期的指标选取有自己独特的看法，注重对指标选取的分析。

另外，朱俊成用SWOT分析方法根据创新主体、要素、环境、绩效几个因素对创新型城市做出评价，并对武汉城市圈做出实证分析。③ 学者吴价宝、张勤虎进一步考虑动态因素，运用主成分分析法和数量指标综合指数方法，对创新型城市的发展水平进行了动态评价。④ 郭凯从创新基础环境、政策创新支持、创新产出情况、企业创新能力4个维度出发，运用灰色系统理论和模糊数学来处理综合评价的不确定性，同时结合AHP确定评价权重，减少人为因素对结果的影响，并结合洛阳的具体情况进行实证分析，得出关于洛阳市创新建设的明显结论。⑤ 薛艳则从创新投入、企业创新、成果转化、高新产业、科技惠民、创新环境等方面，依据常州的实际水平，采用离散系数法来确定各个指标的权重，最终结果以指数的形式表示，得出常州在成果转化、企业创新两方面优势明显，但是在创新投入、高新产业、科技惠民、创新环境4个方面略有不足，还有待改进。⑥

---

① 邹燕：《创新型城市评价体系与国内重点城市创新能力结构研究》，《管理评论》2012年第6期。
② 郭丽华等：《我国创新型城市评价体系存在的问题以及改进措施》，《商业时代》2013年第29期。
③ 朱俊成：《武汉城市圈创新型城市群发展研究》，《城市发展研究》2012年第3期。
④ 吴价宝等：《创新型城市动态评价研究》，《工业技术经济》2013年第3期。
⑤ 郭凯：《基于灰色系统理论与模糊数学的洛阳创新》，《科技管理研究》2014年第5期。
⑥ 薛艳：《创新型城市建设综合评价研究——以江苏常州为例》，《常州大学学报》2014年第4期。

综合上述研究，本报告借助邹燕提出的 3 个评价模块建立创新型特区评价体系，在这里对于特区具体经济水平我们稍作改进，整体上保留模块，部分调整原有指标，最终采用表 1 中的评价指标。为了克服郭丽华所提到的创新脱离民生目标等缺陷，我们增加体现民生的相关指标，如每万人病床数、绿色覆盖率、图书馆藏书等。在这里，首先进行量纲考虑，因为创新发展毕竟还是要用数据说话，某些数据大就直接意味着创新发展表现突出，应该扩大这一类指标的比重，从而得出第一部分结果。同时我们还会考虑无量纲的情况，也就是对数据做标准化处理，两者进行比较。但是这也存在不足，因为有些指标数量本来就很小，如 R&D 支出占 GDP 的比例，但是它的后续影响不可忽视。对 5 个特区的经济发展做出比较性分析，同时运用聚类思想，对 5 个特区以及标杆特区进行分类，离标杆特区越近表明创新发展程度越高。在这里选出标杆特区，相当于给 5 个特区设立了一个标准，哪个特区靠它"近"就表明哪个特区发展好。这里的"近"我们采取欧氏距离来衡量，距离小说明离得近，同时说明创新发展排在前列，最后将上一年的灰色关联度分析结果与本文的结果进行比较。

表 1 城市创新能力评价指标体系

创新模块	评价指标
创新环境支撑能力 x_1	人均生产总值 x_{11}（元/人） 第三产业增加值比重 x_{12}（%） 每万人在校大学生数 x_{13} 每百万人拥有图书馆藏书数量 x_{14}（本/百万人） 每万人拥有医疗机构病床数 x_{15}（张/万人） 养老保险覆盖率 x_{16}（%） 失业保险覆盖率 x_{17}（%） 生活垃圾无公害化处理率 x_{18}（%） 绿化覆盖率 x_{19}（%） 每百人互联网接入用户数 $x_{1,10}$（户/百人） 人均邮电业务量 $x_{1,11}$（%） 电视人口覆盖率 $x_{1,12}$（%） 广播人口覆盖率 $x_{1,13}$（%）

续表

创新模块	评价指标
知识创新能力 x_2	教育支出占财政预算支出的比重 x_{21}（%） 每万人专利申请量 x_{22}（件/万人） 高等教育学校数量 x_{23}（所） R&D 支出占 GDP 的比重 x_{24}（%） 每万人专利拥有量 x_{25}（件/万人）
技术和产业创新能力 x_3	科技支出占财政支出的比重 x_{31}（%） 每万人拥有技术人员数量 x_{32}（人/万人） 高新技术产业产值 x_{33}（亿元）

（四）创新发展水平评价体系的建立

本报告的评价体系，同时使用距离判别和聚类分析。之所以选择这两种方法，主要原因在于最后的结果既可以清晰地展示所有特区总的发展层次，又可以表现各个特区自身的优劣势。

对距离判别方法，我们做一点说明。距离判别和聚类分析有相同的地方也有不同之处。距离判别方法首先需要选定一个基准点，然后根据不同概念的"距离"（这里我们用欧氏距离）计算各个样本和基准点的距离，最后判断距离远近从而排序。运用该方法时选取基准点最为关键。在这里我们从所有样本元素中选取最大值作为标杆特区元素，将标杆特区作为基准，标杆特区没有统一定义，可以从 5 个特区里面选一个作为标杆特区，考虑到不是所有的特区在各个方面都表现很好，所以我们选取每个指标的最大值组合成标杆特区。

（五）创新发展水平评价体系的实证分析

1. 数据来源及其说明

本报告的数据主要来源于各省市 2013 年统计公报以及国民经济和社会发展计划执行情况与 2013 年国民经济和社会发展计划，并按照表 1 给出的创新型评价指标对相关数据进行整理。由于 2013 年的统计年鉴和科技年鉴还没有公布和发行，部分指标数据存在缺失，解决办法是通过其历史数据推算出 2013 年的待公布数据。通过上述方法，整理出 2013 年各个经济特区的评价指标数据，同时对数据进行标准化处理。

2. 综合评价模型的实证分析

首先，根据前文给出的建模思路和经济特区的创新指标数据，确立标杆城市的指标数据；其次，用 SPSS 20 计算各个城市的距离；最后，根据5个经济特区与标杆特区的距离得出最后排名。在这里我们将采取2012年的灰色关联度分析结果来做一个对比，通过对比我们发现两个方法得出的结果是一致的。

表2

	总变量非标准化 Euclidean 距离							灰色关联度排名
	1. 深圳	2. 珠海	3. 厦门	4. 汕头	5. 海南	6. 标杆	排名	
1. 深圳	.000	4988	5657	7833	7774	740.	1. 深圳	1. 深圳
2. 珠海	4988	.000	1343	3033	2932	4933	2. 珠海	2. 珠海
3. 厦门	5657	1343	.000	2276	2273	5703	3. 厦门	3. 厦门
4. 汕头	7833	3033	2276	.000	247	7867	4. 海南	4. 海南
5. 海南	7774	2932	227	247	.000	7798	5. 汕头	5. 汕头
6. 标杆	740	4933	5703	7867	7798.	.000	6	
	总体变量标准化 Euclidean 距离							
	1. 深圳	2. 珠海	3. 厦门	4. 汕头	5. 海南	—	排名	
1. 深圳	.000	5.699	6.006	9.147	8.770	3.722	1. 深圳	
2. 珠海	5.699	.000	4.762	6.559	6.802	3.781	2. 珠海	
3. 厦门	6.006	4.762	.000	5.817	5.349	5.608	3. 厦门	
4. 汕头	9.147	6.559	5.817	.000	4.057	8.531	4. 汕头	
5. 海南	8.770	6.802	5.349	4.057	.000	8.603	5. 海南	
6. 标杆	3.722	3.781	5.608	8.531	8.603	.000	—	

2013年，从非标准化数据分析来看，综合创新能力的排名分别为：深圳、珠海、厦门、海南、汕头，与2012年经济特区综合创新能力的排名一致；从标准化数据分析来看，这5个特区的排名没有明显的变化，主要在于海南和汕头两者顺序的改变，说明汕头的发展潜力强于海南（见表2）。从图1我们可以发现，深圳离标杆特区最近，说明深圳创新发展在5个特区里面最优，同时厦门和珠海为同一类，距离深圳较汕头和海南近，这说明了5个特区的创新发展出现了一定的结构性差异。

3. 单个模块评价模型的实证分析

模块评价模型的核心在于对各个指标的标准化处理，接下来我们分别对每

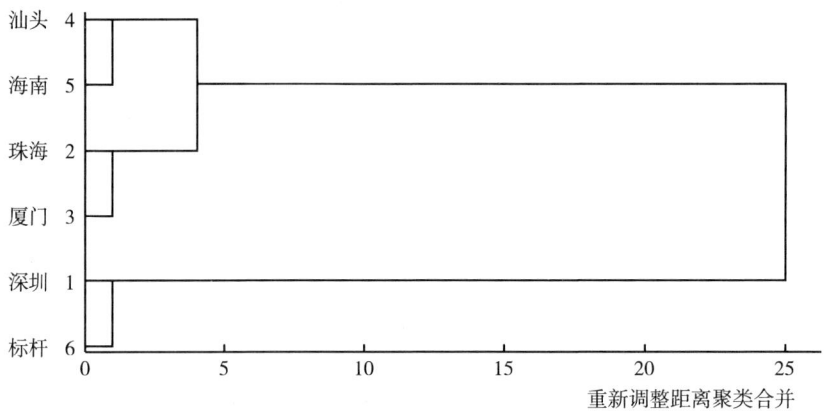

图 1　标准创新环境树状图

一个模块进行距离判别以及聚类分析，为了方便比较，我们利用标准化数据以及未标准化数据进行统计分析，最后得出结论。

（1）创新环境支撑评价

根据以上步骤，在 SPSS 20 里面，我们得出如下结果。

表 3　创新环境支撑评价

	非标准科技创新环境支撑 Euclidean 距离						
	1. 深圳	2. 珠海	3. 厦门	4. 汕头	5. 海南	6. 标杆	排名
1. 深圳	.000	4067.3	4956	6521	6366	740	1. 深圳
2. 珠海	4067	.000	120	2634	2447	3999	2. 珠海
3. 厦门	4956	1205	.000	1572	1421	5009	3. 厦门
4. 汕头	6521	2634	1572	.000	208	6565	4. 海南
5. 海南	6366	2447	1421	208	.000	6396	5. 汕头
6. 标杆	740	3999	5009	6565	6396	.000	6
	标准化科技创新环境支撑 Euclidean 距离						
	1. 深圳	2. 珠海	3. 厦门	4. 汕头	5. 海南	—	排名
1. 深圳	.000	4.514	3.082	6.789	6.692	2.554	1. 深圳
2. 珠海	4.514	.000	3.737	5.801	6.190	2.605	2. 珠海
3. 厦门	3.082	3.737	.000	4.396	4.788	3.473	3. 厦门
4. 汕头	6.789	5.801	4.396	.000	3.327	6.779	4. 汕头
5. 海南	6.692	6.190	4.788	3.327	.000	6.908	5. 海南
6. 标杆	2.554	2.605	3.473	6.779	6.908	.000	—

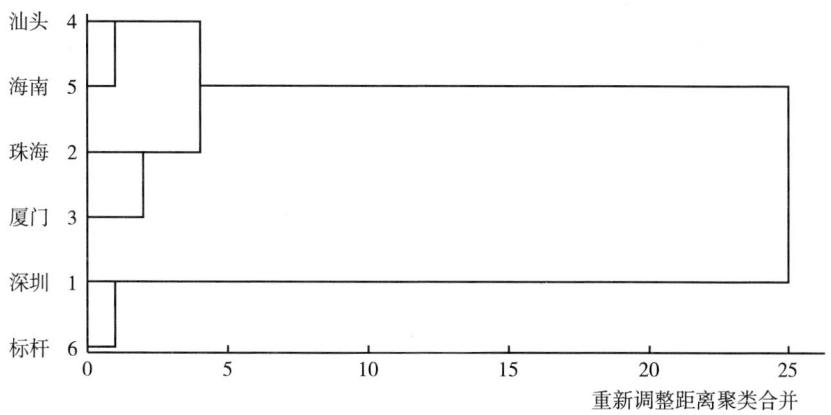

图 2 非标准创新环境树状图

从表 3 的第一部分可以看出，深圳距离标杆特区最近，深圳到标杆特区的距离低于1000，而其他特区到标杆特区的距离是深圳的好几倍。珠海排第二，和厦门、汕头、海南在这方面有较高区分度。接下来应该是海南和汕头，两者和标杆特区的距离相差不超过3%。我们从表 3 第二部分可以直接看出深圳与珠海不相上下，厦门、汕头、海南的排名和上述分析一致。从图 2 我们也可以看出，深圳与标杆特区最近，其次是珠海和厦门一类，再者就是汕头和海南一组。

（2）知识创新能力分析

用同样的方法，我们可以得出表 4。分析方法和上述方法类似，深圳、珠海、厦门是永远的"铁三角"，而海南、汕头两者离标杆特区的距离很接近，在表 4 第二部分里面相差 5 个百分点。图 3 的分析结果基本上与上述分析结果一致。如果分成三类，深圳独自一组，珠海和厦门一组，而汕头和海南一组。

表 4 知识创新能力评价

	非标准知识创新 Euclidean 距离						排名
	1. 深圳	2. 珠海	3. 厦门	4. 汕头	5. 海南	6. 标杆	
1. 深圳	.000	56.512	68.842	80.645	91.454	15.305	1. 深圳
2. 珠海	56.512	.000	17.715	27.573	42.923	56.899	2. 珠海
3. 厦门	68.842	17.715	.000	20.299	28.525	69.476	3. 厦门
4. 汕头	80.645	27.573	20.299	.000	21.144	80.233	4. 汕头

续表

	非标准知识创新 Euclidean 距离						
	1. 深圳	2. 珠海	3. 厦门	4. 汕头	5. 海南	6. 标杆	排名
5. 海南	91.454	42.923	28.525	21.144	.000	92.218	5. 海南
6. 标杆	15.305	56.899	69.476	80.233	92.218	.000	6. 标杆
	标准知识创新能力 Euclidean 距离						
	1. 深圳	2. 珠海	3. 厦门	4. 汕头	5. 海南	—	排名
1. 深圳	.000	2.827	4.131	4.619	4.004	2.385	1. 深圳
2. 珠海	2.827	.000	2.525	2.146	1.844	2.588	2. 珠海
3. 厦门	4.131	2.525	.000	3.655	2.113	3.630	3. 厦门
4. 汕头	4.619	2.146	3.655	.000	2.318	3.885	4. 海南
5. 海南	4.004	1.844	2.113	2.318	.000	3.832	5. 汕头
6. 标杆	2.385	2.588	3.630	3.885	3.832	.000	—

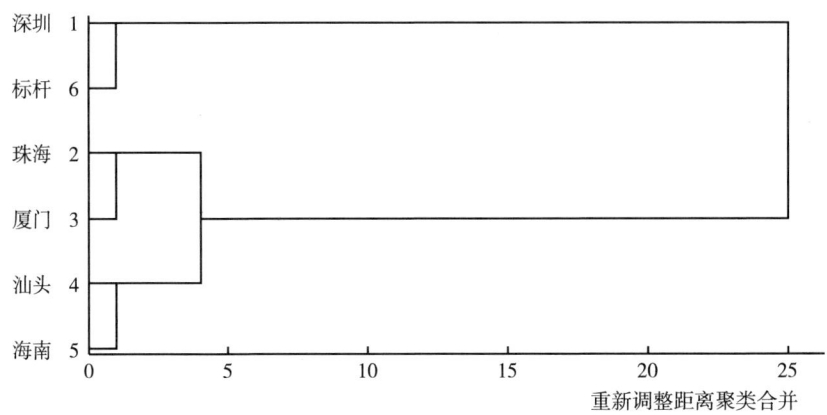

图 3 非标准知识创新环境树状图

(3) 技术与产业创新评价

在这一部分的分析中，从非标准化欧氏距离来看，我们发现深圳到标杆特区的距离竟然为零，说明在这一块，深圳的表现就是标杆特区，也就是说深圳在这一块做得最好，同时厦门和珠海的排序也发生了一点变化：厦门以3%的距离略占优势，而汕头和海南的排名和上述情况相似。

表 5 技术与产业创新评价

	非标准技术与产业 Euclidean 距离						非标准排名
	1. 深圳	2. 珠海	3. 厦门	4. 汕头	5. 海南	6. 标杆	
1. 深圳	.000	2886	2726	4339	4461	.000	1. 深圳
2. 珠海	2886	.000	592	1503	1614	2886	2. 厦门
3. 厦门	2726	592	.000	1645	1773	2726	3. 珠海
4. 汕头	4339	1503	1645	.000	130	4339	4. 汕头
5. 海南	4461	1614	1773	130	.000	4461	5. 海南
6. 标杆	.000	2886	2726	4339	4461	.000	6. 标杆
	标准技术与产业 Euclidean 距离						标准排名
	1. 深圳	2. 珠海	3. 厦门	4. 汕头	5. 海南	—	
1. 深圳	.000	2.028	3.083	4.031	4.012	.607	1. 深圳
2. 珠海	2.028	.000	1.528	2.182	2.132	1.444	2. 珠海
3. 厦门	3.083	1.528	.000	1.075	1.106	2.493	3. 厦门
4. 汕头	4.031	2.182	1.075	.000	.121	3.426	4. 海南
5. 海南	4.012	2.132	1.106	.121	.000	3.405	5. 汕头
6. 标杆	.607	1.444	2.493	3.426	3.405	.000	

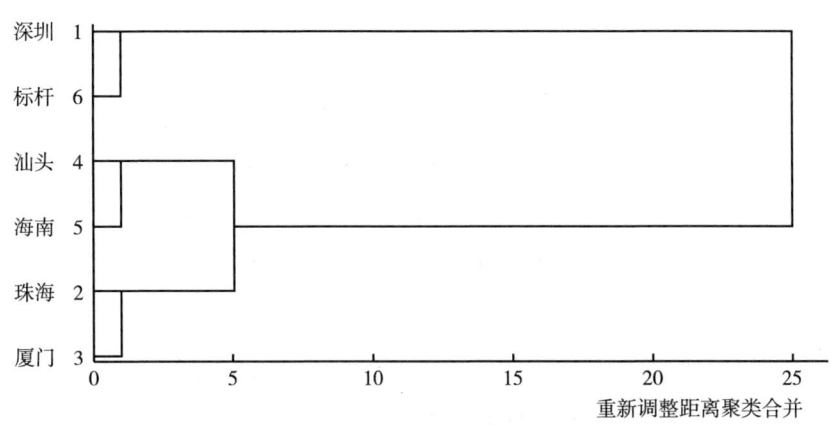

图 4 技术与产业创新能力树状图

由上文的分析我们可以得出：深圳、珠海、厦门在 3 个模块中呈"三足鼎立"之势，且深圳为领先者，而汕头和海南在同一组里面，两者的实力不分伯仲。在表 2 里面我们看出海南的总体创新实力超过汕头，从表 3 和表 5 也就是创新环境支撑能力和技术与产业创新能力方面来说，海南优于汕头，而就创新能力方面而言，汕头又略占上风。珠海、厦门也出现同样的局面：在创新环境支撑能力和知识创新能力两块，珠海远超厦门，而在技术与产业创新能力方面，珠海稍显逊色。从图1至图4来看，深圳和标杆特区为一类，珠海、厦门为一组，海南和汕头另站一队。从表1至表5的第二部分，也就是标准化以后的数据分析来看，深圳的地位不可撼动，珠海和厦门的排名仅在技术与产业创新能力上发生了微小的变动，而海南和汕头两者的变动较为频繁，说明珠海的创新发展较厦门有优势，而海南和汕头两者的创新发展还有待进一步努力。

三 经济特区创新发展的不足与制约因素

（一）经济特区创新发展的不足之处

通过对各个经济特区创新模块的距离（见表2）和统计公报的分析，我们发现每个经济特区的发展都有其独到之处，同时问题也因特区发展呈多样化趋势。

1. 创新环境有待进一步改善

从整体来看，创新环境相对于前两年有一定改善。就2012年而言，5个特区的创新环境都不佳，因为离标杆特区都有一段不小的距离。2013年在创新环境支撑方面比2012年进了一步，从深圳与珠海到标杆特区的距离我们可以发现一个不到1000，另一个接近4000，深圳与珠海的创新发展环境支撑能力明显拉开了距离。

通过研究原始数据我们发现，深圳在人均生产总值、第三产业增加值比重、每百万人拥有图书馆藏书数量、养老保险覆盖率、失业保险覆盖率、每百人互联网接入用户数、人均邮电业务量等方面表现突出，领先于其他4个特区，尤其是其人均邮电业务量基本上与其他4个特区的总量相等，这与最近深圳快递行业的飞速发展密不可分，在每百万人拥有图书馆藏书数量、失业保险覆盖率、养老保险覆盖率这3个方面，深圳都比其他4个特区上了一个等级，说明深圳注重民生，在民生上投入较大。但是深圳也有其不足之处：每万人拥有医疗机构病床数的排名紧靠厦门，位列第三，仅比汕头、海南多出7个床位。在这方面珠海做得最好,不负其最适宜居住的美名,比深圳多出约15个床位,这也是深圳后期工作中的发力点。

2. 知识创新能力亟待提高

知识创新能力对于一个城市的发展后劲有着至关重要的作用。5个经济特区2013年在知识创新能力方面的排名与2012年总体一致、略有不同:深圳、珠海、厦门、汕头的得分比2012年略有下滑,然而趋势稳定,海南则略有上升。5个特区等级分明,每10分一个等级。从原始数据分析可见,深圳在每万人专利申请量、每万人专利拥有量方面独占鳌头,当其他特区还在个位数挣扎的时候,深圳却过半百,令其他特区难以望其项背。尤其是每万人专利拥有量,放眼全国皆无出其右者,这一点从其R&D支出占GDP的比重(4%)可以看出,望眼世界,仅以色列能与之媲美,这也充分说明深圳专注科研,执着提高核心竞争力。厦门在这一方面则亟待提高,占比仅0.348,与其他4个特区相去甚远。值得一提的是汕头的教育支出占汕头财政预算支出的比例高达27.21%,从中可以看出汕头对教育的重视非同一般。

3. 技术和产业创新发展参差不齐

技术和产业创新发展对推进产业结构调整和经济增长方式的根本性改变起着决定性作用。对于特区而言,应如何快速高效地调整产业结构、转变经济增长方式?技术和产业创新是最佳的路径选择。在这方面,深圳远超其他特区,可谓一枝独秀。因为在这方面标杆特区就是深圳,珠海和厦门两者的发展基本持平,厦门略胜一筹。但是从标准化数据来看,珠海又超过厦门,究其缘由,珠海的科技支出占财政支出的比重几乎是厦门的两倍,同时珠海每万人拥有技术人员数量超过厦门4倍有余。厦门的高新技术产业产值略高于珠海,说明厦门的技术和产业创新发展潜力仍没有完全释放出来。汕头与海南处于同一水平,两者的科技支出在5个特区中处于末端,同时,每万人拥有技术人员数量不足也使这两个特区没有快速向高新技术产业靠拢,当然两者的高新技术产值与其他3个特区的可比性较低。

(二)经济特区创新发展的制约因素

从各个特区的创新发展指标来看,尽管不同特区都有其创新的独特之处,但殊途同归,最终目的都是致力于经济的快速可持续增长,为创新型国家的建设铺好前进的道路。可见,对于特区创新发展的制约因素,我们既要把握其共性,又要单独分析、区别对待、各个击破。

1. 特区间发展独立,特区内发展不平衡

5个特区单独散落在沿海,地理位置相距较远,不能取长补短,单独发力,总体经济不能取得联动效应。分开来看,在5个特区中,海南省面积最大,深圳的创新发展最好。深圳6个行政区和4个功能区的表现存在一定差异:南山区面积小、产值大,与宝安区面积大、产值小形成鲜明的对比,如果从单位面积产值来看,福田、南山、罗湖是永远的"金三角"。因为深圳市的主要高科技产业链都集聚在该三角内,无疑三角内与三角外的创新发展有一定距离。同为海湾城市的厦门也有类似情况:岛内思明区、湖里区的总产值分别为902.07亿元和732.16亿元,总和几乎等同于岛外4个区的总产值。汕头在1980年被评为特区,在1991年以及2003年进行了行政区变动,正是行政区的不断更换变动,导致一系列政策无法持续实施,造成现在汕头的发展还不及当初隶属汕头的揭阳市和潮州市。综上所述,不难发现特区的一个高经济增长点未能辐射四周,然后以点带面盘活片区的整体经济。

2. 企业和高校的相互合作机制不完善

2013年5个特区的知识创新能力发展较慢,基本同2012年持平。原始数据中该项能力包含教育支出占财政预算支出的比重、每万人专利申请量、高等教育学校数量、R&D支出占GDP的比重。第一个因素教育支出与一个地区的整体发展水平密切相关。汕头在这一方面做得较好,其将财政支出的近30%投入教育。虽然其他特区的这个比例相对较低,但是从教育支出投入量来看,对教育的重视程度都比较高。就高等教育学校数量而言,每个特区都有其固定的数量,在短时间内不能得到有效提高。然而从每万人专利申请量以及R&D支出占GDP的比重这两个指标来看,还是有很大的提升空间。因为R&D支出占GDP的比重是投入,每万人专利申请量可以看成产出,从这个角度看,各个地区都还有提升的空间。不过除了要有资本方面的投入,还需要有人才将知识转化为专利即成果,两者缺一不可。对口人才从哪里来?当然来自高校。所以企业要加强与高校的合作关系,这对提高企业的创新能力有重要意义。虽然国内企业和高校有合作关系，但是高校培养出来的人才和企业的需求往往不一致，直接导致这种合作关系名存实亡，从而使高校这一大片资源没有得到有效的利用。一方面，学校对学生的培养方向没有与企业的需求相结合，出现众多企业招不到合适员工，而毕业生找不到满意工作的尴尬局面。另一方面，企业没有充分利用高校这一资源，导致其需要下"血本"来提高创新能力，如此高昂的成本导致企业创新发展的后劲不足。

3. 专业型人才资源匮乏

不同特区的发展自有其特别之处，因此其所需要的专业性人才也各有不同。就深圳而言，金融业、高新技术产业、物流产业、文化产业为其四大支柱产业，这与深圳的地理位置以及文化背景是密不可分的。就海南省而言，面积大、人口密度低等因素促使其大力发展旅游业，力争成为全国旅游业的排头兵。因此不同特区的特点导致不同特区专业型人才的匮乏。要在经济多元化的特区提高创新能力，就需要对特区的文化、经济等做出创新。显然，人才必不可少，专业型人才不仅包括全国各地的人才，也包括特区本土人才。在自主培养人才方面，各个特区做得都还不够：各特区的高等学校数量不超过20所，只有厦门拥有17所高校，其他特区均不超过10所。这是特区创新发展的一大瓶颈：人才得不到特色培养，自然就难以拥有更多潜在的特色人才。

四　经济特区创新发展建议

经济特区作为改革开放的窗口、试验场和示范区，其发展至今已经历了30多年风风雨雨，一路走来吃了不少苦头。由于每个经济特区的自然地理、人文历史、经济基础等不尽相同，其各自的建设和发展水平也很不平衡，但这丝毫不影响经济特区充分依托有利国家政策，善用、妙用独特本土资源，坚持走创新发展道路的决心。经济特区要继续坚持走创新发展道路，就必须进一步突破枷锁，提高自身创新能力。鉴于此，各经济特区应该立足自身创新发展的不足及掣肘之处，尽快改变现状，另外还要充分认识到特色人才的作用，善用创新型、专业型的特色人才，这也是经济特区需要解决的问题之一。同时还要认识到政府和创新企业主体在整个城市创新发展中的角色定位，扩大政府和企业在创新发展中的联动协同作用，使整个特区的创新动力得到真正的重视和提升。

（一）引进、培养特色人才

经济特区需要不一样的特色人才，当然就需要不一样的引进方式以及培养模式，这样才能发挥人才在特区多元化创新发展中非比寻常的优势：对知识的学习是学生和老师的任务，对知识的运用以及创造是人才的责任。如何拥有特色人才，我们可以从以下几个方面着手。

1. 加速制定有利于引进特色人才的相关优惠政策

诱人的优惠政策以及特色的经济发展是吸引人才的一个重要法宝，是保证人才踏实、安心建设经济特区的一大基石。有关部门在制定相关的优惠政策时，应该注意结合特区发展的特点，有筛选地吸引各类人才。例如，深圳的支柱产业为金融业、物流业、高新技术业、文化产业，因此其应当吸引高端金融人才和高新技术人才等，以及出台一定的税收、土地优惠政策，鼓励综合实力强、国内甚至国际知名的高新技术公司和金融公司等落户深圳。至于海南，则应该制定相关优惠政策在全国甚至世界范围吸引旅游、营销等方面的人才。汕头则应该充分利用侨乡资源，出台相应的政策吸引海内外侨乡人才落户汕头。只要充分利用人才资源，就能继续增强创新发展能力，不断自我创新，再次实现经济腾飞。

2. 大力推进特色学科的专业建设，着眼培养特色人才

特色人才培养是近几年我国高等教育模式转变的一个新取向，特色培养应当"面向社会、立足岗位、强化实践，培养能力"，这样才能培养出适合特区需要的创新实践型人才。这里的特色不仅是指在学科专业设定和办学形式上有较强的地域特色，而且指落户深圳的高校的专业设定有一定的深圳特色。例如，早期深圳大学的创立符合了办学形式上积极进取、敢为人先的特点，同时对学生的培养有与众不同的模式。最近发展迅速的深圳特色学院，培养目标直指六大战略性新兴产业的对口特色人才。与此同时，多所国内外高校联合办学落户深圳，为深圳特色人才的建设添置了新引擎。这些特色人才的培养模式由人才打造专业转换到人才学习特色专业，轻课本、重实践，重心转移至实践环节,不断提高学生在实践中的发现、分析并解决问题的能力,从而创造性地培养、提高学生的创新能力,保证人才的培养质量,为特区经济的创新发展提供了一汪活水。

(二)深化企业与高校间的合作

经济特区需要高校的创新,也需要企业的运作,更需要企业与高校珠联璧合的创新运作。一个是经济活动创新的主体,技术人才丰厚,但资金缺乏,决定创新能力的高低;另一个是经济活动运行的主体,研发经费投入较少,决定特区经济运行的好坏。正是特区的企业与高校的合作不紧密,导致企业的创新能力提高举步维艰,高校的科研方向越来越偏离市场需求,如果两者通力合作,势必产生事半功倍的效果。从之前的描述可知5个特区的高校数量较少,直接降低了特区的知识创新能力,从而牢牢束缚了特区经济的创新发展。两者的合作程度有待进一步加深,深化两者的合作关系,是提高经济特区创新能力的重要一环。

1. 提供企业和高校的交流渠道

高校技术人才数量多,理论基础扎实,但是缺乏资金,而企业则是技术力量单薄,研发经费虽少,但是对高校而言足矣。如果提供恰当的渠道,使高校急需研发资金的技术人才流与企业的资金流风云际会,势必鼓励两股力量迸发夺目的光芒。例如,深圳虚拟大学园的成立就是融大学科研与智力于深圳创新型城市建设的一个助力引擎,也从侧面印证了深圳在5个特区中为什么会在知识水平创新能力上一枝独秀,深圳的成就也是其他特区的榜样。汕头、海南等经济特区可以将高校科研资源与本土特色相结合,这样势必描绘出一幅欣欣向荣的创新发展蓝图。

2. 完善企业与高校合作的运行机制

在我国,至今还没有专门针对企业与高校合作研究的系统法律,只是有一些零散的政策法规,这样必然产生一些漏洞。因此在高校和企业的合作中,规范彼此的合作关系是合作中至关重要的一个环节,如企业和高校合作形成的共有知识产权如何确定所有权以及收益的分配等。因此,要建立使高校与企业捆绑在一起的技术与市场互动的运行机制,使科技人员以最快捷的速度得到市场需求的刺激，从而高速地创造新成果。还要建立激励和竞争机制以及风险投资机制，使双方始终保持旺盛的创造力和向上精神，克服"小利而安"的思想。①

3. 加强企业与高校合作的绩效评估研究

企业是营利性机构，它和高校合作是为了以小投入收获大成果。如果不对企业和高校合作的绩效做出一定的评估，那么由于信息不对称，高校就会消极地对待科研成果，而企业则无法判断自己的投入是否值得，这种合作关系最终必不长久。建立有效的合作绩效评估体系，相当于给这层合作关系上了保险，对维持这种合作关系有基础性的作用。政府应该加强对企业和高校之间合作的监管，既要提供一个良好的渠道，使他们能够互取所需，也要营造一个良好的监管环境，维护双方的权益，这样才能使企业和高校的合作关系得到法律保护，双方才能做好自己的本分，共同为特区的创新发展尽一份力。

（三）统筹特区创新发展

前文提及特区内创新发展不均衡，特区间创新发展不一致，并提出特区经济的初衷理应是5个特区并驾齐驱，共同引领经济快速发展。特区发展30多年来，以深圳为代表的特区表现为欣欣向荣，呈一片大好之势，然而汕头的发展不容乐观，已经被揭阳、潮州所超越。如何打破这一僵局，是接下来创新发展的又一个转折点。

1. 鼓励创新企业遍地开花扎根特区

如果特区的某个区段经济繁荣，则其必定是创新企业群集聚之地。这种现象在5个特区之中普遍存在。如何做到经济繁荣花开全区？首先，政府要加强创新环境建设，培养一系列能够战略性带动整个特区创新发展的企业孵化器，不仅要突出孵化器的数量，还要强调孵化器的战略性。其次，应该大力鼓励创新企业扎根孵化器，提供一系列税收减免措施并给予相应财政补贴，以及鼓励一些金融机构向企业提供贷款资金。最关键的一环是，应该将孵化器战略性地在全区布局，而不仅集中在某个区，这就要求整个特区交通便利、通达全区，

---

① 张德启：《我国企业与高校合作中的问题及分析》，《现代管理》2009年第3期。

从而有利于各个孵化器的交流。同时还应该鼓励国内外知名院校进驻孵化器周围，在催化孵化创新企业的同时，为企业创新能力的提升提供人才驱动力，为一批新兴企业的诞生打下坚实基础。例如，深圳的特色学院落户盐田、龙岗等区，厦门自贸区涵盖岛内、岛外，均是为了破解创新经济发展不平衡的难题。

2. 完善特区间创新发展经验交流与高新技术企业合作机制

一个特区的创新发展成果由政府的支持以及创新主体高新技术企业的发展两部分组成。从上述分析可知 5 个特区的创新发展出现断层现象，杜绝这种现象应该从两方面入手。首先，要落实特区间政府创新发展经验交流工作，不定期地举行创新发展经验交流会，强调资本金融在创新发展中所起的作用，注重培养特色人才等，并给予发展不足的特区力所能及的帮助。例如鼓励的高新技术企业到创新发展不足的地方开设分公司，或输送一大批特色经验丰富的高新技术人才到其他特区进行培训、交流，特别是汕头和海南两个特区的信息化建设不足，数据化产业不完善，更应该加大力度向深圳、珠海等特区就信息化建设等方面"取经"。其次，政府可以就高新技术产品进行展览，好处在于节省了技术研发时间而直接获得最终产品。例如深圳的高交会，两地政府就人才建设搭建平台，加强两地高校特色人才的交流。最后，对于高新技术企业而言，应该响应政府号召，加强与其他企业的交流合作，如深圳的华为、中兴、腾讯等龙头企业可以和其他特区的企业开展企业人才培训、交流等一系列有助于提升创新能力的项目。

参考文献

[1]《深圳市 2013 年国民经济和社会发展统计公报》2014 年 4 月 8 日，http：//www.sztj.gov.cn/xxgk/tjsj/tjgb/201404/t20140408_2337341.htm。

[2] 深圳市人民政府：《〈关于印发深圳国家创新型城市总体规划（2008~2015）〉的通知》，2008 年 9 月 21 日。

[3]《深圳建设国家自主创新示范区获批》，《深圳特区报》2014 年 6 月 5 日，http：//sztqb.sznews.com/html/2014-06/05/content_2897174.htm。

[4] 深圳市人民政府：《关于努力建设国家自主创新示范区，实现创新驱动发展的决定》。

［5］珠海市统计局：《2014 珠海概览》，http：//www.stats-zh.gov.cn/zhoverview/2014zhgl。

［6］珠海市统计局、国家统计局珠海调查总队：《珠海市 2013 年国民经济和社会发展统计公报》，http：//www.stats-zh.gov.cn/o_tjgb/tjgb/2013.htm。

［7］段科峰：《深化珠港澳合作加快发展珠海高端服务业》，《珠港澳研究》2013 年第 12 期。

［8］刘毅等：《珠海：科技引领发展创新驱动转型》，载《广东省县市科技进步考核启示录》。

［9］王川等：《珠海市战略性新兴产业的发展现状分析》，《珠江论丛》2013 年第 7 期。

［10］中共珠海市委党校：《珠海高新技术产业发展对策研究》，《珠海市行政学院学报》2013 年第 2 期。

［11］厦门市统计局、国家统计局厦门调查总队：《厦门市 2013 年国民经济和社会发展统计公报》2014 年 3 月 20 日。

［12］吴君宁：《创新厦门成就"千亿光电集群"》，《厦门日报》2014 年 4 月 11 日。

［13］钟向阳：《坚持民生至上打造品质厦门——厦门市获批成为"全国质量强市示范城市"》，《福建质量技术监督》2014 年第 2 期。

［14］兰轶伦等：《提高厦门科技成果转化率的研究》，《厦门科技》2014 年第 1 期。

［15］张振佳：《新时期厦门创新型城市发展思路研究》，《发展研究》2014 年第 4 期。

［16］汕头市统计局、国家统计局汕头调查队：《汕头市 2013 年国民经济和社会发展统计公报》2014 年 3 月 18 日。

［17］周春山等：《基于全球价值链视角的传统制造业升级研究——以汕头为例》，《地域研究与开发》2014 年第 1 期。

［18］许慧珍：《转型升级形势下传统产业与电子商务融合发展——以广东省汕头市为例》，《科技管理研究》2014 年第 10 期。

［19］海南省统计局、国家统计局海南调查总队：《海南省 2013 年国民经济和社会发展统计公报》2014 年 1 月 24 日。

［20］刑慧琼：《差异化视角下海南省旅游产业集群发展研究》，《山东纺织经济》2014 年第 3 期。

［21］张本：《加快发展现代海洋产业 推进海南海洋强省建设》，《南海瞭望》2014 年第 1 期。

［22］鲍富元：《海洋旅游融合发展的理论体系构建于应用——基于海南的发展实践》，《海洋经济》2014 年第 1 期。

［23］纪宝成等：《中国走向创新型国家的要素：来自创新的依据》，中国人民大学出版社，2008。

［24］刘玲玲等：《创新型城市指标评价体系研究》，《北京城市学院学报》2011 年第 4 期。

［25］邹燕：《创新型城市评价体系与国内重点城市创新能力结构研究》，《管理评论》2012年第6期。

［26］吴价宝等：《创新型城市动态评价研究》，《工业技术经济》2013年第3期。

［27］郭丽华等：《我国创新型城市评价体系存在的问题以及改进措施》，《商业时代》2013年第29期。

［28］陈媞：《城市创新与创新型城市的比较研究》，《科技创业月刊》2013年第1期。

［29］周梦玲：《国家创新型试点城市推进情况——以连云港市为样本》，《社会观察》2014年第2期。

［30］薛艳：《创新型城市建设综合评价研究——以江苏常州为例》，《常州大学学报》2014年第4期。

［31］胡俊峰：《创新型城市建设的国内外经验及其对南通的启示》，《江海纵横》2014年第2期。

［32］高晓亚等：《创新型城市评价与运行机制研究》，《科技信息》2012年第35期。

［33］朱俊成：《武汉城市圈创新型城市群发展研究》，《城市发展研究》2012年第3期。

［34］张德启：《我国企业与高校合作中的问题及分析》，《现代管理》2009年第3期。

［35］李璇：《深圳、珠海、汕头经济特区发展比较》，《创新》2012年第3期。

［36］郭凯：《基于灰色系统理论与模糊数学的洛阳创新》，《科技管理研究》2014年第5期。

B.5
中国经济特区体制改革报告

陈家喜　黄惠丹　左瑞婷*

于2013年11月召开的党的十八届三中全会，对全面深化改革进行了战略部署，提出了国家治理体系与治理能力现代化的建设目标。这一会议还将体制改革解构为经济、政治、文化、社会、生态文明以及党的制度6个维度，具体部署全面深化改革的主要任务和重大举措。在具体内容上，通过发挥市场在资源配置中的决定性作用深化经济体制改革，围绕坚持党的领导、人民当家做主、依法治国有机统一深化政治体制改革，围绕核心价值体系深化文化体制改革，围绕民生和社会公平深化社会体制改革，围绕建设美丽中国深化生态文明体制改革，围绕提高科学执政、民主执政、依法执政水平深化党的建设制度改革。[①] 中央关于全面深化改革的精神不仅拉开了全国新一轮体制改革的序幕，也为经济特区的体制改革指明了道路和方向。2013年，五大经济特区围绕中央精神，联系特区实际，创造性地提出了体制改革的"路线图"，也提交了阶段性改革的"成绩单"。进一步深化经济特区的体制改革，需要继续加强改革的创新性、突破性和可操作性。

一　经济特区体制改革的"路线图"

经济特区是中国改革的试验田和排头兵。在中央十八届三中全会做出全面深化改革的规划之后，经济特区开启了体制改革的新篇章，它们从精神贯彻、

---

* 陈家喜，深圳大学当代中国政治研究所副所长，管理学院教授；黄惠丹，深圳大学管理学院政治学理论专业硕士生；左瑞婷，深圳大学管理学院政治学理论专业硕士生。
① 习近平：《关于〈中共中央关于全面深化改革若干重大问题的决定〉的说明》，《求是》2013年第22期。

实施意见、战略推进等层面，描绘了新的体制改革"路线图"。通过对五大经济特区落实中央全面深化改革实施意见的梳理，我们大体上可以把握经济特区全面深化改革的战略规划以及在经济、行政、社会、文化体制改革上的实施蓝图（见表1）。

表1 五大经济特区落实中央全面深化改革决定的战略

经济特区	实施意见	发布时间	总体战略
深圳	《中共深圳市委贯彻落实〈中共中央关于全面深化改革若干重大问题的决定〉的实施意见》	2014年1月22日	市场化、法治化、国际化、前海战略平台的"三化一平台"
珠海	《中共珠海市委关于全面深化改革的实施意见》	2014年2月10日	蓝色珠海、科学崛起
厦门	《中共厦门市委关于贯彻党的十八届三中全会和省委九届十次全会精神全面深化改革的决定》	2013年12月19日	美丽厦门战略，"两个百年"发展愿景和"五个城市"发展目标
汕头	《中共汕头市委贯彻落实〈中共中央关于全面深化改革若干重大问题的决定〉的实施意见》	2014年1月23日	创新型经济特区、东南沿海现代化港口城市、粤东地区中心城市
海南	《中共海南省委关于贯彻落实党的十八届三中全会精神推动海南全面深化改革的实施意见》	2014年1月15日	全面建设国际旅游岛

（一）经济特区落实全面改革的战略部署

深圳市于2014年1月22日公布《中共深圳市委贯彻落实〈中共中央关于全面深化改革若干重大问题的决定〉的实施意见》，明确提出深圳将把推进全面深化改革作为当前和今后一个时期的首要政治任务，在国家新一轮改革开放中继续干在实处、走在前列。该意见将市场化、法治化、国际化、前海战略平台的"三化一平台"作为全面深化改革的部署。具体而言就是围绕市场化的改革目标，使市场在资源配置中起决定性作用，率先构建更加完善的社会主义市场经济体系；围绕法治化的改革目标，率先构建现代城市治理体系,争取在建设一流法治城市上有重大突破;围绕国际化的改革目标,不断提升城市建设、法规制度、服务管理、人文环境等软硬件的国际化水平,争取在建设国际化先进城市上有重大突破;围绕前海开发开放的国家级战略平台,率先营造法治化、国际化的营商环境,争取在建设全国经济中心城市上有重大突破。①

珠海市 2014 年 2 月 10 日正式发布《中共珠海市委关于全面深化改革的实施意见》。该意见提出,要以"生态文明新特区、科学发展示范市"为发展定位,以建成珠江西岸新的增长极为核心任务,把握好政府、市场、社会的关系,深化经济、政治、社会、文化、生态文明、党的建设六大领域的改革,促进改革上新水平、新台阶,推动"蓝色珠海、科学崛起"。②

厦门市在 2013 年 12 月 19 日正式发布《中共厦门市委关于贯彻党的十八届三中全会和省委九届十次全会精神全面深化改革的决定》,该决定确立了厦门推进全面深化改革的总体规划,即美丽厦门战略规划,提出"两个百年"发展愿景和"五个城市"发展目标,科学制定三大发展战略和十大行动计划,是厦门作为经济特区在推动科学发展上的先行先试,是贯彻落实全国、全省发展战略的具体体现。到 2020 年率先建成展现国家治理体系和治理能力现代化的典范城市,为建设美丽厦门提供强大动力和体制机制保障。③

2014 年 1 月 23 日,汕头市委正式通过《中共汕头市委贯彻落实〈中共中央关于全面深化改革若干重大问题的决定〉的实施意见》。该意见提出,要从汕头实际出发,充分激发市场主体的活力,加快完善现代市场体系,加快转变政府职能,深化城乡一体化改革,构建开放型经济新体制,加强民主法治制度建设,强化权力运行制约和监督体系,创新文化发展机制,创新社会治理模

---

① 《中共深圳市委贯彻落实〈中共中央关于全面深化改革若干重大问题的决定〉的实施意见》(摘要),《深圳特区报》2014 年 1 月 22 日。
② 《中共珠海市委关于全面深化改革的实施意见》,《珠海特区报》2014 年 2 月 10 日。
③ 《中共厦门市委关于贯彻党的十八届三中全会和省委九届十次全会精神全面深化改革的决定》,《厦门日报》2013 年 12 月 19 日。

式，创新生态文明制度体系。①

2014年1月15日颁布的《中共海南省委关于贯彻落实党的十八届三中全会精神推动海南全面深化改革的实施意见》提出，要推动海南全面深化改革，必须深刻领会经济体制改革是全面深化改革的重点，核心问题是处理好政府和市场的关系；必须吃透海南省情，增强改革的针对性、科学性和实效性，努力破除制约海南科学发展、绿色崛起和全面建设国际旅游岛的体制机制障碍。②

（二）经济特区体制改革的路线规划

在推进体制改革的具体步骤上，经济特区基本上按照中央的部署从经济、政治、文化、社会、生态文明以及党的制度6个层面展开。由于政治改革和党的制度更集中体现在中央层面的顶层设计，而生态文明改革体现得更多的是治理政策而非治理体制，因此本部分沿用经济、行政、社会和文化4个维度来解析经济特区推动体制改革的具体方案（见表2）。③

1. 经济体制改革

中央推进新一轮经济体制改革的核心是发挥市场对资源配置的基础性作用，着力解决市场体系不完善、政府干预过多和监管不到位问题，充分释放市场的活力和功能。通过对各经济特区"实施意见"的文本解析可以发现，它们都将市场体系的构建和维护作为经济体制改革的重点，其中商事登记制度改革成为这一改革的突破口。

---

① 《中国共产党汕头市第十届委员会第四次全体会议决议》，《汕头日报》2014年1月23日。
② 《中共海南省委关于贯彻落实党的十八届三中全会精神推动海南全面深化改革的实施意见》，《海南日报》2014年1月15日。
③ 具体方案是：《中共深圳市委贯彻落实〈中共中央关于全面深化改革若干重大问题的决定〉的实施意见》（摘要），《深圳特区报》2014年1月22日；《中共珠海市委关于全面深化改革的实施意见》，《珠海特区报》2014年2月10日；《中共厦门市委关于贯彻党的十八届三中全会和省委九届十次全会精神全面深化改革的决定》，《厦门日报》2013年12月19日；《中国共产党汕头市第十届委员会第四次全体会议决议》，《汕头日报》2014年1月23日；《中共海南省委关于贯彻落实党的十八届三中全会精神推动海南全面深化改革的实施意见》，《海南日报》2014年1月15日。

表2　五大经济特区体制改革重点内容比较

特区	经济体制改革	行政体制改革	社会体制改革	文化体制改革
深圳	商事登记制度、负面清单管理、金融体制	行政审批、政府购买服务、现代财政制度、公务员管理制度	公共安全保障体系、群众工作机制、社区服务管理新模式、社会组织管理体制	互联网管理和舆论监督机制、文化产业投融资服务体系、公共文化服务供给模式、"平台+园区"建设模式
珠海	商事登记制度、现代金融市场、市场监管体系、社会信用体系	市场监管综合执法体系、大部门体制、事业单位分类、政府购买社会组织服务、行政执法体制	社会管理综合信息系统、社区治理和服务体系、社会矛盾预防调处机制、多元化矛盾纠纷解决机制	文化管理体制、现代文化产业体系、横琴新区"文化试验区"、公共文化服务体系、公共文化服务社会化
厦门	商事登记制度、负面清单管理	公共组织、大部门体制、事业单位、政府购买服务机制、审批制度	社区治理体制、基层社会治理体制、社会组织管理体制、矛盾纠纷机制、安全监督管理与问责机制、信用体系	文化管理体制、文化产业发展机制、文化服务体系、文化事业单位治理结构、公共文化服务建设绩效考核机制
汕头	商事登记制度、市场准入、负面清单管理	行政审批制度、政府在线项目、政府机构、政府权力清单	社会组织管理制度、"平安细胞工程"、社区服务管理新模式、社会治安立体防控体系	潮汕传统文化项目的产业化、文化产业园区
海南	市场准入制度、工商注册制度、信用约束机制	代理审批制度、事业单位分类、行政执法体制、垂直管理体制	社会管理体制、新型城乡社区管理机制、综合服务管理平台、公共安全体系、突发事件应急处置机制	文化管理体制、公共文化服务体系建设协调机制、文化产业发展机制、文化产业和旅游业融合发展、文化创意产业

深圳提出完善现代市场体系，提高资源配置效率和公平性。进一步改革商事登记制度，加快统一的商事主体登记及许可审批信用信息公示平台建设。探索股份有限公司注册资本认缴登记制、外商投资企业及会计师事务所主体资格审批登记制度等改革。建立负面清单管理模式，实行统一的市场准入制度，率先在现代服务业等领域制定负面清单。完善市场定价机制，提高重要公用事业、公益性服务、网络型自然垄断环节政府定价的透明度。推进金融改革创新综合试验区建设，加快有机互联的多层次资本市场体系建设，构建多功能、多

层次的金融市场体系。

珠海提出深化商事登记制度改革,推进工商注册便利化,实行"谁许可,谁监管"的监管制度;推进横琴新区在跨境金融、人民币资本项目可兑换上先行先试,构建多功能、多层次的现代金融市场体系。创新社会信用体系与市场监管体系建设,推进政务诚信建设,建立覆盖全市、涉及经济社会生活各个方面的社会信用体系,加强政务诚信、商务诚信、社会组织诚信、个人诚信建设,打造横琴新区诚信岛。

厦门提出推行商事登记制度改革和负面清单管理,推行全程电子化登记和电子营业执照,建立统一的商事主体登记及信用信息公示平台。对外商投资审批探索实行"同步受理+并联审批"、"负面清单+简化审批"和"准入前国民待遇+负面清单"等模式。

汕头提出全面推进商事制度改革,实施商事主体资格与经营资格相分离,实行商事主体年报备案制度,建立统一的商事主体登记许可及信用信息公示平台。逐步推进"宽进严管"的市场准入体系建设,取消注册资本最低限额,实行注册资本认缴制。大力探索市场准入负面清单管理方式,在海湾新区进行试点,按照"非禁即入"原则吸引各类企业平等进入特许经营领域,争取在现代服务业和基础设施建设等领域有新突破。

海南提出推进市场化改革,培育特色优势产业。实行统一的市场准入制度,加快形成各类企业自主经营、公平竞争,消费者自由选择、自主消费,商品和要素自由流动、平等交换的现代市场体系。推进工商注册制度便利化,削减资质认定项目,完善先照后证制度,实行注册资本认缴登记制。构建统一的市场主体信息平台,完善信用约束机制,褒扬诚信、惩戒失信。此外,海南还围绕具体的产业领域,如现代农业经营、旅游、房地产业、产业园区、地方金融等提出了体制机制的改革措施。

2. 行政体制改革

国家治理的权力体系包含政权体系和治权体系,行政体制是国家治理的治权体系,体现为政府治理体系。① 也正是在这一意义上,行政体制改革与经济

---

① 王浦劬:《论新时期深化行政体制改革的基本特点》,《中国行政管理》2014 年第 2 期。

体制改革存在交叉的地方，构建市场体制需要转变政府职能，简化行政审批程序。除此之外，各大经济特区还围绕大部制、公共财政、绩效评估和行政执法等，提出了深化行政体制改革的具体要求。

深圳提出通过转变政府职能，构建服务型政府。深化行政审批制度改革，整合行政审批资源和数据，实现服务便利化、管理扁平化。推广政府购买服务，完善社会组织承接政府职能的配套政策。优化政府组织结构，优化街道设置，缩短管理链条，增强基层的综合服务功能。率先建立现代财政制度，推进专项资金设立管理法制化，建立阳光透明的专项绩效评估机制。深化公务员管理制度改革，继续推进公务员分类改革和聘任制改革，建立和完善公务员绩效考核体系和薪酬制度。

珠海也将转变政府职能作为改革的重心。珠海要求建立一口受理、综合审批、高效运作、协同管理的服务模式；建立集中统一的市场监管综合执法体系。推进大部门体制改革，建立决策权、执行权、监督权既相互制约又相互协调的行政运行机制。深化事业单位分类改革，探索和完善法定机构的运行机制和管理模式。建立政府对资源配置实行分类管理的制度，强化政府公共服务、市场监管、社会管理、环境保护等职责。推进政府职能转移和购买社会组织服务，健全承接政府公共服务的社会组织的资质评判体系，扩大政府购买服务的范围。深化行政执法体制改革，实行行政执法的力量配置重心下移，完善相关职能部门信息共享、案件经营、联合执法、案件移送的工作机制。

厦门将公共组织改革作为行政体制改革的重心。厦门提出推进大部门制改革，优化政府机构设置、职能配置、工作流程。推进公益服务事业单位改革，加快管办分离和完善法人治理结构，逐步取消学校、科研院所、医院等单位的行政级别。建立健全政府向社会购买服务的机制，通过引入竞争机制、合同、委托等方式向社会购买。深化审批制度改革，压缩和规范行政审批自由裁量权，逐步实现行政审批零收费，逐步实现所有审批服务全部网上办理，电子监察实时监控和审批信息部门共享。

汕头在深化行政管理体制改革上，提出加快推动政府职能转变，完成市县两级政府的机构改革，全面梳理部门的行政职权，出台政府部门的权力清单；推进行政审批法定化、标准化建设，再造和优化审批流程。积极探索行政审批权制度改革，推进行政审批"三集中"工作，实现政府部门的审批职能、机构、权限向窗口集中，逐步建立"审、管"分离、"监、管"分离的运行机制；推进"汕头政府在线"项目，构筑全市统一的电子政务应用平台；完善市网上办事大厅和区县网上办事分厅建设，促进行政服务中心的实体窗口和网上办事大厅的虚拟窗口有效衔接。

海南将政府职能转变作为行政体制改革的突破口。海南提出全面推广一门受理、并联审批、多证联办的"政务超市"审批服务模式；建立全流程公开审批机制，优化审批流程，压缩时限，提高效率。加快事业单位的分类改革，建立事业单位法人治理结构以及事业单位统一登记管理制度。深化行政执法体制改革，整合执法主体和执法权，推进综合执法，着力解决权责交叉、多头执法问题，建立权责一致、权威高效的行政执法体制。

3. 社会体制改革

如果说经济体制改革的核心议题是处理好政府和市场的关系，那么社会体制改革不但要处理好政府与社会的关系，还要处理好市场与社会的关系；必须弄清楚，哪些社会事务需要政府、市场和社会共同承担，哪些需要各自分担。① 换言之，社会体制改革需要确定政府、市场与社会各自的边界和权责。从五大经济特区关于社会体制改革的方案来看，它们都在厘清政府、市场与社会的关系上进行了积极探索。

深圳提出创新和完善社会治理体系，促进社会稳定和谐。具体而言，健全公共安全保障体系，完善"党政同责、一岗双责、齐抓共管"的安全生产工作机制，建立安全生产隐患排查治理体系和安全预防控制体系。创新群众工作机制，完善矛盾纠纷预防化解机制、大调解工作体系以及第三方机构社会矛盾调处机制。构建现代城市社区治理体系，明晰街道、社区的服务管理事权关系，探索"一平台两中心"和"一站两委三平台"等社区服务管理新模式。推进社会组织管理体制改革，扩大社会组织的直接登记范围，完善社会组织的登记评估机制，形成法律监督、行政监督、公众监督、社会组织自律相结合的监管合力。

---

① 李培林：《厘清社会体制改革的核心议题》，《北京日报》2014年9月15日。

珠海提出通过创新社会治理体制，提升社会治理能力。具体包括：在社会治安、公共预警、食品监管、交通运输等领域建设全面覆盖、功能齐全、动态跟踪、信息共享的社会管理综合信息系统。深化城乡基层治理和服务体系，实施行政事务社区准入制度，完善"议事—决策—执行—协助—监督"的社区居民自治体系，推进社区党组织、社区居委会、社区公共服务站"三位一体"的社区治理与服务体系。加快构建枢纽型社会组织，发挥社会组织培育发展中心"孵化器"的作用，支持各类社会组织更好、更多地承接政府职能转移。创新社会矛盾预防调处机制，健全人民调解、行政调解和司法调解有机衔接的"大调解"机制。

厦门也将提升社会治理能力、整合社会资源作为社会体制改革的重心。厦门市提出建立市区社会工作机制，强化街道的社会管理功能，完善社区网格化管理，促进社区信息资源共享，推动形成区、街（镇）、居（村）三级联通互动的网格化社会服务治理体系。完善居民（代表）会议制度，建立健全人民心声反映机制，把群众评价纳入社区考核体系。构建街（镇）机构主导、居（村）组织负责、社会组织协同、全体居民参与的基层社会治理体系。推进登记管理体制改革，行业协会商会类、科技类、公益慈善类、城乡社区服务类的社会组织实行直接登记制度。建立社会组织孵化培育机制，建设国家级两岸社会组织孵化园区。完善落实社会稳定风险评估制度，探索建立公示、听证、对话、协商等工作机制和第三方评估制度。建设全市诚信信息平台，整合各相关职能部门和金融、保险等社会机构的数据，构建全市统一的法人与自然人信用信息系统。

汕头提出加强社会管理和公共服务，深化社会体制改革。加快推进社会组织的管理制度改革，积极培育、打造社会组织品牌，深化社会管理体制改革；深入推进"平安汕头"建设和"平安细胞工程"，夯实平安区县、平安乡镇、平安社区的创建基础；加快社会治安视频监控等防控设施建设，着力打造群防群治的社会治安立体防控体系和完善重大决策社会稳定风险评估、维稳和治安形势分析、矛盾纠纷排查化解和应急处置工作机制；严格落实安全生产"党政同责、一岗双责、齐抓共管"机制，建立健全日常检查监督制度和隐患排查治理长效机制。创新城乡社区服务管理新模式，加快社区公共服务站、儿童友好社区、街道家庭服务中心的建设，培育发展民办社工服务机构。

海南提出创新社会管理体制，提高社会治理水平。海南推进乡镇（街道）社会服务管理中心规范化建设，健全新型城乡社区（村）管理机制和综合服务管理平台。加强对社会组织和在琼境外非政府组织的管理。加强社会工作者的队伍建设，支持和发展志愿服务组织。建立最严格的覆盖全过程的食品药品安全监管制度，建立隐患排查治理体系和安全预防控制体系，完善各类突发事件应急处置机制。

4. 文化体制改革

深化文化体制改革是全面深化改革的重要组成部分。中央明确提出要以激发全民族的文化创造活力为中心环节，完善文化管理体制，建立健全现代文化市场体系，构建现代公共文化服务体系，提高文化开放水平。[①] 从经济特区的文化体制改革内容来看，各个特区均对上述内容进行了很好的贯彻和实施。

深圳将文化体制机制创新作为激发文化活力和竞争力的重要途径。深圳提出完善互联网管理和舆论监督机制，健全基础管理、内容管理、行业管理以及网络违法犯罪防范打击等工作联动机制；健全文化产业投融资服务体系，促进金融资本、社会资本、文化资源相结合；完善政府主导、社会参与、机制灵活、政策激励的公共文化服务供给模式；探索"平台＋园区"的建设模式，创建国家对外文化贸易基地。

珠海推进深化文化体制机制改革，具体路径包括：完善文化管理体制，加快培育公益性文化事业单位的独立法人和市场主体地位；构建现代文化产业体系，打造横琴新区"文化试验区"；构建覆盖城乡、结构合理、功能健全、实用高效的公共文化服务体系；转变公共文化产品的生产和供给方式，鼓励和引导社会力量参与文化建设，推动公共文化服务社会化发展。

厦门也提出完善文化发展体制、文化产业发展机制以及公共文化服务体系等具体举措。完善文化管理体制，建立党委和政府监管国有文化资产的管理机构；按照政企分开、政事分开原则，理顺党政部门与其所属文化企（事）业单位的关系。创新文化产业发展机制，建立多层次的文化产品和要素市场，鼓

---

① 蔡武：《打好深化文化体制改革攻坚战》，《人民日报》2014年1月23日。

励金融资本、社会资本、文化资源相结合，鼓励非公有制文化企业发展。推动国有文化资源整合。完善公共文化服务体系，完善主要公共文化产品和服务项目、公益性文化活动纳入公共财政经常性支出预算的财政投入体制，建立公共文化服务体系建设绩效考核机制。

汕头提出要在文化繁荣发展和产业化上取得突破。高标准打造城市文化地标，建立健全文化投融资平台，撬动更多社会资本参与重大文化设施项目建设。挖掘传统文化的内涵，鼓励金融资本、社会资本、文化资本相结合，推动小公园历史文化街区的保育活化和老城区的改造提升。壮大文化产业，规划建设一批文化产业园区，推动玩具动漫、文具音像、包装印刷等产业向文化创意、文化营销等现代文化产业发展，推动潮汕传统文化项目的产业化。

海南提出深化文化管理体制改革，按照政企分开、政事分开原则，推动政府部门由办文化向管文化转变。健全坚持正确舆论导向的体制机制和网络突发事件处置机制。推动新闻发布制度化，重视新型媒介运用、管理和规范传播秩序。完善文化产业发展体制，继续推进国有经营性文化单位转企改制，鼓励非公有制文化企业发展，鼓励金融资本、社会资本、文化资源相结合。加快文化产业与旅游业融合发展，鼓励文化创意产业发展。

二 经济特区体制改革的"成绩单"

从党的十八届三中全会的召开，到各经济特区体制改革方案的出台，再到各项体制改革的稳步推进，经济特区不断进行体制改革上的持续探索。对经济特区体制改革的进展，我们主要采用已公开的数据来加以解析和验证。由于时间、信息和数据收集的限制，这一评价可能存在疏漏和偏颇之处。

（一）深圳体制改革的进展

深圳将"三化一平台"作为深化改革的突破口，所谓"三化一平台"就是市场化、法治化、国际化以及前海开发开放。在市场化改革层面，深圳深化商事登记改革，实施股份有限公司注册资本认缴制改革；正式启动会计师事务所审批实行"先照后证"改革；外商投资企业审批制度改革；在全国首创全业务、全流程、无纸化网上商事登记改革；创造性地开展营业执照、机构代码证、税务登记证、刻章许可证"四证合一"工作，实现"一表申请、一门受理、一次审核、信息互认、四证同发、档案共享"的登记新模式。同时，深圳探索编制权责清单，再造政府工作流程，在"减"上求新突破，最大限度地减少审批许可事项。①2014年9月颁布的《深圳市商事主体行政审批事项权责清单》，涉及商事登记25个行政审批部门共129项审批事项，其中需要前置审批的仅为12项，占9.3%，其余的全部是后置，共有117项，占90.7%。②这一权责清单在公布权责清单和监管办法，理顺政府行政审批与监管职责，强化审批监督制度的内外衔接，构建信用监管、信息监管、法治监管等新型综合监管模式等方面取得重大突破。

在行政体制改革方面，深圳统筹党政群机构改革，增强党委、政府运作的协调性。按照缩短管理链条、推进扁平化管理的目标，深圳先后设立了光明、坪山、龙华和大鹏4个功能性新区。深圳探索完善行政执法协同机制，推进跨部门、跨行业综合执法。如深圳市组织建立非法营运联合整治工作机制，公安、交警、辖区综治办和街道执法队等多个成员单位共同参与，统一执法行动，并强化日常执法发现非法营运案件及时移交机制，对非法营运形成了四面围攻之势。③健全街道城市管理相对集中的执法权体制，减少行政执法层级，解决权责交叉、多层执法问题。执法力量向重点领域和基层倾斜，确保行政执法规范、公正、严格、文明。④

深圳推动社会体制改革，在社会组织管理体系、基层社会治理体制、食品药品监督管理体制、机关事业单位养老保障制度等方面为全国积极"示范"。深圳在社会组织管理上实现4个转变，即由双重管理向直接登记转变、从行政

---

① 《深圳全面深化改革系列报道之一："市场化"改革的新路径》，《中国改革报》2014年10月20日。
② 《深圳市商事登记制度改革领导小组召开商事主体行政审批事项权责清单及后续监管办法新闻发布会》，深圳市市场监督管理局，2014年9月1日，http://www.sz.gov.cn/cn/xxgk/bmdt/201409/t20140901_2553914.htm。
③ 《深圳全力深化行政执法体制改革》，《深圳特区报》2014年10月11日。
④ 《深圳全面深化改革系列报道之二："法治化"改革的新突破"》，《中国改革报》2014年10月20日。

依附关系向合作伙伴关系转变、从重登记轻扶持向登记扶持并重转变、从控制型向导向型转变。目前深圳已成立7000多个社会组织。① 与此同时，深圳市还强化了对社会组织不规范行为的监管，从2014年11月开始，深圳市民政局开始对市级社会组织如社会团体、基金会、民办非企业等开展随机抽查，检查各类社会组织遵章守法、内部治理以及依法依规根据章程开展活动等情况。②

深圳以三大重点项目为抓手深化文化体制改革。建立协调机制使公共文化资源共享，推动多元化供给实现公共文化供需对接，建立法人治理机制实现公共文化场馆决策、执行和监督的有效制衡。这三大重点改革项目全是与文化民生相关的，改革的落脚点全在于为市民群众提供更优质、更多元的公共文化服务。③

（二）珠海体制改革的进展

珠海提出在全国率先建成三大平台，打造商事登记制度改革亮点。珠海率先在全国建成"珠海市商事主体登记许可及信用信息公示平台"、"珠海市商事登记业务平台"和"珠海市商事登记年度报告自助服务平台"三大平台。珠海市还通过7个商事登记后续监管配套办法，建立了完备的"一条例一办法七制度"的商事登记改革法律法规体系："一条例"即《珠海经济特区商事登记条例》，"一办法"即《珠海经济特区商事登记条例实施办法》，而后续监管"七制度"分别是《珠海市换领商事主体营业执照实施办法》、《珠海市商事主体年度报告制度实施办法》、《珠海市商事主体经营异常名录管理办法》、《珠海市商事主体信用信息公示管理办法》、《珠海市商事主体先照后监管信息认领办法》、《珠海市商事主体公示信息抽查办法》和《珠海市商事主体公司秘书管理办法》。④ 上述制度进一步明晰了商事登记机关、许可审批部门、行业主管部门以及商事主体的权责体系，确保商事主体"进得来、管得住、管得好"。

---

① 《深圳社会组织已超过七千家》，《深圳商报》2014年7月10日。
② 《深圳将抽查40多家社会组织》，《南方日报》2014年11月4日。
③ 《深圳以三大重点项目为抓深化文化体制改革》，《深圳特区报》2014年7月16日。
④ 《珠海商事登记制度改革亮点在全国率先建成三大平台》，《珠海特区报》2014年10月22日。

珠海市还通过了《珠海市市区政府职能转变和机构改革方案》，将加快政府职能转变、深化政府机构改革、严格控制机构编制作为改革的重心。在具体步骤上则包括：进一步减少行政审批事项，加强行政审批事项管理，深化行政审批制度改革；加强事中、事后监管，强化公共服务功能，充分发挥社会组织的作用；抓紧编制政府部门的权力清单，完善行政运行机制，规范行政权力运行；优化市级机构设置，因地制宜设置区镇街机构，稳妥推进政府机构改革；严格控制机构编制，创新机构编制管理，严肃机构编制纪律；准确把握改革的进度要求，确保圆满完成各项改革任务。[1] 改革后的市政府将设置30个工作部门，各行政区的政府工作部门控制在18个以内。在上述8个部门的"三定"方案中，涉及144项政府职能的转变，其中取消、下放和转移的政府职能达52项，而增加的职能为41项。[2]

珠海市加大培育社会组织和优化社区治理。首先，珠海市社会组织培育发展中心设有创意孵化、能力建设、服务展示、社工服务、党建服务等功能分区，为社会组织提供免费办公场地、资源共享、资金支持、网络建设、项目推广、项目绩效及组织发展评估咨询以及专业培训等服务。同时，珠海市民政局出台了《培育服务小微社会组织的指导意见》，开辟了小微社会组织服务区。市社会组织培育发展中心将以一季度作为服务周期，每季度为20家小微社会组织提供服务。其次，珠海市还制定出台了《珠海市社区行政事务准入管理办法（试行）》，统筹政务与居务，实施行政事务社区准入；深化居民自治，形成了"议事（社区议事协商委员会）—决策（社区居民会议或社区居民代表会议）—执行（社区居委会）—协助（社区社会组织）—监督（社区监督委员会）"的社区自治体系。珠海市在镇街设立社区政务服务中心，在社区设立社区公共服务站，为居民提供"一门式"服务。此外，珠海市还开通了镇街社区网和政务信息及应用平台"政民通"，实现了社区议事决策、社区工作考核、社区民主监督网上互动，改变了以往自上而下的社会治理模式。[3]

---

[1] 《我市召开全市市区政府职能转变和机构改革工作会议》，《珠海特区报》2014年7月15日。
[2] 《珠海市级机构改革方案公布 新设调整8部门》，《南方日报》2014年9月2日。
[3] 《推动管理体制改革——基层治理创新的珠海特色》，《中国社会报》2014年8月28日。

(三)厦门体制改革的进展

厦门提出创新行政管理体制,开展行政运行机制创新工程。推进大部门制改革,建立健全政府向社会购买服务机制,构建服务型政府。深化审批制度改革,推动行政审批全流程网上运行,完善电子监察。健全依法治理体制机制,深化行政执法体制改革,健全司法权力运行机制。① 值得一提的是,2014年10月厦门市通过了《关于落实"三规合一"推进建设项目审批流程改革的实施意见(试行)》,明确要在城乡基础设施、工业设施、房屋建筑工程等领域,构建"政府统筹、部门协同、信息共享、并联审批、注重监管"的审批管理新机制,相关部门同步受理、限时办结、同时取件。②

厦门的市场体制改革取得明显进展。《厦门经济特区商事登记条例》正式实施,厦门市启动的商事登记制度改革涉及注册资本、许可经营项目审批、年检、注册经营地址、"先照后证"、"并联审批"等8个方面,将商事登记制度改革与行政审批事项清理工作紧密结合,将审批环节精简到5个以内,将登记事项压缩为3个工作日。截至9月15日,2014年厦门新增设商事主体5万户,较2013年同比增长80%。③ 值得一提的是,厦门市在为企业进入市场"松绑"的同时,还强化部门联动监管和企业信用自律,做到"宽进严管"。全市28个市属许可、监管部门都制定了各自的后续市场监管方案;6个省部属垂管部门提交了后续监管办法草案。厦门市还制定了经营异常名录及黑名单制度,商事主体不按期公示年度报告或者通过住所无法联系的,将被载入经营异常名录;有违法行为的将被纳入黑名单,并向社会公开。④

探索"美丽厦门、共同缔造"的社区治理模式,是厦门市社会体制改革

---

① 《美丽厦门战略规划》,《厦门日报》2014年3月5日。
② 《厦门市人民政府办公厅印发落实"三规合一"推进建设项目审批流程改革实施意见的通知》,厦门市人民政府网站,http://www.xm.gov.cn/zfxxgk/xxgkznml/cxjsgl/cxjsxgwj/201410/t20141024_985628.htm。
③ 《厦门市人大立法为商事登记制度改革开路》,中国新闻网,http://www.chinanews.com/fz/2014/10-06/6651456.shtml。
④ 《厦门:发挥特区优势 全力推进商事登记制度改革》,新华网,http://news.xinhuanet.com/2014-06/16/c_1111156932.htm。

的重要进展。根据厦门市建设"美丽厦门"中的"创新社会治理体制"规划，要建立市、区社会治理工作机制，统筹协调全市及各区的社会治理工作；探索建立政府主导、社会协同、公众参与相结合的社会治理体制机制，建立健全纵向到底、横向到边、纵横交互的社会治理体系。完善社区自治和矛盾纠纷调解机制。加快实施"村改居"社区治理机制改革，同时开展社区治理提升工程；完善社区网格化管理服务办法，提升管理服务效果，实现社区网格化管理服务城乡全覆盖；建立健全社区治理体系，完善社区内民主听证、协商制度，建立居民参与社区共治的机制，等等。① 厦门先后在思明区和海沧区启动试点，选择各种类型的社区如城市新社区、城市老旧小区、外来人口集中小区、村改居社区、农村社区等进行试点，打造了小学苑、曾厝垵、兴旺社区、西山社等不同类型社区共同缔造的典型。② 厦门社区治理的经验模式也得到了民政部的肯定，并决定在全国范围内推广这一经验。

厦门加快推动文化事业全面繁荣和文化产业快速发展与创新，促进多元文化融合发展。具体行动策略如下：建设城乡居民精神塑造工程，弘扬特区文化、闽南文化、海洋文化、嘉庚文化和优秀传统文化，倡导厦门独有的"郑成功民族精神"、"林巧稚敬业精神"和"陈景润科学精神"等城市人文精神。同时实施文化实力提升工程，建设城市文化产业与文化事业和谐发展的社会公共空间，改善城市发展的软环境；完善文化设施，建设布局均衡、全面覆盖的文化设施网络，建设一批地标式文化设施建筑群，形成若干个各具特色的城市文化中心，形成"十五分钟公共文化服务圈"。深化文明意识宣传教育，大力开展道德教育、审美教育，持续提升城市文明风尚。深入开展志愿者行动，创新城市建设管理的群众参与机制，调动市民参与文明创建的积极性，不断提高公民的文明素质和社会文明程度。③

（四）汕头体制改革的进展

汕头通过《汕头市商事登记制度改革实施方案》，全面实施商事登记制

---

① 《美丽厦门战略规划》，《厦门日报》2014年3月5日。
② 《厦门"美丽厦门"理念社会治理 共同缔造获成效》，《厦门日报》2014年7月19日。
③ 《美丽厦门战略规划》，《厦门日报》2014年3月5日。

度改革。汕头市商事登记制度改革坚持市场主导、简政放权,规范统一、便捷高效,宽进严管、权责对等的基本原则;通过放松市场准入管制,加强和改进行政服务,厘清和强化部门监管职责,健全商务诚信体系,进一步激发商事主体的活力和创造力,营造法治化、国际化营商环境;加快建设统一规范的市场主体信用信息公示系统,为实施改革提供重要支撑。①《汕头市商事登记制度改革实施方案》实施后,实行注册资本认缴制和前置改后置审批改革,放宽市场主体的住所登记条件,使市场主体投资创业的热情高涨,改革"红利"进一步释放。截至2014年6月,汕头市场主体的登记总量已突破20万户大关,注册资本总额逾1400亿元。其中金融业新登记38户,同比增长375%;居民服务业和科研技术服务业户数同比分别增长51.52%和77.36%;私营企业的发展规模不断扩大,户均注册资本为233.7万元,同比增长6.5%。②

汕头的社会组织发展迅速,功能不断强化。近两年,汕头市社会组织总量从原来的1373个发展到3906个,社会组织万人数从2.7个提高到7个。汕头市制定了《推进全市社会组织改革创新工作示范点建设集中抓行动方案》,打造10个市级社会组织品牌,推进社会组织孵化基地建设。通过制定社会组织法规和配套政策,汕头市从登记、监管、评估、提升档次等各个方面,构建了有利于社会组织健康发展的法规体系。③ 与此同时,汕头市积极鼓励社会组织承接政府职能和购买服务。2013年9月汕头市颁布《汕头市社会组织承接政府职能转移和购买服务资质目录管理办法(试行)》,就社会组织承接政府职能和提供服务做出了规范性的指导意见,明确了相关的资质和各种要求。④ 2014年2月,汕头市第一批31家具备承接政府职能转移和购买公共服务资质的社会组织目录正式发布。

"华侨经济文化合作试验区"得到国务院的批复,可以看成汕头文化体制

---

① 《郑人豪主持召开市政府常务会议 决定全面实施商事登记制度改革》,《汕头日报》2014年5月24日。
② 《市场主体登记总量突破20万户》,《汕头日报》2014年8月7日。
③ 《汕头社会组织万人数从2.7个提高到7个》,《汕头日报》2014年9月9日。
④ 《汕头社会组织承接政府职能风生水起》,《汕头日报》2014年8月18日。

改革的重要进展。根据这一方案，汕头市得到多项文化体制改革的"特权"：搭建海外华侨华人文化交流平台，深化与有关国家（地区）的人文合作；拓展文化传播渠道，不断扩大中华文化的影响力；以合作、创新和服务为主题，构建面向海外华侨华人的聚集发展创新平台，建设跨境金融服务、国际采购商贸物流、旅游休闲中心和华侨文化交流、对外传播基地。①

（五）海南体制改革的进展

海南的商事登记制度改革取得实效。2014年2月，海南省工商局制定了《企业登记监管十八条意见》，从科技监管、信用约束、社会共治等方面综合推出18条监管措施，对行政许可公示、注册资本抽查办法、住所确认、信用信息公示、经营异常名录制度、黑名单制度等提出了指导意见。截至2014年上半年，海南省新增企业18020户，同比增长53.28%；新增市场主体注册资本1262.24亿元，同比增长107.27%；新登记市场主体从业人员268199人，同比增长51.2%。与此同时，海南还建立了企业经营异常名录制度和黑名单制度。统计显示，海口市工商局已将全市13万多家企业的注册登记及备案信息、1713家企业的行政处罚信息、512家企业的经营的异常名录信息、2014家企业的黑名单信息、84家获得海南省著名商标企业的信息、112家守合同重信用企业的信息和21家诚信经营示范单位的信息向社会公示。②

海南将行政审批改革作为行政体制改革的重心。2014年9月，海南省通过了《现代服务业扩大开放审批改革措施》，出台了30条具体改革措施和10条综合改革措施。《海南省政务规范化服务指导意见》对省、市（县）政务服务中心、乡镇（区）便民服务中心、村（居）委会便民服务站四级政务服务网络的规范化建设提出了具体要求。③ 此外，2014年9月，海南省建立了全省统一的行政审批事项目录，首批"权力清单"共涉及有审批权力的43个

---

① 《国务院关于支持汕头经济特区建设华侨经济文化合作试验区有关政策的批复》（国函〔2014〕123号），国务院网站，http：//www.gov.cn/zhengce/content/2014-09/19/content_9085.htm。
② 《快意海风椰岛来——海南推进工商登记制度改革见闻》，《中国工商报》2014年7月1日。
③ 《海南省行政审批制度改革领导小组召开会议》，《海南日报》2014年9月5日。

省直单位，包括599个行政审批大项、984个子事项和246个行政管理服务大项、255个子事项。对经过"瘦身"而保留下来的行政审批事项实施清单管理，在这个"权力清单"之外，一律不得实施。为进一步确保"权力清单"运行过程公开透明，公众可以通过该系统对行政审批事项的办理结果和公共资源交易结果进行检举、投诉，对行政审批和公共资源交易工作提出批评和建议。①

海南进一步建立健全现代文化市场体系，推进具有海南特色的文化发展之路。《海南省深化文化体制改革实施方案》提出，要继续推进国有经营性文化单位转企改制，确保规范到位；加快推动文化企业公司制、股份制改造，完善法人治理结构，形成符合现代企业制度要求、体现文化企业特点的资产组织形式和经营管理模式；加快实施"一区三带九重点"的文化产业布局，提高文化产业的规模化、集约化、专业化水平，形成具有海南特色的现代文化产业体系。具体措施还包括鼓励各类文化市场主体公平竞争，引导社会资本以多种形式投资文化产业；支持中小微型文化企业向"专、精、特、新"方向发展等；进一步打破条块分割、地区封锁、城乡分离，推动文化企业跨地区、跨行业、跨所有制兼并重组，推动国有骨干文化企业集团化发展。②

三 进一步深化特区体制改革的"辩证法"

党的十八届三中全会提出，改革开放是当代中国最鲜明的特色，同时改革也进入了"攻坚期和深水区"，必须加强顶层设计，将整体推进和重点突破相结合，形成改革合力。这一中央精神为经济特区进一步深化改革提供了重要契机。经济特区如何在新一轮改革进程中当好排头兵和先行者，首先要回答的是如何准确选择改革的策略与路径，把握改革的重心和方向。

---

① 《海南网上公布省级审批权力清单 涉及599个审批项》，《海南日报》2014年9月25日。
② 《〈海南省深化文化体制改革实施方案〉解读》，《海南日报》2014年8月29日。

（一）经济特区能否继续担当体制改革的"排头兵"

在全面改革的新形势下，经济特区能否继续领跑全面的体制改革？越来越多的迹象表明，中国体制改革的突破是通过不断"试验"完成的。如果说经济特区承担的是1978年以来第一轮体制改革的艰巨使命，那么现在深层次的体制改革需要新的试验区来加以实现。从2005年设立上海浦东综合配套改革试验区开始，截至目前，国家先后设立了6类12个国家综合配套改革试验区，如侧重开放的上海浦东新区、天津滨海新区，统筹城乡发展的重庆、成都，关注社会建设的武汉城市圈、长株潭城市群，探索新型工业化道路的沈阳经济区等。① 综合配套改革试验区与经济特区的不同之处在于，其核心在于"综合配套"，即从生产、流通、分配、消费以及经济、社会、城乡、政治、文化、生态等多方面、多领域进行创新，形成相互补充、相互配套的管理体制和运行机制，实现全面协调可持续发展。② 综合配套改革试验区在一定意义上替代了经济特区体制改革"排头兵"的角色。而从目前的情况来看，在五大经济特区之中，只有深圳和厦门进入了综合配套改革试验区的行列。

2013年8月成立的中国（上海）自由贸易试验区（简称自贸区），可以看成新的"改革特区"。党的十八届三中全会文件中突出强调，"建立中国上海自由贸易试验区是党中央在新形势下推进改革开放的重大举措，要切实建设好、管理好，为全面深化改革和扩大开放探索新途径、积累新经验。"③ 上海自贸区实行多项改革措施，如探索建立与国际标准和贸易规则体系相适应的行政管理体系，实现不同部门的协同管理；建立负面清单管理模式，将外商投资项目由核准制改为备案制，形成与国际接轨的外商投资管理制度；加快金融制度创新，在金融市场利率市场化、人民币跨境使用等方面创造条件先行先试等。④ 从这些具体内容来看，自贸区被赋予了更为广泛的改革权限，是中国新

---

① 《我国已批复6类12个综合配套改革试验区》，《京华时报》2014年6月11日。
② 许经勇：《综合配套改革试验区在与经济特区有何异同》，《人民日报》2011年9月6日。
③ 《中共中央关于全面深化改革若干重大问题的决定》，《人民日报》2013年11月16日。
④ 《中国（上海）自由贸易试验区总体方案》，http：//www.gov.cn/zwgk/2013-09/27/content_2496147.htm。

一轮改革的试验田。

随着改革进程的不断推进,"老特区"在数量上不断增长,"新特区"则不断涌现,经济特区的改革"排头兵"和"试验田"正面临越来越多的挑战。要在新一轮改革浪潮中继续发挥"先行者"的作用,就需要在改革的时机、战略、重心、步骤以及改革的系统性、创新性和突破性等方面加以突破。

(二)把握经济特区体制改革的辩证关系

其一,改革不是简单地废旧立新,而是继承与创新并举。不能为了改革而改革,盲目改革、无序改革、重复改革、虚假改革还不如不改革。在中央出台全面深化改革方案之后,全国上下都掀起了改革的浪潮,这其中不乏有些地方进行虚假改革。经济特区要在全面改革的大潮中保持真改革,就不能仅仅停留在文件和口号层面,而要符合科学的规律和发展的趋势,要围绕经济、行政、社会、文化发展中的重大问题以及发展过程中遭遇的体制机制问题,进行创新性的探索和突破。比如行政审批制度改革需要在过去"一减了之"的基础上进行系统推进。因为单纯的权力下放常常导致一些政府部门避重就轻,只下放一些不重要或没有收益的权限,甚至出现边下放边增加的情况。行政审批改革需要坚持下放、强化和精简3个原则:首先,行政审批权限下放应当由行政审批的利益相关者包括企业、公众和专家共同参与确定,并用法治手段严格约束政府部门随意增加行政审批事项的行为;其次,应重点关注与人民群众切身利益相关的领域,如食品安全、医药安全、住房质量、交通工程等方面,满足人民群众的期待;最后,应坚持以顾客为导向精简审批环节,再造行政审批流程,提升审批效率。当前可以利用电子政务系统,加强各行政审批部门内网的互联与协同,开展"一站式"行政审批,达到便民利民的目的。[①]

其二,改革不是要全面突破,而是要渐进调适。把准脉象,找出症结,在关键领域沿着正确方向率先探索,往往能够取得良好的改革绩效。当前经

---

① 陈家喜:《行政审批制度改革不是"一减了之"》,《深圳特区报》2012年10月21日。

济特区还面临进一步深化改革的瓶颈，如在社会治理领域，社区体制的行政化与社区自治的空心化、新治理结构与旧治理权威的张力、利益矛盾的纠结与协商平台的缺失等问题日趋凸显。在政府运行领域，权力运行规范化与政府灵活性的冲突，导致政府对社会需求的回应性不足；政府追求竞争、变革与卓越的意识欠缺；政府服务流程繁杂等。经济特区能否在解决这些矛盾和冲突的过程中，寻找到发展瓶颈的突破口，是其能否继续担当改革排头兵的决定性因素。

其三，改革不仅需要基层创新，还需要顶层授权。改革不仅需要基层摸着石头过河，还需要中央的肯定与支持。尽管经济特区不断强调自身的改革使命，但是这一使命如果得不到中央政府的具体授权，则只能停留在地方性的政府文件、宣传口号层面，不能转化为实际的改革举措。同样，顶层设计从来就离不开基层创新，从中央设立经济特区，再到成立综合配套改革试验区以及自由贸易区，都说明中央政府十分迫切地需要地方政府在一些重大的体制机制问题上先行探索、积累经验。因此，经济特区要在国家改革的战略大局中，立足地方特色与现实问题，寻找体制改革的突破口，并积极争取中央的支持和赋权。

其四，改革不仅要坚持中央方针，还要满足基层群众的需求。中央的路线方针为特区改革指明了重心和方向，而基层群众的现实诉求则为改革确定了紧迫任务。要坚持从广大群众的普遍诉求和切身利益出发，确定改革的具体领域，为推进改革奠定坚实的社会基础。当前一些基层群众普遍关切的问题，如户籍制度改革、公共服务均等化、收入与房价、文化权利与文化消费、基层矛盾调处、公民有序参与等，都为深化体制改革提供了突破的方向。因此，在经济体制改革中增加人民群众追求财富的机会，在社会体制创新中增强人民群众的自治，在行政体制改革中增强政府的回应性和责任性，在文化体制改革中满足人民群众多方面的文化需求，是衡量改革成效的重要指针。

其五，改革不仅要微小创新，还要统筹协同。经济特区要根据实际情况，因地制宜，发挥自身的改革优势，在单项改革中以点带面，全面推进体制改革创新。由于许多体制改革带有突破性和敏感性，在改革过程中会遭遇很多阻障，甚至难以得到上级授权。因此，经济特区在推进体制改革过程中要善于进行策略上的调整，先开展局部改革和单项改革，待绩效显著和经验成熟之后，再经上级许可进行更大范围和更多领域的改革，变微小创新与协同创新。在过去一年，深圳的商事登记制度改革、厦门的社区治理经验、汕头的文化体制试验等被中央肯定都说明了这一点。要善于将基层创新与中层设计相结合，科学谋划特区体制创新的新格局。

B.6 中国经济特区社会信用体系建设报告

张克听 张 芳*

信用是建立在交易基础上的相互信任的生产关系和社会关系，它在不同层面有不同的含义。从伦理道德方面看，它是指当事人之间建立的一种以诚实守信为基础的行为和品质；从法律层面看，它要求当事人恪守诺言，践行合同；从经济意义上看，它是经济活动中基于信任的借贷和延期支付活动；从社会学角度看，它是指对一个人履行义务的能力尤其是偿债能力的一种社会评价。无论是广义的商业信用、银行信用、国家信用，还是狭义的个人信用和企业信用，都要求各类主体在各种社会和经济交往中，彼此诚实、遵守诺言、践行合约。信用是一种资格，一种财产，也是一项权利，有着重要的价值。作为一种无形资产，良好的信用能够发挥与有形资产同样的经济功能。

现代市场经济中信用的地位和作用更为重要，以信用为基础的交易准则，已经成为维系人们之间经济关系的基本链条。它使经济主体能够实现对市场行为的预测以及预期的交易目标，降低交易成本，提高经济运行效率。市场经济离不开诚信，委托代理关系存在于商品生产和交换的各个环节，其中任何一个环节出错，都可能导致交易链条中断。信用交易的范围越来越广，已经渗透到人类生活的方方面面。良好的信用是经济社会健康发展的前提条件，信用链条遭到破坏，其机会成本极其高昂。因此，维护信用就是维护市场经济的生命。

当前，我国正在努力完善社会主义市场经济体制，全社会的信用体系建设仍处于起步阶段。由于法律法规不完善，政府行政和管制规则还没有科学地确立，企业的信用制度不健全，个人信用更为落后，因此市场上各种经济主体的信用缺失现象严重，失信行为屡有发生。主要表现在：企业不守信用，故意拖

---

* 张克听，深圳大学经济学院副教授、博士；张芳，深圳大学经济学院硕士研究生。

欠贷款，恶意逃避债务，财务信息失真，有意制假售假；个人不讲诚信，假话空话盛行，假文凭、假证件满天飞，考试舞弊，偷逃税费；政府政策多变，朝令夕改，暗箱操作，部分干部弄虚作假、欺上瞒下；整个社会坑蒙拐骗盛行，假冒伪劣商品泛滥；人与人之间的诚信缺失，陷入信任危机。正因为如此，在建立社会主义市场经济过程中，中国政府逐渐重视信用体系的建设。2007年，国务院出台了《关于社会信用体系建设的若干意见》，指出了信用体系建设的迫切性，明确了完善行业信用记录、建立金融征信平台等任务。为了进一步推动全社会诚信体系的建设，2014年，国务院出台了《社会信用体系建设规划纲要（2014～2020年）》，明确了加快推进社会信用体系建设的总体要求和奋斗目标。

经济特区作为经济和社会发展的先锋地区，一直是各项改革的探索者和推动者。近年来，各个经济特区在发展市场经济的过程中，高度重视社会信用问题，按照上级政府的战略部署，制定方案，组织实施，切实推进全社会信用体系建设，取得了许多经验和成绩。本报告首先对各个经济特区在社会信用体系建设方面的经验和做法进行总结，然后评述其存在的问题并指明改进方向。

一 经济特区社会信用体系建设情况

各个经济特区在社会信用体系建设中进行了积极探索，在信用法规规章制定、征信平台的建设、失信行为的惩戒、诚信宣传教育等方面积累了一些经验。

1. 珠海经济特区

在2012年之前，珠海的社会信用建设主要集中在信贷、税务、工商、建设等少数领域，为政府的相关职能部门提供服务，企业、个人和社会组织的信用建设相对滞后。2012年，珠海被广东省政府确定为"两建"试点城市后，积极致力于社会信用体系的建设。

一是制定工作方案。为了贯彻落实国务院和广东省的工作部署，2012年，珠海市制定了社会信用体系建设工作方案，明确提出"到2016年底基本建成与珠海市经济社会发展水平相适应的社会信用体系框架，信用法规制度较为完善，公共征信系统运行良好，信用服务市场体系规范有序，诚信文化普及繁荣，守信激励和失信惩戒机制有效运转，政府的公信力、企事业单位和社会组织的诚信水平、社会公众的诚信道德水准显著提升，在全社会基本形成诚实、自律、守信、互信的氛围和环境"。① 方案按照全省的统一部署，明确了具体的工作机构和职责分工，成立了由常务副市长任组长的全市社会信用体系建设统筹协调小组，小组下设综合规划、信用法制建设、企业信用建设、个人信用建设、政务诚信建设等11个专责小组，明确了每个小组的牵头单位、成员单位和具体职责。从方案内容看，信用体系建设可以说是目标明确、分工细致、措施清晰。

二是建立信用信息平台。2012年，珠海搭建了政府内部的公共联合征信系统平台，制定了信用信息共享目录。全市第一批信用信息共享目录涉及18个部门共93类目录430项数据。2013年1月，公共联合征信系统正式启用，企业、个人和社会组织的基础信息、信用信息、企业资质和许可信息等数据库初步建立。珠海市为企业、个人和社会组织建立了信用档案，推进信用信息的互通共享，建立全方位、多层次的惩戒机制，使"守信者受益，失信者处处受制"。② 与公共联合征信系统启用的同时，珠海还开通了"珠海信用网"，它是珠海统一的信用信息发布平台，公众可以从该网站了解感兴趣的企业、个人和社会组织的诚信状况，了解珠海信用建设的相关政策动态，以及查询企业资质和许可等信息。平台的搭建和网络建设，是珠海社会信用体系建设的阶段性成果。

三是将社会组织纳入信用信息管理库。社会组织又称NGO，在现代市场经济体系中的作用主要体现在规范市场秩序、开展行业自律、制定行业标准、调解贸易纠纷等方面。社会组织通过购买公共服务、参与公共治理等方式，承接政府的部分职能，对于化解社会矛盾、促进社会和谐，发挥了重要作用。但由于许多社会组织是公民自发成立的草根组织，依靠成员或其他捐赠维持运

---

① 《珠海市社会信用体系建设工作方案》，http：//www.zhuhai.gov.cn/zhlj/ssbs/201212/t20121212_350089.html。
② 《建立信用电子档案 推进信用体系建设》，全国个人诚信公共服务平台，http：//www.11-22.cn/Info/View.Asp？id=1660。

转,其内部会计制度不健全、资金使用不透明、对外开展活动不规范等问题比较突出,现行的管理制度重登记轻管理,造成对社会组织的监管乏力。目前国内大多数地区只对企业和个人的信用信息进行分类管理,较少涉及社会组织。珠海市把社会组织纳入信用体系建设中,明确信用好的社会组织才能承接政府转移职能和购买服务,以更好地促进社会组织的发展。目前,珠海市已经制定和发布了《珠海市承接政府转移职能和购买服务的市级社会组织目录(第一批)》。这在全国是一个积极的探索。

四是建立"红与黑"信用奖惩机制。珠海市把信用信息良好、没有较重失信行为的企业、个人和社会组织列入红名单,通过网络公开表扬,接受社会监督,由各部门根据职责予以激励。把情节恶劣、社会影响极坏的企业、个人和社会组织列入黑名单,通过珠海信用网对外披露,并由各部门实行联合惩戒。比如,对列入红名单的实行入户加分制,对列入黑名单的外来人员则限制其入户珠海。截至2014年7月底,珠海信用信息网已经在守信红名单中公布了珠海市2013年度"广东省守合同重信用企业"名单、珠海市2012~2013年度纳税信用等级A级企业名单、珠海市省A级诚信餐饮企业名单、2012年度"广东省守合同重信用企业"名单等,有39家企业则上了诚信黑榜,珠海信用信息网公布了珠海市中级人民法院提供的失信被执行人名单。从2014年9月1日起,珠海市文明办等机构将每周发布一次"诚信红黑榜"。统一安排在市属新闻媒体《珠海特区报》、《珠江晚报》和珠海文明网、珠海信用信息网等统一发布。奖励诚信、惩戒失信的工作机制初步建立。

2. 海南经济特区

作为全国唯一的省级经济特区,海南要建成国际旅游岛,迫切需要构建与之相匹配的信用体系。但在2012年之前,海南省征信市场的发展缓慢,一些部门和行业信息系统建设滞后,行政部门的信用信息开放程度低、共享困难,非常不利于社会信用体系的建设,在社会公众心目中,海南国际旅游岛的形象不佳。为了扭转不利局面,提升特区形象,争创中国特色社会主义的实践范例,海南省在社会信用体系建设方面积极行动,取得了一些实实在在的进展。

一是建立联席会议制度。2013年2月,海南省政府办公厅印发了《关于建立海南省社会信用体系建设联席会议制度的通知》,要求"建立海南省社会信用体系建设联席会议制度，各市县政府要与联席会议建立相应有效的信息沟通协调机制，推动社会信用体系建设"。① 在省级层面上，早在2009年8月11日，海口市就召开了海南省社会信用体系建设第一次联席会议，会议由中国人民银行海口中心支行牵头，省政府金融办、省政府法制办、省发展和改革厅、中国人民银行海口中心支行、省高院、省公安厅等20个部门和单位为联席会议的成员单位。2013年，省政府再次明确确立联席会议制度。新的联席会议规格高，组成部门齐全，会议由省金融办和人行海口中心支行牵头，由36个省级部门和单位组成，涵盖了社会信用体系建设的所有相关部门，具有很大的号召力和影响力。

二是重点推进。2013年，海南省从"六个一"入手，即编制一个总体规划、完善一个工作机制、搭建一个服务平台、启动一个征信试点、制定一个奖惩办法、开展一项宣传活动，通过营造良好的信用环境，维护金融稳定。② 具体来说，就是编制全省社会信用体系建设总体规划，统筹协调，有步骤、分阶段地推进社会信用体系建设。

三是强化农村信用体系建设。海南是一个特色农业和休闲农业大省，农业现代化需要大量的资金投入，因此农村借贷活动比较活跃。然而，由于长期以来农户的信用意识薄弱，很多农户并没有意识到按时还款的重要性，在海南农村产生了很多"黑名单"农户，信用问题给广大农民融资带来了很多不便。为了促进农村金融的稳定发展，2013年，中国人民银行海口中心支行联合金融机构，在三亚市共同建立三亚农户征信管理信息共享系统平台，以推进海南省农村信用体系建设。2014年，海南省发布《农村金融综合改革试点方案》，强调要"完善农村信用信息采集体系，着手启动农户信用评价机制，完善利用农村信用信息配套政策"。③ 截至本报告写作时，三亚市农户征信系统已采集了6万户农户的信息，文昌、澄迈两个市县的试点工作也正在进行。征信系统的意义在于提供了农户全面又准确的信用信息，对于银行放贷有很大的参考价值，将帮助更多的农户获取信用贷款，从而有力地促进海南现代农业的发展。

---

① 《海南建立社会信用体系联席会议制度》，《金融时报》2013年3月4日。
② 《我省建立社会信用体系联席会议制度》，《海南日报》2013年2月28日。
③ 《海南加快推进农村信用体系建设》，《证券导报》2014年8月27日。

四是对失信行为进行惩戒，打造"诚信海南"。2014年10月，海南省制定了《海南省企业失信行为联合惩戒暂行办法》，该办法对失信行为的认定、监管主体和惩戒措施等做出了明确规定。目的是通过对企业的失信行为进行联合惩戒，提高企业的失信成本，实现"一处失信，处处受限"，进而促进企业诚实守信、合法经营，进一步推进全省社会信用体系的建设。

五是倡议设立全国社会信用体系建设示范区。海南全国政协委员王路建议，将海南作为全国社会信用体系建设示范区，并给予多方面支持。① 他认为，作为岛屿省份，海南人口少、面积小，易于把全省作为"一个大城市"来科学规划信用体系建设，相关改革创新也能够较快地推开。同时，海南省直管县的行政体制也为推进信用体系建设的改革创新提供了体制保障。

3. 汕头经济特区

2001年，作为经济特区的汕头遭遇了一场信用危机，个别企业、个别地区走私、骗税、售卖假货行为猖獗，引起了国务院的高度重视，几次派遣工作组进行调查。为了塑造汕头新形象，2002年，汕头市委、市政府决定在全市范围内开展汕头市信用体系建设，并制定了工作方案，着重加强党政机关和职能部门、公务员队伍、企业法定代表人等主体的信用建设，同期，汕头信用网开通，有27000多家企业上网，网站既公布了守信企业的"红名单"，也公布了有严重不良行为记录的"黑名单"。2012年以来，汕头市抓住信用体系建设试点的机遇，重点进行联合征信系统建设、农村信用体系建设、政务诚信建设、信用法制建设和行业信用建设，社会信用体系建设取得了显著的成就。

一是制定工作方案。2013年3月，汕头市根据省"两建"试点工作的要求，结合自身实际情况，制定了《社会信用体系建设工作方案》。方案提出要着力打造"信用汕头"，到2016年底基本建成与汕头市经济社会发展水平相适应的社会信用体系框架，在全社会基本形成诚实、自律、守信、互信的氛围和环境。② 着力推进"三建设三加强"，即信用法规制度建设、行业和部门信

---

① 《王路建议海南建设全国社会信用体系示范区》，新华网海南频道，http://www.hq.xinhuanet.com/news/2014-03/04/c_119600627.htm。
② 汕头市"两建"工作官方发布平台：《关于印发〈汕头市社会信用体系建设试点工作方案〉的通知》，http://lj.shantou.gov.cn/topic-94.html。

用建设、公共联合征信系统建设以及加强信用服务市场培育和监管、加强政务诚信建设以及加强诚信宣传教育，并明确了工作机构和职责分工。①

二是加强征信系统建设，实现"一个平台+N个行业"的覆盖模式。汕头市依托"汕头政府在线"项目，在已经建成的统计、国税、地税等7个部门参与的征信信息资源共享平台的基础上，重点推进"一库两平台"公共联合征信系统建设，"两平台"即政府内部的信用信息交换和共享平台及面向公众的信用信息发布和查询平台。各行业主管部门利用现有业务系统，整合、记录信用信息。汕头市的涉税信息交换和共享系统共整合了70类信息。②

三是多举措推动政务诚信建设。汕头市开通网络问政平台，将第一批参与"政务直通车"运作的近70个部门的基本信息、工作职责等进行公开，便于网民有针对性地提出咨询、建议等问政诉求；推行部门服务承诺制度，网上办事大厅将具有行政审批职能的42个单位，共188项大项358项子项的行政审批事项和服务事项梳理上网，为企业和群众提供"网上办事指南"、"网上表格下载"、"网上咨询"、"网上申请"和"网上查询"等网上服务，并建立相关事项承诺时限制度。③ 此外，政府还出台了一系列通知，对工程建设招投标试行诚信综合评价制度。

四是搭建县级征信平台，开展信用村镇建设。信用体系建设不能出现城市强、乡村弱的现象。为了方便对农业生产提供贷款和资金支持，需要对农户的信用进行评定。汕头市在2012年12月，在南澳县挂牌成立征信中心，建设县级征信平台。目前该平台已经成为农户信用信息采集、评价的有效载体。除了搭建平台外，汕头市还开展了"三信"创建活动，即创建信用镇、信用村、信用户。汕头以信用村为支农工作平台，通过建立健全农户信用档案，对村（居）和农户信用进行评定，提升农户信誉度，简化贷款手续，为农户提供生产发展资金。截至2012年底，全市已建立农户信用档案5853户，已评定信用农户4661户，

---

① 汕头市"两建"工作官方发布平台：《关于印发〈汕头市社会信用体系建设试点工作方案〉的通知》，http://lj.shantou.gov.cn/topic-94.html。
② 《汕头市社会信用体系建设亮点凸显》，南方网，http://lj.southcn.com/l/2013-03/08/content_65157568.htm。
③ 《汕头市社会信用体系建设亮点凸显》，南方网，http://lj.southcn.com/l/2013-03/08/content_65157568.htm。

对2620户已建立信用档案的农户发放贷款,累计发生额达46342万元。① 一些乡村的特色产品项目获得了及时足额的信用资金支持。

4. 深圳经济特区

作为最有活力的经济特区,深圳在信用建设方面积极推进,走在全国前列,成绩斐然。尤其是在企业信用体系建设方面,基础工作扎实,企业信用法规框架基本形成,企业征信系统建设取得成效,政府职能部门主导的信用管理体系基本建立,企业信用信息服务市场已经具备一定的规模。② 2012年以来,深圳抓住广东省开展"两建"试点工作的契机,大力推进社会信用体系建设,在重点领域和关键环节实现了新突破,探索出一系列行之有效的建设模式和经验,主要表现在以下3个方面。

一是加强信用制度建设。深圳市注重系统谋划,坚持法制先行,综合性和专门性法制建设同步推进。市政府和部门发布了《深圳市企业信用体系建设"十二五"规划(2011)》《深圳市社会信用体系建设工作方案(2013)》《深圳市社会信用体系建设试点工作指导意见(2013)》《深圳市市场监管体系建设工作方案(2013)》《深圳市药品监督管理局关于开展药品安全社会信用体系和市场监管体系建设的实施方案(2012)》《深圳经济特区商事登记若干规定(2012)》,以及其他一系列信用管理方面的法规和部门规章,以进一步落实信用评价及分类监管措施,加强对企业和个人的信用监管,加强对重点主体的诚信约束,确立和完善信用管理的相关规范。

二是加强电子商务信用建设。深圳作为电子商务比较发达的城市,其在电子商务发展过程中出现了交易主体身份不明确、产品信息真假难辨、网购欺诈等问题。为了规范电子商务企业的诚信建设,建立电子商务信用体系,近年来,深圳市在制定电子商务可信交易管理方面的法律法规及配套政策、推进电子商务综合标准化示范区建设、健全电子商务可信交易标准体系、建设电子商务平台等方面,在全国做了率先探索,有一些创新性举措。在法规方面,深圳

---

① 《汕头市社会信用体系建设亮点凸显》,南方网,http://lj.southcn.com/l/2013-03/08/content_65157568.htm。
② 《关于印发深圳市企业信用体系建设"十二五"规划的通知》,深圳市市场监督管理局网站,http://www.szaic.gov.cn/ghjh/zxgh_1/201208/t20120831_1993755_15891.htm。

市市场监督管理局出台了《电子商务可信交易环境建设促进若干规定》、《深圳市电子商务交易信用信息管理办法》和《深圳市网络交易合同规则》等一系列规定，对电子商务企业的可信交易行为以及可信交易公共服务机构做了明确规定，建立电商企业交易信用信息档案和身份认证机制，对信息透明度进行监管，强化信息透明度原则，首次引入合同中介服务模式，鼓励将交易合同交由第三方专业机构存储，有效保护消费者权益。目前，已经有超过8万家电子商务企业完成了身份验证，其中在阿里巴巴平台就有超过5万家深圳网店企业悬挂了由第三方机构出具的验证标识。深圳市众信电子商务交易保障促进中心与中国可信交易平台合作共建的产品信息库为电商企业提供了400多类产品信息发布的标准模板，制定了服装、珠宝、电子等行业104类产品的电子合同规范，为电商企业提供电子凭证存储与在线查验服务。2011年，深圳市开始搭建第三方电子商务信用服务平台，目前，深圳市市场监督局设立了深圳市电子商务服务监管网，125022个企业网站（铺）申领了工商网监电子标识，公布了异常网站名录。2012年，深圳正式获批建设首个"国家电子商务示范城市"。

三是建立发达的信用网络平台。信用建设要取得实效，最重要的是要让企业的失信行为有据可查。在这方面，深圳市充分发挥互联网的效应，建立发达的信息查询检索平台。其中"深圳信用网"是最重要的网络平台，它于2003年正式开通，由事业单位——深圳市企业信用信息中心负责管理、维护和运营。自开通以来，深圳信用网集成了行政司法机关、行业协会以及中介服务机构提供的涵盖全市100多万家各类市场主体的各种信息，初步实现了各政府部门之间的企业信息互联互通、资源共享。深圳信用网设有信用警示、曝光台、诚信公示、标识码核验等栏目，各个栏目下的内容有更新。最重要的是它在首页显眼处就有信用信息查询功能，输入企业的名称，就可以很方便地查询企业的基本信息，如果企业有不良行为被曝光，还会在警示信息栏里标明。如输入"外婆家餐厅"，网站会立刻显示深圳市福田区外婆家餐厅的标识码、注册号、经营者、营业场所等基础身份信息，由于该企业2014年9月2日曾被查处过，因此在警示信息一栏显示："有（请到政务公开窗口查询打印企业信用报告了解详情）。"深圳市还加强区级企业信用信息平台的建设，2012年11月创建了广东省首家县（区）级企业信用信息平台（龙岗诚信网）。截至目前，该平台已征集

25个部门182万条信用信息,涵盖了全区20.6万个市场主体,公众访问量达20万人次,对外公布失信惩戒信息1985条。信用网络的运行和更新,有效解决了信息匮乏、渠道阻塞、存在信息壁垒等问题,促进了公平竞争环境的形成。

5. 厦门经济特区

与中国其他发达城市相比,厦门的最大优势是城市文明成果丰硕,获得了"国家卫生城市"、"国家园林城市"、"国际花园城市"、"联合国人居奖"和"全国文明城市"等一系列殊荣。厦门市委、市政府一直重视社会信用建设,2007年成立了以28家机构为会员单位的厦门市诚信促进会,以"倡导诚信、共建和谐"为宗旨,以"共铸诚信厦门、服务海西经济"为目标。促进会围绕诚信宣传教育、诚信监督管理和失信惩戒机制,不定期地召开诚信建设推进会,促进厦门诚信建设。厦门市社会信用体系建设的主要经验包括以下几点。

一是配合商事登记制度改革建立高效的信息平台。2013年,厦门经济特区利用自身的立法权,制定了《厦门经济特区商事登记条例》,商事主体登记条件大大放宽,"宽进"的同时如何实现"严管"?《厦门经济特区商事登记条例》明确了通过信息平台构建"严管"的商事登记新模式,实行"黑名单"和"经营异常名录"制度,如果"一处违规",必导致"处处受限",从而提高商事主体的失信成本。2014年3月,"厦门市商事主体登记及信用信息公示平台"(http://www.xiamencredit.gov.cn/,该网站之前的名称是厦门市企业和中介机构信用网)正式上线运行,该平台将商事主体登记许可信息、年报信息、经营异常名录信息、监管信息等向社会公示。同时,市政府还建立了行政审批信息管理平台,负责登记机关、许可部门、监管部门之间的信息推送和数据共享。平台的信息覆盖范围非常广泛,既有政府行政审批方面的信息,也有在厦门登记注册的所有企业、中介机构以及中介从业人员的基本信息。平台还建立了与上海、重庆、湖南、深圳等地信用网站的链接,登录厦门企业和中介机构信用网站,不仅能查询厦门本地的企业和中介机构的基本信息和信用信息,而且还能查询上海、重庆等13个省市的企业的基本信息和部分信用信息。[1] 截至

---

[1] 《厦门企业和中介机构信用记录可网上查询》,厦门网,http://news.xmnn.cn/xmxw/201012/t20101214_1648680.htm。

2014年6月,网站共收录了厦门26万家商事主体的信息和上万条信用信息,访问量逾106万人次,查询量累计43万余次。平台的建设和运行,为厦门市借助信息手段,实现信用信息资源共享,强化信用监管,建立信用约束机制,实现真正意义上的信用社会监督,奠定了良好基础。

二是加强企业的信用建设。2005年,厦门市成立了市社会信用体系建设工作领导小组,下设5个工作小组:社会诚信教育工作小组、公共信用体系建设工作小组、企业信用体系建设工作小组、个人信用体系建设工作小组、中介机构信用体系建设工作小组。明确了各个小组的牵头人和专职负责人,建立了厦门市企业和中介机构信用网,同时成立了厦门市企业信用促进会和厦门市诚信促进会。为了切实推进信用建设,加强法规建设,厦门出台了《厦门市市场中介机构管理办法》和《厦门市中介机构与部分社会组织信用信息采集和管理试行办法》,对信用信息的采集及流程管理做了规范。厦门市加强对信用中介机构和信用人才的培育,先后有福建省企业信用公司厦门分公司、厦门市金融咨询评信有限公司、中国人才认证网诚信认证中心福建办事处等获得信用中介机构资格,厦门共赢管理咨询公司获得信用人才培训机构资质。

三是重视对信用研究和信用人才的培养。厦门市诚信促进会出版会刊《诚信厦门》,介绍国内外各地的诚信建设经验,普及信用知识,宣传党和国家的社会信用体系建设方针和政策,报道诚信事迹,披露失信行为,培育公众的诚信意识。为了开展信用管理方面的专业研究,厦门理工学院还成立了信用研究所,并试办信用管理方向的本科教育。①

二 经济特区社会信用体系建设存在的问题和改进方向

总体来说,自2007年国务院出台《关于社会信用体系建设的若干意见》以来,各个经济特区都加强了社会信用体系的建设,在相关法规和规章制定、政府政务诚信的提升、企业信用信息系统和个人信用信息系统的建设以及诚信

---

① 《厦门市企业诚信体系建设研究》,厦门网,http://www.xmnn.cn/llzx/xmsk/jcck/201302/t20130226_3045001.htm。

宣传教育等方面，做了不少工作，取得了一定的成效。特别是广东省2012年开展"三打两建"活动，强力推动社会信用体系建设，深圳、珠海、汕头3个经济特区分别制定了各自的社会信用体系建设工作方案，明确了信用体系建设的总体目标、主要任务、工作机构和职责分工，各个政府部门积极行动，制定各自的行动计划，努力取得显著成效。社会信用体系建设的总体效果是值得肯定的。

1. 存在的主要问题

综观各个经济特区在社会信用建设方面的实践，我们可以发现一些共同的问题，主要表现在以下几个方面。

一是政府推动强、社会参与弱。社会信用体系建设的一个重要原则是"政府推动、社会共建"。政府在规划引导、制度完善、示范带动、宣传教育等方面要发挥积极的推动作用，同时要发挥企业、行业组织、中介机构等在行业信用建设、信用产品开发使用和信用服务中的重要作用，还要发挥新闻媒体和社会公众的宣传、参与和监督作用。社会信用体系在建设初期需要投入资金和整合资源，收益不明朗，企业、行业组织和社会力量的积极性不高，处于观望状态，这是正常的，需要依靠政府的力量加以推动和引导，如进行制度建设、给予资金支持、建设联合征信系统等。全社会信用体系的建设，需要动员广泛的社会力量参与，无论是企业（个人）信用建设、信用服务市场建设还是资本市场信用建设等，都需要社会力量参与共建。各个经济主体的信用状况应该是一个产品，其供给和需求应该在信用市场上培育，因此，信用市场的建设，就不能只是政府一个主体在唱戏。现行的社会信用体系建设处于强政府、弱市场的状态，社会自主参与性弱。

二是信用平台信息陈旧、更新缓慢、整合难度大。目前，各个经济特区都建立了自己的信用信息平台，其主要载体——"信用网"由政府出资运作，由本地工商行政（市场监督管理）部门或其他事业单位维护管理。但是，只有深圳和厦门两地的信用网，能够实现本地和部分外地商事主体有关信用信息的在线实时查询和检索，深圳信用网能够查到福建、浙江、湖南、重庆等6个外地省市商事主体的信用信息，厦门商事主体信用信息公示平台能够查询上海、重庆等13个省市的企业的基本信息和部分信用信息。珠海信用网只能查询本地企业的信用状况，而且功能较为简单，商事主体的失信行为信息不能实时更新。海南省人民政府信用信息网则没有任何企业信用信息的查询功能。汕头信用网出现故障，无法打开网页。从各个地区的信用网内容看，网络信息更新频率比较低，如海南省人民政府信用信息网，"信用信息"栏目下的"良好信息"一栏，平均每个月更新不到一次，"不良信息"一栏则是空的。更为重要的是，各个政府部门之间信息不共享、信息标准不一致以及信息内容对社会有选择性地公开，要实现信贷、企业、个人三大系统平台的整合，难度非常大。

三是诚信教育和诚信文化建设不足。虽然企业、个人信用信息平台的建设、信用信息的公开发布和查询、不良信息的公布和曝光，对经济主体的失信行为起到了一定的约束作用，但培育诚信文化环境才是信用体系建设的根本。从现实情况看，我国信用体系的建设是在市场发展到一定阶段，失信行为愈演愈烈，严重影响正常交易行为，败坏社会风气的情况下，政府被迫进行的，实践走在理论的前面，有关诚信文化的理论研究成果缺乏。就各个地区来说，其制定的规范和工作方案，基本上也是照搬上级政府的相关规定，缺乏有针对性的和切实有效的规定和做法。无论是政府的公益广告，还是影视文化等作品，或是大众传媒，围绕诚信题材的非常少。各种诚信宣传活动，如诚信文化节、诚信文化论坛，在经济特区还比较缺乏，信用网络的建设也满足不了社会主体对信用信息的需求。

2. 未来改进方向

一是加快制度建设，完善规范标准。要建立系统、完整的社会信用体系框架，需要明确征信的主体、征信系统建设主体；要明确公共信用信息的范围和边界，形成公共信息目录；需要完善的个人信息保护制度和信息安全管理制度；需要明确信用服务市场的准入和监管制度等。所有这些问题的明确，涉及诸多法律问题，而这些问题，有的不是在经济特区层面就能解决的，需要国家层面的法律设计和协调，但在全面统一的有关征信的法规出台之前，经济特区本身可以利用立法权的优势，率先探索出一套符合地区实际的有关信用体系建设的法律规章和监管规则。法制先行，相关法律问题明确以后，社会信用体系建设依法推进，方可做到事半功倍。

二是厘清权责关系，加强社会参与。从世界各国社会信用体系的建设经验看，政府的主要职责是规划引导、制度完善、示范带动、宣传教育和开放信息等。①政府要完善相关法律制度，用自身政务诚信带动社会诚信，积极宣传和推动诚信价值观的形成，明确市场准入标准，加强对信用服务市场的监管。由于社会信用体系建设涉及经济社会生活的方方面面，信用信息极为庞杂而且不断变化，只是靠政府的力量，难以全面评价企业和个人的信用状况，还需要行业协会、中介机构、新闻媒体、企业和公民等各种社会力量广泛参与。行业中介组织要制定职业道德准则和行规行约，共享上下游企业的信用信息，规范竞争秩序，推动行业自律；企业和个人要强化信用自律，诚信经营，加强信用风险防范；商业化运作的信用服务中介机构应当依法采集政府和交易者的信用信息，通过市场机制，产生信用产品，配置信用信息资源，促进信用信息的合理流动，通过市场手段惩戒失信行为；新闻媒体要发挥正面的舆论监督功能；公民个人要加强自我保护及信用维权意识和能力。

三是开放政府信息，建立政务诚信。这是经济特区和全国各地区目前信用建设的重点。政府诚信是整个社会诚信体系的基石，是诚信的源头，若源头污染了，治理起来难度就很大。近年来，深圳加强了以法治政府、廉洁政府为核心的政务诚信建设，推动决策的连续性和执法的有效性，取信于民，取信于社会，值得其他经济特区借鉴和推广。政府诚信要求政府对民众的要求和期待有强烈的责任感，建立一系列制度，清晰界定自身权力，明确政府与市场的边界，限制自己的活动，使权力运行在制定的框架内，运行过程和结果接受民众的监督。这就要求政府公开行政，依法行政，建立公开公正的信用环境；惩治腐败，构建廉洁的行政体系；进行绩效监管，强化责任追究。今后，各个经济特区应进一步加大政府持有的公共信用信息的公开力度，建立政府信息公开统一平台，制定统一的政府信息公开技术标准，实现公共信用信息的共享，方便公众查阅。党的四中全会提出了建设法治国家的总目标，经济特区要贯彻四中全会的精神，科学厘定政府与市场的边界，依法治市，建设诚信特区。

四是借鉴国际经验，与国际接轨。社会信用体系建设是一个系统工程，不

---

① 叶民辉等：《深圳社会建设与发展报告（2014）》，社会科学文献出版社，2014。

可能一蹴而就，而应该循序渐进地扎实推进。要建立科学、合理、高效的社会信用体系，还必须放眼国际，用全球视野看待信用建设问题，认真借鉴发达国家和新兴发展中经济体在社会信用建设方面的成功做法。目前，国外有3种征信模式，分别是美国市场化征信模式、欧洲的公共征信模式和日本的行业协会征信模式，从发展趋势看，市场化是个潮流。即使是传统上实行公共征信模式的欧洲国家，其私营征信机构也发展迅速。我国要建立完善的社会主义市场经济体制，市场在资源配置中要起基础性、决定性作用，信用信息是商品，有供给也有需求，建立市场化的征信体制，有利于信用信息的收集、整理和交易。因此，我国在社会信用体系建设的立法模式上，应该明确以市场化征信模式为主体，清晰界定公共征信机构主体及征信范围，经济特区在这方面已经有了一定的探索，今后要率先建立市场化的征信模式。

B.7
中国经济特区社会保障发展报告

高兴民　许金红　张祥俊　高法文*

　　社会保障是政府通过法律和制度手段，筹集社会保障基金，对社会成员给予必要的救助和保护，以满足社会成员基本生活需要的制度安排。它的基本功能是保障公民的生存权，进而为实现每个人的发展权提供基础条件。通过建立医疗保障制度和社会救助制度以及实施失业者职业技能培训等措施，保障人的发展权利，拓展人们的发展空间。社会保障不仅是一项经济制度，更是一项社会制度，属于社会的基础建设。它不仅是一种经济补偿和经济支援，更是一种社会补偿、社会关怀和社会援助。社会保障制度产生和发展的原因在于：其一，由于工业化和市场化进程的推进，一部分人成为剩余劳动力而失业，又因缺乏家庭、土地的传统保障方式进而失去生活来源，故他们迫切需要某种维持其基本生活的制度，这就是社会保障制度产生和发展的最初推动力；其二，人口结构的变化导致退休人员与在职人员的比例发生变化，这也要求建立社会保障制度；其三，伦理道德在社会保障的产生发展过程中扮演了重要的角色，而在当代社会更是上升到了公平和正义的价值高度。对那些在市场竞争中的弱势群体和边缘群体而言，社会保障表示社会对他们的承诺和保护，即无论他们遇到多大的困难和风险，社会承诺保障他们的基本生活和起码的人格尊严。综上所述，社会保障制度改善了人们的收入预期，提高了人们的安全感，有利于扩大消费需求，从而减少经济波动对人们的影响，有利于经济的可持续发展。

---

* 高兴民，深圳大学中国经济特区研究中心教授、博士生导师；许金红、张祥俊、高法文，深圳大学中国经济特区研究中心人口、资源与环境经济学博士研究生。

一 经济特区社会保障发展现状

改革开放30多年来,中国的社会保障制度经历了从国家—单位保障制到国家—社会保障制的全面而深刻的制度变革。这个制度变迁过程具有显著的特征,时代背景与影响因素的复杂性、改革方式与推进策略的渐进性、改革波及面的全面性与改革内容的深刻性,都是前所未有的。但中国社会保障制度的改革面临诸多问题,我国社会保障制度的转型仍未全面完成,新型社会保障制度建设依然滞后于经济社会发展的需要,社会保障改革实践中的不公平现象依然严重。因此,改革我国原来与计划经济相配套的社会保障制度,建立符合现代市场经济要求的具有中国特色的社会保障制度,从战略高度研究中国社会保障的改革与发展之路,尽快促使社会保障改革从试验性阶段步入定型、稳定、可持续发展阶段,具有重要的现实意义。五大经济特区作为中国建立市场经济的"试验场"和"窗口",在30多年的发展中取得了辉煌的经济成就,但是市场经济的特点及固有的缺陷对经济特区的市场经济配套制度提出了改革的要求,社会保障位列其中。在这种时代要求下,有必要对经济特区的社会保障发展情况做总结,以为全国社会保障的继续改革和发展提供借鉴。

阐述经济特区社会保障的发展不可能面面俱到,鉴于社会保障的最核心部分为社会保险,因此本报告先用社会保险的发展现状来集中反映经济特区社会保障的发展现状。在总结完特区的社会保险发展状况后,再介绍特区的社会救助、社会救济等的发展现状。对这部分内容的介绍是非常必要的,因其能使特区社会保障发展现状的内容更为充实、全面。

在总结了2013年5个经济特区社会保险和社会救助的基本情况之后,本报告对经济特区社会保险发展和改革中出现的新趋势做了介绍,主要总结了深圳和厦门两个特区在建设电子社保方面的举措和取得的成效。

最后,在全国最新的改革大背景下,本报告对经济特区发展社会保障所面临的挑战做出归纳,在此基础上指出经济特区社会保障制度的未来发展方向,并提出一些相关的政策建议。

2013年经济特区社会保险指标体系所需数据缺失严重，因此难以完整地对社会保险的相关指标进行横向、纵向分析和比较。其实每年都有相关数据缺失，为了在社会保险指标体系下做对比分析，不得不进行一系列数据处理，导致计算结果和实际统计结果差距较大。因此，与往年采取指标系统来反映社会保险的发展情况不同，2014年的社会保障发展报告更加注重内容的全面性，而非仅仅介绍社会保险单方面的发展情况。

（一）经济特区社会保险发展现状

根据5个经济特区的统计年鉴、社会经济统计公报及各地区的社会保障相关部门如社保局和社会保险基金管理局等公布的网上信息及书面资料，笔者整理总结了5个经济特区2013年社会保险发展的相关情况，主要包括养老、医疗、工伤、失业等社会保险险种的具体参保人数及增长率、社会保险基金收支、社会保险的征缴基数等情况。

1. 深圳

截至2013年末，五大险种的参保总人次达4470.42万人次，同比增长17.7%，养老、医疗、工伤、失业、生育保险参保人数分别为813.90万人、1157.65万人、987.96万人、930.45万人和580.46万人，同比增幅分别为2.7%、1.7%、-0.4%、173.2%和8.2%。

全年社会保险费征收收入为711.42亿元，同比增长29.4%，养老、医疗（含生育）、工伤、失业保险费征收收入分别为483.28亿元、165.05亿元、11.80亿元和51.29亿元；全年支付社会保险金204.94亿元，同比增长18.5%，养老、医疗（含生育）、工伤、失业保险分别支付保险金106.72亿元、89.37亿元、8.11亿元和0.74亿元。收入增幅比偿付增幅高出10.9个百分点。

截至2014年6月，深圳市社会保险总参保人次达4562.92万人次，环比、同比增幅分别为0.3%和3.3%。养老保险参保人数为840.81万人，环比、同比增幅分别为0.6%和3.6%；失业保险参保人数为945.33万人，环比增长0.5%，同比增长1.7%；基本医疗保险参保人数突破2013年的最高峰，攀升至1178.73万人，环比增长0.4%，同比增长3.4%；生育医疗保险参保人数为596.08万人,环比增长0.8%,同比增长8.1%;工伤保险参保人数为1001.97万人,环比增长0.4%,同比增长1.6%。社会保险费实际征收381.07亿元,同比增长12.1%,增幅下降18.3个百分点。社会保险金支付113.45亿元,同比增长16.5%。深圳市社保缴费标准如表1所示。

表1 深圳市社保缴费标准

险种		缴费方式			
		缴费比例			缴费基数
		合计	单位	个人	
养老保险	基本养老+地方补充养老(适用于深圳户籍)	22%	14%	8%	以员工上月工资总额为缴费基数,但不得高于市上年度在岗职工月平均工资的300%,最低不得低于市最低月工资标准
	基本养老(适用于非深圳户籍)	21%	13%	8%	以员工上月工资总额为缴费基数,但不得高于市上年度在岗职工月平均工资的300%,最低不得低于市最低月工资标准
医疗保险	综合医疗(含地方补充医疗)	8.5%	6.5%	2%	以员工的月工资总额为缴费基数,但不得高于市上年度在岗职工月平均工资的300%,不得低于市上年度在岗职工平均工资的60%
	住院医疗(含地方补充医疗)	0.8%	0.6%	0.2%	以本市上年度在岗职工月平均工资为缴费基数
	劳务工医疗	月缴费12元,其中单位缴费8元,个人缴费4元			
	一次性缴纳18年医保费	12%	12%×12个月×18年		以本市上年度在岗职工月平均工资为缴费基数
生育保险	综合医疗参保人	0.5%	0.5%	0	以员工的月工资总额为缴费基数,但不得高于市上年度在岗职工月平均工资的300%,不得低于市上年度在岗职工平均工资的60%
	住院医疗参保人	0.2%	0.2%	0	以本市上年度在岗职工月平均工资为缴费基数
	劳务工医疗参保人	无			
失业保险		3%	2%	1%	以本市月最低工资标准为缴费基数
工伤保险		0.5%、1%、1.5%三个档次(单位承担)			以员工月工资总额为缴费基数,但不得低于规定的最低工资标准
超龄养老费		取消			

2. 珠海

截至2013年底,珠海市参加社会保险的人次达521.0万人次,同比增长7.6%。全市参加城镇职工基本养老保险(含离退休)的人数为107.8万人,比2012年末增长1.3%;参加城镇职工基本医疗保险的人数为107.9万人,增长0.6%,其中参加城镇职工基本医疗保险的农民工的人数为51.9万人,下降0.2%;参加城乡(镇)居民基本医疗保险的人数为44.1万人,增长3.0%;参加工伤保险的人数为88.4万人,增长0.7%;参加生育保险的人数为87.8万人,增长59.5%;参加失业保险的人数为87.4万人,增长1.3%。

2013年珠海市社会保险基金预算执行情况良好,基金运行平稳,基金收入和基金结余呈稳步增长态势。全市各项社保基金当年累计收入达106.54亿元(不含门诊统筹划拨收入1.54亿元),同比增长22.8%,完成年度预算的107.4%;当年支出54.85亿元(不含划拨门诊统筹支出1.54亿元),同比增长31.6%,完成年度预算的100.5%;当年结余51.69亿元,同比增长14.6%。2013年末各项社保基金滚存286.83亿元,同比增长22.0%。2013年,珠海市地税局加强对欠费数据的分类管理并加大追缴力度,全年社会保险费征收入库90.95亿元,征缴率达99.6%。年底财政专户滚存结余279.25亿元,定期存款、国债及委托投资占98.7%。基金收益稳步提高,按收付实现制统计,2013年社保基金利息收入达9.7亿元。

2013年度珠海市离退休人员基本养老金调整幅度约为20%,全年人均基本养老金达2247元/月;失业金标准达1104元/月/人,同比提高20%。2013年末,领取失业保险金的人数为2304人,同比下降3.7%;享受低保救济的困难群众9665人,其中城镇3912人,农村5753人。

2013年7月起,珠海市养老保险的缴费基数下限调至2425元,上限调至12645元。工伤保险、医疗保险、生育保险的缴费基数的下限调整为2425元,上限调整为12123元;失业保险的下限调整为1380元,上限调整为12123元。

3. 厦门

厦门全市户籍人口达196.78万人,常住人口为373万人。2013年基本养老、基本医疗、工伤、失业和生育保险参保人数分别达到222.30万人、296.69万人、170.03万人、169.64万人和159.11万人,分别比上年增长

5.6%、5.7%、6.1%、5.7%和6.3%，其中外来员工参加基本养老、基本医疗、工伤、失业和生育保险的人数分别达到106.58万人、103.00万人、110.99万人、106.45万人和106.25万人，分别比上年增长6.8%、5.4%、6.6%、6.8%和6.8%。全年各类社会保险基金征收204.15亿元，增长25.9%；支出101.81亿元，增长22.9%。各类社会保险基金历年累计结余441.71亿元。

2013年度（2013年7月～2014年6月）外来员工在企业按如下标准缴纳五险，养老保险：按最低工资标准，企业缴纳14%，个人缴纳8%；医疗保险：按上年度社会平均工资的60%，企业缴纳4%，个人缴纳2%；失业保险：按最低工资标准，企业缴纳2%，个人不用缴纳；工伤保险：按职工本人上年度月平均工资（不得低于最低工资标准），企业缴纳1%（实行浮动费率），个人不用缴纳；生育保险：按职工本人上年度月平均工资（不得低于社会平均工资）的60%，企业缴纳0.8%，个人不用缴纳。2013年7月、8月社保缴纳的最低工资为1200元/月，2013年9月～2014年6月最低工资为1320元/月，上年度社会平均工资的60%为2626.2元/月。

4. 汕头

2013年末，全市总人口为540.00万人，其中汕头市区人口为532.51万人。截至2013年末，全市企业参加职工养老保险的人数为99.01万人，增长6.8%；参加失业保险的人数为69.77万人，增长6.1%；参加工伤保险的人数为67.65万人，增长5.7%；参加生育保险的人数为65.62万人，增长5.7%。

2013年7月，汕头市对2013～2014年度社会保险费征收和社会保险待遇标准进行了调整，调整后缴费基数的上限为12645元，下限为2368元。从8月起，城镇职工基本养老、失业、工伤、生育保险的缴费基数上限为12645元，即上年度全省在岗职工月平均工资的300%，下限为2139元，即全省上年度城镇单位在岗职工平均工资和城镇私营单位从业人员平均工资的加权平均值的60%。个体工商户和灵活就业人员参加基本养老保险的缴费基数，根据其收入状况在汕头市缴费基数上下限之间选择。社会保险缴费基数下限的下调，将进一步减轻汕头市企业、职工和灵活就业人员的负担。以按缴费基数下限申报的企业职工为例，并以汕头市的缴费比例来计算（企业基本养老保险单位缴费按15%、个人缴费按8%计征），缴费基数的下限下调后，每月企业和个人加起来可少缴50余元。

5. 海南

2013年，海南省全省城镇参加基本养老保险（含离退休人员）的人数为258.14万人，比上年增长7.0%；参加医疗保险的人数为406.53万人，增长7.4%；参加工伤保险的人数为123.10万人，增长3.0%；参加生育保险的人数为120.31万人，增长3.7%；参加失业保险的人数为150.82万人，增长6.4%。62万名新农保领取人员的基础养老金由每月85元提高到100元，487万名新型农村合作医疗参合人员和171万名城镇居民医疗保险参保人员的财政补助标准由每年240元提高到280元。企业退休人员的基本养老金提高10%，每月人均增加153元。

海南省近年来投入各项救助资金40多亿元，为城乡40多万名困难群众提供基本生活保障，先后4次在全省范围内进行大规模的低保提标工作，目前海南省农村低保标准在全国中西部地区位居前列。

海南省省会海口的社会保险缴纳费用标准如下，养老保险：单位缴纳20%，个人缴纳8%；医疗保险：单位缴纳8%，个人缴纳2%；失业保险：单位缴纳1%，个人缴纳0.5%；生育保险：单位缴纳0.6%，个人不用缴费；工伤保险：单位缴纳1%，个人不用缴费。

2013年7月起社保基数如下：养老保险的下限为1050元，单位基数上限不封顶，个人基数上限为10014元；其余四险的基数区间为2002.8~10014元；补缴各险种的最低基数为2002.8元。

（二）经济特区社会救助、社会救济发展现状

社会救助作为社会保障制度的最后一道屏障，对保障公民的基本生活、维护社会稳定、构建和谐社会起着至关重要的作用。2014年5月1日实施的《社会救助暂行办法》表明，社会救助既包括最低生活保障、特困人员供养、医疗救助、教育救助、住房救助、就业救助、临时救助（如对低收入群体的临时生活救助、对流浪乞讨人员的救助），也包括在紧急情况下的社会救助工作，如在发生自然灾害的情况下对灾民的紧急救助，对灾民困难生活的救助和

对民房重建与修复工作的救助，更广义的救助还包括社会力量的参与，如通过培育和发展公益性的民间组织，倡导开展群众之间经常性的互助互济活动，来达到社会互助。暂行办法的实施，首次以法律的形式明确界定了社会救助的范围以及各主体在社会救助中的职责，为更好地开展社会救助工作奠定了良好的制度基础。

1. 深圳

2013年，深圳积极推动各项社会救助工作。在特困人员供养方面，推动出台了《关于调整我市孤儿最低养育标准的通知》，将孤儿最低养育标准提高15%；在最低生活保障方面，将最低生活保障标准设定为每人每月560元，居全国大中城市前列，并建立了低收入群众临时价格补贴与价格上涨联动机制。2013年末在居民最低生活保障线以下的人数为7095人，与上年相比减少17.5%，全年共发放最低生活保障金3657.79万元，同比下降11.9%。在就业援助方面，全市积极落实各项就业援助措施，帮扶43271位就业困难人员实现就业，实现"零就业家庭"动态归零。全市月享受灵活就业补贴的有71035人，其中新增8506人。在临时救助方面，加强了对流浪乞讨人员的救助服务管理，2013年以来共救助3万余人次。同时，积极实施"来深建设者重病救助"、"来深建设者子女重病救助"、"寻找需要帮助的人"和"雏鹰展翅计划"等社会救助项目，连续6次开展"爱心福彩——资助来深建设者春节返乡"活动，通过赠送车票的方式，资助3024名来深建设者回家过年。相关具体情况见表2。

表2 深圳市社会救助等方面情况总结

指标名称	单位	第一季度	第二季度	第三季度	第四季度
一、综合					
（一）行政区划					
街道办事处	个	57	57	57	57
（二）主要民政资金					
民政事业费实际支出	万元	17237	43190	65187	155225
其中：城镇最低生活保障支出	万元	1409	2366	3315	4488
城市医疗救助支出	万元	372.5	1674.2	3571.1	6509.7
抚恤事业费支出	万元	1052			37436
社会福利费	万元	839.8			

续表

指标名称	单位	第一季度	第二季度	第三季度	第四季度
二、社会工作					
(一)收养机构					
1.收养性单位	个	38	38	38	38
2.床位数	张	5567	5567	5567	5567
3.收养人数	人	2843	2847	2847	3088
(二)社区服务					
社区服务设施总数	个	7246	7305	7315	8100
社区服务中心	个	303	345	355	389
其他社区服务设施数	个	6943	6960	6960	7711
(三)儿童收养					
1.孤儿数	人	1264	1260	1300	1296
2.收养登记	件	5	30	36	43
其中:涉外收养	件	1	1	1	2
(四)社会捐赠					
1.直接接收捐赠					
社会捐赠款数	万元	933.3	10082	14177	18182
捐赠衣被总数	万件	14.38	51.38	66.08	80.20
其他捐赠物资价值	万元	6.95	294.53	443.89	572.90
2.社会捐赠接收站、点和慈善超市数	个	615	615	615	615
(五)福利企业	个	15	15	15	17
福利企业中残疾职工人数	人	528	528	528	1254
(六)优抚安置					
1.国家抚恤、补助给类优抚对象人数	人	3107	3143	3213	3326
2.本年累计安置义务兵、士官总人数	人	446	675	675	680
其中:城镇义务兵、士官人数	人	446	675	675	680
3.本年接收军队离退休人员人数	人	0	0	0	0
4.军休所户数	户	95	95	95	97
5.军供站床位数	张	48	48	48	20
(七)社会救助					
1.城乡社会救助					
(1)城市居民最低生活保障人数	人	8174	7925	7220	7095
按人员性质分类					
女性	人	3819	3674	3299	3193
残疾人	人	484	462	463	451
"三无"人员	人	5	7	8	7
按人员年龄分类					

续表

指标名称	单位	第一季度	第二季度	第三季度	第四季度
a 老年人	人	157	150	150	143
b 成年人					
在职人员	人	472	444	415	425
灵活就业	人	682	689	595	511
登记失业	人	2587	2552	2381	2304
未登记失业	人	936	866	779	892
c 未成年人					
在校生	人	2657	2566	2308	2295
其他	人	683	658	592	525
城市居民最低生活保障家庭数	户	3193	3116	2913	2866
城市低保资金当月计划支出	万元	317.7	305.7	276.7	3588.6
（2）城市临时救助	人次				
2. 医疗救助					
城市医疗救助人次数	人次	693	944	1282	2880
民政部门资助参加合作医疗人数	人	811	1178	1543	2588
3. 生活无着人员救助					
（1）救助床位数	张	830	830	830	830
其中：儿童救助床位数	张	320	320	320	320
（2）救助人次数	人次	8429	17387	28906	28906
其中：儿童救助人次数	人次	453	964	1822	1822
三、成员组织					
（一）民间组织					
1. 社会团体	个	2051	2078	2112	2235
2. 民办非企业单位	个	3066	3143	3224	3318
3. 基金会	个	52	57	65	76
（二）自治组织					
社区居委会	个	792	792	792	792

2. 珠海

2013年，珠海社会救助工作从制度建设到制度的具体执行均稳步推进。在制度建设方面，本年度珠海建立了社会救助工作联席会议制度，修订了《珠海市困难群众医疗救助实施办法》。在制度的支持下，珠海的社会救助体系日趋完善。主要体现在以下几方面。

（1）对非本市户籍人员和市外参保的户籍人员开展医疗救助。对符合条件的参加了本市社会基本医疗保险的非本市户籍人员开展医疗救助，对其个人住院核准的医疗费用，按照80%的比例提供年累计金额不超过3万元的救助；在市外参加了社会基本医疗保险的珠海户籍居民，享受与参加珠海社会基本医疗保险的户籍居民同等的医疗救助待遇；对于转诊到市外医疗机构就医的，在转诊证明或急诊证明等材料完备的基础上，提供同等医疗救助。

（2）对符合条件的非户籍人员开展临时救助。对在本市居住或就业一年以上，家庭人均月收入低于居住地低保标准1.5倍，且符合本市低收入家庭认定条件的非本市户籍人员，在其出现临时性、突发性特殊困难时，为其提供临时救助。2013年珠海为75人次非户籍人员提供临时救助56790元。

（3）将户籍孤儿的养育保障落到实处。对本市户籍孤儿，散居的给予每人每月600元的最低养育费，机构供养的按每人每月1000元的标准发放，并按照全市城镇居民及农村居民人均消费性支出的增长幅度，建立户籍孤儿基本生活最低养育标准的自然增长机制。

（4）加强了对流浪乞讨人员的救助管理。2013年1~4月，市救助管理站共救助各类受助人员715人次，救助60岁以上老年人49人次，保护、教育流浪未成年人17人次，救助残疾人24人次，救助外籍人士及港澳台同胞13人次，收治精神病人83人，为受助人员提供医疗救助155人次，救助2个无法查明个人情况的人，因暴雨、寒冷等灾害天气开放救灾庇护中心26次。

（5）落实五保供养工作。实现五保供养标准的自然增长，年分散供养和集中供养的标准分别为10260元和11265元，达到并超过2012年农村居民年均收入的60%。除斗门区农村的低保标准为450元/人/月外，斗门城镇和全市其他各区的低保标准都统一为480元/人/月，基本实现了低保标准一体化。

3. 厦门

2013年，在最低生活保障方面，厦门全年共发放低保金7430.4万元，其中，城市发放5550.5万元，发放低保对象达8.95万户次、16.64万人次；农村发放1879.9万元，发放低保对象达4.35万户次、9.58万人次。在医疗救助方面，共救助11157人次，发放救助金1910万元，并启动了医疗救助费用"一站式"即时结算服务；在临时救助方面，落实非本市户籍救助对象的救助政策，2013年全年临时救助5436户次，发放救助金517万元；在住房救助方面，2013年共投入1970万元，分批对545户特困户进行危房改建，截至2013年12月已完成第一批77户特困家庭危房的改建工作；在流浪乞讨人员救助方面，积极开展"流浪孩子回校园"专项行动。2013年共救助流浪乞讨人员5505人次，其中未成年人294人次。

4. 汕头

2013年，汕头全市用于最低生活保障的资金达17693万元，比上年增加2101万元，增长13.5%；获最低生活保障的人数达11.11万人，增长0.3%；救助站救助人数达4055人，同比下降18.1%。截至2013年末，有社会福利院9所，共收养583人；有城镇敬老院36所，共收养561人。

另外，鉴于有些道路交通事故因为肇事者逃逸或责任方没有赔偿能力，而出现一些受害者得不到及时救助的情况，2013年7月《汕头市道路交通事故社会救助基金管理暂行办法》已开始实施，实施之后，如果再出现上述情况，交通事故的受害方可以申请一定的救助。

5. 海南

2013年，海南省社会救助与社会福利的建设进一步得到加强。2013年末城镇各种社区服务设施达77个，比上年增长10.0%；抚恤、补助各类优抚对象3.32万人。2013年末城镇居民最低生活保障覆盖人数为14.53万人，农村居民最低生活保障覆盖人数为24.72万人，农村五保户供养对象为3.28万人。城市低保标准由每月不低于280元提高到365元，农村低保标准提高到247元，农村五保户集中供养标准由每月306元提高到459元，分散供养标准由每月288元提高到380元。积极开展重特大疾病医疗救助试点工作。全年实施城乡医疗救助53.58万人次，其中城市医疗救助17.86万人次，农村医疗救助35.71万人次。全年救助灾民101万人次，投入救灾救济资金1.83亿元。建成省托老院和7所市县敬老院，新增床位1618张。全年共销售福利彩票16.02亿元，比上年增长11.8%；筹集社会福利彩票公益金3.85亿元，增长11.6%；直接接受社会捐赠款达725万元。

2013年9月16日，海南省人民政府出台了《关于进一步加强和改进最低生活保障工作的实施意见》，结合实际，就如何规范海南省最低生活保障工作做了进一步明确和细化。为了配合上述文件的贯彻落实和学习宣传，海南省社

会救助局组织人员编写了《社会救助政策100问》,以问答的形式,对当前社会救助有关政策概念和条文的含义进行解释,以便广大人民群众更好地了解海南的相关社会救助政策。

二 经济特区社会保险发展评述

(一)经济特区社会保险制度发展和改革取得的成就

1. 深圳

2013年,深圳在规范社会保险制度与提升社会保险水平方面均做出了有效的努力与改革,具体表现在以下方面。

(1)完善与健全相关社会保险制度与法规体系。2013年深圳颁布实施了《深圳经济特区失业保险若干规定》、《深圳经济特区养老保险条件》、《深圳市社会医疗保险办法》和《深圳市失业保险浮动费率管理暂行办法》,在此基础上,为保障法规的稳步推进与实施,又陆续组织起草了一系列社会保险规章制度,包括《深圳经济特区社会养老保险条例实施细则》和《深圳市社会医疗保险定点医药机构费用结算办法》,将非深圳户籍员工纳入参保范围,相关法律法规体系不断完善。

(2)社会保险参保人数持续增加,保障水平稳步提升。2013年,全市各险种参保总人数达到4470.42万人次。2013年,深圳全市养老保险总支付106.72亿元,同比增长20.5%;社会医疗保险总支付89.37亿元,同比增长16.6%。全市定点医药机构达1512家,其中市内定点医疗机构有885家,定点药店有615家,省异地就医结算平台联网医院有12家,市外定点医疗机构有19家(其中广州10家、惠州4家、东莞4家、珠海1家)。2013年,共为参保人员提供社会医疗保险服务4765.83万人次,为参保人员提供门诊医疗服务4689.57万人次,提供住院服务44.75万人次,门诊特检达23.36万人次,现金报销达7.99万人次,完成门诊大病认定申请审核5778余人次。全年依法补偿工伤事故37218人次,补偿总金额达8.11亿元,同比增长12.8%;发放失业保险金57591人次,同比增长6.1%,支付救济金总额达7370.03万元,同比增长27.6%。

(3) 社会保险的办理模式更加亲民与便利。2013年,所有失业保险参保人可到邮政储蓄银行等多家银行的500多个营业网点办理失业保险金申领业务。在医保方面,自2013年7月1日起在全市18家定点医疗机构试行工伤医疗网上记账,医疗报销更加便捷。另外,全市还增设200台自助服务终端机,各主体可自助办理社保的5大类13项业务。其中,福田区还将社保服务窗口延伸到街道公共服务平台,罗湖区则率先实现了社保自助服务终端进社区。

2. 珠海

2013年,珠海的社会保险水平稳步上升,社保覆盖面进一步扩大。具体而言,珠海2013年在社会保险方面做出了一定的改革与努力,可归纳如下。

(1) 竭力提高基本养老保险水平。基于历史原因,目前城镇职工、城镇居民、农村居民、离退休人员等分属不同的社会养老保险制度,不同人员享受的基本养老保险水平存在较大差异。为体现基本社会养老保险的公平性,尽量缩小差距,珠海致力于提高新农保和城镇居民养老保险(城居保)的待遇及政府补贴标准,并上调缴费标准和新农保集体补助标准。从2013年1月1日起,珠海市新农保和城居保的基础养老金由原来的每人每月165元提高至330元,两者的月平均养老金分别由246元和374元提高至411元和516元,老年津贴则由原来的每人每月165元提高至200元。而且,除提高养老待遇外,政府对新农保和城居保的参保补贴标准由原个人缴费额的50%提高至65%。另外,珠海还提高了新农保与城居保的个人缴费标准与新农保集体补助标准。新农保的个人缴费标准从每人每月40元、60元、80元、100元和110元5个档次调整为60元、100元和120元3个档次,城居保的个人缴费标准从每人每月110元调整为120元。新农保集体补助为不低于最低个人缴费标准的15%(60元/月×15%=9元/月)。

(2) 加快社会养老步伐。除基本养老保险外,珠海市还致力于构建多层次的社会养老保障体系,加快社会养老步伐。2013年,珠海出台了《关于加快社会养老服务事业发展的实施意见》,建立健全以居家为基础、以社区为依托、以机构为支撑的社会养老服务体系。公办养老机构在确保供养本地区的"三无"和"五保"对象的基础上,可视自身实际情况接收社会老人自费入住，且对接收的社会老人无户籍和地域等限制。对符合补贴条件的民办社会福利机构，给予每张床位每年600元的补贴。

（3）完善医疗保险制度，推进医疗保险关系顺利转移。医疗保险的异地转移与结算是多年来困扰参保人员的一个问题。珠海在这方面努力探索、积极推进，在全国率先实现所有流动就业人员医疗保险关系顺畅转移接续，并出台《关于医疗保险待遇及管理若干问题的通知》，解决了30多万名异地务工人员在珠海失业期间的医保后顾之忧。在结算方面，2013年实现了社会保障卡与广州和韶关定点医疗机构医保费用的联网结算，社会保障卡的医疗保险账户可异地刷卡消费。而且，珠海还与中山大学附属第一医院等20家省级医院签订了联网协议，并在广东省其他20个地市分别确定了3家左右医院作为珠海的医疗保险定点医院，极大地方便了广大参保人员。据统计，实施补充医疗保险办法后，有2803人次享受了该待遇，补充医保基金共计1858万元。

（4）启动实施补充医疗保险暂行办法。珠海市从2013年1月1日起开始启动补充医疗保险，对已参加医疗保险的参保人员个人承担的医疗费用进行二次补偿，凡参加职工医疗保险和居民医疗保险的参保人员可分别享受最高支付限额达50万元和40万元的补充医疗保险，实际报销比例最高分别达94.8%和81%。并且与基本医疗保险一样，报销补充医保不需要先行垫付再跑社保窗口，出院时可即时结算。

3. 厦门

2013年，厦门的社会保障水平稳中有升，参保人数比上年有所增加。具体而言，2013年厦门在社会保险方面的主要成就体现在以下几方面。

（1）持续推进基本养老保险工作。首先，调整了企业退休人员的基本养老金，平均每人月均增加310元，总额达到每月人均2485元；其次，扩大了基本养老保险的覆盖范围，将以前未安置就业的"上山下乡"人员以及原本有市户籍但现在为港澳台或外国人的人员纳入基本养老保险的覆盖范围，并允许符合条件的外来员工在厦门办理退休手续；最后，对历史遗留问题进行了清理，比如对参加老农保的人员以及被征地人员的养老保险问题进行处理。

（2）进一步深化基本医疗保险。2013年，厦门的基本医疗保险实现了全省同城刷卡结算，并将村卫生所纳入医保服务体系，方便了市民和农民就医。

在理顺体制的基础上,厦门进一步提高医疗保险待遇,将政府对城乡居民基本医疗保险的补助标准提高到每人每年390元,并将城乡居民基本医疗保险和补充医疗保险的报销比例各提高5个百分点,将补充医疗保险的最高支付限额提高到14万元。

(3)继续推进社会保险的社会化服务与便利服务。一方面,在2012年的基础上,继续推进企业退休人员的移交管理工作。2013年移交社会化管理的退休人员新增1.37万名,12月末移交社会化管理的退休人员为12.92万名,社会化管理率为99.35%,社区管理率达到100%。另一方面,加入人社部的异地退管认证系统,开展网上认证养老金领取资格,为退休人员申请退休认证及领取养老金提供便利。同时,为给各参保人员提供更加便利的服务,在医疗保险方面新增基本医疗保险定点机构16家,新增定点零售药店121家,使全市现有基本医疗保险定点机构和定点药店分别达到197家和674家。

(4)加强社会保险基金管理和稽核,保证资金合理使用。一是开展社保基金社会监督试点工作。通过行政监管、协议管理、实名申报、网络预警、基金专项审计、部门联动、社会监督等手段,强化对医保定点机构服务的监管,该做法得到了人社部的肯定并向全国推广,有效提升了医疗质量监督水平。2013年厦门共计取消1家定点医疗机构的定点服务资格,查处19家违规的医保定点服务机构,金额达143.68万元,并对142家(次)定点医疗机构进行不同形式的网上预警,根据医保年度协议规定不予结算61.24万元。二是加强养老保险待遇稽核力度。正式将社会保险信息系统与人社部养老保险待遇状态比对查询服务系统联网,增加民政系统死亡人员数据,完善稽核监控数据库。同时集中开展在厦门和异地重复享受社会保险待遇的专项清理工作,追回在厦门领取的养老保险金5.47万元,追回820人冒领的城乡居民养老金共计44.66万元。

4. 汕头

2013年,汕头在规范社会保险制度与提升社会保险水平方面均做出了一定努力,具体表现在以下几方面。

(1)细化医疗保险制度,提升保障水平。2013年,汕头市出台了《汕头市城乡居民大病保险实施细则》,对大病保险的保障对象、范围及标准等做出

了具体规定。该实施细则规定，缴纳一个完整年度保险费的城乡居民基本医疗保险参保人员均是大病保险的保障对象。细则还规定，个人负担的基本医疗保险药品目录、诊疗项目、医疗服务设施范围内的住院医疗费用，按一档标准缴费的，一个年度内累计在15000元以上的部分，按50%的比例予以报销；按二档标准缴费的累计在10000元以上的部分，按60%的比例予以报销，报销的费用年度不封顶。大病保险的实施，减轻了参保人员的经济负担，降低了因病致贫的风险，让医疗保险真正发挥了病有所医的作用。

（2）加大对社会保险领域违法行为的查处力度。2013年，汕头出台了《汕头市用人单位社会保险违法行为举报奖励暂行办法》，该办法规定，公民、法人和其他组织对用人单位未按社会保险法律法规规定为职工办理社会保险手续的行为，可通过来访、来电或来信等形式向各级人力资源社会保障行政部门所属劳动保障监察机构进行举报。经查属实，举报人最高可得300元奖励。这对于提高员工的维权意识、促进社会保险事业的良性发展起到了一定的作用。

5. 海南

2013年，海南的社会保险工作稳中有进，覆盖面进一步扩大，保障水平进一步提高。2013年，海南基本养老、医疗、工伤和生育保险的总收入、总支出和累计结余分别为169.81亿元、156.13亿元和157.19亿元，同比增长4.87%、7.05%和9.53%。同时将被征地农民纳入社会养老保险的覆盖范围，覆盖范围进一步扩大。具体而言，取得了以下几方面的成效。

（1）社会保险待遇水平稳步提高。在养老保险方面，2013年，海南全省新农保的基础养老金由每月85元提高到100元，新农保参保人员达到62万人。在医疗保险方面，城镇居民基本医疗保险和新农合财政补助标准由240元提高到每人每年280元，人均筹资达到340元，参合率达到99.19%。其中，中央财政人均补助156元，地方财政人均补助124元，个人缴费人均60元。当年筹资总额为16.86亿元，比2012年增加2.41亿元，加上2012年结转的8.02亿元，基金总额达24.88亿元。此外，全省共计992.52万人次获得新农合补偿，同比增长29.47%。其中，住院补偿29.41万人次，门诊补偿共954.28万人次，住院分娩补偿3.27万人次，特殊病种大额门诊补偿4.84万人次，体检与其他补偿0.72万人次。

（2）建立重大疾病保障机制。一是在 2010 年开展提高 0~14 岁儿童 2 类（共 6 种）重大疾病保障水平工作的基础上，将重大疾病的范围扩大到 22 种，白血病（骨髓移植）、肝移植和肾移植 3 种疾病被列入重大疾病的保险范围，同时将医保年度最高支付限额提高到 50 万元。二是免费救治先天性耳聋患者。将儿童先天性耳聋人工耳蜗植入术纳入 2013 年"政府为民办实事"项目，实行免费救治，新农合基金支付了 34 例困难人工耳蜗植入手术 60% 的医药费用。三是将 25 种特殊病种的大额门诊补偿标准提高到 60%。2013 年特殊病种大额门诊补偿 4.84 万人次，同比增长 44.48%，次均补偿 487.64 元，同比增加 125.54 元，实际补偿比达 64.98%，同比提高 5.08 个百分点。四是继续推行 2008 年开始实施的重大疾病二次补偿，防止因病返贫。

（3）加强社会保险基金的管理与稽核。在医疗保险方面，2013 年 1 月海南出台了《海南省社会保险定点医疗机构社会保险医师管理暂行办法》，进一步强化了对定点医疗机构医保医师的医疗服务行为的监管，并在全省各县市实行医疗保险总额控制管理，强化医疗机构控制医疗费用的责任，确保基金的平稳运行。同时理顺异地就医机制，实现省内异地就医结算。在养老保险方面，加大了对冒领养老金行为的查处力度，2013 年全省共查处冒领养老金 1681 人，追回被冒领养老金 803.3 万元。

（二）经济特区社会保险发展和改革的新趋势——电子社保

1. 电子社保是社会保险发展的客观趋势

电子社保是电子政务在社会保障管理服务领域的表现形式。近年来，全国很多地方运用计算机、互联网和现代通信等信息技术手段，促使社保经办业务模式转型升级，实现经办管理服务全程信息化，使经办机构有效履行"记录一生、保障一生、服务一生"的职责。

中国互联网络信息中心（CNNIC）的调查显示，截至 2013 年 9 月底，我国网民数量达到 6.08 亿人，互联网普及率为 45%，信息化使人们的生活方式发生了深刻的变化。作为社保经办机构的管理服务对象，人们的需求也日益多样化、个性化，这客观上要求经办机构尽快改变单一的大厅柜台服务模式，构建包括大厅服务、网上服务、自助终端服务、电视电话服务（含短信服务）、基层平台服务等在内的一体化公共服务体系。建设电子社保，最终目的就是以信息化手段更好地保障人民群众的权利，提供均等、普惠的公共服务。一体化公共服务体系、精细化管理和优质安全的信息管理是电子社保建设的3个核心衡量标准。

目前，我国已经有一批城市在电子社保建设上取得了显著成效。在2013年底的全国电子社保示范城市建设现场会上，含经济特区深圳、厦门在内的15个城市被人社部社保中心、信息中心授予"全国电子社保示范城市"称号，其他城市包括苏州、杭州、舟山、潍坊、乌鲁木齐、大连、合肥、武汉、淄博、天津、中山、南京等。

2. 深圳建设电子社保的主要做法及成效

深圳在电子社保建设方面走在全国的前列，成效显著，并积累了一系列经验。一是积极探索创新业务经办模式，提升市民满意度。为建立更加便民快捷的服务体系，不断拓宽服务渠道，深圳在全市所有社保经办机构创新推出多功能社保自助服务终端，可办理自助查询、打印社保清单和社保转出凭证等数十项单位及个人社保业务。同时，深圳还在全市范围内推出邮政代办社保业务创新服务模式，实现足不出户办理社保业务。二是完善五险业务信息系统建设，提高业务经办效能。积极与信息化建设部门统筹规划，对业务流程进行优化升级，推进社保经办业务的标准化、规范化。同时，多项业务实现网上申报经办模式，节省了窗口办事时间，切实提高了行政效能，降低了行政成本，有效缓解了市民不断增长的社保服务需求与工作人员紧缺两者之间的突出矛盾。目前有近200万名参保人员成功注册，单位用户则有30多万家。三是加强对社保内部控制的安全管监，构筑社保基金的安全防线。利用信息化手段，规范并加强社保业务系统的审批权限管理，推行业务授权电子卡管理制度。深化与国家和省级社保业务平台对接的深度，强化对社保基金收支、管理、结存等环节的监管，防范和化解基金运行风险，提升社保基金监管服务水平，切实维护社保基金的安全完整和参保人员的切身利益。

3. 厦门建设电子社保的主要做法及成效

长期以来，厦门人社局以"金保工程"建设为契机，着力加强社会保险业务经办信息化和公共服务智能化建设，按照创建国家信息消费示范城市的要求，促进服务方式多样化、智能化。目前，已构建一个以"一号码呼叫、一卡通应用、一机通自助、一窗口受理、一网式经办、两平台支撑"为核心的社保信息系统，为市民提供平台统一支撑、信息数据共享、业务合理布局、管理一体化的一站式社会保险公共服务。通过这个体系，市人社部门平均每天对外服务近8万人次，其中业务窗口收件处理每天超过3000人次，12333咨询电话每天呼入约7000人次，人力资源和社会保障网站每天的访问量约为7000人次，每天使用社会保障卡就诊购药约61000人，刷卡笔数超过8万笔，极大地方便了市民群众。

以申领剩余保险待遇为例，目前厦门市户籍的新妈妈们申领生育保险待遇无须到窗口排队，只要到市政务中心或各区社保中心，在社会保障自助服务机上，输入准生证和计划生育证等相关信息，就可以自助办理生育保险待遇的申领。据了解，2012年申领生育保险待遇的厦门户籍新妈妈有4万多人，目前厦门市区已有30台社会保障自助服务机，极大地方便了新妈妈们申领生育保险待遇。

（三）经济特区社会保险发展存在的问题及面临的挑战

1. 我国户籍制度重大改革对特区社会保障制度改革提出新要求

2014年7月，国务院印发《国务院关于进一步推进户籍制度改革的意见》（以下简称《意见》），决定统一城乡户口登记制度，全面实施居住证制度，稳步推进义务教育、就业服务、基本养老、基本医疗卫生、住房保障等城镇基本公共服务覆盖全部常住人口。《意见》的实施，意味着我国原有的农业与非农业二元户籍制将被打破，附着在户籍制度上的各种公共服务也将随之发生变化。经济特区普遍拥有较大比例的外来人口，按照《意见》的要求，随着户籍制度改革的深入，必须大幅提高对原有非户籍人口的社会保障服务数量及质量。例如，深圳、厦门、珠海非户籍人口占常住人口的比例分别为70.9%、49.6%、32.9%，未来的社会保障服务将逐步以居住证制度为依据，户籍与非户籍人口在享受社保服务上的差距将不断缩小，这必将在很大程度上改变社保福利的原有格局。如果不能建立并完善与户籍改革制度相适应的社保制度，必将引发新的社会矛盾。

2. 社保服务信息化建设滞后

随着近几年移动互联网的迅猛发展，大量基于移动互联网的技术服务也以其成本低、效率高、个性化的特点而被迅速接纳和运用，深刻地改变着人们的生活方式。与此同时，与人们生活密切相关的社保服务却明显滞后于信息化发展的总体水平，具体表现在以下方面。一是各类社保相关机构的信息没有有效整合并全面对接，"社保大数据"急需建立完善。二是社保部门为社保用户提供的信息化服务水平仍然较低，致使社保用户不能准确、便捷地掌握本人所能享受的社保服务信息，难以做出与自身福利相关的正确决策。以目前深圳特区大学生医疗保险为例，制作医保卡手续繁多，从学生提出办理申请到最终拿到医保卡，需要经过一个月甚至数月时间，在这个过程中甚至会发生丢失现象。此外，大学生医保卡的账户信息、绑定医疗机构的信息也不能随时随地获取，以至于常常发生医保扣费不成功、没有到绑定的医保机构就诊不能使用医保卡的情况。作为"全国电子社保示范城市"的深圳特区尚且如此，其他特区城市的社保信息化水平就更需要大力提升。

3. 社会保险待遇总体水平仍需提高

社会保险是一项民生工程，离不开政府的投入。近年来经济特区各级政府不断增加对社会保险制度的投入，特别是在农民和被征地农民养老保险、城乡居民基本医疗保险、未成年人医疗保险3项补充型保险方面。但是，由于包括企业年金、补充医疗保险等在内的多层次的社会保险体系尚未健全，基本养老金成为大部分企业退休人员的主要生活来源，经济特区的社会保险待遇总体水平仍然不够。在医保方面，门诊费用在大部分经济特区未实现社会统筹，与福利型国家相比，人们的医疗费用负担仍然比较重。随着经济社会的发展，人们的社会保险需求不断提高，相应地对政府的财政投入也提出了更高的要求。

4. 社保基金进一步实现保值增值面临通胀压力和适应经济增长的挑战

目前，经济特区社保基金的经营方式和投资渠道较发达国家显得保守和单调，社保基金结余绝大部分存放在银行，基金收益率往往超不过通货膨胀率，经济高速发展时，社保基金由于投资渠道单一而隐性贬值的现象屡见不鲜。应考虑在这些方面存在的问题：社保基金投资运行管理办法是否缺失；运营基金范围能否进一步扩大；能否发行适合社保基金购买的国债以尽可能提高社保基金收益率；是否应该建立社保基金存款利率竞价机制。

5. 社保法制建设和管理服务能力仍需完善

随着经济特区社会保障制度覆盖人群的快速扩大，特别是通过落实居住证制度将原有非户籍人口纳入社保范围后，原有的社保法制法规将急需完善，以适应新形势的要求。此外，各经济特区的社保管理服务能力也要紧跟参保业务增长的步伐。应研究合理确定社会保障待遇水平的科学方法，实现社会保障待遇的正常调整，使保障水平持续、有序、合理增长。在提高整体水平的同时，要合理界定各类群体的待遇差距，发挥社会保障调节社会分配的功能，逐步形成各类人员社会保险待遇的合理关系。

三 经济特区社会保障制度未来发展的努力方向和政策建议

（一）努力方向

经过改革开放后 30 多年的高速经济增长，我国已经在经济建设上取得了举世瞩目的成就，同时也产生了大量新的社会问题和矛盾，现在人们更加注重社会的公平正义以及自身的幸福指数。经济特区的社会保障制度发展也应该按照我国社会保障制度改革的统一要求，结合自身实际稳步推进，在扩大社保服务覆盖面、提高社保信息化水平、加强社保基金监管、加强社保工作队伍建设等方面发力。

首先，经济特区要率先将社会保障的发展纳入 GDP 考核体系，纠正有些经济特区重视经济发展忽视社保发展的发展策略偏差，由此归纳出一系列针对经济特区社保发展的可操作性建议。该体系的构建必须集思广益，在全面实施前可在小范围内进行试验，不断解决体系中可能存在的各种问题。当然，任何一个体系的构建和成熟都绝非易事，对于经济特区的社会保障而言，真正纳入 GDP 政绩考核体系还有漫长的路要走，但这种构想与尝试对 GDP 本身的含金量及其计算体系的改革也大有裨益。其次，五大经济特区之

间要形成合力，努力实现社会保障制度尤其是社会保险制度在经济特区间的有效协作与相互借鉴。经济特区具有发展基础良好、主体少、相对独立、灵活性较强等优势，这些优势正是经济特区之间加强合作和交流的根基。

（二）政策建议

1. 加快建立并完善以居住证为基础的社保制度

推进户籍制度改革，建立更加公平公正的社保服务是人心所向、大势所趋。各经济特区应当按照国务院《意见》的总体要求，坚持因城施策、一城一策，根据城市实际情况，建立并完善积分落户制度，按照总量控制、公开透明、公平公正的原则，合理解决落户问题。户籍人口比重比较低的城市，要逐步提高户籍人口比重。特大城市要科学定位城市功能，加快产业转型升级，适当疏散经济功能和其他功能，引导人口有出有进，使人口结构更加合理。建立健全居住证制度，弱化户籍意识，强化居民观念，体现以人为本、和谐共生的服务理念。应改变原有的在户籍证上附着过多社保福利、非户籍人口与户籍人口社保福利差距过大的现状，逐步将医疗保险、劳动保险、生育保险等功能与居住证对接，扩大居住证的服务内容，为持居住证的居民提供更加完善的服务，以缩小其与户籍居民之间的差别，不断增加常住非户籍人口的福利。

2. 提升社保信息化水平，建设电子社保体系

各特区要顺应信息化发展的潮流，不断提升社保信息化水平，建设并完善电子社保体系。深圳、厦门在电子社保建设上走在前列，应积极应对社保领域的新问题，探索电子社保建设的新途径，不断积累经验；珠海、汕头、海南等特区的电子社保建设则应当迎头赶上，学习先进地区的经验、做法，结合本地实际积极推进。

总体而言，各特区提升社保信息化水平、建设电子社保体系应当侧重以下几个方面。首先，要加大办公硬件设施的投入与更新换代，使其与社保工作的发展相适应。从方便和服务参保群众的角度出发，促进办公环境规范化，为创优服务提供基础。其次，要完善信息网络化建设，充分发挥各经济特区的网络优势，全面改进各经济特区的社保基金网站建设，及时完成相关业务系统的升级改造。同时要加强社会保险基金管理局和有关政府职能部门之间的信息共享,加快建立信息共享平台,全面提高居民申报的效率。再次,要以信息化为手段,积极推进商业保险与社会保险、医疗保险、新农保以及新农合基本医疗保障、社会救助有机结合的社会保障体系建设,建立一体化的社会保障卡,充分体现社保服务便民的服务理念。最后,要加强社保服务网络的安全管理,在建立社保卡的基础上加强社保信息的保密工作,力争实现全民的社会保障。提高社保业务的标准化、规范化、信息化水平,适应社保工作的要求。

3. 加强对社保基金的监督管理

进一步完善社保基金财务管理制度和操作规程,确保基金管理科学安全。通过革新管理制度,建立独立、高效、统一的社会保险基金管理局,实现分权式管理。首先,各社会保险基金管理局要进一步完善社保各项业务流程,规范操作规程,明确审批权限、审批时限、审批条件,完善社会保险信息数据库,及时按照统一的标准更新个人的基本信息。其次,要大力发挥银行服务在完善社保基金管理过程中的重要作用。社保局要及时与银行协商,制定银行社保基金服务的制度化流程,确保各环节的工作安全、高效地完成。避免信息资源和人力资源的浪费和损失,全面保证社保基金发挥最大的经济效益。在确保基金安全的前提下,逐步探索建立完善的个人账户基金、社会保险基金和企业年金的市场化运营机制,实现基金的保值增值。最后,要完善社会保险基金运行的内控监管制度。要规范业务办理程序,在最短的时间内完成高效的参保工作,健全计算机和政府部门多方监管的组织体系,保证社会保险基金的安全有效运营。

4. 加大社保的宣传力度

一方面,要利用新闻媒体的优势,做好社会保险的全面宣传工作,加强各项社保法规政策的普及、宣传,特别是要做好新修订的社保政策如《社会保险法》的宣传。另一方面,各社会保险基金管理局要及时派遣公务员深入企业、农村,做好对参保人的答疑解惑,加大社会保险的宣传力度,确保全民充分认识国家的社会保障政策,为推进全民社保做进一步铺垫。同时应委托会计师事务所对各用人单位每年的社保缴费情况开展稽核工作,在每年年末报出会计报表的同时要提供该公司的社保缴费情况。除此之外,要在各特区的社保基金网站上完善网上申报实时查看制度，让参保人员及时、有效地了解参保流程，更好地参加社会保障服务。

5. 加强社会保障系统的干部队伍建设

应不断加强社保人才队伍建设，坚持以人为本，积极推进队伍建设管理，发现和培养一批业务专家和信息化专家，打造一支素质过硬的社保工作队伍。首先，要加快完善基层工作机制，充实基层工作人员，对基层工作人员的服务意识进行强化。在服务过程中要遵守职业准则，耐心地为参保人员办理事务，帮助其解决参保过程中遇到的问题。其次，要在保障法规政策、职业道德、业务知识和信息化管理能力方面对社会保障系统的公务员加强培训，全面提高社保工作人员的综合素质和业务能力。最后，要制定科学规范、可操作性强的人事考核制度，加强公务员的作风和廉政建设，建立人力资源和社会保障监察协管员制度，全面督促和加强社保服务人员的队伍建设和管理工作。

参考文献

[1] 高兴民等：《深圳市社会保险制度研究》，人民出版社，2010。
[2] 《深圳市 2012 年人力资源社会保障统计公报》。
[3] 《深圳市 2013 年人力资源社会保障统计公报》。
[4] 《珠海市 2012 年国民经济和社会发展统计公报》。
[5] 《珠海市 2013 年国民经济和社会发展统计公报》。
[6] 汕头市统计局：《汕头统计年鉴 2012》。
[7] 汕头市统计局：《汕头统计年鉴 2013》。
[8] 《厦门市 2012 年国民经济和社会发展统计公报》。
[9] 《厦门市 2013 年国民经济和社会发展统计公报》。
[10] 深圳市统计局：《深圳统计年鉴 2012》。
[11] 深圳市统计局：《深圳统计年鉴 2013》。
[12] 《海南省 2012 年国民经济和社会发展统计公报》。
[13] 《海南省 2013 年国民经济和社会发展统计公报》。
[14] 陶一桃、袁易明主编《中国经济特区发展报告》，社会科学文献出版社，2012。
[15] 陶一桃、袁易明主编《中国经济特区发展报告》，社会科学文献出版社，2013。
[16] 刘璐婵：《社会保障制度与户籍制度的相互制约与推进》，《常州大学学报》（社会科学版）2014 年第 5 期。

［17］白丁：《社保制度加快顶层设计》，《经济日报》2014年7月26日第5版。
［18］黄晓云：《电子社保：从"一枝独秀"到"百花齐放"要走多远?》，《中国劳动保障报》2014年9月19日第A4版。
［19］尹蔚民：《共筑中国梦实现更可靠的社会保障》，中国社保网，2013年8月15日，http：//www.shebao5.com/xinwen/1825.html。
［20］段荣成：《解读国务院〈关于进一步推进户籍制度改革的意见〉》，人民网，2014年7月31日，http：//ft.people.com.cn/fangtanDetail.do? pid=2683。

B.8
中国经济特区金融产业发展报告

郭茂佳*

2013年，中国经济特区金融产业的发展尽管经历了国际、国内严峻经济形势和众多困难的考验，仍然取得不菲的成就，表现出一些新特点。2014年，特区金融产业的发展要想在2013年的基础上有更大的作为，必须抓住新机遇，推出新举措，迎接新挑战。

一 2013年中国经济特区金融业发展的新进展

（一）金融业在特区经济中的地位进一步提升

2013年，中国经济特区经济增长的整体增速虽然有所放缓，但特区金融业增长的势头仍然较为强劲。

1. 特区金融业发展速度大大快于特区经济增长速度

从图1可以发现，2013年，特区金融业发展速度全面超越特区经济增长速度，深圳、珠海、汕头、厦门、海南、上海浦东和天津滨海金融业的发展速度分别要比经济增长速度快4.5个、1.5个、0.4个、2.6个、6.1个、10.9个和6.9个百分点，表明金融业是经济特区各行业中的宠儿，其得到了比其他行业更优先的发展。

2. 特区金融行业对特区经济增长的贡献呈现出继续上升的趋势

从图2可以发现，除厦门以外，其他6个特区2013年金融业增加值占GDP的比重都较2012年有所上升。其中，上海浦东和珠海提升十分明显，提

---

* 郭茂佳，深圳大学中国经济特区研究中心教授，硕士生导师。

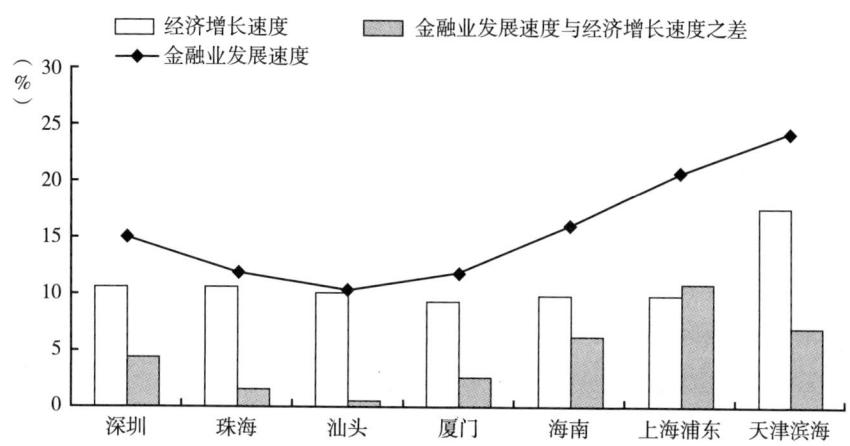

图1 2013年特区金融业发展速度与特区经济增长速度对照

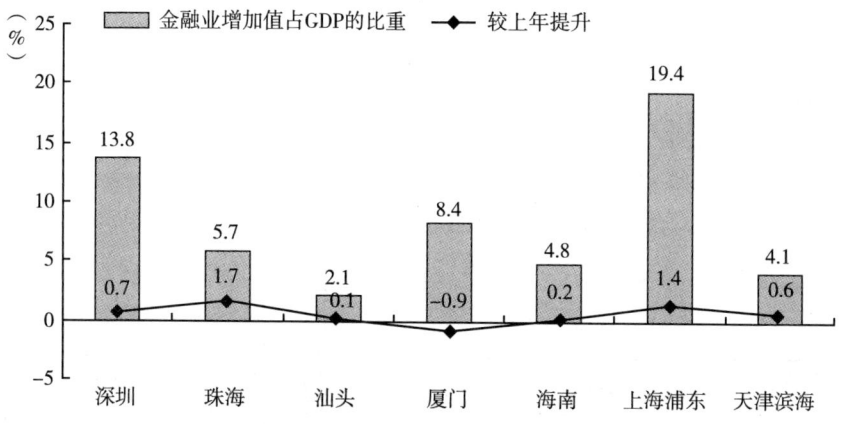

图2 2013年特区金融业对经济增长贡献度情况

升比例分别高达1.4%和1.7%，表明特区金融业对绝大多数经济特区的经济增长贡献度在不断上升。

特区金融业对特区经济的贡献不仅体现在新增加值上，还体现在税收上。例如，2013年，深圳金融业实现税收740亿元，较2012年增长了23.5%，占全市税收的比重高达18.7%，其税收贡献名列各大支柱产业的首位，是国民经济各行业中名副其实的第一创税大户。

（二）特区金融业的规模继续快速扩张

2013年，特区金融业规模快速扩张不仅体现在整体规模上，如深圳和珠海金融资产总规模分别比2012年增长了15.3%和19.7%，而且体现在金融业内部的各子行业上。

1. 特区银行业的规模继续快速扩张

表1 2013年特区金融机构本外币存贷款余额增速情况统计表

单位：亿元

特区名称	金融机构本外币存款余额	存款增速(%)	金融机构本外币贷款余额	贷款增速(%)
深圳	33900	14.4	24700	13.2
珠海	4121	18.8	2072	7.9
汕头	2530	10.7	972	19.7
厦门	5843	14.4	5029	15.8
海南	5953	16.4	4631	18.9
上海浦东	30749	9	19695	8.2
天津滨海	4699	11.3	6423	16.3
平均增速		13.6		14.3

资料来源：根据2013年各特区《国民经济和社会发展统计公报》的相关资料整理而成。其中，上海浦东新区的本外币存贷规模数据是按2013年浦东新区金融增加值占上海市金融增加值的比例44.4%乘以上海市本外币存贷款规模数据推算而来。

从表1中可以发现，2013年，特区金融机构本外币存贷款余额增速分别为13.6%和14.3%，虽然存款增速较上年下降了0.2个百分点，但贷款增速提高了0.7个百分点，表明特区银行业信贷支持实体经济的力度不但没有削弱，反而有所增强。

背靠特区银行业整体做大做强的大环境，特区内几家上市银行的综合实力在2013年也得到了相应的提升（见表2）。

表2　2013年特区上市银行规模扩张情况统计表

单位：亿元，%

银行名称	总资产		总负债		银行存款		银行贷款	
	规模	增长率	规模	增长率	余额	增长率	余额	增长率
交通银行	59609	13.0	55394	13.2	41578	11.5	32664	10.8
浦发银行	36801	17.0	34729	17.1	24197	13.6	17675	17.0
招商银行	40164	19.2	37504	16.9	27753	9.6	21971	15.6
平安银行	18917	17.8	17796	16.9	12170	19.2	8473	17.5
平均增速		16.8		16.0		13.5		15.2

资料来源：根据特区上市银行2013年年度报告的相关数据整理而成。

从表2中可以发现，2013年，特区上市银行总资产和总负债增长率都在16%以上，仍然呈现较高的增长速度，其中，4家上市银行的贷款增长率比整个特区银行贷款增长率要高0.9个百分点。

由于特区银行业整体规模的快速扩张，特区银行在世界银行界的排名也在继续提升（见图3）。

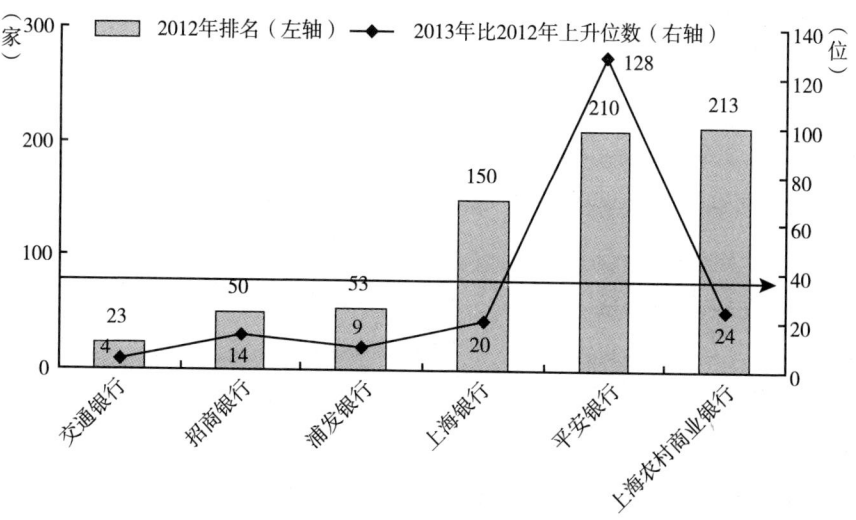

图3　2013年进入世界1000家银行排行榜前200名特区银行排序变动

从图3中可以发现，2013年，进入英国《银行家》杂志世界1000家银行排行榜前200名的特区银行的排名全部出现了上升，平均上升了33位。其中，平安银行更是由2012年的第210位上升到2013年的82位，上升了128位，它不仅是特区银行中排名提升最快的银行，也是全国所有银行中排名提升最快的银行。

2. 特区证券业的规模继续快速扩张

表3的统计结果表明，2013年，反映特区券商规模增长的几个主要指标，如总资产、净资产和净资本等均比2012年有一定程度的增长，尤其是总资产规模比2012年增长明显，增速高达22%。这种规模上的扩张，在特区上市券商这一群体上表现得更为明显（见表4）。

表3 2012~2013年特区券商规模扩张情况

单位：亿元，%

特区名称	总资产			净资产			净资本		
	2012年	2013年	增长	2012年	2013年	增长	2012年	2013年	增长
深圳	4037	5093	26.2	1774	1740	-1.9	1082	1026	-5.2
上海浦东	3859	4547	17.8	1565	1677	7.2	1089	1178	8.2
天津滨海	116	141	21.6	44	57	29.5	35	42	20
海南	6.4	8.5	32.8	1.8	1.9	5.6	1.3	1.4	7.7
厦门	14.6	13.4	-8.2	2.9	2.9	0	1.9	1.9	0
合计	8033	9802.9	22.0	3387.7	3478.8	2.7	2209.2	2249.3	1.8

资料来源：根据中国证券业协会官网公布的《2012年和2013年证券公司会员经营业绩排名情况》的统计资料整理而成。其中，珠海和汕头因没有本土法人券商，故缺少相关的统计数据。

由表4的统计结果可以发现，除光大证券因受"乌龙指事件"影响，总资产和总负债规模出现明显萎缩以外，2013年，其他3家特区上市券商的总资产和总负债规模均呈现明显增长。其中，中信证券和海通证券的总资产和总负债规模甚至出现了爆炸式增长，总资产规模增速分别达61%和33.7%，总负债规模增速分别达122%和59.1%，远远高于整个特区券商总资产和总负债规模的平均增长速度。

3. 特区保险业的规模继续快速扩张

表5的统计数据显示，2013年，特区保险公司的保费收入与保险支出均出现了不同程度的增长，平均增速分别为14.4%和36.9%。在保费收入与保险支出中，保险支出的增速大大快于保费收入的增速；在保费收入中，财产险保费收入增速明显快于人身险保费收入增速。

表4　2013年特区上市券商规模扩张情况统计表

单位：亿元，%

券商名称	总资产		总负债	
	规模	增长率	规模	增长率
中信证券	2713	61.0	1819	122.0
海通证券	1691	33.7	1050	59.1
招商证券	832	10.1	559	12.5
光大证券	538	-7.6	302	-14

资料来源：根据中国经济特区上市券商2013年年度报告的相关数据整理而成。

表5　2013年特区保险业保险收入和理赔情况

单位：亿元，%

特区名称	保费收入	增长率	财产险保费收入	增长率	人身险保费收入	增长率	保险支出	增长率
深圳	469.0	16.8	180.0	12.4	289.0	19.7	125.2	16.2
珠海	58.0	9.3	18.4	13.6	39.6	7.4	20.8	60.6
汕头	50.20	5.3	14.0	18.3	36.2	1.0	23.97	66.9
厦门	111.8	20.3	48.1	16.0	63.7	23.8	36.3	19.9
海南	72.6	20.5	31.7	26.0	40.9	16.5	22.0	21.1
平均增速		14.4		17.3		13.7		36.9

资料来源：根据2013年各经济特区《国民经济和社会发展统计公报》的相关资料整理而成。其中，上海浦东和天津滨海因缺少独立的保险业统计数据，故表中未作体现。

2013年特区保险业规模的扩张势头，还可以通过特区上市保险公司的相关资料加以佐证（见表6）。

表6　2013年特区上市保险公司规模扩张情况

单位：亿元，%

保险公司名称	总资产		总负债		保费收入	
	规模	增长率	规模	增长率	规模	增长率
中国平安	33603	18.1	31206	18.4	2687	15.0
中国太保	7235	6.2	6231	6.7	1631	5.4
平均增速		12.2		12.6		10.2

资料来源：根据特区上市保险公司2013年年度报告的相关数据整理而成。

从表6反映的两家特区保险类上市公司的情况来看,虽然2013年的规模扩张速度无法与其高峰时期相提并论,但总资产、总负债和保费收入这三个反映保险公司规模增长的指标都保持了两位数的正增长,增长率分别为12.2%、12.6%和10.2%。

4. 特区信托租赁业的规模继续快速扩张

2013年,特区信托租赁业的规模继续快速扩张,尤其是信托业规模扩张速度高达40%,其资产规模甚至超越了证券和保险业,一跃成为排在银行之后的第二大金融服务产业。特区信托租赁业的规模扩张势头从几家上市信托公司和租赁公司身上可见一斑(见表7)。

表7 2013年特区上市信托公司和租赁公司规模扩张情况

单位:亿元,%

信托租赁公司名称	总资产		总负债		净资产	
	规模	增长率	规模	增长率	规模	增长率
安信信托	16.0	68.3	7.3	129.5	8.7	37.1
爱建股份	59.6	34.1	12.4	507.2	47.2	11.33
渤海租赁	571.2	19.3	487.4	46.2	83.8	-55.3
平均增速		40.6		227.6		

资料来源:根据特区上市信托公司和租赁公司2013年年度报告的相关数据整理而成。

从表7的数据中可以看出,2013年,安信信托、爱建股份和渤海租赁的总资产和总负债规模扩张迅速,尤其是负债规模出现了爆炸式增长,增速平均高达227.6%。

因2013年特区金融业的整体实力提升明显,特区中几家大型金融企业在世界500强中的排序得到进一步提升(见表8)。

表8 2013年特区金融企业在世界500强企业中的排行变动

单位:百万美元

金融机构名称	所在特区	营业收入	上年排名	本年排名	排名提升位数
中国平安	深圳	68508.8	181	128	53
交通银行	上海浦东	48321.2	243	217	26
招商银行	深圳	34121.5	412	350	62

中国经济特区金融产业发展报告

续表

金融机构名称	所在特区	营业收入	上年排名	本年排名	排名提升位数
中国太保	上海浦东	31412.5	429	384	45
浦发银行	上海浦东	31440.8	460	383	77

资料来源：根据2014年《财富》杂志世界500强排行榜的资料整理而成。

从表8中可以看出，按照营业收入这一衡量指标，2013年，特区进入世界500强的5家金融企业在世界500强中的排序较2012年普遍有较大幅度的上升，其中，中国平安、招商银行和浦发银行分别上升了53位、62位和77位，即使是上升最慢的交通银行也提升了26位。这表明特区金融业集中度在上升。

（三）特区金融业的影响力进一步上升

1. 由于金融业的快速发展，深圳在国内乃至国际金融中心中的地位更加突出

（1）深圳金融业的聚集力进一步上升。2013年，深圳新引进金融机构37家，其中26家是法人机构，新引进金融机构的数量创历史新高；网络平台融资规模占全国融资规模的比例超过20%；前海股权交易中心挂牌企业超过2800家。

（2）深圳金融业的竞争力进一步上升。2013年，深圳银行卡交易突破万亿元，银行卡渗透率近65%，居全国前列；本地证券公司资产总规模排名全国第一；本外币存贷款余额、基金公司数量及管理资产规模、保险机构及总资产规模、期货公司数量及规模等核心指标均居全国前三位。

（3）深圳金融业的辐射力进一步上升。2013年，深圳银行间货币市场和债券市场交易规模达31.6万亿元，居全国大中城市第三位；证券交易所股票交易总额近24万亿元，占全国50%；黄金夜市成交量超过20万吨，同比增长93%，占金交所交易量的50%，黄金夜市成交额1.6万亿元，占金交所交易额的30%；发生跨境人民币业务金额7691亿元，其中，经常项目业务金额为6066.5亿元，约占同期全国业务总量的13.1%，位居全国第四；人民币跨境贷款备案资金突破150亿元。由于深圳金融业集聚力、竞争力和辐射力的大幅增强,新华-道琼斯国际金融中心发展指数将深圳在全球金融中心的排名由2012年的第19位提升到了2013年的第15位。

2. 由于金融业的快速发展,上海浦东在国内乃至国际金融中心中的地位更加突出

(1)上海浦东金融业的聚集力进一步上升。2013年,上海浦东新引进监管类金融机构54家、股权投资及管理企业280家、融资租赁公司69家和金融专业服务机构110家。

(2)上海浦东金融业的竞争力进一步上升。2013年,证券市场交易额、商品期货交易额、金融期货交易额、黄金交易额分别增长了58.0%、35.5%、84.2%和48%,并成功推出了国债期货、沥青期货、黄金交易基金等一系列金融产品。

(3)上海浦东金融业的辐射力进一步上升。2013年,国家允许上海浦东可在试验区内对人民币资本项目可兑换、金融市场利率市场化、人民币跨境使用等方面进行先行先试,使上海浦东,作为国内乃至国际金融中心中的地位更加彰显,金融中心的国际影响力不断提升。

二 2013年中国经济特区金融业发展出现的新特点

(一)对特区金融业爆发系统性危机的担忧显著上升

1. 对因特区经济下行而带来的金融业风险的担心显著上升

表9 2013年特区经济增长减速情况统计表

单位:%

统计指标	深圳	珠海	汕头	厦门	海南	上海浦东	天津滨海
2012年经济增长率	10.0	7.0	9.5	12.1	9.1	10.1	20.1
2013年经济增长率	10.5	10.5	10.0	9.4	9.9	9.7	17.5
2013年较2012年经济增长率之差	0.5	3.5	0.5	-2.7	0.8	-0.4	-2.6

资料来源:各特区2011~2013年《国民经济和社会发展统计公报》。

从表 9 中可以看出，2013 年，除深圳以外，其他 6 个经济特区的经济增长速度均在 2012 年大幅下降的基础上进一步放缓，其中，厦门和天津滨海经济下行的速度惊人，分别达 2.7% 和 2.6%。国内外的经验证明，经济下行周期往往既是过剩产能和无效率企业逐步退出市场的周期，也是金融业面临困境甚至破产倒闭的高峰期。

2. 对因银行业不良贷款规模和不良贷款比率呈现双升而带来的风险的担忧显著上升

表 10　2012~2013 年特区上市银行不良贷款变动情况统计表

单位：亿元，%

银行名称	不良贷款				不良贷款比率		
	2012 年	2013 年	较上年净增长额	较上年增长比率	2012 年	2013 年	净上升比率
交通银行	270	343.1	73.1	27.1	0.92	1.05	0.13
浦发银行	89.4	130.6	41.2	46.1	0.58	0.74	0.16
招商银行	116.9	183.3	66.4	56.8	0.61	0.83	0.22
平安银行	68.7	75.4	6.7	9.8	0.97	0.89	-0.08
总　　计	545	732.4	187.4	34.4	0.77	0.88	0.11

资料来源：根据特区上市银行 2012~2013 年年度报告的相关数据整理而成。

由表 10 可以发现，2013 年，特区内 4 家上市银行的不良贷款规模和不良贷款比率均比 2012 年出现了较大幅度的上升。其中，不良贷款总规模达 732.4 亿元，较 2012 年净增加 187.4 亿元，不良贷款平均增幅高达 34.4%；不良贷款平均比率达 0.88%，较上年平均上升 0.11 个百分点。同时，如果考虑以下四个因素，不得不对特区银行业的资产质量表现出更大的担忧。一是从趋势来看，不良贷款规模和不良贷款比率呈现双升的趋势似乎已经形成。例如，2013 年特区内 4 家上市银行的不良贷款规模和比率不仅较 2012 年出现了明显上升，而且较 2011 年上升幅度更大，其中，不良贷款总规模较 2011 年净增加 318.2 亿元，不良贷款比率净升 0.28 个百分点。二是即使不良贷款比率离全国 1% 的平均水平尚有一定差距，但由于特区银行业贷款增速相对较快，因此，不良贷款的增量则不可小觑。三是不良贷款率有掺假的嫌疑。因为有许多隐性风险隐藏在关注类贷款和逾期贷款中，如 2013 年，浦发银行、交通银行关注类贷款分别为 28.297 亿元和

745.99亿元，分别同比增长29.65%和26.34%，远高于贷款增幅；平安银行关注类贷款余额更是高达180亿元，接近同期不良贷款规模的2.4倍。四是不良贷款规模和比率的暴露存在时滞。从经济下行到产能过剩行业的信贷风险暴露至少要半年以上的时滞。

3. 对因流动性风险陡增而带来的风险的担忧显著上升

2013年6月中旬以后，特区金融市场的流动性一度出现了历史罕见的持续性紧张，6月20日，上海银行间同业拆放利率隔夜品种飙升578.4个基点至13.4440，创历史新高；银行间隔夜质押式回购最高成交利率在30%，7天质押式回购利率最高成交于28%。2013年12月中下旬，钱荒问题卷土重来，12月19日，银行间市场7天回购加权平均利率上涨至7.06%；中国银行间1月期质押式回购加权平均利率又创6月钱荒以来新高。12月23日，货币市场各期限资金利率继续飙升。质押式回购市场上，7天到3个月品种加权利率均涨至9%一线的高位。

4. 对因加强影子银行监管而带来的风险的担忧显著上升

2013年，对特区影子银行问题空前关注，是因为以下几点。（1）规模难以估量。由于特区内各类影子银行体系资金往来大多缺少统一结算和监管，加之互联网金融的兴起进一步拓展了影子银行的渠道，因此，其规模究竟有多大，即使是最权威的研究机构，也难做出准确统计，即便是交易双方所获取的有关交易对手的交易信息也存在着严重的不对称性，其结果必然是风险隐患巨大。（2）具有倍数放大效应。特区政府和银行主导的影子银行凭借特区政府和银行信用，可以用少量的保证金便可撬动规模巨大的社会资金；特区企业和民间借贷主导的影子银行体系用少量的自有资金也可以将信用规模进行倍数放大。（3）风险传染性很强。特区影子银行种类繁多，既有不持有金融牌照、完全无监管的信用中介机构，包括新型网络金融公司、第三方理财机构、民间金融、地下钱庄等；也有不持有金融牌照、存在监管不足的信用中介机构，包括融资性担保公司、典当行、小额贷款公司等；还有有金融牌照但存在监管不足或规避监管的业务，包括货币市场基金、资产证券化、私募投资、对冲基金、部分理财业务等。银行系、证券系、信托系、保险系和基金系的影子银行之间互相渗透，形成风险互传染的链条，一旦有风吹草动就会产生连锁反应，甚至出现系统性风险。

5. 对因P2P行业过热而带来的风险的担忧显著上升

2013年，不仅特区的风险投资争相进入P2P网贷领域，而且特区银行、证券、保险、基金中的巨头也纷纷抢滩P2P网贷领域的布局。据不完全统计，特区共有P2P平台500多家，全年总成交量超过500亿元，较2012年100亿元左右的规模呈现爆发式增长，其中，仅在深圳一地就有超过200家P2P平台。特区P2P的野蛮生长，且缺乏严格的监管，致使跑路的平台达30多家，投资者被套牢资金已逾10亿元，坏账的平均比率达到2%以上，说明单纯依靠网络来实现信息对称和信用认定的P2P网贷模式风险较大。

（二）特区金融业内部的生存状态露出逆转的苗头

1. 银行业逐渐告别暴利时代

表11 2012~2013年特区上市银行业绩增速情况统计表

单位：亿元，%

银行名称	2013年营业收入		2012年营业收入		2013年净利润		2012年净利润	
	规模	增长率	规模	增长率	规模	增长率	规模	增长率
交通银行	1664	11.6	1473	16.1	622.9	6.7	584	15.1
浦发银行	1000	20.6	829	22.1	409.2	19.7	342	25.3
招商银行	1326	14.9	1134	17.9	517.4	14.3	452.7	25.3
平安银行	522	13.7	398	34.1	152.3	13.6	135.1	30
平均增速		15.2		22.6		13.6		23.9

资料来源：根据特区上市银行2013年年度报告的相关数据整理而成。

从表11中不难发现，2013年，特区上市银行的营业收入和净利润虽仍然保持了两位数的增长速度，平均增速分别达15.2%和13.6%，但与2011年的39.4%、44.7%和2012年的22.6%、23.9%的增速相比则有较大幅度的回落，分别比2011年下降了24.2个百分点、31.1个百分点，分别比2012年下降了7.4个百分点和10.3个百分点。其中，平安银行净利润的增幅仅为13.6%，与2012年30%的增幅相比下降了一大半。

2. 非银行类的金融机构生存状态明显改观

（1）证券业的整体经营状态出现明显改观。

表12 2012~2013年特区证券公司整体业绩变动情况统计表

单位：亿元，%

特区名称	营业收入				净利润			
	2012年	增长	2013年	增长	2012年	增长	2013年	增长
深　　圳	293.2	-25.4	334.7	14.2	87.8	-38.3	95.1	8.3
上海浦东	254.4	-5.6	296.2	16.4	80.3	-20.2	91.9	14.4
天津滨海	9.1	30	11.5	26.4	1.9	630.8	3	57.9
海　　南	0.5	-23.3	0.8	60	-0.2	-100	0	—
厦　　门	1.1	-21.4	1.5	36.4	-0.4	-2000	-0.1	—
合　　计	558.3	-16.9	644.7	15.5	169.4	-30.3	189.9	12.1

资料来源：根据中国证券业协会官网公布的《2011~2013年度证券公司会员经营业绩排名情况》的统计资料整理而成。珠海和汕头因没有本土法人证券公司，故没有相关统计数据。

从表12的统计资料来看，2013年，特区证券公司不仅整体告别了上一年度的营业收入和净利润的负增长，实现了正增长，而且增长的幅度双双超过了两位数，分别由2012年的-16.9%和-30.3%变为15.5%和12.1%，是特区证券业自2009年之后首次重新出现业绩正增长的年份，显示特区证券公司走出了低谷。其成效主要得益于融资融券业务爆发式增长而带来的利息收入增加，2013年，特区证券业融资融券业务的利息收入比2012年增长了2.5倍之多。特区上市证券公司的业绩虽然不及特区整体证券公司，但止跌的迹象也十分明显。

表13 2012~2013年特区上市证券公司业绩变动情况统计表

单位：亿元，%

券商名称	营业收入				净利润			
	2012年	增长	2013年	增长	2012年	增长	2013年	增长
中信证券	116.9	-53.3	161.1	37.8	42.4	-66.3	52.4	23.8
海通证券	91.4	-1.6	104.5	14.4	30.2	-2.7	40.3	32.8
招商证券	46.7	-10.7	60.9	30.5	16.4	-18.0	22.2	35.5
光大证券	36.5	-18.8	40.2	10.1	10.0	-36.1	2.1	-79
合　　计	291.5	-21.1	366.7	25.8	99	-30.8	117	18.2

资料来源：根据特区4家上市券商2012年和2013年年度报告的资料整理而成。

表13的统计资料表明，尽管IPO暂停、股市持续低迷，但由于创新转型步伐加快，2013年特区证券业仍取得了良好的业绩。4家上市证券公司的整体营业收入增长率由2012年的-21.1%扭转为2013年的25.8%，净利润增长由2012年的-30.8%扭转为2013年的18.2%，如果剔除光大证券受"乌龙指事件"减少利润19亿元这一因素的影响，4家特区上市公司的营业收入和净利润增长率均将超过30%。

2013年，特区证券业经营业绩的改善还可以用亏损家数、亏损金额和亏损面三个指标加以更深入地验证（见表14）。

表14　2011~2013年特区证券公司亏损情况统计表

	亏损家数（家）	亏损面（%）	亏损金额（亿元）
2011年	7	20.0	4.8
2012年	9	25.7	3.4
较上年增长	2	5.7	-1.4
2013年	6	17.1	1.6
较上年下降	3	8.6	1.8

资料来源：根据中国证券业协会官网公布的《证券公司会员经营业绩排名情况》（2011，2013）的统计资料整理而成。

从表14的统计结果中可以发现，2013年，特区证券业的亏损状况明显改善，不仅亏损证券公司的家数由上年的9家减少到6家，亏损面由25.7%下降到17.1%，而且亏损额由3.4亿元减少到1.6亿元。

（2）保险业的整体经营状态出现明显改观。

由表15可以看出，2013年，特区上市保险公司无论是营业收入，还是净利润都出现了较大幅度的上升。两家上市保险公司的营业收入总体增幅由2012年的14.4%，上升到2013年的18.0%，增速提升了3.6个百分点。两家上市保险公司的净利润增幅成功实现了正增长，由2012年的-10.2%提升到2013年的17.3%。尤其是中国太保，净利润增长从2012年的负增长38.9%转变为2013年的正增长80.5%，二者之差达119.4%。需要指出的是，2013年特区保险业业绩大为改观并非依靠主业，众多保险公司的主营业务仍然面临着利润率下滑的窘境，而是依靠投资收益的驱动。例如，2013年中国太保和中国平安的投资收益率分别为5%和5.1%，为2010~2013年两家保险公司的最高点。

表15 2012~2013年特区上市保险公司业绩变动情况统计表

单位：亿元，%

保险公司名称	2012年营业收入		2013年营业收入		2012年净利润		2013年净利润	
	规模	增长率	规模	增长率	规模	增长率	规模	增长率
中国平安	2994	20.3	3626	21.1	267.5	18.5	281.5	5.2
中国太保	1714	8.5	1931	12.6	51.3	-38.9	92.6	80.5
合　计	4708	14.4	5557	18.0	318.8	-10.2	374.1	17.3

资料来源：根据特区上市保险公司2012年、2013年年度报告的相关数据整理而成。

(3) 信托和租赁业的整体经营状态继续保持良好。

由表16可以发现，2013年，特区上市信托公司和租赁公司的营业收入与净利润仍然在2012年的基础上保持了较高速增长，增长率分别达18.9%和70.3%，净利润增长速度是营业收入增长速度的将近4倍，表明经营成本大幅下降，经营效率大幅提升。其中，特区信托业由于连续三年的高增长，其资产规模已超越了特区证券业和保险业。

表16 2012~2013年特区上市信托和租赁公司业绩变动情况统计表

单位：亿元，%

	2012年营业收入		2013年营业收入		2012年净利润		2013年净利润	
	规模	增长率	规模	增长率	规模	增长率	规模	增长率
安信信托	5.4	10.2	8.8	63.0	1.01	-48.2	2.7	160
爱建股份	2.4	20.4	1.8	-25.5	3.2	170.4	4.7	47.0
渤海租赁	54.7	20.8	63.7	16.4	6.3	22.9	10.5	66.7
合　计	62.5	17.1	74.3	18.9	10.51	48.4	17.9	70.3

资料来源：根据特区上市信托公司和租赁公司2012~2013年年度报告的相关数据整理而成。

(三) 特区金融业开放的步伐呈现加快的势头

1. 互联网企业对金融业渗透的步伐大大加大

2013年，特区互联网金融异军突起，从支付、信贷、证券、保险、基金、理财到虚拟信用卡，互联网企业几乎无孔不入，向特区传统金融业发起了一场号称是"颠覆"的大战。一年内特区互联网金融发展得如此之快，一是因为监管空白为其腾出了生存的空间；二是因为特区互联网用户占总人口的比例甚高，用户基数庞大；三是因为互联网技术的改进和移动终端设备的广泛使用，使互联网金融的便利性优势很容易得以体现。

2. 民营资本介入金融业的步伐大大加快

2013年，中央政府明确提出，在加强监管的前提下，允许具备条件的民间资本依法设立中小型银行等金融机构。受此政策的鼓励，特区民营资本闻风而动，以腾讯为代表的多家民营银行获得国家工商总局预核准。

3. 金融业对外资开放的步伐大大加快

2013年，以上海自由贸易区、深圳前海深港现代服务业合作区和天津滨海新区综合保税区为代表的特区金融改革进程明显加快，在人民币资本项目可兑换、存款利率市场化、人民币跨境使用等方面取得了明显进展。

4. 金融业内部混业经营的步伐大大加快

2013年，特区金融业掀起了一股追求金融全牌照的混业经营的浪潮，如交通银行子公司覆盖的非银行业金融牌照达5个，业务范围涵盖了信托、券商、金融租赁、基金管理、保险等。其起因，一是为了适应综合经营和一站式服务的需要；二是为了追求经营的协同效应；三是为了抢夺业务资源。因为有牌照才能开展相应的金融业务，所以，多持有一种就意味着多一种业务资源。

（四）特区金融业创新的热潮高涨

2013年，无论是传统金融业，还是互联网产业都在特区内展开了一场创新大战。归纳起来，主要可以分为五大类。

1. 平台类创新

该类创新包括如下几项。①以P2P网贷为代表，为市场的投融资者提供了一个更加透明的贷款平台，提供了一种更为新颖的贷款服务。例如，平安集团出资打造的陆金所、招商银行推出的小企业e家等。②以供应链金融为代表，为中小企业提供公共的资源管理平台。例如，交通银行推出了"交博汇"、浦发银行推出的"微小宝"、平安银行推出的橙e网等，旨在为供应链的客户提供全面的、综合的线上金融服务,包括采购、融资、结算、理财和非金融方面的年审、年检、报关等。③以互联网金融综合理财服务平台为代表,如海通证券推出的"e海通财",旨在实现"理财、交易、融资、投资、支付"五大功能的整合。

2. 营销类创新

它以网上证券、网上保险和各种"宝宝"为代表,所带来的是一种销售渠道的创新。事实上,为应对余额宝等新生力量对活期储蓄的分流,不少银行推出的T+0类货币理财产品,也是销售渠道的创新;同时,不少银行推出的微网点、直销银行等新型渠道模式,利用微信银行和手机钱包等新模式、新手段以及与更多的线上第三方支付公司合作,以完成金融产品营销渠道多元化、立体化的创新也属于销售渠道的创新。

3. 数据类创新

无论是传统金融业,还是互联网产业都开始加大对业务类、渠道类的信息系统升级换代以及优化更新投入,并高度重视金融数据的统计、分析、整理和数据分析平台建设,形成数据集市、数据仓库、数据分析模型,让数据变得更有价值和更有指导意义。

4. 技术类创新

特区金融业加大了对原有系统的升级改造,大量采用云计算和各类移动终端,让金融业务效率大大提高,让客户体会到更多的金融服务体验。

5. 产品和服务类创新

既有银行与基金公司、保险公司合作创造新产品和新服务的横向创新,也有像平安银行那样采用独家推出的"贷贷平安"商务卡、口袋银行2.0、社区金融发展模式、票据金融等一系列创新产品与服务的纵向创新。

(五)利率市场化迎来高潮

在利率市场化进程中,存款利率市场化既是利率市场化的关键,也是利率市场化中最艰难和最慎重的,而2013年,存款利率市场化取了突破性进展。一是余额宝的出现大大加快了存款利率市场化的进程。二是央行批准推出同业存单业务,多家特区银行获得首批试点发行资格,标志着特区存款利率市场化向前推进了一大步。三是在存款利率市场化上限上浮10%的基础上，外币存款利率率先在上海浦东放开。

（六）存款分流来势凶猛

2013年，受利率市场化、金融脱媒加速、投资渠道增多，特别是互联网金融的冲击，银行业存款分流的趋势十分明显。尽管特区银行通过现有理财产品或推出"类余额宝"产品，以阻止货币市场基金对银行存款的持续分流，但仍未完全消除存款流失的现象。如2013年，4家特区上市银行人民币存款平均增速仅为13.5%，比2013年15.8%的增速降低了2.3个百分点。并且，由于货币基金与活期存款之间存在显著的替代关系，随着货币基金的不断膨胀，特区银行活期存款流失的现象更为严重，活期存款占总存款的比例有被压缩到30%以下的危险。

（七）对存款保险制度出台的呼声空前高涨

过去，由于特区银行业是国有资本独霸天下，存在大而不倒的问题，建立存款保险制度实属多此一举。但2013年，至少有三股力量让存款保险制度引人关注。一是民营金融机构，尤其是民营银行的推出，因经营不善而导致破产的现象将难避免。二是2013年7月19日，央行宣布放开贷款利率管制，这虽有助于特区银行业自主经营，但也使特区银行失去了原有固定利率的保护，将面临因定价不准而引起破产清算的风险。三是欧美金融危机充分证明，系统重要性金融机构的稳定对金融业的影响不可低估，为保证金融体系的稳定，系统重要性金融机构需要有额外的资本要求和编制危机处理计划。鉴于银行业的地位在特区金融业中举足轻重，特区银行业稳则特区金融业稳，因此，像全球110多个国家那样，建立与利率市场化相配套的金融保障机制，即存款保险制度，就成为大家的共识。

（八）加强资本管理提高到重要的日程

一方面，2013年开始特区银行业按照《商业银行资本管理办法（试行）》，对资本充足率提出了更高的监管要求；另一方面，随着特区银行资产规模的扩张,对资本的消耗会大大增加。而且,特区银行资本金补充渠道有限,使特区银行业资本充足率偏低的问题更加凸显。如2013年,交通银行、招商银行、浦发银行、平安银行的资本充足率分别仅为12.08%、11.14%、10.97%和9.9%。其中,平安银行的资本充足率低于10.5%的目标监管标准。因此,在资本刚性约束力度加大的背景下,特区银行要想保持原有的业务扩张与战略布局的速度,就必须进行资本金的开源和节流战略研究。

三 2014年中国经济特区面临的新机遇

(一)转型动力加大释放的机遇

2013年之前,特区银行业凭借其高利润、高增速和高息差的"三高"行业发展背景而养尊处优,鲜有转型的压力和动力,而2014年,至少有三股力量让特区金融业,尤其是银行业告别暴利的历史,从而加大转型的压力。

1. 利率市场化进一步推进

(1)利率市场化导致息差收窄的结果,会迫使特区银行业从过去对息差收入的依赖,转向对非息差收入的依赖,会大力拓展财富管理、投行和托管等中间业务,提升佣金和费用收入的比重。

(2)利率市场化导致特区银行业定价及风险管理能力面临考验的结果,会迫使特区银行业改掉长期以来形成的官僚化垄断思维,真真切切地敬畏市场,加强定价风险计量与管理,并根据每个阶段监管政策的变动对定价风险的计量与管理方法做相应的调整。

2. 民营银行获准设立

民营银行的诞生将逐步打破传统银行业长期形成的垄断格局,这既有助于特区金融机构走向多元化,也有助于推动特区银行业走向良性竞争和缓解中小企业融资难的问题。

3. 互联网金融迅速壮大

互联网金融的迅速崛起,让特区传统金融机构骤生压力,迫使其在与互联网金融竞争中，一是要改善小微企业融资环境，提高金融体系的包容性，让特区金融服务更具有普惠的性质；二是要大力拓展被其长期忽略的"长尾市场"，提高金融服务的延伸性；三是要抢滩移动支付领域的金融服务市场，借力平台优势发展线上业务，并利用数据优势完善征信体系。

从上述三股力量引发的机遇中可以看出，未来特区金融业面临的发展机遇，将不再是顺应金融业发展高速度和高垄断而产生的机遇，而是在面对经济结构调整过程中，自我加快转型升级，不断改革创新和不断提高竞争力而产生的新机遇。

（二）金融改革释放的机遇

十八届三中全会对特区金融业吹响的最大改革号角就是要让市场在特区金融资源配置中起决定性的作用，其给未来特区金融业带来的变化主要体现在：第一，进入金融业将更自由；第二，竞争在金融资源配置中将发挥更大的作用；第三，金融市场价格的决定权将尽可能交还给市场；第四，优胜劣汰是金融业竞争的结果。但具体到每个子行业，改革的红利并非完全一致。

1. 信贷市场改革释放的机遇

（1）利率市场化改革释放的机遇。根据美、日等发达国家的经验，随着利率管制的放开，特区银行业经营自主性会不断提升，可以为客户提供更丰富的产品和服务，使银行业的增加值占GDP的比重呈现稳中有升的态势，行业的重要性进一步提升，从而获得更大的发展空间。

（2）鼓励发展小微金融政策释放的机遇。随着新三十六条、小微企业发展二十九条、银十条、国九条，以及财税改革、简化行政审批流程等各项具体政策的落地，加之新型城镇化推进、新兴产业崛起、居民收入提升等利好因素的发酵，小微企业以及与之相关的小微金融都处于大发展的黄金机遇时期，特区银行很容易从中找到新的业务和利润增长点。

（3）鼓励普惠式金融政策释放的机遇。在特区传统金融服务体系中，诸如小型金融机构、民营金融机构、民间金融等从未获得过平等发展的待遇，而随着普惠式金融政策的落实，一些被特区传统金融体系所忽视或者压抑的金融机构将会破茧而出或蓬勃发展。

（4）金融管制放松释放的机遇。首先，取消贷款额度管理释放的机遇。随着贷款利率管制的取消和存款保险制度的出台，贷款额度管理终将退出历史舞台，使特区银行的贷款规模和投向具有更大的伸缩性和灵活性。其次，监管手段由堵变疏释放的机遇。在由堵变疏监管理念下，更多金融工具的推出将推动银行表外业务多元化发展，不但有助于特区银行的角色从融资中介向交易中介转变，而且有助于特区银行的经营结构从以信贷资产、利息收入为主向多元化资产、利息收入和中间业务收入并重转变。

（5）地方政府财务约束和透明度提升的机遇。虽然目前地方政府债务的规模仍然较为庞大，但国家审计署审计的结果表明，地方政府债务的规模可控、透明度不断提升，出现违约的概率较小，这意味着特区银行投向地方政府融资平台的资金风险是可控的。

2. 证券市场改革释放的机遇

（1）市场利率下行释放的机遇。根据利率市场化国家的经验，利率市场化初期，市场利率呈现上升趋势；利率市场化中期，利率居高不下；利率市场化中后期，利率呈下行趋势。从特区利率市场化的现实进程分析，特区利率市场化已步入中后期，市场利率存在下行的契机，从而有利于股市向好。同时，市场利率下行，将会相对增加企业利润，有利于改善上市公司的业绩。由于房地产、地方融资平台和产能过剩行业吸纳社会资本的能力下降，市场存量和增量资金会更多地投向股市，使股票市场重新受到投资者的追捧，不仅给券商的经纪、自营和投行业务带来全面大发展的机遇，而且也给银行业、保险业和基金业带来了新的发展机遇。

（2）并购重组释放的机遇。一是在国企改革转型的大趋势下，国家鼓励资本通过并购重组向重点行业和优势企业集中。二是随着新三板挂牌企业数量的增加，来自新三板的并购会迅速增加。三是随着沪港通的推出，将会带来新的跨境并购机遇，从而从多方面为券商的投行业务收入增加创造机会。

（3）多层次资本市场建设释放的机遇。一是管理层为把A股市场建设成为我国资本市场体系中最重要的权益市场，出台了新闻发布会的四文件、加强中小投资者权益保护的"新国九条"、持续扩围QFII和RQFII、强化现金分红、严格借壳上市标准、降低证券交易税费等一系列改革举措,使特区证券业的经营环境大为改善。二是加快证券交易场外市场建设,管理层推出了新三板市场,并在新三板中引入做市商制度,使特区券商可以在新三板中找到经纪业务、自营业务和投行业务的新增长点。

(4) 开放创新释放的机遇。一是沪港通释放的机遇。沪港通不仅是特区资本市场国际化的重要步骤,而且可以让特区内从事证券自营业务的券商、保险公司和基金公司的投资标的增多,组合更容易,更能够分散投资风险,拓展更多的收入来源渠道。二是融资融券标的扩容释放的机遇。随着融资融券标的股的增加,特区券商融资融券业务以及与之相关的利息收入将保持较高的增长速度。三是优先股政策落地释放的机遇。优先股政策的落实,不仅会吸引更多的长期资金进入股票市场,而且有助于扩大特区金融业一级资本来源,为券商带来承销收入。四是业务牌照释放的机遇。证监会明确表示,将会向社会开放一批单项、专业证券公司业务牌照,这将会给券商并购财务顾问、资产管理、自营和投资顾问等带来新的机会。

3. 保险市场改革释放的机遇

(1) 资金运用改革释放的机遇。一是提高保险资金投资权益市场比例释放的机遇。2013 年,特区保险业投资股权额占资金运用余额的比例不到 5%,而随着放开保险资金投资创业板限制、老保单无上限可投资蓝筹股、提高保险资金投资权益市场的比例等改革举措的落实,保险资金投资权益市场的空间被打开。二是增加保险资金投资标的释放的机遇。2013 年,由于保险资金投资标的太少,特区保险业的投资收益率偏低,只有 5% 左右,而随着保险资金投资范围的扩大,保险资金可利用债权投资计划、股权投资计划等方式,投资重大基础设施、棚户区改造、城镇化建设等民生工程和国家重大工程,可通过投资企业股权、债权、基金、资产支持计划等多种形式,投资科技型企业、小微企业和战略性新兴产业,这不仅会优化特区保险资金的投资结构,而且会进一步提高特区保险资金的收益率。

(2) 放松管制释放的机遇。一是放松传统保险市场管制释放的机遇。例如,放开传统险预定利率上限,实行银保销售行为的新规,实施企业年金递延税政策等改革举措都将改善特区寿险行业的增长前景。二是放松互联网保险释放的机遇。目前特区运用网络、云计算、大数据、移动互联网等新技术进军互联网保险领域的保险公司有30多家,其中寿险公司约20家,客户通过众安保险等互联网平台,不仅可以购买众乐宝等保险产品,而且可以进行咨询、投保,甚至理赔等业务。

(三)国际化提速释放的机遇

1. 自贸区建立带来的机遇

上海自贸区建立之前,特区乃至中国也只有交通银行、招商银行、浦发银行和平安银行有离岸金融牌照,而上海自贸区的建立之后,被4家银行独享的离岸金融牌照时代将宣告结束。因为上海自贸区不仅允许外资设立中外合资金融机构,而且允许中资金融机构在自贸区开展离岸金融业务,包括从事离岸人民币的存款、兑换、发债、投资、清算、资金、保险等各项业务机会。同时,可以促进金融服务升级。如上海自贸区建立之后,将会带来拓展高端航运保险业务的机会和拓展知识产权保险、文化产业保险、演艺保险和会展保险等险种的机会。

2. 人民币国际化带来的机遇

(1)壮大资产和负债规模的机遇。随着人民币作为投资和计价货币的作用越来越大,国际上对人民币的需求会不断提高,而且还会使境外人民币沉淀的数量不断增加。

(2)增加中间业务收入的机遇。人民币国际化,不仅会形成巨大的跨境和海外人民币结算需求,而且也会形成巨大的证券、保险、信托、租赁和基金等业务需求,从而为特区金融机构的中间收入增加提供了机会。

(3)增加投资收入的机遇。随着人民币国际化程度的不断提升,以人民币计价交易的金融产品会越来越多,这不仅有助于特区金融机构进行投资组合和分散投资风险,而且也为其增加投资收益开辟了新的渠道。

(4)增加产品创新的机遇。随着人民币国际化程度的不断提升,境外非本国居民会对人民币计价产品增加新的需求,使特区金融机构进行产品创新的空间越来越大。

3. 跨国经营带来的机遇

管理层已明确指出,在商业可持续、风险可控的前提下,支持符合条件的特区金融机构通过设立境外分支机构、并购等多种渠道,到境外开展业务,为特区企业国际化经营提供金融服务支撑。在此背景下,将会有越来越多的特区金融机构,尤其是特区银行积极通过跨国并购,拓展东南亚、南非以及南美洲等市场,找到新的业务渠道与增长点。

四 2014年中国经济特区金融发展面临的新挑战

(一)经济下行的挑战

1. 国际经济下行的挑战

虽然美国经济复苏已露出乐观的苗头,但欧洲、新兴经济体的复苏则难言乐观,同时,美国量化宽松政策退出对全球经济会产生怎样的影响也存在不确定性,特区出口难以明显改善。国际经济形势的不确定性,无论是对特区金融业跨境融资,还是定价都带来了难度。

2. 国内经济下行的挑战

由于2008年四万亿元救市带来了经济结构畸形发展的后遗症,国家不得不忍痛进行结构调整。2014年,特区银行将面临两难的选择:如果对房地产、地方融资平台和产能过剩行业追加资金,就会新增更大规模的不良资产;如果不对它们追加投资,就可能形成上述领域资金链断裂,让过去隐形的坏账更多地暴露。

3. 特区经济下行的挑战

中国经济特区过去30年经济和金融业高速增长的重要原因之一是廉价劳动力转移与资本高投入相结合,获得了人口红利。但随着经济的不断下行和廉价劳动力转移因素的消失,资本回报率也将呈现不断下降的趋势。在此背景下,特区经济如果继续依赖高投资、高杠杆推动增长,就会出现借贷利率与资本回报率倒挂的现象。

（二）特区之间金融业发展水平差距越来越大的挑战

1. 各特区之间金融业发展极不平衡

表17 2013年特区进入中国金融业100强的金融企业

单位：亿元

全国名次	特区名次	金融企业名称	金融企业类型	资产规模	注册地
6	1	交通银行	银行	59609.37	上海浦东
8	2	招商银行	银行	40163.99	深圳
9	3	浦发银行	银行	36801	上海浦东
12	4	中国平安	保险公司	33603	深圳
21	5	上海银行	银行	9777.22	上海浦东
25	6	中国太保	保险公司	7235.33	上海浦东
27	7	渤海银行	银行	5682.11	天津滨海
36	8	上海银行	银行	4208.92	上海浦东
38	9	天津银行	银行	4056.87	天津滨海
42	10	汇丰中国	银行	3658.2	上海浦东
46	11	中国太平	保险公司	3150.16	上海浦东
49	12	中信证券	证券公司	2713.54	深圳
50	13	厦门国际银行	合资银行	2608.38	厦门
56	14	东亚银行（中国）	银行	2107.98	上海浦东
57	15	天津农商银行	银行	2091.84	天津滨海
60	16	渣打银行（中国）	银行	1984	上海浦东
61	17	生命人寿	保险公司	1958.69	深圳
67	18	海通证券	证券公司	1691.24	上海浦东
73	19	国泰君安	证券公司	1531.65	上海浦东
76	20	深圳银行	银行	1399.31	深圳
94	21	厦门银行	银行	1057.56	厦门

资料来源：根据《财富》杂志2013年中国金融500强的名单整理而成。

从表17中可以发现，2013年，特区能够进入中国金融业100强的金融企业共有21家，其注册地主要集中在深圳、厦门、上海浦东和天津滨海4个特区，而珠海、汕头和海南则无一家金融企业入围。其实，特区金融业的发展不平衡不仅反映在整体上，而且也体现在结构上。以证券业为例，目前特区共有35家券商，其中，有17家券商分布在深圳，占比高达48.6%；有15家分布在上海浦东，占比高达42.9%；而分布在其他特区的券商只有3家，占比不足10%，特别是珠海和汕头，迄今尚未实现本地法人证券公司零的突破。再以保险公司为例，2013年，能够进入中国金融业100强的特区保险企业共有4家，它们全部集中在深圳和上海浦东，其他5个特区均无一家入选。

2. 金融业发展水平差距的鸿沟并没有填平

从表18的统计资料可以看出，2013年，特区金融业虽整体发展势头良好，但发展的速度相差甚大。深圳金融业增加值是汕头的62.2倍；天津滨海金融业增加值较上年增长率是汕头的2.3倍；上海浦东金融业增加值占GDP的比重是汕头的9.2倍。这说明2013年特区之间金融业发展仍然呈现出不平衡性。

表18　2012年特区金融业发展水平差异情况

统计指标	最高	最低	差距
金融业增加值(亿元)	2008.2(深圳)	32.3(汕头)	62.2倍
金融业增加值较上年增长率(%)	24.4(滨海)	10.4(汕头)	2.3倍
金融业增加值占GDP比重(%)	19.4(浦东)	2.1(汕头)	9.2倍

资料来源：根据2013年各特区《国民经济和社会发展统计公报》的相关资料整理而成。

3. 银行业一业独大的现象仍然比较严重

（1）银行业的绝对统治地位丝毫没有动摇。

从表19的统计结果可以看出，2013年，进入中国金融业100强的特区金融企业中，银行业的资产占比高达77%，非银行业的资产占比约为23%。其中，保险业的资产占比仅为20.2%，证券业的资产占比仅为2.6%，其他类型的金融业因没有一家入围100强，几乎可以忽略不计。

表19　2013年特区进入中国金融业100强的金融企业资产统计表

单位：亿元，%

	金融业	银行业	证券业	保险业
资产规模	227081	175200	5935	45946
所占比例	100	77	2.6	20.2

资料来源：根据《财富》2013年中国金融500强的名单整理而成。

(2) 银行业是金融业创利的绝对大户。

即使是在非银行业十分发达的深圳，银行业作为金融业创利主力军的地位也难以动摇。2013年，金融业实现税前利润888.5亿元，其中，银行业实现税前利润797.5亿元，占比高达89.8%，而证券、保险等非银行的金融业实现的税前利润仅为91亿元，占比仅为10.2%。

（三）信贷资产质量下降的挑战

国内和国际经济下行将会使特区银行不良贷款和不良贷款率出现"双升"现象，从而促使信贷资产减值和贷款拨备大增，甚至让信贷资产质量出现全面恶化。第一，经济下行会让特区内因高污染、高能耗而遭到淘汰的低端制造业、炼铁炼钢企业、煤炭企业、批发零售企业、水产贸易企业、钢铁贸易企业、有色金属企业、光伏企业、航运企业，以及严重依赖出口的出口加工型企业倍受冲击，信贷风险大增。第二，经济下行会让出口加工型企业和中小微企业集中的长三角地区、珠三角地区和环渤海地区的特区信贷风险大增。第三，经济下行将会让风控能力较弱和规模较小的特区银行的信贷风险大增。第四，经济下行将会让向地方政府融资平台融资过多的特区银行的信贷风险大增。第五，经济下行会让信托产品频频出现兑付危机。

（四）银行业利润增速整体下滑的挑战

至少有四个因素会引致特区银行业利润增速出现整体性下滑。

1. 经济增长方式改变

2013年之前的几年，特区银行业之所以能够获得超高的利润增速，是基于政府主导的大投资、央行主导的货币信贷大投放，但随着经济增长方式的改变，未来政府主导的大投资和央行主导的货币信贷大投放增长模式将不复存在。

2. 经营成本大幅上升

（1）吸收存款成本大幅上升。过去居民闲置资金的投向十分单一，主要是银行存款，使银行可以以较低的利率吸收较多的存款，而未来，社会融资异军突起、增长迅速，迫使银行不得不提高存款利率或推出各类高收益理财产品以应对。

（2）开拓各种非存款业务的成本大幅上升。面对来自特区内外和金融业内外的各种残酷竞争，特区银行业不得不在技术、人才和产品等方面加大投入，从而大幅度提高经营成本。

3. 各种收费受限

2013年之前，特区银行业的收费不仅名目繁多，而且透明度很低，存在严重的乱收费问题，而从2014年开始，特区银行业收费不仅名目大大减少，收费标准普遍降低，而且收费十分透明，特区银行业收费收入高增长态势难以再现。

4. 核销和拨备增加

由于不良贷款规模和不良贷款比率逐季双升，特区银行业不得不加大不良贷款核销的力度和不断提高拨备覆盖率，这虽然可在一定程度上缓解资产质量下滑的压力，但同时也会使特区银行业利润增速整体放缓。

（五）经营环境改变的挑战

1. 竞争更趋惨烈

未来特区金融业的竞争之所以会更趋激烈，一方面，市场是特区金融资源配置的基础性工具，信贷、证券、保险、客户等金融资源的配置主要会通过价格、服务、品牌等竞争手段实现。另一方面，特区金融业服务对象拥有更多、更灵活、更自由的选择权利。

（1）利率市场化使信贷市场的竞争更趋激烈。根据国际经验，利率市场化给特区银行业带来的最直接的挑战就是利差减少。2013年，在利率市场化的冲击下，特区内4家上市银行的息差已从2012年的2.68%下降到2.50%。需要指出的是，利率市场化对特区银行业所带来的冲击，可能会因银行规模的差异而有所不同，一般而言，小银行受到的冲击可能更大。

（2）证券交易佣金市场化使证券市场的竞争更趋激烈。一方面，网上证券的兴起，使万分之三的交易佣金保本底线屡屡被突破；另一方面，受"一人多户"新政的影响，投资者可以在不同券商间迁徙，使券商不得不在交易佣金上大打价格战，或增加客户体验、渠道服务等，以争抢或留住客户。

（3）保险费率市场化使保险市场的竞争更趋激烈。2013年8月，保监会放开了人身险预定利率，将定价权交给保险公司，终结了持续14年之久的2.5%的预定利率上限的限制。在既要面对资产负债期限错配、资产负债利率倒挂等老问题，又要面临保费增速下滑、退保率上升的情况下，保险费率市场化可能会让特区保险业的经营雪上加霜，一方面会让特区保险业的成本高企，据统计，现在特区寿险行业的新单承保成本基本在6%以上；另一方面，会对保险公司的资产管理和投资收益能力提出挑战，如特区保险公司的投资收益仅为5%左右，既低于5年期定存利率，又难以覆盖新单承保成本。

面对激烈的市场价格大战，只有那些在金融服务价格上具有优势的特区金融企业才能阻止客户的流失，但价格战的结果可能会让参与价格战的金融机构承担更大的市场风险、信用风险及经营风险。

2. 金融脱媒日趋明显

（1）在管理层倡导提高直接融资比重的改革思路下，股票市场、债券市场将会被提高到优先发展的地位，社会直接融资比例逐步提高，以商业银行为代表的间接融资在金融体系中的重要性将大大下降。

（2）互联网金融凭借其大数据、大网络的优势，已在第三方支付、网络信贷、网络理财三个领域抢占传统银行的核心业务，通过支付、贷款、理财、资产管理、余额宝、理财通、百发百赚等众多工具抢占原有的金融市场，使相当部分的资金运作游离于银行体系以外。

（3）随着投资理财意识的不断增强，直接投资、直接融资等直接融资形式以及理财产品、股票、债券、信托、基金等直接融资手段，不断取代居民储蓄的作用，对传统银行信贷这种间接融资方式和工具发挥巨大的分流作用。

（4）受程序繁杂、条件苛刻的局限，传统的银行信贷配置效率低下，让本属间接融资的领地被不断压缩，越来越多的资金脱离银行体系。

3. 融资贵的问题格外突出

2013年末，非金融企业及其他部门贷款加权平均利率达到7.20%，比2012年底上升了0.42个百分点。企业融资难、融资贵的问题之所以日趋突出，原因主要有如下几点。

（1）银行负债成本趋高。受利率市场化、互联网金融的冲击和银行业改革转型、人才储备、信息系统建设等诸多因素的影响，特区银行业的成本投入大大增加。

（2）贷款环境谨慎。受国内、国际经济前景不确定性的影响，银行信贷供应谨慎，资金供应不济，从而相对抬高了市场利率。

（3）贷款规模受限。受存贷比和资本金约束的控制，信贷规模的增长受限，进而拉升了借贷利率。

（4）资金错配。信贷资金在行业和期限之间错配问题比较严重，加剧了流动性紧张问题，而且有较多的社会资金乐此不疲地在拆借市场上封闭式循环，既引起实体经济资金紧张，也导致资金成本居高不下。

4. 客户行为更趋挑剔

（1）客户要求提供更多的金融消费选择。如要求金融机构提供更便捷、更实用的金融服务，要求提供更敏感的服务体验。

（2）客户要求提供更丰富的金融服务方式。如要求金融机构提供与移动通信技术应用更新相适应的先进服务工具，随时随地享受金融服务。

（3）客户要求提供更信赖的金融服务。如对金融品牌更关注、对金融安全更关注、对金融服务体验更偏好。

（六）如何处置不良资产的挑战

随着特区金融机构，尤其是特区银行、信托公司、小额贷款公司、P2P融资平台不良资产的不断暴露，如何处置不良资产成为每一家出险金融机构亟待解决的问题，但与此需求形成鲜明对照的是，不良资产处置市场尚未有序建立，使得处置不良资产的需求难以得到完全满足。当前存在的主要问题如下。第一，可开展金融不良资产批量收购业务的特区资产管理公司尚未成立。因特区政府的财政实力和金融资源较为有限，且负债水平偏高，无力筹建由特区政府注资的资产管理公司。第二，银行释放不良资产包依然不多。银行转让不良资产审批程序烦琐，银行必须就不良资产形成的原因、责任的认定等情况报批，银行不良资产包释放量有限。第三，资产管理公司收购价格偏高。2013年，深圳地区的普遍价格为资产价值的50%以上，高的甚至可以达到75%。

（七）民营银行稳步前行的挑战

民营银行虽有助于缓解中小微型企业融资和打破传统银行业的垄断问题，但民营银行能否稳健前行，将会面临诸多考验。第一，民营银行注册资本有限，信用度和抗风险能力相对较差。第二，国家考虑到民营银行发展前景的不确定性，在民营银行成立之初，只会给其发放有限牌照，且对其经营的区域进行限制，使其竞争力大大削弱。第三，民营银行从一出生就处在严酷的特区金融竞争环境中，在恶性竞争和存在道德风险的情形下，其胜负如何难以预料。

（八）有效监管面临的挑战

1. 监管者面临的挑战

（1）监管体系面临着挑战。目前，特区金融业走集团化发展之路，追求全牌照经营成为一种时尚，使金融控股集团下不同牌照公司之间的业务结构和业务往来越来越复杂，从而对原有的分业监管体系提出了挑战。

（2）监管方法面临着挑战。第一，75%的存贷比红线去留面临着挑战。传统上，监管者对特区银行采用的监管方法是严格控制75%的存贷比红线。这种监管方法至少有两大弊端。一是忽视了大型银行存款相对稳定，而小银行存款波动较大这一特性，一刀切地实行75%的存贷比红线监管对小银行来说有失公允。二是忽视了特区银行经营模式改革和创新这一现实。在特区银行负债来源呈现多样化的背景下，只要资金稳定、期限配置合理，理论上都可以作为流动性看待，如果一味地死守75%的存贷比红线，会在一定程度上压制特区银行经营模式的改革和创新。第二，高存款准备率手段的有效性面临着挑战。目前特区银行业的信贷扩张受到高达20%存款准备金率的约束，随之而来的问题，一是特区银行承担着较大规模的利差损。因为特区银行组织存款的平均成本超过了3.5%，而央行对特区商业银行准备金付出的利率只有1.62%，超额存款准备金只有0.72%，利差损接近2%。二是限制了特区银行可贷资金量，从而制约特区银行支持实体经济的能力。

（3）监管针对性面临着挑战。尽管十八届三中全会以来，管理层一直在强调金融要服务于实体经济，但实际上特区资金的流动还是以趋利为动力，有较多的资金在金融体系内空转。如何通过有针对性的监管手段将有限的信贷资金从在特区金融体系内部循环引向实体经济是监管层亟待解决的问题。

2. 被监管者面临的挑战

（1）内部风险把控面临着挑战。现阶段银行跨业经营和产品创新越来越多，监管也需要从整体出发，针对一家金融机构系统性地对风险进行把控。同时，按照监管的合理分类，把相同或类似业务纳入同一口径下，也能将各家银行间状况以及各个不同种类业务风险的程度掌握得更清晰。

（2）适应监管变革面临着挑战。随着金融市场创新的快速发展，新的金融监管措施出台的频率也在不断提高，如提出更高的资本要求，进行银行业压力测试，提出更高的流动性要求，实施存款保险制度等，对于特区银行的流动性管理和自主定价能力都提出了新的要求。

（3）非标监管趋严面临着挑战。为加强对影子银行的监管，监管层在资本和拨备要求上对非标从严监管，一些打擦边球的非标业务被迫中止，从而出现负债表外化与资产表内化的趋势。

五 2014年特区金融业发展的新举措

基于市场是特区金融资源配置的决定性手段这一宏观环境的重大转变，转型将是2014年特区金融业发展的主旋律。

（一）行业监管者转型的新举措

1. 从信用软约束向信用硬约束转变

在市场配置资源的时代，由于信用风险、利率风险、流动性风险等多种风险相互交织，特区金融业已不再是一个低风险或无风险的行业，而是一个高风险的行业。如果信用约束软化，就会助长特区金融业激进扩张，对市场失去必要的敬畏之心，一旦出现风险，最终不得不由政府兜底。反之，如果信用约束硬化，允许问题严重的金融机构破产，打破金融产品刚性兑付，则意味着政府不再对特区金融业和金融产品的隐性担保，这将有助于增强特区金融业的风险意识，尽可能纠正其盲目扩张行为，让金融市场的市场定价回归理性，避免政

府用纳税人的钱为金融业经营失误而埋单。

2. 从事前监管向事后监管转变

在市场成为特区金融资源配置的决定性手段之后，监管者的角色和职责也将随之发生改变。

（1）监管者在特区金融业发展中应该是裁判员而不是运动员。作为裁判员，其角色应该是制定相应的金融产业发展规划、监管标准、产业发展政策和制度，并督促各市场主体按既定的规划、标准、政策和制度运作，而不是像运动员一样参与金融业发展的具体游戏。

（2）监管者在特区金融业发展中应该是服务员，而不是司令员。作为服务员，其角色应该是为各类金融业发展主体营造公平竞争的环境，提供公平的信息平台，而不像司令员一样对各个金融业主体发布各种具体命令。在实现这一角色转换的过程中，监管者当务之急，是要致力于建立特区金融业发展稳定机制，尤其是要建立特区银行业稳定机制，尽快推出存款保险制度和市场退出机制，以维护特区银行业的稳定，并真正实现优胜劣汰。

（3）监管者在特区金融业发展中应该实施制裁，而不是限制。监管者应从事前监管向事后监管转变，从根据动机推断监督向根据事实判断监督转变；应该充当金融产业发展中的合同纠纷的仲裁者、处理者和执行者，而不是去制定、干预具体的合同内容。

3. 从故步自封向与时俱进转变

与行政管制和封闭运行时代所不同的是，在加速改革和开放的时代，特区金融业的发展日新月异，会不时涌现出许多新机构、新模式、新产品和新业务，这就决定了监管者不能因循守旧，需要审时度势，根据金融业发展的客观要求，不断调整监管的思路和方法，在产品监管、机构监管和人员监管等方面进行简政放权。例如，对待互联网金融，监管者既不能简单套用针对传统金融业的监管方法，如提前支取实行利率处罚，吸收存款必须缴纳法定存款准备金，开展金融业务实行严格的资本金约束等；也不能放任自流，需要在深刻理解互联网金融的特点和发展规律的基础上，构建适合互联网金融的监管体系，出台发展互联网金融的相关指导意见和配套管理办法，明确其监管主体、监管方式和监管措施，并在注册登记、进入门槛、资本规模、信用体系、行业自律等方面制定监管的标准,让其在经营底线之上和监管红线之内运行。再如,对存贷比的监管办法既要看到其过去在控制银行信贷规模和货币供应上的积极作用,但也要看到,随着互联网金融的快速发展和金融脱媒大势的形成,特区银行业吸收存款的传统渠道将越来越窄,尤其那些存款增长潜力有限的中小银行,为了达到贷款限额和存贷比的双重监管标准,不得不以较高的成本去增加协议存款、理财存款。为解决这一难题,监管者可考虑调整存贷比计算口径,如可将存量金融债券和次级债券、企业和个人的大额存单纳入存款的计算范围,以缓解商业银行存贷比考核的压力。除此之外,应根据混合所有制金融企业改革的需要,探索建立能够满足混合所有制金融企业监管要求的监管体系;应根据市场化改革的要求,让监管去行政化,更多地采用市场化监管;应根据国际化的要求,加快探索和采用负面清单管理的监管方法。

4. 从单打独斗向诸家联手转变

根据现时情况,至少有两个原因使联席监管的重要性变得十分突出。一是特区金融业发展呈现综合化的趋势。在分业经营的时代,实行分业监管无可厚非,但在混业经营的时代,未来特区银行业、证券业、保险业、信托业和基金业不仅交叉持股越来越普遍,而且业务合作也会越来越多,它们除了可以提供母公司的金融业务以外,还能通过旗下其他牌照子公司提供母公司以外的金融业务,这就需要银行、证券、保险、信托和基金监管机构联手。一方面,要尽快界定关联交易和内幕交易的界限、种类和打击办法。另一方面,要尽快界定跨业通道业务的合规与违规的界限以及违规处理办法,并且要将母公司与子公司或关联公司之间借助通道业务进行的融资活动所引起的各种风险以及产生的监管套利、风险隐匿和风险转移等行为作为监管的重点。二是互联网金融在特区快速成长。对互联网金融的监管,除了需要原有的央行、银监会、证监会及保监会等传统的监管机构介入以外,还需要工商、消协等机构的参与,传统监管机构只有与工商、消协联手,才能制定出适合互联网金融监管需要的相关监管措施,才能防止消费者信息被盗用或误用,确保互联网金融产品的风险得到充分披露。

5. 从本位出发向社会诉求转变

特区金融监管者面对的监管对象虽然是特区金融业,但不能忽视社会对特

区金融业发展的良好期许。因此,特区金融监管既要着眼于特区金融业本身,也应考虑民意。

(1)对待特区影子银行问题,既要认识到其产生是特区金融业发展和创新的必然结果,但也要看到,因其运作过程中透明度太低、监管漏洞太大,致使其积累了大量的潜在风险。因此,对待特区影子银行的监管,既不能任其盲目发展,也不能一概封杀,而是要采取疏堵结合的方针,让其步入规范发展的轨道。一是要划定影子银行合规经营的边界。如要求银行将自有资金与代客理财资金分开,不得开展理财资金池业务,不得为债券和票据担保;要求信托公司不得开展非标理财资金池业务;要求小贷公司不得吸收存款等。二是要加强并表管理。要将金融控股母公司自身开办和下属子公司开办的各类跨业通道业务纳入并表监管。三是要实行专项统计。对影子银行业务的主体、规模、风险状况等进行专门统计,尤其是要重点统计非标准化理财资金池类的影子银行业务及其存在的风险。四是明确监管者的职责。应按谁批设机构谁负责的原则,落实监管责任,该由特区政府监管的影子银行业务,应由特区政府在统一规则下负责监管,对于特区政府无能为力的跨行业、跨市场的交叉业务监管,要通过金融监管协调部际联席会议制度监管。

(2)对于融资成本不断上升的问题,既要看到这是特区金融市场化改革的必然结果,也要看到融资成本的大幅上升已让不少企业不堪重负,阻碍了特区实体经济的发展。因此,需要运用监管的力量对融资成本的不合理上升加以约束和阻止。一是要强化融资主体财务约束,降低负债率。要做到这一点,就必须大力发展股票市场,提高股权融资的比例。二是要遏制变相高息揽储等非理性竞争行为,规范存款市场的竞争秩序。三是要加强对同业业务、理财业务的管理,清理不合理的资金通道,减少过多的过桥环节,防止层层套利。四是杜绝不合理收费。规范融资过程中存款、贷款、担保、评估、登记、保险等金融服务收费行为,严禁没有实质服务内容的收费或少服务、多收费的变相多收费行为。

(3)对融资结构失调和资本形成障碍问题,既要看到以传统间接融资为主模式形成的历史原因及其现实存在的合理性,也要看到,由于直接融资能力受限,企业的负债率不断提高所带来的负面效应。并且,由于企业资本形成渠道不畅，企业间接融资中有相当部分的贷款已蜕变成了股权，银行短期资金转化为企业长期占用，加剧了特区金融业的系统性风险。因此，特区金融监管者需要制定监管措施，在引导社会资金进入资本市场的同时，要引导具有长期、稳定特点的寿险资金，从事股权投资，为企业提供长期资本，降低企业负债率。

6. 从一刀切的监管向差别化监管转变

在经济结构调整的大背景下，需要监管者在加强监管的前提下，实行差别化监管，以保证国家有保有压的经济政策的实施。

（1）要对小微企业贷款实行差别化监管。例如，对小微企业贷款的额度、存贷比、不良贷款容忍度等指标的监管可以更宽松。

（2）要对民营银行实行差别化监管。例如，要把民营银行监管的重点放在加强股东自我约束和强化对关联交易的监管上，避免民营银行蜕变成参股民营银行企业的内部融资平台，或鼓励民营银行的大股东承诺自愿放弃关联贷款；或对合规的关联交易，采取逐项事前报告制度等。

（3）要对互联网金融实行差别化监管。例如，对互联网企业进入的门槛、资本金要求、创新推广的监管可以更开明。

（4）要对有"三农"特色的中小金融机构实行差别化监管。例如，对具有"三农"特色的中小金融机构的法定存款准备率和利率上限限制的监管可以设定更大的弹性。

7. 从注重日常监管向重视趋势性监管转变

在市场成为配置金融资源的主要手段之后，加强交叉性、跨市场金融产品的风险监测和构建危机管理和风险处置框架，阻止系统性金融风险的发生就成为监管者的第一要务和底线。就目前而言，重点要监测和防范四大领域的风险及变动趋势。

（1）要加强对地方政府融资平台融资风险的监测与防范，主要是要跟踪监测地方政府性债务和偿债能力的状况和变动趋势，探索化解地方政府债务的市场化机制。

（2）要加强对产能过剩行业融资风险的监测与防范，阻止部分地区、行业、企业融资风险及非正规金融风险向特区金融体系传导。

（3）要加强房地产行业贷款信用违约风险的监测与防范。一是要加强通过理财、票据和同业业务向房地产注资的风险管理。二是要严格管控高杠杆、多头授信、涉及非法集资和民间高利贷向房地产企业融资的债务风险。三是要高度关注通过互保联保、担保圈、担保链、企业群和各类仓单向房地产企业融资的风险。

（4）要加强P2P行业信用违约风险的监测与防范。P2P行业稳健发展的关键是风险控制，而风险控制的基础则取决于征信系统的完善度。然而，目前特区P2P发展过程中存在的主要问题首先是征信资料不全。不仅与征信相关的信息数据没有实现网络化，而且信息残缺不全。其次，数据分离。例如，各地虽然都有自己的工商数据，但缺乏一个统一的工商信息网，无法进行联网查询。最后，P2P行业无法分享央行的征信数据。因此，未来监管者的重要任务之一，就是要对现有的征信的数据进行充实、整合与开放，形成征信资料覆盖全国、可供特区所有金融机构分享的征信系统。

8. 从简单的流动性监管向全面的流动监管转变

过去，特区金融业流动性管理方法比较单一，主要监管的指标是存贷比和流动性比例等指标，而未来对特区金融业的流动性监管，除要考核存贷比、流动性比例等传统指标以外，还要建立起全面的流动性监管体系。一是要考核流动性覆盖率，并力争让特区银行的流动性覆盖率在2014年底达到60%。二是要树立流动性缓冲资产的概念，建立流动性缓冲资产组合，确定缓冲资产的规模和结构，界定缓冲资产和其他证券类资产的区别，并将其作为流动性风险管理的重要手段。三是要把理财和同业业务流动性风险的识别和计量纳入流动性监管体系。

（二）经营者转型的新举措

如果说以深发展上市为标志，通过股份制改革、建设现代化金融企业经营架构，相继实现了特区金融业第一次转型的话，那么，在市场化和国际化改革的新形势下，特区金融业必须重新起航，主动进行更深层次的第二次转型。

1. 从单纯重视银行业向银行业与非银行业金融机构并重转变

毫无疑问，未来银行业仍然是特区现代金融业的重要组成部分，但在直接融资比例不断提高、资本市场配置特区金融资源的作用越来越大的趋势下，还应采取强有力的措施推动特区非银行业金融机构的发展。

（1）拓宽非银行业金融机构资本金的补充渠道。一是要鼓励非银行金融机构通过利润留存补充资本。同时，支持非银行金融机构通过发行优先股、减记债、可转债等方式壮大资本实力。二是要鼓励民间资本参股非银行金融机构，降低持股5%以上入股股东及信托公司、有限合伙企业入股券商要求，支持民间资本发起设立股权投资基金、互助合作基金、互助周转基金。三是在推动特区非银行金融机构在境内外IPO上市的问题上，要取消"较强市场竞争力"和"良好成长性"这两项额外审慎性上市标准。

（2）支持非银行金融机构做大做强。一是要支持非银行金融机构之间交叉持股。二是要支持非银行金融机构之间运用并购杠杆展开纵向和横向并购。

（3）提高非银行金融机构运作的杠杆比率。例如，2013年，特区证券业的杠杆率虽然有所上升，但仍低于3倍的杠杆率水平，与国际上的大投行相比，特区券商运作的杠杆率水平仍有较大的提升空间。

2. 从竞争同质化模式向竞争差异化模式转变

在金融管制的大背景下，特区金融业竞争模式是同质化的。但在金融业管制放松和加快推进市场化改革的背景下，特区金融业在竞争中既可以根据自身情况自行决定资金价格和收费标准，也可以自主确定竞争战略重点。这就需要特区金融机构根据各行业竞争的特点和变化趋势，结合自身资源禀赋和经营能力，确定差异化的竞争策略。

（1）根据规模大小确定差异化竞争战略。对于特区大型金融企业而言，可凭借其资本、规模和品牌上的优势，加快海内外市场和业务布局，走综合性金融集团的道路。而对于小型金融机构来说，由于受资本、规模和品牌的局限，宜采取"小、快、灵"的竞争策略，将有限的力量集中在重点区域、客户和产品上。面对汹涌而来的互联网金融浪潮，大小金融机构更应采取不同的竞争策略：大型金融机构可选择自立门户式竞争策略，在自己的官网开设互联网金融的入口；中小金融机构可选择依靠百度、阿里巴巴、腾讯或者互联网门户网站的竞争策略，与互联网企业合作开设互联网金融的入口。大小金融机构之间要做出这样不同的竞争战略选择，其根本原因在于，大型金融机构由于拥

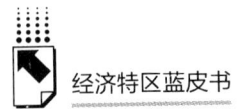

有庞大的网点，本质上并不缺乏客户资源，独立创建互联网金融入口可获得更多的收益；而中小金融机构由于网点数量有限，客户资源稀缺，需要借助百度、阿里巴巴、腾讯或者互联网门户网站的力量拓展用户资源。不过，需要指出的是，从目前的情形来看，借助互联网资源的中小券商和保险公司的业务往往能够实现快速增长，而自立门户的大型券商和保险公司则表现得相对逊色，说明中小保险公司和券商借助互联网金融的力量可能更容易实现弯道超车。

（2）根据所有制性质确定差异化竞争战略。特区民营银行因受资本金规模、牌照不全、信誉度不高等因素的限制，不宜与传统银行展开全面竞争，而应走出一条不同于传统银行的发展路径，将主要精力集中在三块业务的拓展上。一是互联网金融。民营企业，尤其是互联网的民营企业发起设立的民营银行具有一般中小银行所不具备的优势。第一，拥有庞大的小微企业客户基础。第二，拥有大数据积累和整合能力。第三，拥有更强的亲和市场的能力。如腾讯通过QQ、微信、财付通等互联网平台，早已渗透到了普通百姓的日常生活中，因此，把互联网金融作为拓展的重点，既可发挥自己的天然竞争优势，朝着符合未来无现金、无网点的纯粹的网络银行或无网点金融服务的方向迈进，又可以避免战线过宽、链条太长的问题。二是供应链金融。由于民营银行与中小企业朝夕相处，有丰富的整合上下游产业链的经验，将更容易运用产业链金融的理念把融资、结算与理财服务结合起来，把授信、贸易融资与电子化金融工具结合起来。三是小微金融。由于民营银行的大股东脱胎于中小企业，更了解中小企业的金融需求，如果把竞争的重点放在小微金融上，既能有效避免与传统国有银行的正面竞争，又能根据中小企业的金融需求，设计出有针对性的金融产品。

（3）根据具体的金融业务确定差异化竞争战略。例如，小微金融不仅市场容量巨大，而且有国家政策的扶持，是未来一段时间内特区各类银行业争相开拓的热土。但如果一哄而上，就会深陷恶性同质竞争的泥淖。因此，特区银行业应未雨绸缪，一方面要根据自身的比较优势、风险偏好、收益诉求等实际情况，选择适合自身的目标客户、展业模式；另一方面要根据不同层次、不同行业、不同类型的小微客户，实施错位发展的竞争策略，从而既让自身的竞争优势得到彰显，又让特区不同类型的小微企业都能享受到银行的金融服务，让特区金融服务真正朝着普惠的方向发展。

3. 从粗放型经营战略向集约型发展战略转变

以往，特区银行业的经营具有粗放型的特征，主要表现如下。一是把拼贷款和拉存款作为核心业务；二是把规模和利润增长的动力主要放在信贷上；三是为保持规模和利润的增长需要不断地补充资本。但在经济下行和金融脱媒的背景下，粗放型的模式将难以为继，必须走集约化发展道路。一是要改变野蛮吸收存款的方式。首先，要改革和优化内部考核机制，适当降低存贷款规模等总量指标的权重。其次，要设立月末、季末和年末存款偏离日常存款度指标，约束月末、季末和年末存款"冲时点"的行为。再次，通过集团综合金融和互联网金融转变存款吸收方式。可像中国平安一样，一方面通过集团综合金融，将平安保险投入到不少地方大项目中的资金所产生的资金流水和业务清算转变存成平安银行的存款；另一方面，平安银行又通过陆续推出的橙 e 网等多个基于大数据和互联网的平台，吸引大批量平台客户进入，将每天的交易流水沉淀为银行的存款。最后，要树立主动创造存款的理念。例如，特区银行可以与证券公司、保险公司、基金公司合作创造新产品，然后通过客户共享，帮助银行稳定客户，增加存款；再如，可以面向个人和企业发行大额存单来主动组织存款。二是要摆脱对利差的高度依赖。大型银行可在实现综合化经营的进程中，不断设计和整合出银行、信托、证券、保险等综合产品，发展零售银行，特别是信用卡、个人理财、私人银行等业务，并从中找到非利息收入的来源。中小型银行和区域性银行可在开发和组合现金管理类产品、固定收益类产品、另类投资类产品和海外投资类产品的基础上，找到代理、咨询类中间业务收入的来源。三是要摆脱高资本消耗。首先，要从重资产向轻资产转型。例如，目前交通银行的网点数量多达 2000 多家，在重视物理网点的时代，这些星罗棋布的网点也许是其与竞争对手抗衡的砝码，但随着互联网时代的到来，这些固态网点很有可能变成其转型的包袱和负资产，因为未来金融机构网点就像是一部手机，或者说，一部手机就相当于一个网点，手机银行或口袋银行是将来个人业务发展的重中之重。所以，要改变过去那种在 CBD 搞大而全，且大量消耗资本的重资本型网点布局思路，要发展小型化、智能化和综合化的网点。其次，要大力拓展不消耗资本的业务。例如，特区银行可积极介入金融租赁、汽

车金融、消费金融、保险等领域，大力拓展综合经营、财富管理和投资银行等中间业务，以节约资本消耗。

4. 从只关注拓展大业务向大小业务拓展并重转变

过去，特区金融业在风险控制方便和追求规模增长等内在动力的驱使下，习惯于把关注的目光放在批发业务、城市业务和大企业业务上，但随着国家发展战略的调整和金融改革的推进，批发业务、城市业务和大企业业务对金融业利润增长的贡献度将大大降低，而零售业务、三农业务和小企业业务需求将迅猛增长。因此，特区金融业应把发展战略调整为，批发业务与零售业务并重，城市业务与三农业务并重，大企业业务与小企业业务并重。不仅拥有大量批发业务、城市业务和大企业业务的大型银行要向批发业务、城市业务和大企业业务与零售业务、三农业务和小企业业务并重转型，而且没有批发业务、城市业务和大企业业务优势的小银行和区域性银行更应将零售业务、三农业务和小企业业务作为未来发展战略的重点，通过设立、控股或参股村镇银行或其他小型银行，将服务重点从批发业务、城市业务和大企业业务下沉到零售业务、三农业务和小企业业务，以形成后发优势。

5. 从以我为主的管理思路向以客户为主的管理思路转型

过去，特区金融市场是卖市场，即特区金融业在金融产品的供应和金融市场价格的确定上具有主动权。而未来，特区金融市场将会是买方市场，客户拥有更多的选择权，客户便成了特区金融业最重要和最宝贵的资源，特区金融业的竞争归根到底是对客户资源的竞争。随着内外部环境的深刻变化，这样的竞争将更加直接和激烈。因此，特区金融业牢固树立"以客户需求为导向"的理念，加强客户关系管理，及时捕捉客户的需求信息，提供优质、便捷、高效的专业服务。在管理思路转型中，至少要处理好三大关系。一是要兼顾大客户与小客户，特别是要研究大众客户群体的思维和习惯，推出易于为他们接受和使用的产品，将"屌丝"们从互联网金融浪潮中抢回来。二是要兼顾老客户与新客户，要通过完善网点功能和布局，建立社区支行、私人银行等新型机构，维系和吸引金字塔两头的新老客户。三是兼顾核心客户与非核心客户。结合自身优势，牢牢抓住核心客户不放固然重要，但全面深入地洞察非核心客户的各种金融服务需求，借助先进的方法和工具，培养非核心客户的忠诚度和黏性也不可轻视。

6. 从忽略系统性风险管理向注重系统性风险管理转变

在国有资本一统天下且大而不死的环境下，特区金融业不仅疏于个别风险管理，而且也疏于系统风险管理，但随着资本的多元化和经营的市场化，为争取更多的金融资源，特区金融机构将会整体性地提高风险偏好，加之特区金融业的改革创新有很多是先行先试，如果缺乏与之适应和相配套的风险管控手段及能力，或风险防范的意识不强，特区金融业出现个别风险和系统性风险的概率会大大提高。因此，如何防范风险就是未来特区金融业必须直面的课题。

（1）要加强特区金融业风险的识别与管理。无论是对负债端，还是对资产端，特区金融业对风险的计量和风险的管理都需要进行创新升级。首先，要加强利率风险的识别与管理。利率市场化，意味着存贷款利率时刻都在发生波动，金融市场的参与者每天都面临利率波动的风险，只有能够超前预判利率波动规律和变动趋势的特区金融业，才能在竞争中立于不败之地。其次，要加强流动性风险的识别与管理。2013年的钱荒问题已充分验证了不少特区金融机构头寸管理的薄弱，尤其是那些过度依赖同业批发资金，并将拆借资金当作放贷或者购买理财产品的长期资金使用的金融机构，更显示出提高头寸管理水平和头寸管理的前瞻性，纠正资金期限错配的重要性。

（2）要在金融业内部建立层层阻隔风险的防火墙。首先，在金融企业公司治理层面上，要建立覆盖全部附属机构的金融集团公司治理架构，并明确董、高、监在风险管理中的职责。其次，在金融企业经营层面上，要委派专门的风险管理者，负责整个集团内部各机构、各业务单元、各地区、各行业和各产品的风险管理。再次，在金融集团各成员相互协同层面上，要注重跨业和跨境经营风险的隔离，尤其是要划定会计、资本和风险并表的范围，采取审慎的股权、管理、业务、人员和信息等隔离措施，防止风险在金融企业集团内部跨境、跨业和跨机构传染与扩散。最后，金融企业集团内部不同子公司之间，无论是资产转让、理财产品销售，还是同业业务、服务收费和代理交易都应严格遵循公平交易的商业原则，相互授信和担保的条件不得优于外部。

7. 从单一业务结构向复合业务结构转型

过去，特区金融业业务结构十分单一。其表现如下。第一，从业务内容来看,主要集中在信贷业务、经纪业务和保费业务上;第二,从营业收入的来源来看,主要集中在利息收入、佣金收入和保费收入上。这样的业务结构在严格分业经营的情形下,也许不是什么大问题,但在金融管制放松的情况下,这种单一的业务结构则是十分脆弱的,甚至是不堪一击的。因此,为适应未来金融竞争的需要,特区金融业要下大力气加大业务结构调整力度,将单一的业务结构转变为复合型业务结构。对于银行来说,要在拓展信贷业务的同时,大力拓展财富管理、交易金融、资金同业和投资银行等非信贷业务;要在追求利差收入的同时,大幅度地提高中间业务收入的比重。对于券商来说,要在大力拓展经纪业务的同时,大力拓展资管计划、融资融券业务;要在追求佣金收入的同时,追求利息收入、投资收入和服务收费收入。对于保险公司来说,要在大力拓展保险业务的同时,大力拓展投资业务;要在追求保费收入的同时,追求投资收益。

8. 从单一经营向多元化经营转变

鉴于多元经营可以整合更多的客户和市场空间,实现一个客户、一个账户、多个产品交叉销售、一站式服务,且多元经营更有助于在互联网平台上推进全产业链的整合,因此,特区金融企业要尽可能地通过多种方式涉足银行、证券、保险、基金、期货、租赁等领域,完成多元化经营的布局。

(1)多元化经营应与综合经营结合起来。根据发达国家的经验,金融业多元化经营与综合化经营结合的最佳方式是金融控股公司。因此,特区金融业,尤其是特区大型金融业应致力于搭建金融控股平台,通过金融控股平台分别控股银行、证券、保险、基金、期货和租赁公司。

(2)多元化经营应与金融业混合所有制改革结合起来。金融控股公司的业态只是建立了多元经营的架构,要想建立起金融业发展的动力机制还必须与混合所有制改革结合起来,让各类资本取长补短、相互促进,推动其不断完善公司治理,健全现代金融企业制度。落实金融业自主经营权,让金融业真正成为经营决策和承担责任的主体。以市场为导向,以企业经济效益最大化为主要目标。同时,实施股权激励机制将在一定程度上调动管理层及精英团队提升业绩的积极性与主动性。每三年对高管团队进行一次市场化选聘。对高管团队定期"洗牌",旨在完善内部治理机制,强化风险管控与责任约束机制,激发经营活力和市场竞争力。

（3）多元化经营应与网络化经营相结合。多元化经营所搭建起的银行、证券、保险、信托、基金等各项业务平台以及与之相关的支付结算体系、财富管理体系，更多的只是增加了特区金融业经营的宽度，但要想增加特区金融业服务的深度还必须实行网络化经营。首先，运用互联网技术手段可将金融服务的触角延伸到传统金融无法触及的每一个角落。例如，传统银行业的风控手段是通过抵押担保等措施来控制贷款风险，当客户无法提供抵押或担保时，多数交易无法进行。而通过大数据、云计算等信息数据的挖掘和分析，就能够主动识别贷款风险，使贷款业务能够完成。其次，运用互联网技术可提高经营效率，因为互联网让金融业的业务流程标准化和业务处理批量化。再次，运用互联网思维，可借助于社交媒体的互动来增加用户体验，提高客户的黏性。最后，运用互联网工具还可以打破传统金融服务的时空局限性。

9. 从忽视资本市场向向资本市场靠拢转变

虽然不断提高特区直接融资比重早已成为各特区改善融资结构的目标，但由于资本市场持续低迷，降低间接融资比例成为空谈。

（1）银行业要与资本市场建立更紧密的联系。目前特区企业普遍存在资本金不足的问题，即使上市公司和国有企业的平均负债率也超过了60%，全社会融资风险高度集中于银行。缓解特区企业高负债的关键是要大力发展特区资本市场，形成企业长期资本形成的市场化的机制。在中国金融体系由间接融资为主向间接融资与直接融资并重发展的转型过程中，银行不应当是旁观者，更不应该是失落者，而是应作为直接融资与资本市场的重要参与者。对于银行来说，一是要转变角色。必须从"贷款赚钱人"向"贷款赚钱人+管钱赚钱人"转变。二是要转变业务内容。必须从单纯的存、放、汇业务向数据分析者、集成服务商、撮合交易者和财富管理者转变，以资产管理、财富管理、投资银行等市场化业务的发展，从供给与需求两端促进直接融资和资本市场的繁荣。三是要转变资本金的筹措方式。在愈加严格的资本界定及资本充足率要求的背景下，特区银行业普遍面临资本充足率吃紧的难题，即便是已经上市的特区银行也需要利用资本市场发行优先股和新型债券等新型方式筹措资本。

（2）证券业要与资本市场建立更紧密的联系。资本金短缺不仅是特区银行业，也是特区证券业存在的普遍问题，证券公司在利用资本市场引进战略投资者和利用资本市场 IPO、增发、配股筹措资本金的同时，要利用优先股、新型债等融资工具，壮大资本实力。

（3）保险业要与资本市场建立更紧密的联系。保险业要借助资本市场提升投资收益，缓解负债压力。保险资金长期性、稳定性和资金量大的优势，是促进资本市场健康发展的重要力量，既可以充当财务投资者，也可以充当战略投资者；既可以投资股票，也可以投资债券，还可以投资股债结合的金融产品；既可以做直接投资，也可以做间接投资，如通过 PE 基金进行股权投资。

10. 从封闭式经营向国际化经营转变

推动这一转变的逻辑有三个。一是特区人民币国际化进程大大加快，为金融业跨国经营开辟了广阔的空间。二是上海自贸区的诞生为特区金融业出海提供了近水楼台先得月的机会。特区金融业可在自贸区内就近设立分支机构，为客户提供离岸金融服务。三是随着特区经济潜在增长率的放缓，将会有更多的企业在全球范围内寻找合适的投资机会和稀缺资源，需要特区更多的贷款、结算、理财、保险等金融服务。

参考文献

[1] 德勤：《2014 年中国银行业十大趋势与展望》，http://www.docin.com/p-897646095.html。
[2] 郭茂佳：《保险业并购银行的思考》，《保险研究》2014 年第 10 期。
[3] 2011～2013 年各特区《国民经济和社会发展统计公报》。
[4] 2011～2013 年各特区上市金融企业年度报告。
[5] 2011～2013 年中国证券业协会官网公布的《证券公司会员经营业绩排名情况》。
[6] 深圳市金融发展服务办公室：《2013 年工作总结和 2014 年工作计划》。

B.9 中国经济特区文化产业发展报告

钟雅琴*

自2000年十五届五中全会在国家层面提出发展文化产业以来，我国文化产业经过十余年的高位运行，在极短的时间内实现了全面铺开的长足发展。然而，进入2013年，我国文化产业的整体发展态势呈现巨大变化。长期依赖各级产业政策"主导"的发展进程在政策红利充分释放后，逐渐进入低位调整的转型升级期。

党的十八届三中全会通过的《中共中央关于全面深化改革若干重大问题的决定》对我国下一阶段文化发展目标做出了战略部署，提出要"建立健全现代文化市场体系，推动政府部门由办文化向管文化转变，完善文化市场准入和退出机制，鼓励非公有制文化企业发展，降低社会资本进入门槛"，贯穿核心的改革思路在于文化改革与发展的市场化。这表明我国文化产业的发展，正在从依靠政府主导的起步阶段转向依靠市场内在动力的全新发展阶段。

传统文化产业形态在互联网时代寻求创新转型，文化产业内企业并购频繁，文化产业向规模化、集约化发展，物联网、云计算等新媒体技术广泛运用以及大数据时代的到来都深刻影响着文化产业的发展。在此背景下，各经济特区文化产业发展面临由于长期市场化不足所带来的"短缺与过剩并存"的转型升级问题。各经济特区在2013年，依据市场配置资源的需要进行全面深化改革，进一步厘清市场和政府的关系，转换文化产业发展动力机制，文化产业发展正逐步从"低水平铺摊子"转向"有重点上档次"。

---

* 钟雅琴，深圳大学文化产业研究院讲师。

一 经济特区文化产业发展现状

（一）深圳经济特区

2013年是深圳文化产业的"质量提升年"，政府和企业在产业发展中均着力进行创新和提升，在各个层面上均取得新突破与新成就。

据深圳市统计局新兴产业统计办提供的数据，2013年深圳市文化产业（"四上企业"）法人单位数为1539个，法人单位资产总计3891.76亿元，法人单位营业收入为4556.63亿元，法人单位从业人员人数为501572人。据深圳市文体旅游局测算，2013年，深圳市文化产业继续保持高速发展势头，文化产业增加值实现1085亿元，占全市GDP的7.5%；文化创意产业增加值实现1357亿元，占全市GDP的9.3%，同比增长约18%。[1]

深圳作为全国文化产业发展的前沿地带，2013年继续探索"文化+科技""文化+旅游""文化+创意""文化+金融""文化+电商"等产业新模式。文化创意产业十大重点领域快速增长，主要企业同比平均增速达20%。全市年营业收入超亿元的文化创意企业超过100家，年营业收入超10亿元的企业超过20家。文化软件、动漫游戏、新媒体及文化信息服务业等以数字内容为核心的文化产业新业态快速发展。

2013年，深圳市出台《深圳市文化改革创新三年行动计划（2013~2015年）》（以下简称《计划》），提出"力争用三年时间，初步建立和完善有利于文化科学发展的体制机制，建设文化强市，当好中国文化改革发展的领头羊"[2]。《计划》提出深圳将推出多项重大工程：加快前海国家级文化创意产业园区等重点项目规划建设，建立重大产业项目协作机制，广泛吸引国内外一流文化企业入驻，同时加快建设国家级文化与科技融合示范基地，形成"双轮驱动"，打造我国文化产业发展的试验地和示范区；做好"文化出口10强"

---

[1] 王为理：《2013年深圳文化产业发展概况》，载《深圳文化产业年鉴（2014）》，海天出版社，2014。
[2] 翁惠娟：《文化改革创新三年行动计划推出》，《深圳特区报》2013年6月13日。

认定和发布工作,培育具有国际竞争力的外向型文化企业和中介机构,加强出口渠道和国际营销网络建设,使深圳成为中华文化走出去的重要基地;优化文博会公司管理机制,创新办展办会模式,打造国际知名文化展会品牌。2013年深圳市级文化产业发展专项资金下达经费4.37亿元,专项资金资助实施规程和操作流程得到修订完善,专项资金资助工作的安全性和规范性进一步提高。

深圳传统优势文化产业加快转型升级。印刷业充分利用高新技术手段,不断强化创意设计环节,2013年深圳市共有印刷企业2430家,工业总产值达320亿元,中华商务、劲嘉、力嘉、九星等印刷行业龙头企业整体发展平稳;工艺美术品业保持较快增长,周大生、百泰珠宝、宝福珠宝、翠绿首饰等行业龙头企业实现较快增长,同比增长均超过20%;文化旅游继续引领国内潮流,欢乐谷、东部华侨城、世界之窗、锦绣中华、中国民俗文化村等文化主题公园继续成为文化旅游的主要支柱;稳步推进三网融合,网络电视业务汇聚外省市28个电视台的节目,成为跨区域的新媒体内容服务平台,IPTV用户达34万户,增长50%;新增影院13家、银幕74块,全市影院达105家、银幕488块,全年票房收入9.37亿元,同比增长20%,继续名列内地城市第三位。①

深圳文化软件、动漫游戏、新媒体及文化信息服务业等以数字内容为核心的文化产业新业态快速发展,腾讯、华强、环球数码、迅雷、中青宝等一批领军企业继续领跑全国。2013年,腾讯实现总收入604.37亿元,同比增长38%,盈利191.94亿元,同比增长24%。华强文化科技集团2013年出口动画片68319分钟,成为全国产量最大的动画企业,连续第四次入选全国"文化企业30强"。环球数码电脑图像创作和制作业务收益创历史新高,三维动画电影《潜艇总动员3:彩虹宝藏》获国家广播电影电视总局主办的第15届中国电影华表奖优秀动画片大奖,票房超过5700万元。GDC环球数码荣获2013年"香港100最具影响力品牌"。中青宝实现净利润5102.73万元,净利润增长率达到205.70%。

---

① 王为理:《2013年深圳文化产业发展概况》,载《深圳文化产业年鉴(2014)》,海天出版社,2014。

第九届中国（深圳）国际文化产业博览交易会成功举办。中国文化产业2013年文博会以"贸易扬帆，文化远航"为主线，着力推动文化贸易，总成交额为1665.02亿元，同比增长15.99%；出口成交额为123.82亿元，同比增长7.46%；总参观人数为479.17万人次，同比增长26.72%。2013年，深圳文化产权交易所率先在全国推出文化（私募）股权挂牌交易业务，为国内VC/PE投资的文化企业股权提供挂牌交易的平台，实现权益退出。此外，深圳与联合国教科文组织合作，2013年面向全球启动创意新锐奖评选，在全球创意城市网络中的话语权日益增长。

（二）珠海经济特区

珠海市2013年继续推进文化强市建设工作，致力于提升珠海文化产业软实力。2013年，珠海市出台《珠海市高端服务业发展规划（2013～2020）》和《珠海市促进高端服务业发展的若干政策意见》。《珠海市高端服务业发展规划（2013～2020）》提出珠海市高端服务业的发展方向和重点任务是"聚焦休闲旅游、金融服务、商贸物流、国际会展、文化创意、科技服务等六大领域，以壮大规模、优化结构、突出特色、增强功能、提升能级为重点任务，全面提升高端服务业参与全球经济中高端竞争的意识和能力，努力建设成为全国具有鲜明特色的现代服务业聚集区"。① 这为珠海市文化产业的未来发展指明了方向。2013年8月颁布《珠海市文化产业园区管理试行细则》，规范文化产业园区管理相关工作。

2013年，珠海文化产业继续在现代传媒、数字内容、创意设计、影视娱乐、文化产品制造和艺术品原创服务六大行业深耕经营。同时，珠海继续着力打造中国国际航空航天博览会、珠海国际赛车节、珠海文化大讲堂、珠海元宵节民间艺术大巡演及国庆沙滩音乐派对等城市节庆文化品牌。2013年底，首届珠海国际马戏节的成功举办再次将珠海文化产业推向国际舞台。

2013年珠海在重点文化产业项目的推进上取得长足进展。2013年6月珠

---

① 宋显晖：《珠海将出台高端服务业发展规划及相关政策意见建设全国特色鲜明现代服务业聚集区》，《珠海特区报》2013年5月14日。

海南方影视文化产业项目正式奠基开工,这标志着南中国最大的影视文化创意旅游综合体项目进入全面建设阶段。珠海南方影视文化产业基地项目是由南方广播影视传媒集团联合珠江电影集团、珠海广播电视台共同出资建设的,项目占地面积为3.3平方千米,总投资50亿元。项目集影视拍摄制作、旅游休闲娱乐、文化创意三大板块于一体,致力于建设中国首个好莱坞式的影视文化产业小镇。此外,珠海V12文化创意产业园作为珠海首个文化创意基地,名列2013年度中国文化创意产业最具发展潜力十大园区第七位。新七星文化产业园等一批文化产业园区建成开放。

(三)厦门经济特区

厦门市统计局公布的统计数据表明,2013年前三季度,厦门市"文化产业单位实现主营收入529.36亿元,比上年同期增长36.04%;拥有资产823.13亿元,比上年同期增长11.29%;吸纳就业人员20.55万人,比上年同期增长41.72%;文化产业实现增加值159.05亿元,比上年同期增长17.51%"。① 2013年文化产业增加值占GDP的比重达7.7%,同比提高0.4%。

文化产业对经济发展的拉动作用明显。2013年厦门市GDP比2012年增长10.4%,其中文化产业的增加值增长17.5%。具体而言,文化产业中的文化用品生产、文化信息传输服务、广播电视电影服务、文化创意和设计服务、文化休闲娱乐服务的主营业务收入增速均达10%以上。2013年前三季度厦门市文化服务业实现增加值79.56亿元,占文化产业增加值的50.0%。文化服务业的稳步增长使厦门市文化产业发展的内涵得到进一步提升。此外,厦门市创意和设计产业2013年发展态势良好,有利于拉动厦门文化产业的进一步健康发展。抽样调查资料显示,"174家文化创意和设计产业样本单位实现营业收入32.88亿元,比去年同期增长8.46%;实现主营业务收入32.36亿元,增长

---

① 厦门市统计局:《2013年前三季度厦门市文化产业稳步增长》,厦门统计信息网,2013年11月7日,http://www.stats-xm.gov.cn/tjzl/jmzl/201311/t20131107_23303.htm。

9.70%；实现营业利润4.44亿元，增长15.37%"。①

2013年，厦门市成功举办第九届海峡两岸图书交易会、第十届金桥·2013海峡两岸民间艺术节、第六届海峡两岸文博会、第六届厦门国际动漫节及中国厦门国际运动健身器材展，"两会两节一展"的"大文博会"格局得以形成。2013年底公布的第二批18家"国家级文化和科技融合示范基地"名单中，厦门国家火炬高技术产业开发区为主体申报的厦门国家级文化和科技融合示范基地位列其中，这标志着厦门市进入文化科技融合发展的国家队行列。该示范基地将"以数位内容、创意设计和基于移动互联网的新媒体为重点，推动内容创意和科技创新，加快发展新兴文化业态、提升传统文化产业的科技内涵，力争到2015年底园区内文化科技产业实现总收入700亿元人民币"。②

（四）汕头经济特区

2013年4月，汕头市发布《汕头市文化产业发展"十二五"规划》。《汕头市文化产业发展"十二五"规划》提出汕头市文化产业下一步发展的主要目标："文化产业发展速度明显高于同期地区生产总值增长速度，在国民经济中所占比重逐步提高；文化产品和服务更加丰富多彩，人民群众精神文化需求得到进一步满足；文化市场主体活力显著增强，文化产业结构更加优化、布局更加合理；文化产品市场和要素市场更加健全，文化市场秩序更加规范。"③

2013年，汕头市继续围绕具有优势的玩具动漫业、包装印刷业和光盘音像业建设产业集群。其中，中国澄海国际玩具礼品博览会成功举办，坚持以做大产业、提升玩具产品科技含量和附加值为目标，进一步打响"澄海玩具"品牌，提升"澄海制造"玩具产品质量。

此外，汕头市还出台《关于打造区域文化中心的意见》，提出"力争至

---

① 厦门市统计局：《2013年前三季度厦门市文化产业稳步增长》，厦门统计信息网，2013年11月7日，http://www.stats-xm.gov.cn/tjzl/jmzl/201311/t20131107_23303.htm。
② 刘筠：《文化和科技融合我市跻身"国家队"》，新华网，2013年12月27日，http://www.fj.xinhuanet.com/zhengqing/2013-12/27/c_118731037.htm。
③ 汕头市人民政府办公室：《印发汕头市文化产业发展"十二五"规划的通知》，汕头市政府门户网站，2013年4月16日，http://www.shantou.gov.cn/publicfiles/business/htmlfiles/0001010/2.3.3/201304/287915.html。

2020年前后，把汕头市建成区域文化展示中心、区域文化研究中心、区域文化产业中心和区域文化人才中心的发展目标，并将着力推动培育现代城市人文精神、完善公共文化服务体系、促进文化产业跨越发展、塑造城市良好文化形象、扩大城市对外文化影响、加强文化人才队伍建设等六大主要任务"。①

（五）海南经济特区

2013年，《海南省文化产业重点项目认定管理暂行办法》《海南省文化产业示范园区、基地评选命名管理办法》等一系列文件出台，为海南文化产业的持续有序发展提供了法律法规保障。依据相关政策，海南省于2013年8月认定33个省文化产业重点项目，项目计划总投资1046.98亿元，当年已动工与已投产项目分别为9个，当年完成投资117.3亿元。② 新认定的示范园区（基地）中海南生态软件园2013年底完成投资66亿余元，入园企业309家，其中游戏、动漫、设计、软件开发等知识型企业达到268家。海南生态软件园2013年实现产值93.3亿元，完成入库税收2.28亿元，同比增长91.6%。③

此外，在商务部等六部委2013年认定的国家文化出口重点企业中，致力于文化产业创意与演艺产品制作出口的海南三亚太阳鸟文化产业有限公司和集手机动漫、手机游戏、网络游戏于一体的文化创意企业海南英立科技开发有限公司均榜上有名。

文化旅游作为2013年海南文化产业发展的重中之重，其发展情况喜人。在海南国际旅游岛建设的大背景下，海南推动文化与旅游融合发展，既提升了传统旅游业的产业价值，也使文化产业发展获得了更大的市场空间。2013年海南欢乐节中，"电影公社"项目三条风情街之一的1942风情街作为欢乐节分会场首次揭开面纱。"随着观澜湖华谊冯小刚电影公社、海口电影公社、长影海南'环球100'等一批独具特色的文化产业项目的加快建设，以海口为中

---

① 袁丁、黄学佳、柯焕彬：《汕头打造"四大中心"强化区域辐射力》，《南方日报》2013年11月8日。
② 陈蔚林、黄一丹：《我省33个文化产业重点项目完成投资过百亿》，《海南日报》2014年3月22日。
③ 陈蔚林、黄一丹：《我省33个文化产业重点项目完成投资过百亿》，《海南日报》2014年3月22日。

心的文化项目建设有望在未来几年填补海南省北部文化发展及文化旅游的空白，形成以海口为中心的北部文化旅游独特的看点。"①

海南省现已基本形成"一区三带九重点"的文化产业差异化发展态势。"以国际旅游岛先行试验区（文化产业集聚区）为突破口，大力发展文化旅游、文化创意、出版发行、影视制作、演艺娱乐、文化会展、动漫游戏、体育健身、休闲疗养等重点产业，形成东线以滨海旅游文化为主体，集中发展现代、时尚、国际一流的现代文化产业带；中线以民族风情、特色旅游文化为主体，重点发展自然、生态、环保、民俗的绿色文化产业带；西线以高科技、环保、民间文化为主体，重点发展新兴工业观光、乡村旅游、历史文化旅游的特色文化产业带。"②

二 经济特区文化产业发展分析

2013年，五个经济特区文化产业发展进展各有不同，但从总体上看，增速放缓、结构调整，是经济特区文化产业发展的共同特征，主要体现在以下几个方面。

（一）增长速度放缓，投资理性回归

自2008年全球金融危机文化产业逆势增长以来，文化产业的各项发展指标一直颇为亮眼。2013年，各地文化产业虽然与传统产业相比仍保持了较快增长，但从纵向上看，各地文化产业增长速度均有所放缓。例如，厦门市统计数据显示，2013年厦门"文化产业重点服务业增加值下降0.4%，所涉及的18个行业中有9个行业出现下降，其中图书出版、电子出版物出版、文艺创作与表演、有线广播电视传输服务、软件开发等行业分别下降17.3%、46.2%、21.6%、58.8%和66.1%"。③这种放缓既是文化产业长期以来过度依

---

① 陈敬儒：《海口有望形成电影文化旅游城》，《海口晚报》2013年12月23日。
② 戎辑：《海南实施"一区三带九重点"产业规划效果显著》，《海南日报》2013年12月25日。
③ 厦门市统计局：《2013年前三季度厦门市文化产业稳步增长》，厦门统计信息网，2013年11月7日，http：//www.stats - xm.gov.cn/tjzl/jmzl/201311/t20131107_23303.htm。

赖政策支持的必然结果，也意味着文化产业将在新的发展基础上回归常态发展。

与之相应，文化产业资金流向也发生了较大变化。各地逐渐意识到，仅仅依靠投资推高发展速度无法维系产业的后续发展，反而可能导致重复建设、资源浪费。因此，在2013年，文化产业内部及跨产业的整合并购显得异常活跃。在未来的三五年间，文化企业通过并购、融合等方式获得融资或将成为文化企业完善产业链、增强竞争力的有效方式。

（二）文化科技融合，动力机制转换

文化产业发展进入转型之年，各地均充分认识到文化与科技的融合是文化产业发展的重要内容和标志。文化产业园区、文化和科技融合示范区等在各地蓬勃兴起，文化与科技融合产业正在掀起新一轮发展浪潮。文化与科技融合既符合文化产业发展的内在规律，也顺应传统产业转型升级的外在需求。因此，各地均在大力探索文化与科技融合发展的产业发展新模式，期待文化和科技融合产业能成为地方经济新的增长点。但文化和科技融合所需面临的制度创新、文化创新、科技创新、金融创新、技术创新等都是各地区文化和科技融合发展中所需面临的挑战。如何打破传统的文化体制和产业方式？如何利用更为先进的新兴技术与概念？如何优化组合、合理配置，适应文化生产力的发展？这一系列问题都需要理论和实践的继续探索。

将文化和科技融合作为各地文化产业发展的重中之重实质上反映了各地对产业发展动力机制转换的深刻认识。文化产业要将改革盘活的产业存量和政策创造的产业增量转变为满足相关产业部门生产性服务需求和人民群众精神文化消费需求的真实增长。也就是说，文化产业要应对市场所提出的挑战和需求，通过融入真实的市场竞争，提高产业的集约化、规模化和专业化水平，从而使文化产业得以发展为经济结构战略性调整和转变经济发展方式的重要支点和着力点。

（三）产业结构优化，发展层次提升

从宏观上看，各地区文化产业都保持了增长势头，但从微观上看，这些增长更多地来自龙头骨干企业和大型集团的增长拉动。对于占据文化企业数量大

多数的中小型以及小微企业而言,成本上涨、企业盈利空间收窄等问题导致营业利润大幅下降,经营压力进一步加大。导致大量文化企业经营状况不佳的一个重要原因之一在于文化产业发展起步阶段同质化严重,产业结构较为粗放。由此,各地都开始有意识地调整文化产业结构。

文化产业的结构调整对于提高文化产业发展的质量和效益具有决定性意义。让文化产业从依赖规模扩张的粗放增长转向依赖效益提高的集约发展。在培育一批具有雄厚实力和较强影响力、竞争力的大型文化企业和企业集团的同时,也大力扶持一批"专、精、特、新"的中小型文化企业。让文化产业的整体结构中具备充分富有活力的优质企业群体和协作配套体系,从而提升文化产业的发展层次,提高文化产业的整体效益。

(四)产业集聚效应,区域特色凸显

走差异化特色发展的路子是由文化产业的本质特征所决定的。文化产业所提供的文化产品和服务直接面向多维多样的精神需要。只有做出特色,才能产出效益。从全国范围看,经济特区是我国文化产业发展较早,也较为发达的地区,同时,各地都具有各自不同的产业基础和地方特色。如何充分利用自身优势形成文化产业的差异化发展,提高产业集聚效益,凸显区域发展特色是2013年各地发展的重要主题。

汕头市根据汕头文化产业集群发展的现状,着力推动金平印刷产业园区、澄海动漫玩具创意产业园区、潮阳光盘产业园区、潮南文具产业园区的规划建设。此外,汕头市还专门出台《关于打造区域文化中心的意见》,强调要"提高汕头的核心竞争力,增强汕头的集聚辐射功能,更有利于营造汕头的良好发展氛围,进一步提升汕头的城市形象和文化品位"。① 海南省则依托自身得天独厚的旅游资源和海南国际旅游岛的建设,加快文化旅游业的发展。2013年度海南省文化产业重点项目申报中,"文化旅游项目申报36个,总投资高达1016.71亿元,投资额占所有申报项目的83.51%"。②

---

① 郭媛:《市委、市政府出台〈关于打造区域文化中心的意见〉》,《汕头日报》2013年7月29日。
② 陈敬儒:《海南36个文化旅游项目投资逾千亿》,《海口晚报》2013年12月25日。

三 经济特区文化产业发展建议

在转型升级的大背景下，经济特区文化产业发展面临着巨大的市场机遇和挑战。可从以下几方面着手，以应对挑战，把握机遇。

（一）加强资本对接，构建投资架构

资本投资是任何一个产业得以持续健康快速发展的必要条件。文化产业投资在过去发展中，投资经验不足、投资冷热不均、融资能力较弱等问题均较为突出。忽视行业发展规律和特点，投资过快、过热、过于扎堆。文化企业普遍存在规模小、固定资产少、盈利方式不确定等特点，而银行文化金融产品多元化不足，处于成长期的文化企业很难达到银行对抵押物和风险控制的要求。

因此，完善文化产业投融资体系是文化产业下一阶段发展的其中要义。完善文化版权交易平台，促进版权评估与交易；引入社会资本，加大对文化产业的无形资产投资，推动文化金融产品创新；优化财政文化投入结构，提高文化财政资金的使用效益；加强资本与创意、技术的对接，构建多重因素结合的投资驱动结构。通过投资扩大现有产能，拉动产业增长，通过投资革新现有技术和文化创意，推动产业商业模式创新，形成投资吸引点，从而逐步构建文化投资架构。

（二）重视创意引擎，加快产业融合

文化产业创造价值和财富的核心在于创意，而融合则是文化产业创造价值和财富的路径。如何在文化产业的各个环节发挥创意的引擎作用，如何让文化产业与相关产业更好地融合发展，是贯穿文化产业发展始终的命题。要高度重视文化创意对国民经济结构战略性调整、对经济发展方式战略性转变的重要意义。

随着文化产业的不断深入发展，我们不仅要在传统、民俗等基础文化资源上有所创新，还要加快发展各种新兴文化产业，推动文化与科技、文化与旅游、文化与信息、文化与体育等产业的融合发展，扩大文化产业市场规模。

(三)注重内容生产,提高生产效率

内容生产薄弱长期制约文化产业生产效率的提升。文化产业正在经历从传统媒体到新媒体的全球性迁移。随着数字化和网络化对人们行为方式、创作习惯所产生的深刻影响,网络化、分散化、非专业化的文化内容生产活动大幅增多。因此,当前作为文化产业核心的文化内容生产不仅是传统体制和技术条件制约下的内容创作生产,也是涵盖体制外创作资源和新兴表现形态的文化内容生产。

新思想的生产和提供是内容生产的核心,而分散化的市场资源配置机制最适合思想观念的激发创新。要从艺术作品创作和文化产品研发这两个环节入手,依靠市场机制推动内容生产创新,进而提高文化产业的生产效率。

(四)优化文化资源,助推特色产业

文化资源是文化认同的源泉,是文化得以创新的前提,是文化产业发展的基础,也是提高文化产业核心竞争力的重要内容。经济特区要进一步充分发掘自身资源特色优势,积极打造特色文化产业空间,带动区域文化产业集聚化发展。在现有基础上,不断提高优势文化产品和设备制造业的创新能力,将文化产品生产由制造型向内容研发、衍生产品开发转型升级,不断树立和提升自主品牌,助推特色产业发展。

特区发展分述报告

Reports on the Special Economic Zones

深圳经济特区发展报告

伍凤兰 潘 凤*

深圳是中国迄今为止改革开放影响力最大、市场经济最成熟的经济特区。2013年是深圳对外开放的第34个年头。从宏观经济层面来看，进入2013年，面对十分复杂的国内外形势，深圳以全面打造"深圳质量"为统领，坚定不移地推进以改革促发展，积极推动全市经济工作稳中有进、稳中向好发展。

一 2013年深圳经济发展的主要特征

（一）经济规模持续扩大，增长速度趋于平稳

2013年，深圳地区生产总值为14500.23亿元，比上年增长10.5%，与上

---

* 伍凤兰，深圳大学经济学院副教授、博士；潘凤，深圳大学理论经济学博士研究生；王舒怡同学参与资料搜集与整理工作。本报告同时也是广东省哲学社会科学"十二五"规划课题（GD13CYJ03）的成果。

年同比增速基本持平。全年年末常住人口达1054.74万人，人均生产总值为137500元，增长9.6%（见表1）。按2013年平均汇率折算，深圳2013年人均生产总值为22112美元，这标志着深圳人均生产总值已迈上2万美元台阶。从全国领域来看，深圳是全国经济效益最好的城市之一，2013年，深圳经济规模稳居国内大中城市第四位，人均GDP稳居全国首位。

表1　2013年全国经济规模十大城市排名

排名	城市	2013年GDP(亿元)	人口(万人)	人均GDP(万元)
1	上海	21602.12	2380.43	9.07
2	北京	19500.60	2069.30	9.42
3	广州	15123.00	1275.00	11.86
4	深圳	14500.23	1054.74	13.75
5	天津	14370.16	1431.15	10.04
6	苏州	13000.00	1065.40	12.20
7	重庆	12656.69	2945.00	4.30
8	成都	9108.89	1417.80	6.42
9	武汉	9000.00	1012.00	7.92
10	杭州	8343.52	884.40	9.42

从增速上看，2011~2013年，深圳已经连续三年经济增速维持在10%左右，经济增长速度呈平稳态势（见图1），这一方面说明在全国经济加快转型升级过程中，深圳经济增长已加速由"深圳速度"向"深圳质量"转变；另一方面也说明，在土地、环境等多重要素约束性不断增强的背景下，深圳亟须谋求新的经济增长点。

（二）产业结构不断优化，现代产业对经济发展的带动作用不断增强

2013年，深圳第一产业、第二产业、第三产业的增加值分别是5.25亿元、6296.84亿元、8198.14亿元，相比2012年而言，第一产业增加值下降19.8%，第二产业增长9.0%，第三产业增长11.7%。总体来看，2013年，在全市生产总值的份额上，第一产业占比不到0.1%，第二产业和第三产业分别

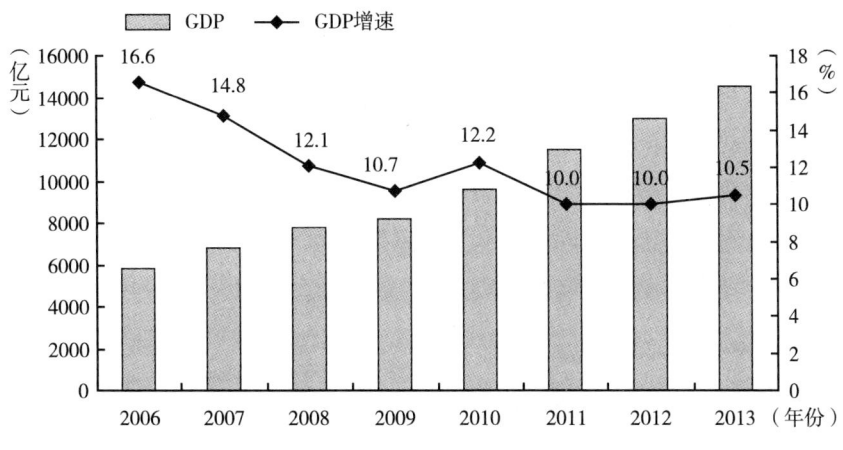

图1 2006~2013年深圳市GDP及增速情况

高达43.4%和56.6%（见图2）。较2012年，深圳第三产业增加值比重上升0.9个百分点，显示全市产业结构不断优化。在第三产业中，民营经济增加值为5620.82亿元，交通运输、仓储和邮政业增加值为504.09亿元，住宿和餐饮业增加值为269.77亿元，房地产业增加值1334.42亿元，批发和零售业增加值为1765.43亿元，比2012年的增速分别提高11.2%、9.0%、2.5%、10.8%和14.2%。

在产业发展体系中，四大支柱产业中，金融业增加值为2008.16亿元，高新技术产业增加值为4652.00亿元，文化产业增加值为1085.94亿元，物流业增加值为1445.62亿元，分别比上年提高15.0%、12.4%、14.5%和11.4%。六大战略性新兴产业中，生物产业增加值为228.28亿元，新材料产业增加值为310.36亿元，新能源产业增加值为335.97亿元，新一代信息技术产业增加值为2180.30亿元，文化创意产业增加值为1357.00亿元，互联网产业增加值为590.59亿元，相比去年而言，分别提高11.3%、11.9%、14.1%、23.6%、18.0%和28.2%（见图3）。

从经济发展的动力上看，现代产业是推动深圳经济发展的主导力量。2013年，高技术制造业增加值为3370.67亿元，深圳现代服务业增加值为5492.37亿元，先进制造业增加值为4162.87亿元，与上年比较，增速分别为12.3%、12.6%和12.2%。

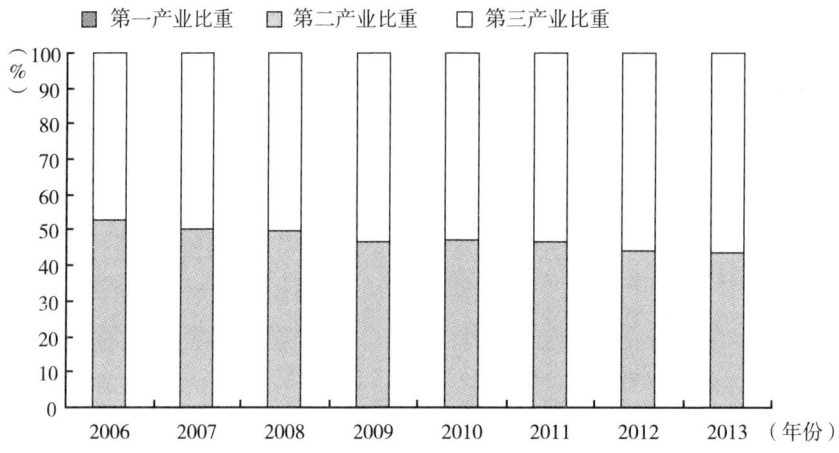

图2 2006～2013年深圳市三大产业比重变化情况

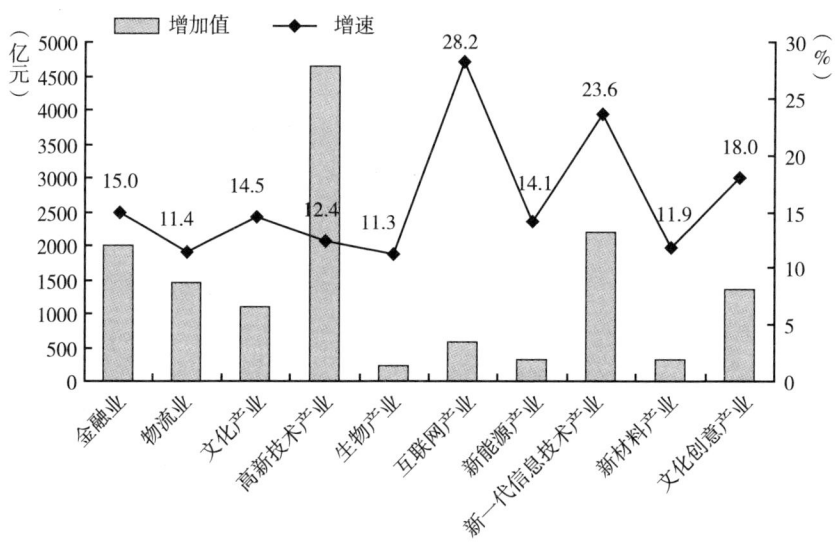

图3 2013年深圳市四大支柱产业和六大战略性新兴产业发展情况

（三）固定资产投资平稳增长，非房地产业和第三产业项目投资增速加快

2013年，深圳共完成固定资产投资额2501.01亿元，比上年增长14.0%，增速较2012年加快1.7个百分点。其中，房地产开发项目投资887.71亿元，

增长20.5%，增速较2012年回落23.5个百分点；非房地产开发项目投资1613.30亿元，增长10.7%，增速较2012年加快8.7个百分点（见图4）。

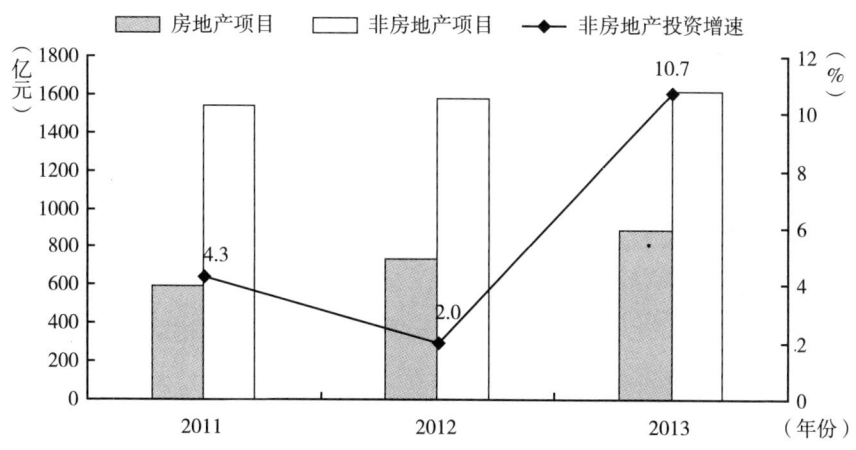

图4　2011~2013年深圳市固定资产的投资情况

从三次产业看，深圳第一产业投资3.13亿元；第二产业投资380.18亿元；第三产业投资是深圳固定资产投资的主要领域，投资额达到2117.70亿元，比上年增长24.3%（见表2）。

表2　2012年、2013年深圳市固定资产投资情况

单位：亿元，%

类别	2012年		2013年	
	绝对值	同比增长	绝对值	同比增长
全社会固定资产投资	2314.4	12.30	2314.4	14.0
第一产业投资	3.85	6316.67	3.13	-18.8
第二产业投资	487.08	2.87	380.18	-21.9
第三产业投资	1823.5	14.87	2117.70	24.3

（四）消费市场和物价总体平稳

2013年，深圳住宿和餐饮业零售额为479.05亿元，增长8.1%；批发和零售业零售额为3954.54亿元，增长10.9%。全年社会消费品零售总额为4433.59亿元，比上年增长10.6%（见图5），其中，限额以上零售额占社会消费品零售总额的77.2%。全年居民消费价格总水平比上年上升2.7%，消费市场和物价水平总体平稳（见图6）。

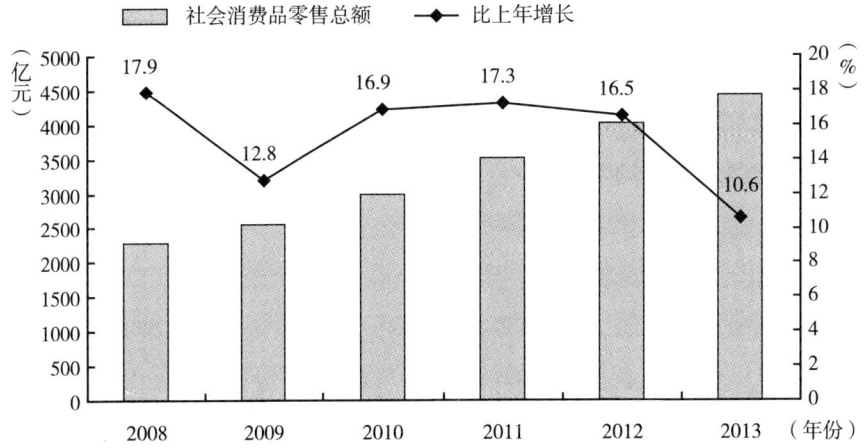

图5　2008~2013年深圳社会消费品零售总额及增长速度

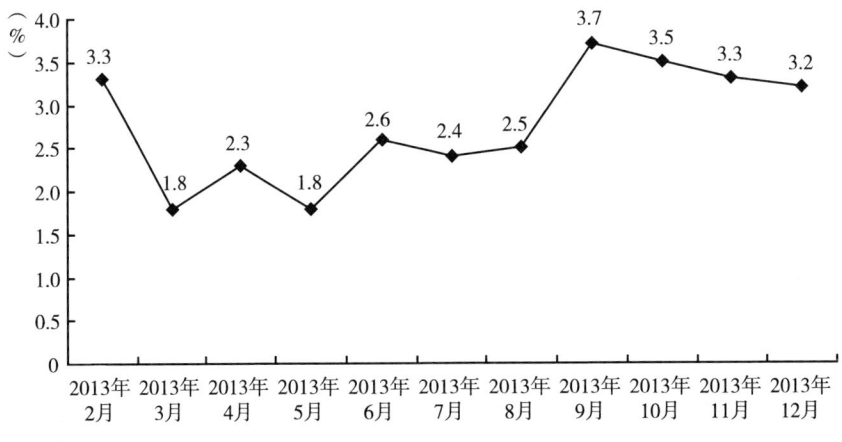

图6　2013年深圳居民消费价格单月同比上涨幅度

（五）外贸出口稳居全国城市首位，实际利用外资小幅增长

2013年，深圳市进口总额为2316.4亿美元，出口总额为3057.2亿美元，与上年比较，分别增长18.5%和12.7%，其中，外贸出口总额连续21年居内地城市首位。全年外贸进出口总额为5373.6亿美元，比上年增长15.1%（见表3和图7）。

表3 2013年深圳市与广东省其他城市外贸情况对比

单位：亿美元，%

地市	进出口		出口		进口	
	金额	同比	金额	同比	金额	同比
广州	1188.9	1.47	628.1	6.6	560.8	-3.7
深圳	5373.6	15.1	3057.2	12.7	2316.4	18.5
珠海	541.7	18.6	266.1	23	275.6	14.6
汕头	92.3	4.9	66	7.1	26.3	-0.3
佛山	639.4	4.7	425.2	5.9	214.1	2.4
韶关	23.2	13.4	9.2	5.7	14	19
河源	32.3	10.5	22.5	15.1	9.9	1.3
梅州	17.6	17.3	15.4	21.6	2.2	-6.3
惠州	573.9	16	333.2	14.1	240.7	18.6
汕尾	41.7	46.9	19.5	32.9	22.2	61.8
东莞	1530.7	5.9	908.6	6.8	622.1	4.6
中山	356.3	6.3	264.8	7.4	91.5	3.1
江门	197.3	5.1	140	7.9	57.3	-1.2
阳江	23.8	7.1	20.9	6.5	2.9	11.2
湛江	55.1	17.3	26.2	18.7	28.9	16
茂名	12.2	17.6	8.1	28.1	4.2	1.6
肇庆	70.2	10.5	48.3	27.6	21.9	-14.8
清远	43.5	-4.2	22.4	-6	21.1	-2.2
潮州	39.1	-7.5	27.8	3.2	11.3	-26.3
揭阳	46.9	9.8	43.8	15	3.1	-32.9
云浮	15.8	8.5	10.7	14.7	5.1	-2.6

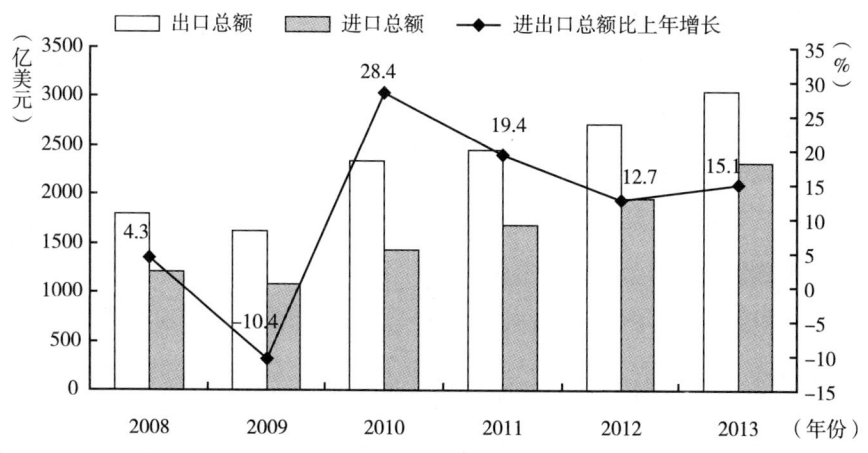

图7 2008~2013年深圳市进出口总额及增长速度

全年实际使用外商直接投资金额约为54.65亿美元,增长4.6%;合同外资金额约为67亿美元,增长7.0%（见表4）;新签外商直接投资合同项目2056项,比上年下降15.3%。分行业来看,电力、燃气及水的生产和供应业,金融业,租赁和商务服务业是2013年外商直接投资的热点领域。

表4 2013年深圳市外商直接投资的行业分布情况

单位:万美元,%

行业	实际使用金额	同比增长	合同外资金额	同比增长
制造业	168822	-6.3	107429	-55.4
电力、燃气及水的生产和供应业	18641	1753.0	14527	468.1
建筑业	3224	298.0	594	-49.8
交通运输、仓储和邮政业	14732	-54.3	2490	-91.3
批发和零售业	64835	-45.5	137288	57.9
信息传输、计算机服务和软件业	7258	41.3	8517	-50.6
住宿和餐饮业	1881	-23.9	4101	43.7
金融业	19972	1392.7	160495	425.1
房地产业	71830		34874	-26.1
租赁和商务服务业	130046	70.7	167760	39.7
科学研究、技术服务和地质勘查业	39518	-0.4	28016	-6.6
居民服务和其他服务业	76	-81.4	-61	-119.5
文化、体育和娱乐业	5661	-35.4	2506	-85.3
总计	546496	4.6	668536	7.0

二 深圳"湾区经济"的发展战略与目标评价

2013年12月,深圳首提大力发展"湾区经济"。从全球来看,旧金山、曼哈顿、东京等都是"湾区经济"发展的典型地域。深圳此次提出发展"湾区经济"无疑标志着深圳将瞄准更高的发展方向。

按照深圳打造湾区经济的总体政策导向,深圳的湾区经济建设重点是与香港合作,打造深港大湾区。为明确深港湾区在全球主要湾区发展格局中的竞争地位,以下建立评价体系将深港湾区与国外典型湾区进行比较。

（一）湾区经济的评价体系设计

基于湾区经济的基本内涵，结合数据的可得性和可比较性，可以将湾区经济的发展维度归结为规模影响力、效益影响力、开放影响力和创新影响力四大体系。四大评价维度的解释和相关评价指标如表5所示。

表5 评价湾区经济的四大维度

评价维度	维度解释	相关指标
规模影响力	主要是产业发展规模总量和要素规模总量。结合数据的可得性，要素规模总量主要是土地和人口规模	各大湾区的GDP总量； 土地规模； 人口规模； 辐射区域的产业规模等
效益影响力	主要包括结构高级化和投入产出效率指标	第三产业所占比重； 人均产出； 地均产出
开放影响力	主要包括湾区贸易开放度、政策环境开放度等	外贸依存度； 跨国公司数量； 外资吸收数量等
创新影响力	主要包括科技创新和产品研发等指标	研发投入占GDP的比重； 发明专利数量； 新产品出口总额等

（二）指标选择

基于上述对湾区经济四大维度的衡量尺度，结合数据的可获得性，设定深港湾区与全球三大知名湾区比较的指标体系（见表6）。

表6 四大湾区相关指标数据*

序号	湾区	深港湾区	东京湾区	旧金山湾区	纽约湾区
X1	GDP（亿美元）	4686	19876	5564	13584
X2	人口总量（万人）	2015	3570	715	1983
X3	占地面积	3095	13556	18000	21481
X4	人口密度（人/平方千米）	6512	2634	397	923

续表

序号	湾区	深港湾区	东京湾区	旧金山湾区	纽约湾区
X5	人均GDP(美元)	23250	55670	50392	68495
X6	GDP增长率(%)	8.07	3.61	2.70	3.51
X7	第三产业比重(%)	77.57	82.27	82.76	89.35
X8	全球金融中心指数	697	722	711	786
X9	100强大学数量(所)	2	1	3	2
X10	世界500强企业(家)	8	58	8	21
X11	最具创新力企业(家)	0	20	8	1
X12	海外旅客人数(万人)	169	556	1651	5200

注：*部分数据来源于综合开发院2014年6月"湾区经济国际比较研究"课题。

（三）评价过程及结果分析

采用主成分分析方法，根据表7，前3个公因子特征值都显著大于后者，从第4个公因子开始特征值变化平稳。前3个公因子的累计贡献率达到100%，因此，提取前3个公因子比较合适。

GDP、人口总量、人口密度、GDP增长率、世界500强企业、最具创新力企业在第一个公因子上有较高的载荷，这些是湾区经济发展的核心因素，可以称之为湾区经济的竞争实力；第三产业比重、全球金融中心指数、海外旅客人数在第二个公因子上有较高的载荷，这些是湾区产业发展的外围竞争实力，可以称之为湾区经济的竞争潜力；占地面积、人均GDP、100强大学数量在第三个公因子上有较高的载荷，这些因素是湾区产业发展的配套环境，可以称之为竞争环境。

表7 解释的总方差

成分	初始特征值			提取平方和载入			旋转平方和载入		
	合计	方差的%	累计%	合计	方差的%	累计%	合计	方差的%	累计%
1	6.202	51.685	51.685	6.202	51.685	51.685	4.320	35.996	35.996
2	4.249	35.409	87.095	4.249	35.409	87.095	3.976	33.129	69.125
3	1.549	12.905	100.000	1.549	12.905	100.000	3.705	30.875	100.000
4	0.000	0.000	100.000	—					

续表

成分	初始特征值			提取平方和载入			旋转平方和载入		
	合计	方差的%	累计%	合计	方差的%	累计%	合计	方差的%	累计%
5	0.000	0.000	100.000	—	—	—	—	—	—
6	0.000	0.000	100.000	—	—	—	—	—	—
7	0.000	0.000	100.000	—	—	—	—	—	—
8	0.000	0.000	100.000	—	—	—	—	—	—
9	0.000	0.000	100.000	—	—	—	—	—	—
10	0.000	0.000	100.000	—	—	—	—	—	—
11	0.000	0.000	100.000	—	—	—	—	—	—
12	0.000	0.000	100.000	—	—	—	—	—	—

按照因子分析法评价计算公因子，根据公因子得分系数矩阵，可以计算得出各因子得分的表达式：

$$F_1 = 0.209X1 + 0.244X2 - 0.037X3 + 0.065X4 + 0.047X5 + 0.023X6 + 0.010X7 \\ + 0.046X8 - 0.245X9 + 0.216X10 + 0.131X11 - 0.030X12$$

$$F_2 = 0.061X1 + 0.069X2 + 0.053X3 + 0.061X4 + 0.107X5 + 0.120X6 + 0.227X7 \\ + 0.330X8 - 0.100X9 - 0.051X10 - 0.275X11 + 0.307X12$$

$$F_3 = 0.008X1 - 0.139X2 + 0.185X3 - 0.292X4 + 0.112X5 - 0.335X6 - 0.010X7 \\ - 0.154X8 + 0.171X9 + 0.064X10 + 0.293X11 - 0.116X12$$

将四大湾区的指标值代入上述方程，计算出各因子得分。运用总方差解释表中3个公因子方差的贡献率，可以构造出如下评价模型：

$$F = 0.35996F_1 + 0.33129F_2 + 0.30875F_3$$

将因子得分带入评价模型，可以得到四大湾区的综合得分，结果如表8所示。

表8 深港湾区与国际三大湾区竞争力对比

	竞争实力	竞争潜力	竞争环境	综合得分
深港湾区	-0.3542	-0.51473	-1.36367	-0.71906
东京湾区	1.38528	-0.44904	0.35966	0.460928
旧金山湾区	-0.97596	-0.53522	1.00551	-0.21817
纽约湾区	-0.05512	1.49899	-0.0015	0.476296

从表8可以看出，深港湾区与国际三大湾区竞争力比较来看，纽约湾区综合得分最高，东京湾区居第二位，旧金山湾区居第三位，深港湾区位居最后，这与《全球城市竞争力报告（2011~2012）》对四个都市、都市的中心城市及其产业的综合竞争力的排名基本一致，说明深港湾区的竞争力与国际三大湾区相比还有较大的差距。

从构成综合竞争力的三大指标来看，国际三大湾区的竞争优势各有侧重，其中，东京湾区的竞争实力最强，纽约湾区的竞争潜力最大，旧金山湾区的竞争环境优势较为明显。

三 深圳经济发展面临的新形势和新问题

湾区经济是深圳面向未来参与国际市场竞争确立的新的发展目标。在加快建设湾区经济的新形势下，深圳既有发展湾区经济的雄厚基础优势，也有较多不足需要弥补。

（一）加快创新驱动转型，深圳任重道远

从全球创新国家或地区的发展经验来看，真正实现创新驱动发展的大多需要满足以下条件：一是加大研发投入，总体来看，研发投入与GDP的比重需要在2%以上；二是创新的投入产出比重高，经过研发投入形成的发明专利多，成果丰硕；三是注重原始创新，外源性创新动力对本地区原始创新的比例不高于30%；四是科技进步贡献率较高，拉动经济发展的科技进步率多高于70%；五是在创新发展过程中，可以形成应对外部事件影响的抗风险能力；六是主要创新环境建设，在加大科技投入和强化产出比的同时，注重创新社会环境的营造和发展。

在上述条件中，深圳在科技投入、投入产出等方面尽管已经取得阶段性成效，从"十五"开始，深圳虽然已经进入稳定的技术驱动阶段，但与国际知名湾区相比，深圳的创新驱动转型仍有较大空间。仅以科技进步贡献率为例，"十一五"期间，深圳科技进步贡献率仅为51.47%，与创新型国际或地区70%的目标仍有较大差距。除此之外，原始创新能力相对不足、创新扩散领域较窄等都是其与国际知名湾区的显著差距。

（二）服务业就业结构与产业结构失衡

从三次产业贡献率上看，深圳市近几年服务业的贡献率有超过第二产业贡献率的趋势。但从变化趋势上看，服务业对深圳市经济的拉动作用并不稳定，如2009年，服务业的贡献率达到55.1%，而在2010年和2011年，均又分别下降至39.8%和45.6%。2012年，服务业对深圳市经济的贡献率又重新攀升至65.4%（见表9）。

表9　深圳市三次产业贡献率

单位：%

年份	本市生产总值	第一产业	第二产业	第三产业
2001	100	0.3	49.0	50.7
2002	100	0.3	55.3	44.4
2003	100	-0.5	66.1	34.4
2004	100	-0.5	63.8	36.7
2005	100	-0.4	63.7	36.7
2006	100	-0.4	52.6	47.8
2007	100	-0.1	51.0	49.1
2008	100	-0.1	51.8	48.3
2009	100	-0.1	45.0	55.1
2010	100	—	60.2	39.8
2011	100	—	54.4	45.6
2012	100	—	34.6	65.4

资料来源：《深圳统计年鉴2013》。

从深圳市主要年份国民经济主要指标比例关系看，深圳服务业在从业人员和产值与产业结构的比例发展上并不均衡。从产值上看，从2008年开始，深圳第三产业产值占总产值的比例超过50%，第三产业所占比例随后几年均呈稳定上升的态势，第二产业所占比例有所下降（见表10）。但从人口比值上看，第二产业仍是吸纳就业的主体，第二产业吸纳劳动人口的比例始终在50%以上，显示深圳服务业就业结构与产业结构之间存在失衡现象。

表10 深圳市主要年份国民经济主要指标比例关系

单位：%

年份	以从业人员为100			以本市生产总值为100		
	第一产业	第二产业	第三产业	第一产业	第二产业	第三产业
2000	0.8	57.0	42.2	0.7	49.7	49.6
2001	0.7	55.7	43.6	0.7	49.5	49.8
2002	0.8	55.8	43.5	0.6	49.3	50.1
2003	0.8	57.0	42.2	0.4	50.7	48.9
2004	0.5	57.6	41.9	0.3	51.6	48.1
2005	0.5	57.7	41.8	0.2	53.4	46.4
2006	0.3	57.4	42.3	0.1	52.6	47.3
2007	0.1	54.1	45.8	0.1	50.2	49.7
2008	0.1	54.1	45.8	0.1	49.6	50.3
2009	0.1	53.9	46.0	0.1	46.7	53.2
2010	—	51.5	48.5	0.1	47.2	52.7
2011	—	50.1	49.9	0.1	46.4	53.5
2012	—	52.0	48.0	0.1	44.3	55.6

资料来源：《深圳统计年鉴2013》。

（三）产业发展阶段在空间层面并不平衡，二元结构明显

2013年，深圳市地区生产总值为14500.23亿元，按照总人口和购买力平价计算，换算成钱纳里1970年的美元价值，对应其阶段划分，深圳总体已经进入知识经济发展阶段，但由于深圳各区和街道、社区发展水平极不平衡，所以深圳不同区域所处的经济发展阶段也不尽相同（见图8）。按照钱纳里工业化不同阶段的划分标准，深圳有的区域已经进入后工业化阶段，有的则处于工业化后期，产业发展阶段在空间层面并不均衡，这客观上需要深圳在未来大力发展湾区经济的进程中，加快深圳不同区域的一体化进程，加快改变现有城市内部发展的二元结构。表11是钱纳里工业化不同阶段划分的标志值参考。

表11 钱纳里工业化不同阶段划分的标志值参考

经济发展水平	前工业化阶段	工业化实现阶段			后工业化阶段
		工业化初期	工业化中期	工业化后期	
人均GDP(1964年美元)	100~200	200~400	400~800	800~1500	1500以上
人均GDP(1995年美元)	610~1220	1220~2430	2430~4870	4870~9120	9120以上
人均GDP(2000年美元)	660~1320	1320~2460	2640~5280	5280~9910	9910以上

续表

经济发展水平	前工业化阶段	工业化实现阶段			后工业化阶段
		工业化初期	工业化中期	工业化后期	
人均GDP(2005年美元)	745~1490	1490~2980	2980~5960	5960~11170	11170以上
三次产业结构	A>I	A>20%,A<I	A<20%,I>S	A<10%,I>S	A<10%,I<S
制造业产值比重	20%以下	20%~40%	40%~50%	50%~60%	60%以上
城市化水平	30%以下	30%~50%	50%~60%	60%~75%	75%以上
农业就业人员比重	60%以上	45%~60%	30%~45%	10%~30%	10%以下

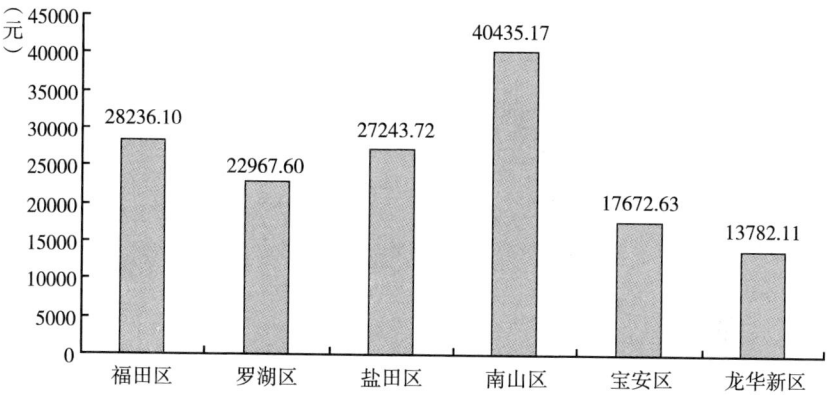

图8 深圳市各区人均GDP对比情况

四 深圳经济特区发展建议

（一）以湾区经济发展为引导，加快现代服务业发展

目前，国际三大湾区都进入了后工业化发展阶段，产业形态日益高端化，第三产业增加值占GDP的比重均在80%以上。金融服务业、高科技产业和商贸流通业等产业成为经济发展的主要驱动力。比较而言，深圳已经具备了三大湾区所具有的产业形态。其中，有雄厚的电子信息制造业基础，也有高比例的生产型服务业以及其他服务业。金融业的发展能够实现资本要素集散和配置，具有很强的外溢性，具有进一步发展的空间；批发和零售业能够实现商品的集散和配置，也有上升的发展空间。但是，第三产业增加值占GDP的比重较三

大湾区仍有相当大的差距。尤其值得注意的是，深圳医疗保健行业、信息产业的发展与其他湾区的差距也很明显。其中，纽约医疗保健业增加值占总增加值的比例约为7%，旧金山湾区的比例约为11%，而深圳医疗保健业占比尚不足1%。未来深圳以湾区经济发展为引导，现代服务业发展仍有很大的发展空间。

（二）以国际三大知名湾区为标杆，进一步完善创新发展体系

在2013年澳洲智库的创新城市排名中，旧金山湾区排名第一，是引领全球科技创新的核心力量，集中了美国40%以上的风险资本投资。旧金山湾区内的硅谷是世界科技创新中心，是全球电脑和互联网企业的集聚区，涌现出谷歌、苹果、英特尔、惠普等一批知名企业。专利授权数量占美国所有专利数量的15.2%。纽约湾区排名第二，是美国仅次于旧金山湾区的科技创新中心。从专利数量及其占全国的比重来看，纽约湾区的科技创新实力在美国都处于非常领先的地位，是美国强大科技创新力的重要组成部分。东京湾区排名第十五，是世界重要的创新发源地，创新主要集中在机械、汽车、电子产品领域，其中以三菱重工、丰田汽车、索尼汽车公司和佳能公司为代表。深圳湾区排名第七十四，在整体创新能力方面与国际三大知名湾区有较大的差距。

进一步分析，深圳在创新排名中大幅度落后其他湾区的一个原因是支撑城市产业发展的基础性研究创新不够。当前，深圳企业的应用性创新能力十分突出，但是，基础研究机构不足，基础研究氛围不够，基础研究投入不足，都构成深圳市基础研究创新成果偏少的原因。未来深圳还需进一步理顺创新机制，在全市营造良好的创新氛围。

（三）加快特区一体化建设，改善原关外产业发展的综合配套环境

自深圳提出加快特区一体化建设以来，尽管原关外产业发展的综合配套环境已有很大改善，但在深圳积极着手打造湾区经济的新形势下，原关外产业发展的综合配套建设滞后仍是制约经济的主要瓶颈。

目前，原关外产业发展的综合配套环境建设滞后主要体现在三个方面。一是生产性服务业结构层次总体较低，难以适应对原关外区域优先扶持产业发展的有效支撑。多年来，尽管原关外区域在现代物流业、信息服务业等生产性服

务业占据一定的竞争优势，但总体来看，规模小、结构层次低、行业集中度低仍是这些区域诸多生产性服务业存在的共性问题。二是生活性服务业市场活力不足，对原关外地区营商环境的整体提升形成了严重制约。当前，制造业仍是原关外地区产业发展的主体构成部分，生活性服务业市场活力不足。生活性服务业市场活力不足极大影响了当地现代服务业的壮大发展，对当地营商环境的提升和招商引资工作也形成了极大制约。三是基础配套和市政配套环境建设相对滞后，公共服务缺口较大。特区一体化政策实施以来，尽管原关外地区基础配套和市政配套条件显著改善，但较目前原关外地区优先扶持的现代服务业、战略性新兴产业等行业业态的配套需求来看，诸多领域的建设仍显著滞后。未来，加快特区一体化建设仍是深圳湾区经济打造的重中之重。

参考文献

［1］深圳市统计局、国家统计局深圳调查总队：《深圳统计年鉴2013》，2013年8月。

［2］中国（深圳）综合开发研究院：《湾区经济国际比较研究》，2014年6月。

［3］深圳大学湾区经济研究课题组：《湾区经济发展战略下深圳产业竞争力提升专题研究》，2014年8月。

［4］深圳市统计局：《深圳市2013年国民经济和社会发展统计公报》，http：//www.sztj.gov.cn/xxgk/tjsj/tjgb/201404/t20140408_2337341.htm，2014年4月8日。

B.11
珠海经济特区发展报告

陈红泉*

2013年,在国内外经济形势错综复杂及经济下行压力不断增大的背景下,珠海市经济社会发展逆势而上,总体经济恢复健康发展态势,工业生产冲出低谷,外经贸形势逆势改善,交通基础设施不断完善,区域性交通枢纽城市初步形成,城市生态环境持续改善,人民生活水平稳步提高。

一 2013年珠海市经济社会发展情况

(一)积极应对经济下行压力,总体经济恢复健康增长态势

2013年,珠海积极有效应对日益严峻的经济下行压力,采取多种措施"稳增长、调结构",扎实推进产业转型升级,基本扭转连续多年的经济下滑趋势,总体经济恢复健康增长态势。

2013年,全市实现地区生产总值(GDP)1662.38亿元,同比增长10.5%,增幅比上年上升3.5个百分点,也高于广东省8.5%的GDP增长率2个百分点(见图1)。2013年珠海市人均GDP同比增长9.7%,达10.48万元,按平均汇率折算为1.69万美元,是全省平均水平9453美元的1.79倍,继续保持全省前列。在广东经济乃至中国经济告别了昔日的高速增长时代并受制于经济下行压力下,2013年珠海经济发展成绩来之不易。

(二)工业生产强劲复苏,经济效益改善明显

一批批在珠海落户、开工、投产的大型重点企业项目为珠海工业注入了新

---

* 陈红泉,深圳大学中国经济特区研究中心讲师。

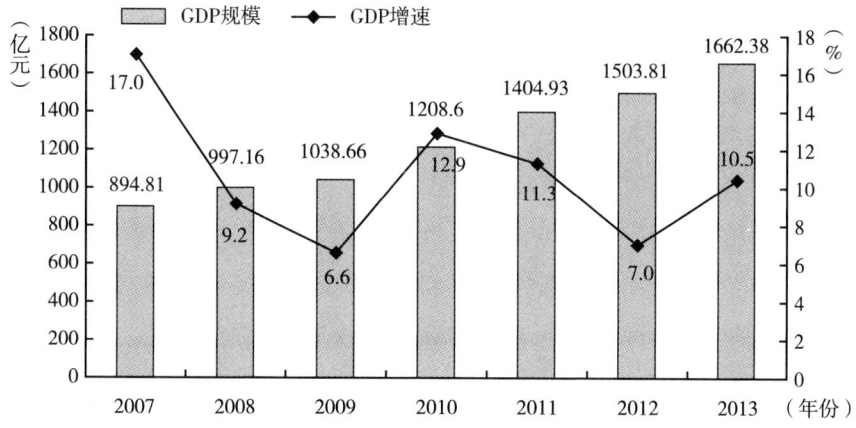

图1　2007~2013年珠海地区生产总值（GDP）规模及增速

注：2013年数据为公报统计数据，2007~2012年数据为年报数据。本图及本文其他图中的地区生产总值、各产业增加值等指标绝对数按现价计算，增长速度按可比价计算。

资料来源：《珠海市2013年国民经济和社会发展统计公报》。

活力，产业发展形成新动力，工业发展冲出低谷强劲复苏。

2013年珠海完成工业增加值775.57亿元，比上年增长7.7%，对全市经济增长贡献率达55%，拉动经济增长5.7个百分点（见图2）。其中，规模以上工业增加值744.99亿元，增长11.2%，高于全国9.7%和全省8.7%的平均水平，在珠三角九市中，数额居第8位，增速居第6位（比上年提升2位）。

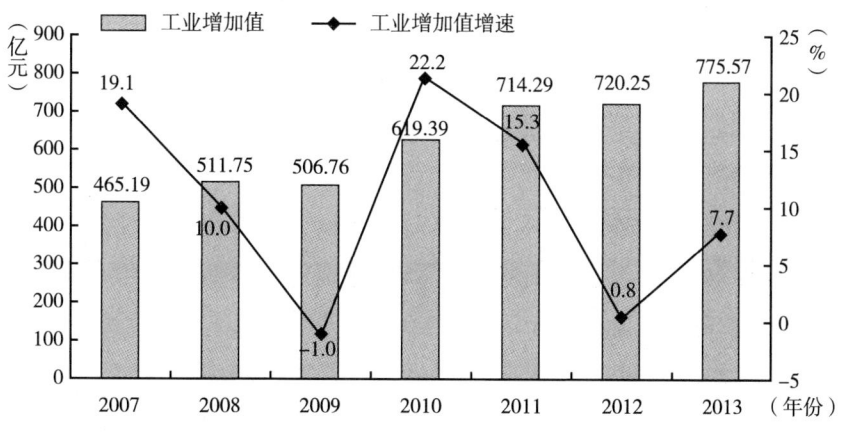

图2　2007~2013年珠海工业增加值及增速

资料来源：《珠海市2013年国民经济和社会发展统计公报》。

六大工业支柱产业2013年共完成工业增加值522.58亿元，同比增长9.2%，占全市总量的70.2%。其中，家电电器、电子信息、石油化工、电力能源、生物医药和精密机械制造分别完成工业增加值166.44亿元、128.19亿元、93.00亿元、61.19亿元、34.01亿元和39.75亿元，同比分别增长7.4%、14.8%、11.2%、0.8%、11.0%和8.6%（见表1）。从过去几年的情况来看，占全市总量达七成以上的六大支柱产业，其发展速度不稳定，持续性较弱。

表1　2010－2013年六大产业工业增加值同比增速表

单位：%

年份	平均增幅	家电电器	电子信息	石油化工	电力能源	生物医药	精密机械制造
2010	18.6	16.0	29.8	20.0	10.6	23.0	13.2
2011	11.5	20.3	-4.0	11.4	10.6	25.0	14.2
2012	7.8	15.6	1.1	10.0	-7.6	18.5	14.7
2013	9.2	7.4	14.8	11.2	0.8	11.0	8.6

资料来源：2010~2013年《珠海市国民经济和社会发展统计公报》。

随着珠海市总体经济和工业生产摆脱低迷、增速加快，工业企业的经济效益明显改善。2013年珠海市规模以上工业企业，虽然仍然有亏损企业241家，同比增加23家，亏损额26.04亿元，同比增长7.5%，但是盈利企业实现盈利274.55亿元，同比增长38.8%，从而实现了整体利润总额248.52亿元，同比增长35.4%（见表2）。

表2　2013年珠海规模以上工业企业实现利润及其增长速度

指　标	利润总额（亿元）	比上年同期增长（%）
全市规模以上工业	248.52	35.4
其中：国有控股企业	159.84	46.5
集体企业	0.10	-9.1
股份制企业	169.28	48.4
外商及港澳台投资企业	76.19	13.7
民营企业	38.11	58.1

资料来源：《珠海市2013年国民经济和社会发展统计公报》。

（三）外经贸形势逆势改善，进出口额再创历史新高

面对国内外复杂的形势，在全国和广东省外贸增长趋缓的背景下，2013年珠海扭转了2012年全部外贸各项指标负增长的严峻外贸形势，逆势改善，进出口额再创历史新高。

全年完成进出口总额541.69亿美元，同比增长18.6%（见图3），其中出口266.06亿美元，同比增长23.0%，进口275.63亿美元，同比增长14.6%。同期广东省这三项增速均为10.9%左右，均低于珠海市10多个百分点。另外，珠海的外贸逆差缩小为9.57亿美元，比上年缩减14.50亿美元。

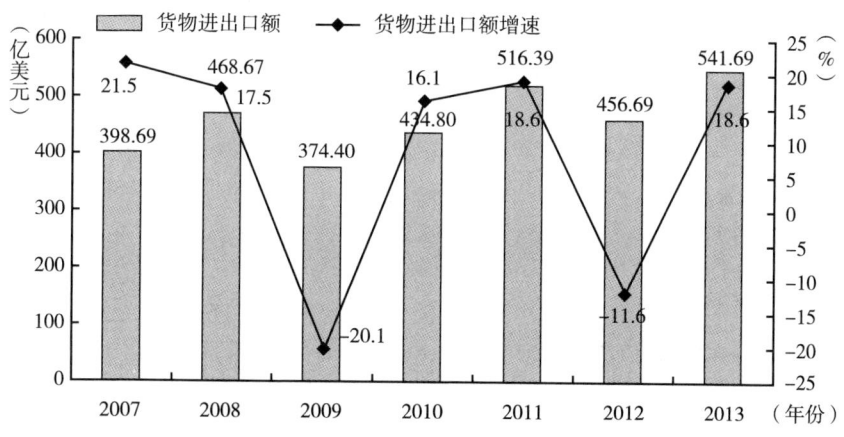

图3　2007～2013年珠海货物进出口额及其增速

资料来源：《珠海市2013年国民经济和社会发展统计公报》。

具体来说，珠海外贸结构进一步优化，一般贸易进出口快速发展，私营企业出口占比提高，高新技术产品和新兴市场出口保持良好势头。2013年一般贸易出口增长73.5%，进口增长14.9%。而加工贸易在全市外贸的地位则相对进一步下滑，虽然加工贸易出口由2012年的下降10.3%转为增长2.2%，但其占总出口的比重却由2012年的64.34%，下降到2013年的53.49%，下降幅度近10个百分点。加工贸易进口仍然为负增长，预计未来加工贸易下滑是珠海对外贸易发展的一个重要趋势。从企业性质来说，国有企业和私营企业等内资企业逐渐取代外资企业成为珠海外贸增长的主力军，进出口增长趋势优

于外资企业。2013年珠海私营企业等进出口总额分别增长48.5%和146.7%，国有企业进出口总额分别增长22.1%和-2.2%，外商投资企业进出口总额分别增长-0.6%和5.3%（见表3）。

表3 2013年珠海市进出口及增长速度

单位：亿美元，%

指标	绝对数	比上年增长
进出口总额	541.69	18.6
出口额	266.06	23.0
其中：一般贸易	103.68	73.5
加工贸易	142.32	2.2
其中：国有企业	27.10	-2.2
外商投资企业	168.60	5.3
私营企业	70.36	146.7
进口额	275.63	14.6
其中：一般贸易	151.04	14.9
加工贸易	66.74	-4.2
其中：国有企业	107.98	22.1
外商投资企业	117.40	-0.6
私营企业	50.25	48.5

资料来源：《珠海市2013年国民经济和社会发展统计公报》。

（四）投资持续快速增长，交通基础设施持续完善

近几年珠海的固定资产投资持续快速增长，是拉动其经济增长的第一动力。2013年，珠海完成固定资产投资960.89亿元，同比增长22.0%（见图4），占GDP的比重达57.8%，增速连续三年位居珠三角地区第一位。

分产业来看，与2013年珠海工业生产经营形势喜人相对应，当年第二产业投资额为254.40亿元，同比增长36.2%，其中工业投资额为254.26亿元，增长36.2；以基础设施为主的第三产业投资仍然是全市投资增长的主力，完成投资额706.14亿元，同比增长17.8%，占全市投资总额的73.88%。全年新开工项目375个，同比增长46.5%；在建项目559个，同比下降12.2%。

从投资主体看，国有经济投资总额接近非国有经济，是拉动珠海投资持续

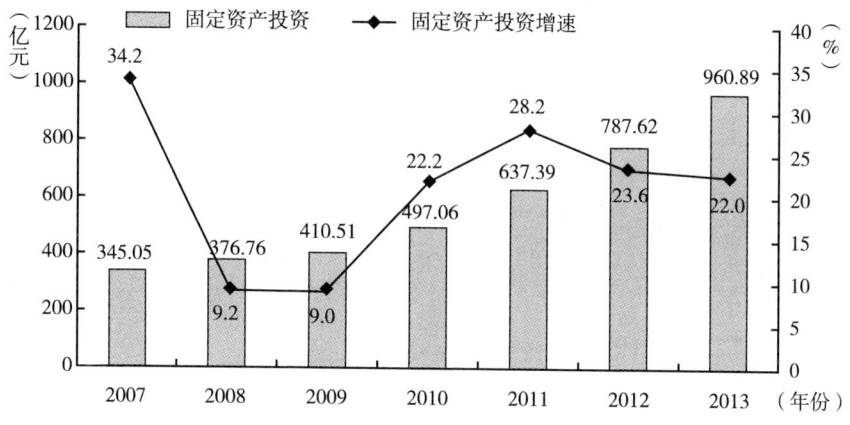

图 4　2007～2013 年珠海固定资产投资及其增速

资料来源：《珠海市 2013 年国民经济和社会发展统计公报》。

增长的主要动力，一方面，高栏港高速公路、港珠澳大桥等大量重大交通基建项目是政府项目，需要国有资本的投入；另一方面，外贸形势变化导致外资企业的投资相应减少。2013 年，珠海国有经济投资额为 456.42 亿元，大幅增长 57.5%。非国有经济投资额为 504.47 亿元，增长 1.3%，其中，外商经济投资大幅下降 41.2%，仅 113.53 亿元；民营经济投资额为 260.55 亿元，增长 7.5%。

2013 年，珠海在多年来加强交通基础设施建设的基础上，进一步完善交通枢纽功能。在 2012 年珠海圆了百年"铁路梦"后，2013 年珠海两大高速公路即高栏高速公路和机场高速公路相继全线建成通车，与 2012 年通车的广珠铁路、广珠城际轨道以及预计 2016 年通车的港珠澳大桥等重大基础设施项目，将共同把珠海由交通末梢城市打造成区域性交通枢纽城市。高栏港高速公路使高栏港经济区与高速公路网络相连接，与广珠铁路、广珠城际轨道优势互补，大大加强铁路与附近区域中、短途快速联系，可以促进广珠铁路货物运输的快速集结、中转及配送，从而提升了高栏港的集疏运体系。机场高速公路的通车则结束了珠海机场不通高速公路的"尴尬"历史，方便中山、江门以及粤西地区等地的旅客快速到达珠海机场，从而扩大了珠海机场的辐射范围。

（五）打造美丽珠海，城市生态环境持续改善

珠海经济特区成立 30 多年以来始终坚持经济发展和环境保护双赢的道

路，2008年就提出了把建设生态文明新特区作为发展目标，近几年珠海在生态文明建设方面取得了显著成绩，其生态文明的各项指标持续保持在全国前列。

为进一步创建全国文明城市和生态文明示范市，在2012年6月出台《关于率先创建全国生态文明示范市的决定》和《珠海市创建全国生态文明示范市"四年行动计划"》的基础上，珠海市2013年12月再次出台《珠海市经济特区生态文明建设促进条例》，从而进一步提升珠海的生态环境，全面打造"天更蓝、水更清、城更美、环境更安全"的美丽珠海。

2013年，珠海空气质量持续保持优良水平，在全国名列前茅。2013年珠海环境空气中污染物二氧化硫、二氧化氮、可吸入颗粒物、降尘年日均值分别比上年下降18.2%、8.8%、20.4%和1.0%，正所谓"好上加好"更"难能可贵"。国家环保部根据空气质量新标准开展PM2.5等监测，公布了2013年三大城市群和74个城市全年空气状况，其中，珠海跻身全年空气"十佳"城市，是广东省控制质量最好的三个城市之一。

2013年，珠海水环境质量继续处于较好水平，集中式饮用水源地水质达标率100%。建成污水处理厂13座，城市污水日处理能力达58.4万吨，增长7.6%。城镇生活垃圾无害化处理率达到100%。

2013年完成荒山荒（沙）地造林、更新造林、有林地造林面积2529公顷，新建了65千米绿道、96千米生态景观林带、2.6万亩碳汇林，森林覆盖率达到29.7%，比上年提升0.2个百分点。

2013年完成节能减排约束性指标，二氧化硫排放量削减16.53%，单位工业增加值能耗下降9.2%，单位GDP能耗继续保持全省第三低位。

（六）居民生活水平提高，民生保障能力加强

2013年，珠海居民收入和生活水平继续保持较高增幅。珠海城镇居民人均可支配收入为36375元，增长10.3%，增速高出广东省平均水平0.8个百分点（见图5）。农村居民年人均纯收入为14940元，增长11.5%，增速高出广东省平均水平0.8个百分点。全年社会消费品零售总额为720.52亿元，比上年增长13.5%，高于GDP增速3个百分点，一方面说明消费对经济增长的贡

献在提高；另一方面说明老百姓随着收入的提高更愿意消费，从而提高生活水平，并分享经济增长的成果。

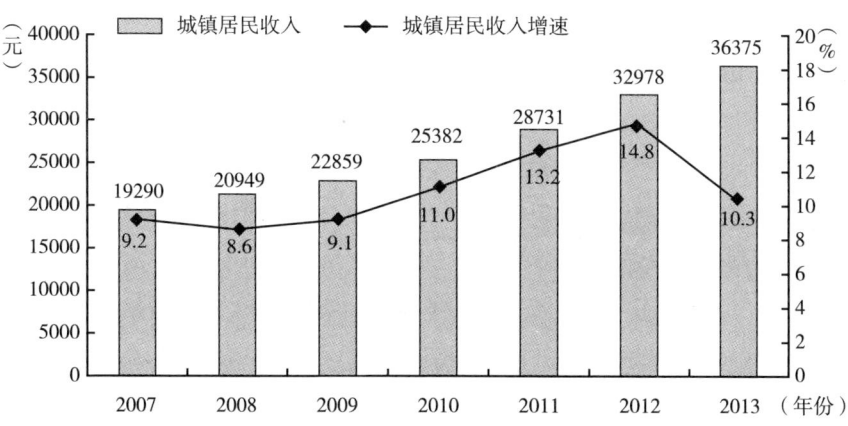

图 5　2007~2013 年珠海城镇居民收入及增速

资料来源：《珠海市 2013 年国民经济和社会发展统计公报》。

就业形势保持稳定，2013 年城镇新增就业人数为 43308 人，13352 名城镇失业人员实现再就业，就业困难人员实现就业 2286 人，农村劳动力转移就业 3194 人，年末城镇登记失业率为 2.28%，同比下降 0.06 个百分点。

2013 年珠海的民生保障工程稳步推进，社会建设进一步发展。全市公共财政预算用于教育、医疗卫生、农林水事务、住房保障等九项民生支出共 153.1 亿元，增长 18.7%，占支出总额的 61.7%，比 2012 年提升 2.2 个百分点。公办义务教育标准化学校实现全覆盖，学前教育三年行动计划圆满完成。启动公立医院改革，实施公立医院与社区卫生服务机构"联建协管"、医师多点执业等机制。实施大病补充医疗保险，职工医保和城乡居民医保实际报销比例最高分别达到 94% 和 81%。新农保和城居保月人均养老金分别增长 66% 和 38%，待遇保障水平位居全省前列。社会治安良好，安全生产形势稳定，亿元 GDP 生产安全事故死亡率下降 16.6%，2013 年共发生各类生产安全事故同比下降 11.2%，死亡人数同比下降 4.6%，受伤人数同比下降 19.1%。

二 面临的新形势与新问题

（一）世界经济缓慢复苏，但复苏基础仍不牢固

2013年，世界经济呈现缓慢复苏态势，但复苏基础比较脆弱，全球经济增长3.0%，同比下降0.1个百分点。不同经济体和地区之间存在较大差异，债务风险加剧全球经济金融脆弱性。

国际货币基金组织（IMF）数据显示，2013年发达经济体全年增长1.3%，增速较2012年下降0.1个百分点，继续维持低速增长；新兴经济体增长4.7%，回落0.2个百分点，经济增长动力减弱。

分国家看，受益于房地产市场继续复苏和股指屡创历史新高的财富效应推动，个人消费支出增长较快，美国经济持续复苏，2013年第四季度GDP环比增长3.2%，但该年12月失业率降至6.7%，劳动参与率降至62.8%（为35年来最低点），显示美国劳动力市场复苏基础仍不稳固。欧债危机暂时有所缓解，欧洲经济微弱复苏，欧元区2013年第四季度GDP环比增长0.3%，但是维持在12%左右的高失业率、徘徊在1%以下的低通胀率以及高达近90%的政府债务占GDP的比率，困扰欧洲经济，欧洲经济难以复苏。日本方面，"安倍经济学"刺激作用的边际递减，经济增长势头前高后低，2013年经济增长1.5%，但第四季度仅环比增长0.3%，同时超过其GDP两倍的政府债务规模以及核心通胀率长期处于1%以下的通货紧缩，构成日本经济发展的两大制约因素。新兴市场经济体受产能过剩和前期信贷扩张过快的影响，2013年经济增长4.7%，低于2007~2012年平均6.0%的增速。

另外，债务风险等因素加剧全球经济金融脆弱性，对全球实体经济的发展复苏构成威胁。截至2013年9月末，美国国债余额占GDP的比重达到105%，欧元区政府债务占GDP的比重为92.7%，日本政府债务余额占GDP的比重高达245%，政府债务负担不断加大，财政政策调控经济的空间有限。

（二）国内经济运行总体平稳，经济发展潜力和挑战并存

2013年，我国经济呈现"稳中有升，稳中向好"的发展态势，但也处于"增长速度换挡期"、"经济结构调整阵痛期"和"前期刺激政策消化期"的"三期叠加"所带来的困难情势下，这对不同地区、不同行业、不同领域的影响显著不同，也是珠海经济发展和转型必须考虑的重要课题。

2013年，主要经济指标稳中有升，全年国内生产总值同比增长7.7%。农业生产形势良好，工业生产增速企稳回升，投资、消费稳定增长，消费价格涨幅和就业基本平稳。

从中长期来看，虽然面临的环境依然错综复杂，制约因素和挑战困难不少，但未来一段时期中国经济仍有望保持平稳向好、稳中有进的态势。一是作为最大的发展中国家，我国经济发展的潜能和空间依然还有待挖掘，发展差距明显的东、中、西部经济有较大的互补和回旋余地；二是目前较为完善的各类基础设施、良好的工业生产和配套能力、不断积累的人力资本等，有利于提高生产效率、降低交易成本，是经济增长的重要保障；三是新一轮改革全面推进，有利于激发经济活力，把增长的潜力释放出来。

但也要看到，我国经济运行中仍面临诸多困难和挑战。一是经济增长的内生动力仍有待增强，过去多年形成的"外需"和国内投资"双驱动"的经济增长模式面临转型的同时，"内需"型增长模式尚未形成。二是多年积累的"高投资"以及资源过度向房地产等领域集中等问题，导致债务水平上升，并可能对其他经济主体特别是中小企业形成挤出效应，加剧融资难、融资贵问题，制约经济发展活力。三是部分行业产能过剩，企业生产经营比较困难。截至2013年底，工业生产品出厂价格连续22个月同比下降，表明产能过剩现象依然严重。钢铁、电解铝、船舶等行业利润明显下滑，企业普遍经营困难。四是劳动力成本上升、订单不足、资金紧张等也是微观经济主体，特别是中小企业生产经营面临的难题。

（三）珠海的经济发展问题

一是珠海经济规模偏小，工业基础不够发达，不利于发挥规模效应和经济

辐射作用。长期以来，珠海的人均经济指标在省内排名靠前，但一旦衡量总量指标，珠海的地位就相对落后了许多。2013年珠海人均GDP达1.69万美元，仅次于约2.21万美元的深圳和1.93万美元的广州，高居广东省第三名。但是从总量指标来看，珠海只能在广东省21个地市中排名中游，在珠三角九市中则排名靠后（见表4）。

表4 2013年珠三角九市部分经济指标对比

	GDP(亿元)	工业增加值		第三产业增加值	
		金额(亿元)	占GDP比重%	金额(亿元)	占GDP比重%
广　州	15420.14	4430.31	28.73	9963.90	64.62
深　圳	14500.23	5695.00	39.28	8198.14	56.54
珠　海	1662.38	744.99	44.81	770.21	46.33
佛　山	7010.17	3652.82	52.11	2530.76	36.10
惠　州	2678.35	1374.57	51.32	991.09	37.00
东　莞	5490.02	2112.65	38.48	2951.06	53.75
中　山	2638.93	1257.02	47.63	1108.35	42.00
江　门	2000.18	714.44	35.72	828.34	41.41
肇　庆	1660.07	813.45	49.00	606.59	36.54
珠三角九市	47616.21	17710.71	37.19	26078.62	54.77
珠海排位	8	8	5	8	4

资料来源：广东省统计信息网，http://www.gdstats.gov.cn/。

二是珠海经济外贸依存度高，在向"内需型"增长模式转变中挑战更大。珠海外贸依存度长期保持在200%左右（见表5），是珠三角乃至全国外贸依存度最高的城市之一。过去，在改革开放前30年，珠海经济显然受惠于外贸经济的发展，但是，在当前国内外经济发展形势下，这可能是个潜在风险因素。一方面，国际经济的"风吹草动"很容易传导到珠海经济；另一方面，在国内经济向"内需型"发展的转变过程中，珠海的外向型经济能否很好地适应这种形势和发展趋势，可能存在诸多困难。

表5　2008~2013年珠海外贸依存度*

指标　　　　　年份	2008	2009	2010	2011	2012	2013
GDP规模(亿元)	997.16	1038.66	1208.60	1404.93	1503.81	1662.38
进出口额(亿美元)	468.37	374.40	434.80	516.39	456.69	541.69
年末人民币对美元汇率(央行中间价)	6.8346	6.8262	6.6227	6.3009	6.2855	6.0969
外贸依存度(%)	321.02	246.06	238.26	231.59	190.88	198.67

注：外贸依存度指进出口总额占国内生产总值的比重，这里的计算采用的是央行公布的当年年末汇率。

资料来源：《珠海市2013年国民经济和社会发展统计公报》、中国人民银行网站。

三是金融业对实体经济的支持力度还有待提高。金融是现代经济的核心，实体经济的发展离不开金融，特别是资金的支持。资料显示，2013年珠海金融业增长12.0%，比GDP的增长快1.5个百分点，金融业增加值占GDP的比重也提升到5.7%，银行业税后利润为68.86亿元，同比增长27.4%。不过，我们也发现，作为地方金融的主体，珠海的银行信贷对实体经济的支持是存在很大不足的，潜力还有待挖掘。

由于银行仍然是我国金融业的主体，对地方来说，银行业各项指标在当地金融业的比重往往在九成以上甚至更高。用金融相关率[①]可以来衡量地方的金融发展水平，如果同时结合存贷比则更可以表明当地金融对实体经济的支持力度。比较珠海与深圳、广州的金融相关率和存贷比，可以发现珠海在金融相关率方面与深圳、广州的差距并不大，但在存贷比方面却远远落后（见图6和图7）。2009年以来，以上三地的金融相关率都在200%以上，珠海部分年份甚至比深圳、广州更高。但是，珠海过去6年的存贷比则分别平均落后深圳和广州24.4个和14.2个百分点。即使与2013年广东63.2%和全国71.2%的存贷比相比，珠海也低不少。珠海存贷比较低的原因比较复杂，但结论至少包括：珠海"有钱"但没能在珠海充分使用；珠海的金融业支持实体经济的潜力还很大。

---

① 金融相关率是由美国经济学家雷蒙德·W. 戈德史密斯（Raymond. W. Goldsmith）提出的衡量一国金融发展水平的一个指标，是金融资产与GDP之比，在研究时可以用M2替代金融资产，对于一个地区则可用各类存款总量替代金融资产量来计算金融相关率。

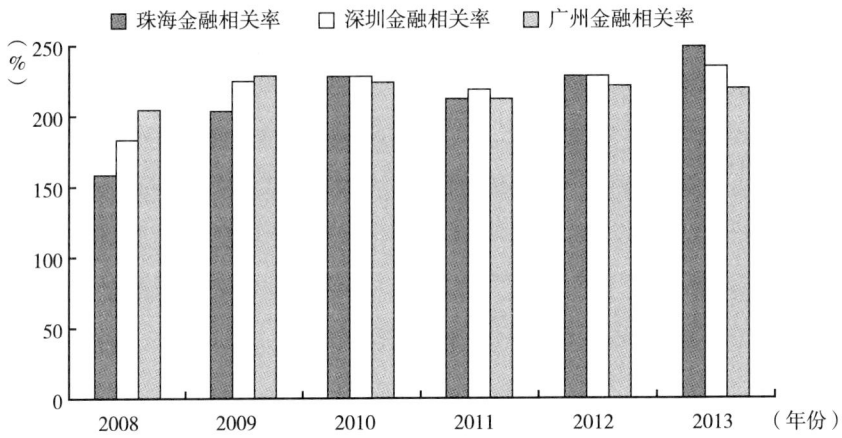

图6 2008~2013年珠海、深圳和广州的金融相关率比较

资料来源：珠海、深圳和广州的统计信息网。

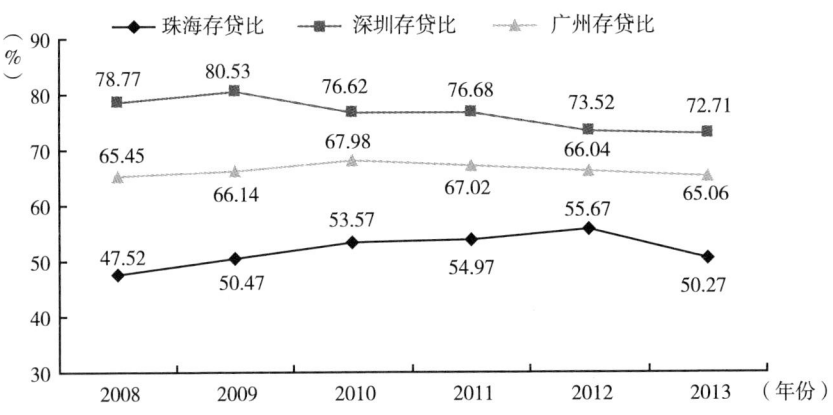

图7 2008~2013年珠海、深圳和广州的金融相关率比较

资料来源：珠海、深圳和广州的统计信息网。

三 对策建议

（一）稳定外贸增长，优化外贸结构

作为外贸依存度较高的城市、改革开放的前沿地带，珠海需要努力克服国

内外经济形势变化带来的不利影响，积极寻求有利的发展契机，保持进出口的稳定增长，推动"走出去"带动贸易。

努力培育外贸新竞争优势，支持企业引进技术和自主创新相结合，提高产品技术含量，扩大技术和资金密集型的高新技术产品和机电产品出口，促进企业延伸贸易链、产业链，提高贸易附加值。

优化经营主体结构。在目前珠海面临外资企业出现相对萎缩的情况下，需要加大扶持民营外贸企业的力度，尤其是扶持中小企业发展，增强外贸发展的活力和潜力，营造民营经济和国有经济、外资经济等经营主体平等参与和公平竞争的环境。

优化贸易方式结构。要适应一般贸易取代加工贸易的形势发展，进一步做大做强一般贸易，逐步扩大一般贸易比重，促进加工贸易的转型升级，提高加工贸易的本地配套比重和本地增值比重，延伸其产业链和价值链，从而提升加工贸易对珠海经济的辐射带动能力。

（二）拓展国内市场，重视"内源"式发展战略

从中长期来看，未来中国将逐步由出口导向型经济增长模式向内源消费型增长模式转型升级，在这一过程中，中西部等相对落后地区的发展速度甚至有可能超过东部等相对发达地区。

在这一趋势下，如果说珠海过去30年的发展战略机遇主要来自"出口"和"外资"等"海外"因素，那么未来则更多地来自"消费"和"国内市场"。

另外，近两年珠海固定资产投资率分别达54.4%和57.8%，这种"投资"拉动型的增长模式的持续性难以保证，这要求珠海需要提高"消费"对经济的拉动作用。

（三）扩大信贷，增强金融业对珠海实体经济的支持力度

如前所述，金融业在支持和服务珠海实体经济方面，远远落后于深圳和广州，明显偏低的存贷比虽然降低了银行的流动性风险和经营风险，却不利于经济的增长。因此，必须着力改进珠海银行业的金融服务，在防范金融风险的同

时，切实提高银行业运行效率和服务实体经济的能力。

如果能充分发挥珠海的资金潜力，如果珠海存贷比能在2013年的基础上提升10个百分点，达到广东省的平均水平，即可新增400亿元以上贷款；如果能提升20个百分点，达到全国平均水平，则可新增800亿元以上贷款。这些资金对珠海目前不到2000亿元的经济规模来讲，可谓插上了"飞翔的翅膀"。

当然，考虑到银行经营的稳健性原则，银行贷款不能"说贷就贷"，但是，地方政府可以发挥其"看得见"的手的优势，采取税收、担保、政策指引等各种干预手段影响银行的经营行为，甚至可以说，在当前远低于广东省和全国平均水平的存贷比下，若能盘活信贷存量、优化信贷增量，即使有一定的信贷风险，也是必要的。

参考文献

［1］珠海市统计局、国家统计局珠海调查队：《珠海市2013年国民经济和社会发展统计公报》，2014年3月28日。
［2］广东省统计局、国家统计局广东调查总队：《广东省2013年国民经济和社会发展统计公报》，2014年3月4日。
［3］朱小丹：《在广东省第十二届人民代表大会第二次会议上的政府工作报告》，2014年1月16日。
［4］何宁卡：《在珠海市第八届人民代表大会第四次会议上的政府工作报告》，2014年1月22日。
［5］陶一桃主编《中国经济特区发展报告（2013）》，社会科学文献出版社，2014。
［6］珠海市政府门户网站，http：//www.zhuhai.gov.cn/。
［7］珠海统计信息网，http：//www.stats‐zh.gov.cn/。
［8］广东省政府门户网站，http：//www.gd.gov.cn/。
［9］广东省统计信息网，http：//www.gdstats.gov.cn/。

B.12
汕头经济特区发展报告

陈红泉*

2013年，面对复杂严峻的国内外经济形势，汕头市经济保持较快增长，地区生产总值增速连续6年高于广东省平均水平，产业转型升级稳步推进，固定资产投资不断加快，经济发展后劲增强，出口结构有所优化，民生民安继续得到改善。同时，汕头经济社会发展也存在一系列挑战和问题，包括银行存贷比低，国有经济比重低，工业基础薄弱，工业结构失衡等。

一 2013年汕头市经济社会发展情况

（一）经济保持较快增长，地区生产总值增速连续6年高于广东省平均水平

2013年，面对复杂严峻的国内外经济形势，汕头全市地区生产总值达到1565.9亿元，增长10%，连续6年高于广东省平均水平（见图1），比上一年提高0.5个百分点。过去6年汕头GDP增速平均高于广东省平均水平1.35个百分点，不断向经济社会发展总体赶超全省平均水平的目标努力迈进。2013年全市人均GDP为28661元，增长9.3%，按年末汇率测算为4272美元，仍然不足广东省平均水平的一半。

（二）积极采取有效措施，推进现代产业发展

为进一步落实"工业经济优先发展"策略，在2012年出台"四大产业计

---

* 陈红泉，深圳大学中国经济特区研究中心讲师。

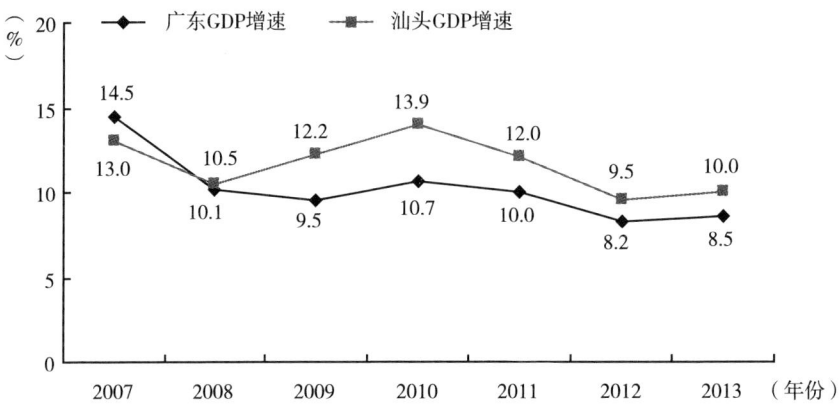

图1 2007~2013年汕头地区生产总值（GDP）规模及增速*

注：2013年数据为公报统计数据，2007~2012年数据为年报数据。本图及本文其他图中的地区生产总值、各产业增加值等指标绝对数按现价计算，增长速度按可比价计算。

资料来源：《汕头市2013年国民经济和社会发展统计公报》和《广东省2013年国民经济和社会发展统计公报》。

划"① 及其有关政策的基础上，2013年，汕头出台了《关于进一步促进汕头工业园区发展的指导意见》，并推出了"五个100"工程，即"促进100家骨干企业做强做大""加快100家传统优势产业企业转型升级""培育壮大100家战略性新兴产业企业""推动100家乡贤反哺企业项目加快落地""促进100家现代服务企业做强做优"，全面推进汕头现代产业发展。

2013年，汕头以电子商务为代表的现代服务业发展较快。2013年全市应用电子商务的市场主体突破10万家，交易规模超400亿元，增长超50%，信用、物流、支付等电子商务支撑体系不断完善，一批电子商务产业园和骨干企业迅猛发展，一批商业综合体项目加快推进。

工业方面，2013年汕头完成工业增加值751.93亿元，比上年增长12.6%，占地区生产总值的比重由上年的47.6%上升为48%，工业对经济增长的贡献率达到62.1%。其中，先进制造业和高技术制造业增加值分别为84.74亿元和29.07亿元，分别增长9.8%与4.5%。汕头工业增加值连续6年

---

① 汕头的四大产业计划为："战略性新兴产业倍增计划"、"传统优势产业提升计划"、"现代服务业提速计划"和"海洋综合开发计划"。

高于广东省水平（见图2），平均高出3.23个百分点，是拉动汕头经济增速同期快于广东省的主要源头。

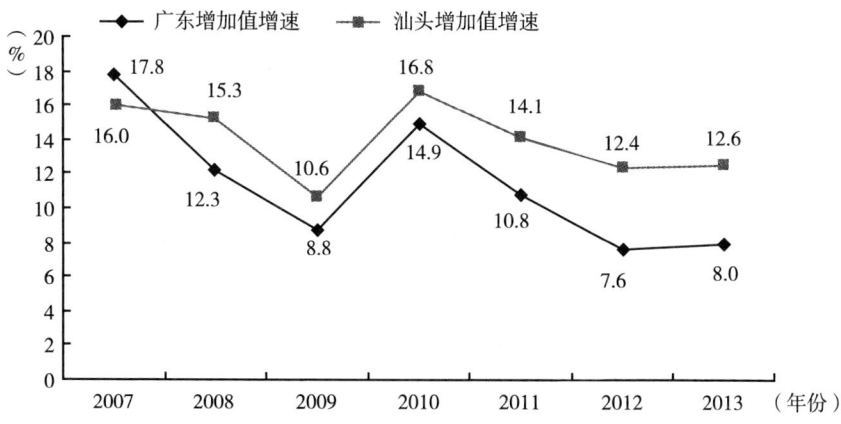

图2 2007~2013年汕头市与广东省工业增加值增速比较

资料来源：《汕头市2013年国民经济和社会发展统计公报》和《广东省2013年国民经济和社会发展统计公报》。

（三）固定资产投资不断加快，增强经济发展后劲

投资是直接拉动经济增长的"三驾马车"之一，而投资项目的建成又会增强未来的经济活力，再次推动经济的增长。2000~2010年，汕头的固定资产投资率①比广东省平均水平低近10个百分点，比全国平均水平低大约26个百分点（见图3）。可以说，较低的固定资产投资率使汕头没有抓住中国经济高速发展的"黄金期"。直到2011年，这种情况才有所改变。

从2013年的情况来看，汕头全年完成固定资产投资额784.67亿元，比上年增长28.2%。固定资产投资率首次超过50%，达到50.11%，比广东省平均水平高出13.34个百分点。

从投资经济类型看，民营经济是拉动投资的主体。2013年汕头民营经济投资额为597.60亿元，增长33.4%，国有经济投资额为119.62亿元，下降0.6%。民营经济投资占全市总投资的76.2%，比2012年提升了1.8个百分

---

① 固定资产投资率是固定资产投资额占GDP的比重，反映了固定资产投资对经济增长的贡献。

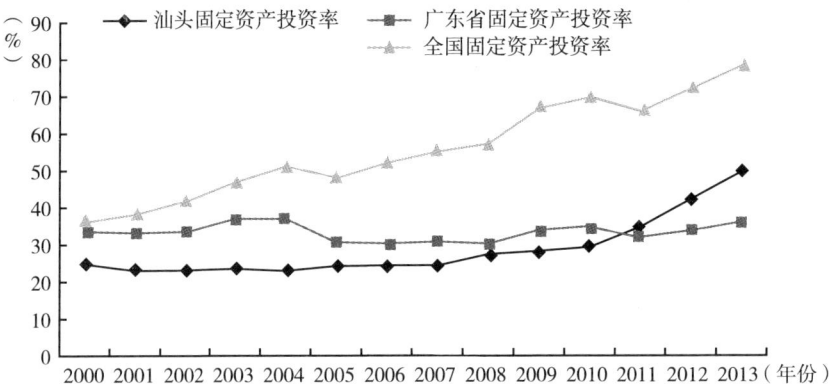

图3 2000~2013年汕头市、广东省和全国固定资产投资率比较

资料来源：汕头市统计信息网、广东省统计信息网和国家统计局网站。

点。这说明汕头民营经济近几年蓬勃发展，但国有经济则不乐观。

从具体产业来看，有利于增强经济发展潜力和发展后劲的工业和现代服务业是投资的主体。汕头工业投资额为402.42亿元，增长24.5%；电子商务、现代物流等现代服务业投资额为282.69亿元，增长25.1%。工业和现代服务业两者合计投资额占全市的比重达87.31%。

同时，对于经济发展具有长远影响的基础设施建设顺利推进。厦深铁路2013年12月开通运行，汕揭梅高速公路月浦至泰山立交段年底建成通车，大大提升了汕头作为区域中心城市的便捷通达能力、经济辐射能力与经济对接空间。汕头港广澳港区二期工程2013年9月获国家发改委核准，已开展前期工程，此项目有利于缓解汕头港在集装箱方面的能力不足。城市内部市政设施方面，2013年汕头完成改造一批城区主干道和市政道路，完成改造16.45万平方米破旧道路，城乡面貌大为改善。对汕头南澳岛发展尤其是旅游业发展具有重要意义的南澳大桥主桥主塔于2013年10月封顶。

（四）外贸形势依然严峻，出口结构持续优化

受国际经济复苏缓慢影响，2013年汕头对外经济仍然处于低谷。全年完成进出口总额92.34亿美元，同比增长4.9%（见图4），落后全省6个百分点。其中，出口总额66.02亿美元，增长7.1%，落后全省3.8个百分点；进

口总额 26.32 亿美元，下降 0.3%，落后全省 11.3 个百分点。全年实际吸收外商直接投资金额 1.48 亿美元，增长 13.6%；新签投资项目 24 个。

在困难的外贸形势下，2013 年汕头采取多项措施，帮助外贸企业。为优化通关环境，汕头进一步推进了电子口岸建设，启动了关检合作"一次申报、一次查验、一次放行"通关模式试点。帮助企业开拓国际市场，组织企业参加第二届中国品牌商品非洲展等 16 个国外重要展会。为促进外贸产品"内销"，积极开拓国内市场，汕头举办了首届"汕头购物节"、第二届中国（潮南）内衣家居服装节、第 15 届中国澄海国际玩具礼品博览会，组织了"汕货全国行"和"汕货网上行"等经贸活动。

虽然外贸进出口总额仍然处于低谷，但出口结构进一步优化。第一，产业链更长、附加值更高的一般贸易占总出口额的比重进一步提升到 79% 以上，2013 年一般贸易出口额增长 13%，而加工贸易出口额下降 13.6%，占总出口额比重由 2012 年的 24.5% 下降到 19.8%。第二，民营经济的出口主体地位进一步增强，2013 年民营企业出口额占总出口额的比重提升到 58.5%，达 38.64 亿美元，同比增长 14.9%，而外商投资企业出口额占比则下滑至 35%，为 23.10 亿美元，同比下降 0.2%。第三，从出口商品看，服装产品表现相对出色，2013 年服装产品出口额为 16.41 亿美元，同比增长 12.7%；机电产品和玩具产品出口额则表现一般，分别同比下降 3.3% 和增长 2.7%。

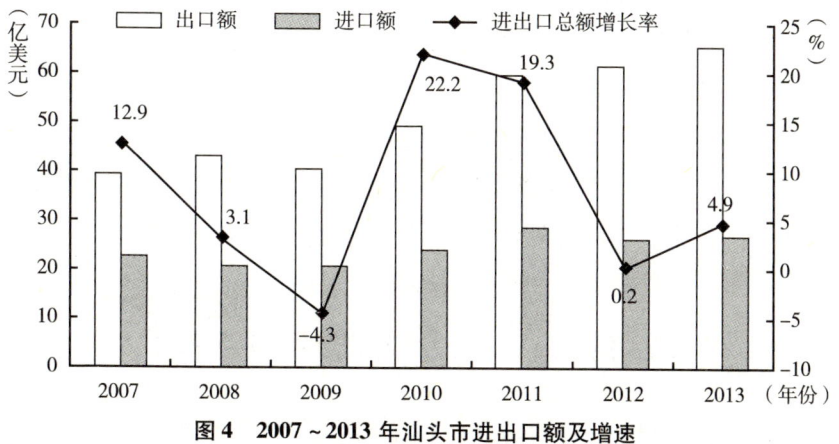

图 4　2007~2013 年汕头市进出口额及增速

资料来源：《汕头市 2013 年国民经济和社会发展统计公报》和《广东省 2013 年国民经济和社会发展统计公报》。

（五）改善民生民安，改善城市管理

汕头居民收入水平和生活水平继续提高。2013年，城镇居民人均可支配收入为22207元，同比增长10.9%，农村居民人均纯收入为10097元，同比增长11.8%，分别高出广东省平均水平1.4个和1.1个百分点。全年社会消费品零售总额为1158.92亿元，同比增长12.5%，高于广东省平均水平2个百分点，也比汕头的GDP增幅高2.5个百分点，说明消费对汕头经济增长的贡献加大，也说明老百姓随着收入提高更愿意消费以提高生活水平，并分享经济增长的成果。

2013年，汕头继续推进民生社会事业发展，教育、卫生、文化、保障房等民生领域投入达132亿元，占全市公共财政预算支出的70.5%，高于全省平均水平。2013年度的十大民生实事基本完成任务。一是实施"绿满家园"全民行动；二是继续推进千村环境卫生整治；三是继续推进城乡保障性住房建设；四是实施潮阳、潮南村村通自来水工程；五是提高义务教育生均公用经费标准；六是实施全民健康工程；七是提高养老保障服务水平；八是提高城乡最低生活保障补贴水平；九是加大特殊群体救助力度；十是推进文化城乡全覆盖。

2013年，汕头采取多项创新措施改善城市管理、建设"平安汕头"。一是创新城市管理体制机制，集中整治城市管理乱象，启动小贩疏导工程，逐步改善市容市貌。二是加强道路交通安全管理，强化市政交通路面监管和现场指挥疏导，有效改善了交通秩序。2013年道路交通万车死亡率为2.02，同比下降6.5%。三是狠抓安全生产，强化落实"一岗双责"、排查治理安全隐患和严厉"打非治违"。2013年未发生"较大"以上生产安全事故，亿元GDP生产安全事故死亡率连续十多年保持下降，2013年为0.123，同比下降16.3%。四是积极推进"平安细胞工程"，维护社会治安秩序和社会稳定。2013年汕头刑事和治安警情下降12.8%，常住人口发案率仅为全省平均水平的1/3。

二 汕头经济社会发展的问题与挑战

（一）银行存贷比偏低，银行资金对汕头实体经济的支持力度偏弱

金融是现代经济的核心，银行是我国金融业的主体，实体经济的发展离不

开金融特别是银行资金的支持。

2013年末,汕头本外币各类存款余额为2530.16亿元,比年初增加244.53亿元,增长10.7%;汕头本外币各类贷款余额为971.93亿元,比年初增加159.98亿元,增长19.7%。

以此计算,2013年汕头银行业存贷比为38.4%,不仅远低于75%的监管红线,也远低于全国平均71.2%和广东省平均63.2%的存贷比(见图5)。数据显示,从2002年起,汕头的银行存贷比指标就连续12年落后于广东省平均水平,年均落后21.6个百分点。

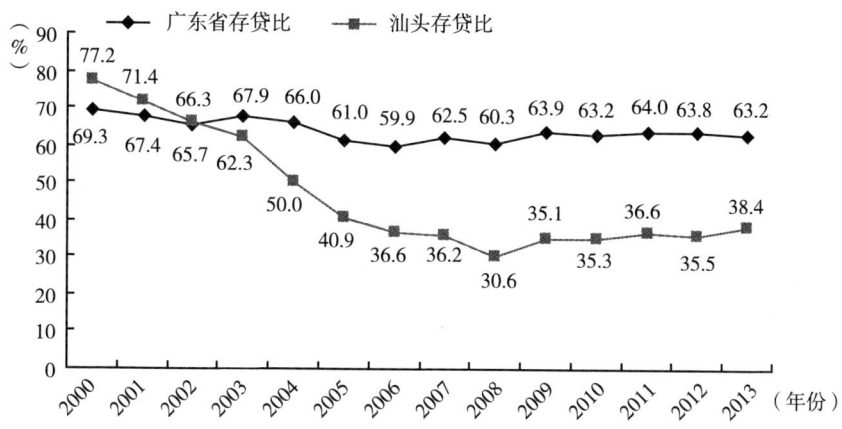

图5　2000年以来汕头市与广东省存贷比指标对比

资料来源:《汕头市2013年国民经济和社会发展统计公报》和《广东省2013年国民经济和社会发展统计公报》。

一般来说,银行基于利益最大化目标,往往都有多放贷的考虑,而监管机构出于风险和流动性考虑,限制银行的存贷比。但是,由于我国银行的分支行模式以及货币市场的不断发展,经济相对落后地区的银行资金通过"银行内转移"和"货币市场同业拆借"等方式转移到经济相对发达地区,其规模往往远远高于来自国家财政的"转移支付",因此经济相对落后地区的实体经济反而不能得到当地资金的支持,结果产生"马太效应","弱者更弱"。

根据笔者的测算,如果从2002年开始,汕头的存贷比能一直保持广东省平均水平63.5%的话,那么过去12年将新增贷款4163.58亿元,平均每年新增贷款346.97亿元,若加上贷款的"乘数效应",则对汕头实体经济的发展将是巨大的刺激。

(二)国有经济比重低

在我国,国有经济在国民经济中发挥着主导作用。国有经济控制基础产业和支柱产业等国民经济命脉,国有经济在对整个社会经济发展的支撑、引导和带动上具有控制地位。发展和壮大国有经济,对于增强国民经济实力具有决定性作用。

国有企业是我国国民经济的支柱,发展社会主义社会的生产力,实现国家的工业化和现代化,始终要依靠和发挥国有企业的重要作用。国家如此,地方亦然。可以说,地方国有经济发展的好坏,对于当地经济发展具有重要的影响。

工业是国有经济发挥主导作用的基础。从多个指标来看,汕头国有经济尤其是汕头国有工业的作用并不突出。从规模以上工业经济来看,汕头国有工业企业总量指标和均量指标都比较低,在总量指标上,2012年汕头国有工业企业总资产为155.78亿元,主营业务收入为184.27亿元,利税总额为15.91亿元,分别仅占全市的8.8%、8.9%和6.8%,也都比广东省平均水平低约10个百分点;均量指标上,2012年汕头国有控股企业每家平均资产为11.7亿元,平均收入为9.5亿元,相对于全省平均水平的75.6%和66.1%较低。从固定资产投资来看,2013年汕头国有经济固定资产投资额为119.62亿元,仅占全市的15.3%,比广东省平均水平低9.1个百分点。

(三)工业基础薄弱,工业结构失衡

工业化对经济增长起着有力的推动作用。有学者研究指出,过去200年的经济发展史表明,任何一个生产率水平和生活水平大幅提升的经济体都离不开工业化。

汕头之所以提出"工业经济优先发展"策略,显然是认识到工业对汕头经济发展具有主导和引领作用,针对的是汕头工业薄弱的现状。

然而数据显示,与工业基础薄弱相比,汕头的工业更突出的问题在于工业结构失衡。汕头的工业结构失衡除了前述国有经济比重低外，还存在其他失衡表现，具体如下。

一是轻重工业比重失衡，2012年①汕头规模以上工业总产值中轻工业是重工业的2.1倍。一般来讲，在工业化过程中，重工业优先发展的作用更大。二是大、中、小工业企业失衡，2012年汕头规模以上工业总产值中三者构成为17.6%、28.8%和54.4%，大型企业比重最低。三是产品结构失衡，以劳动密集型工业为主，资本密集型和技术密集型工业比重低，2012年规模以上工业产品前2位分别是纺织服装业和文教体育用品制造业。四是行业组织结构失衡，2012年汕头规模以上工业总产值中，股份公司占比仅为5.2%，有限责任公司占比为20.1%，私营企业占比为39.7%。

三　对策建议

（一）扩大信贷，提高汕头银行资金对实体经济的支持力度

如前所述，金融是现代经济的核心，实体经济的发展离不开金融，特别是银行资金的支持。

如果汕头不断加大贷款力度，未来5年将汕头存贷比逐步从目前的38.4%提高到广东省平均水平的65%左右，则每年各项贷款金额将在目前的基础上增加100亿~200亿元，这对于目前不到2000亿元经济规模的汕头经济来说，将是一个极大的刺激。

当然，考虑到经济发展和银行经营原则，贷款必须以"实体经济"为基础，不能"说贷就贷"。但是，地方政府可以发挥其"看得见"的手的优势，采取相关干预手段影响银行的经营行为，盘活信贷存量，优化信贷增量。

（二）发展壮大国有经济，推动工业化发展

虽然汕头提出了"工业经济优先发展"策略，工业经济近几年也发展较

---

① 本段关于汕头工业失衡表现采用了《汕头统计年鉴2013》中2012年的数据。

快，但前述的工业失衡问题将严重制约汕头工业的"起飞"。

发展经济学的理论研究以及发展中国家的实践证明，在经济起飞阶段，政府必须要将优先的资源集中于少数主导产业，实现非均衡的增长，才能进而带动其他产业的发展，乃至实现经济的快速增长。作为主导产业的战略产业是规模经济高、资本密集型产业。因此，可供选择的主要办法就是政府以国有经济部门推动产业发展，助推工业化。而且，这种政府推动的工业化见效快，风险也比完全依赖市场推动的工业化低。

参考文献

［1］汕头市统计局、国家统计局汕头调查队：《汕头市 2014 年国民经济和社会发展统计公报》，2014 年 3 月 18 日。

［2］广东省统计局、国家统计局广东调查总队：《广东省 2013 年国民经济和社会发展统计公报》，2014 年 3 月 4 日。

［3］朱小丹：《在广东省第十二届人民代表大会第二次会议上的政府工作报告》，2014 年 1 月 16 日。

［4］郑人豪：《在汕头市第十三届人民代表大会第四次会议上的政府工作报告》，2014 年 2 月 18 日。

［5］陶一桃主编《中国经济特区发展报告 2013》，社会科学文献出版社，2014。

［6］陆军荣：《国有化、工业化与中国经济增长——中国国有经济 60 年发展的实证分析》，载《中国经济 60 年道路、模式与发展：上海市社会科学界第七届学术年会文集（2009 年度）经济、管理学科卷》，上海人民出版社，2009。

［7］汕头市政府门户网站，http：//www.zhuhai.gov.cn/。

［8］汕头统计信息网，http：//www.stats‐zh.gov.cn/。

［9］广东省政府门户网站，http：//www.gd.gov.cn/。

［10］广东省统计信息网，http：//www.gdstats.gov.cn/。

B.13
厦门经济特区发展报告

刘伟丽　潘凤*

2013年，厦门加快推进跨岛发展，在经济社会总体呈现稳中向好趋势的同时，厦门面临着经济增长后劲不足、产业结构还需进一步优化等突出问题。加快经济结构转型、体制机制创新仍是破解厦门诸多领域问题的关键。

一　2013年厦门经济发展的主要特征

（一）经济总量平稳增长

2013年，厦门实现地区生产总值3018.16亿元。其中，第一产业产值25.99亿元，增长0.2%；第二产业产值1434.79亿元，增长11.1%；第三产业产值1557.38亿元，增长7.7%。厦门人均地区生产总值在全省率先突破8万元，达到81572元，折合13166美元[①]（见图1）。

从主要经济指标上看，厦门主要经济指标各季均呈"前升后降"的走势。其中，全年四个季度GDP完成情况分别为：第一季度为530.26亿元，增长10.8%；第一季度、第二季度累计为1273.19亿元，增长11.3%；前三季度累计为2056.26亿元，增长10.4%；全年达到3018.16亿元，增长9.4%。其中，上半年比第一季度上升0.5个百分点；前三季度比上半年回落0.9个百分

---

* 刘伟丽，深圳大学经济学院教授、经济学博士，深圳大学中国质量经济发展研究所所长；潘凤，深圳大学理论经济学博士生。
① 以下数据均来源于《福建统计年鉴2014》、《厦门市2013年国民经济和社会发展统计公报》和厦门市统计局（http://www.stats-xm.gov.cn/tjzl/tjfx/）。

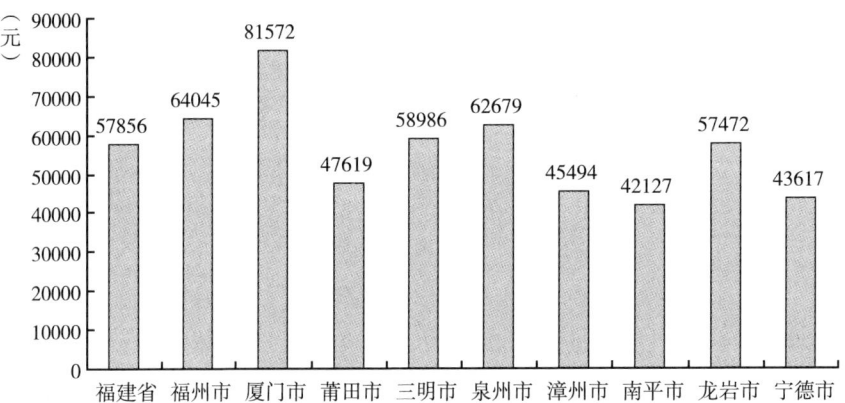

图 1　福建各地市人均 GDP 指标对比

资料来源:《福建统计年鉴 2014》。

点;全年比前三季度回落 1.0 个百分点。财政总收入四个季度的累计增长率分别为 12.3%、13.6%、13.4% 和 11.6%,外贸进出口总额四个季度的累计增长率分别为 18.2%、19.0%、16.6% 和 12.9%,主要经济指标增长率均呈现上半年回升、下半年回落的走势(见图 2)。

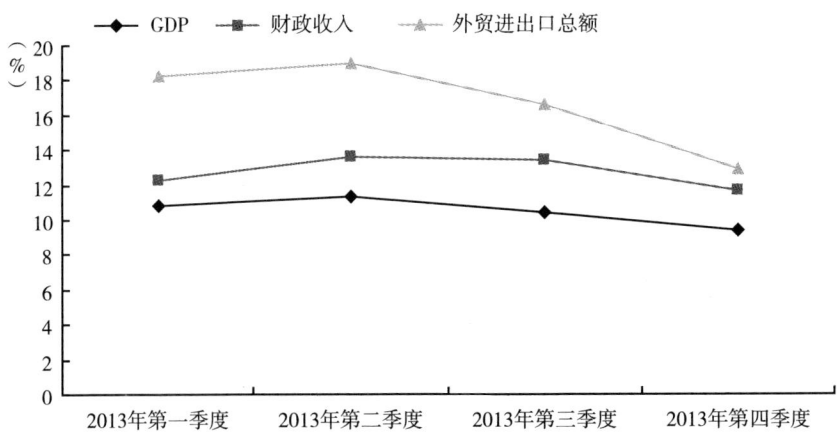

图 2　2013 年厦门各主要经济指标累计增速走势

资料来源:根据厦门统计信息网(http://www.stats-xm.gov.cn/tjzl/tjfx/)数据整理。

（二）工业对经济增长带动作用增强

2013年，厦门工业实现增加值1212.17亿元，占GDP的比重为40.2%，对全市经济的贡献率达55.9%。其中，规模以上企业实现工业增加值1141.69亿元。全年规模以上企业工业用电总量为109.14亿千瓦时，增长7.5%，每千瓦时用电量实现产值42.87元。图3是2013年各月厦门规模以上企业工业总产值及累计增速。

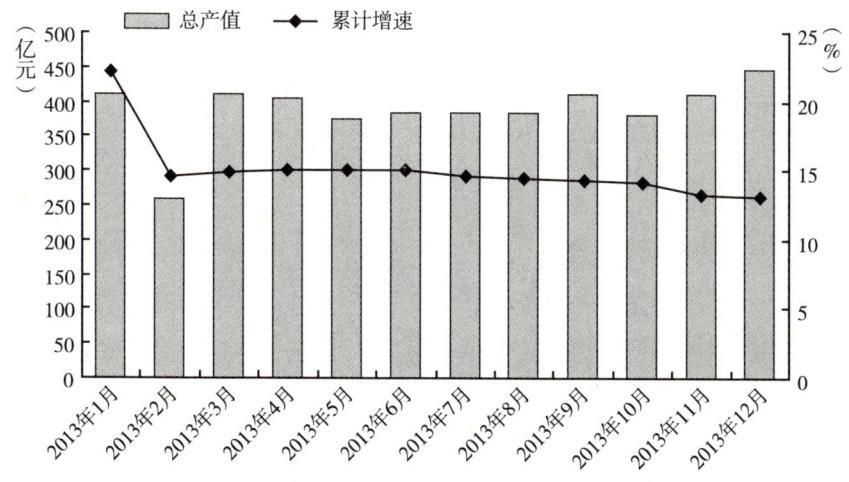

图3　2013年各月厦门规模以上企业工业总产值及累计增速

资料来源：根据厦门统计信息网（http://www.stats-xm.gov.cn/tjzl/tjfx/）数据整理。

在带动工业发展的板块上，厦门着重培育的六大产业链支柱作用明显。2013年，厦门市六条产业链产值均突破百亿元大关，六大产业链的详细产值见图4。从图4中可以看出产值最高的两个产业为平板显示产业链和计算机与通信设备产业链，产值都在800亿元以上，这六大产业链为厦门工业的增长做出了积极贡献。

（三）金融业和房地产业引领第三产业经济增长

2013年，厦门全年第三产业直接拉动GDP增长3.7个百分点，对全市经

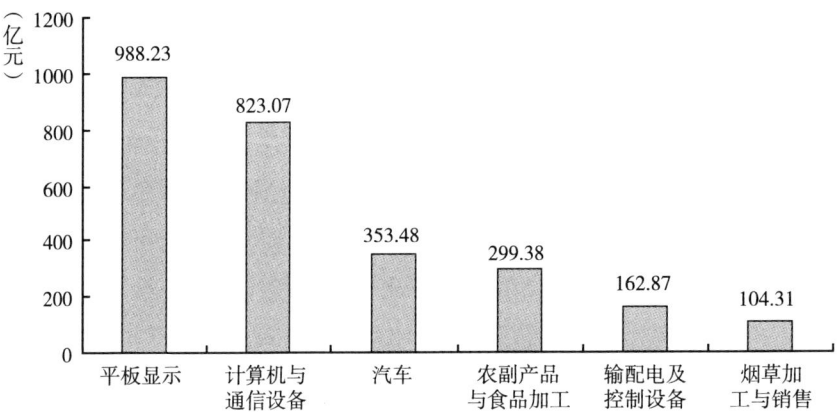

图4 厦门拉动工业增长的六大产业链产值情况

资料来源：根据厦门统计信息网（http：//www.stats-xm.gov.cn/tjzl/tjfx/）数据整理。

济的贡献率为39.5%。在第三产业中，商贸业增长幅度较低，而金融业、房地产业以及营利性服务行业增长速度相对较快。

在第三产业的组成结构中，交通运输业产值为191.88亿元，占全市GDP的6.4%，其增长率为6.7%。批发零售贸易业产值为328.51亿元，占全市GDP的10.9%，其增长率为3.9%；对三产的贡献率仅为11.8%，对全市GDP的贡献率不到5%。金融保险业产值为254.22亿元，占全市GDP的8.4%，其增长率为12.0%；对三产的贡献率为24.5%，对GDP的贡献率为9.7%，直接拉动GDP增长0.9个百分点。房地产业实现增加值271.4亿元，其增长率为12.0%，占全市GDP的9.0%；对三产的贡献率为22.7%，直接带动GDP增长0.8个百分点。营利性服务业产值为223.19亿元，占全市GDP的7.4%，同比增长8.8%；对三产的贡献率为16.9%，直接拉动GDP增长0.6个百分点（见图5）。

（四）内涵型投资比重提升

2013年，厦门全年完成全社会固定资产投资1347.54亿元。其中，农户完成投资额为10.28亿元，增长6.5%；城镇项目完成投资额为805.46亿元，增长0.2%；房地产开发投资额为531.8亿元，增长2.5%。对比福建全

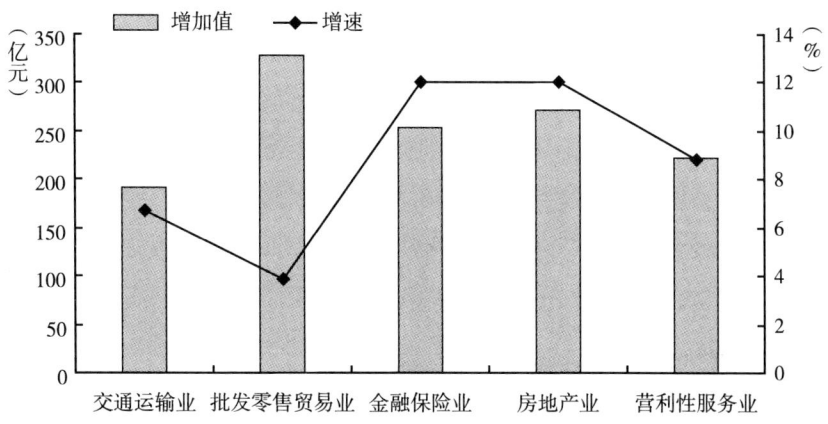

图 5　厦门第三产业主要门类增加值及增速情况

资料来源：根据厦门统计信息网（http://www.stats-xm.gov.cn/tjzl/tjfx/）数据整理。

省主要地市的投资额和增速情况来看，厦门市固定资产投资总量在全省的位次不断后退，屈居全省第五位；从增速来看，厦门固定资产投资增速已处于全省末位（见图6和图7）。

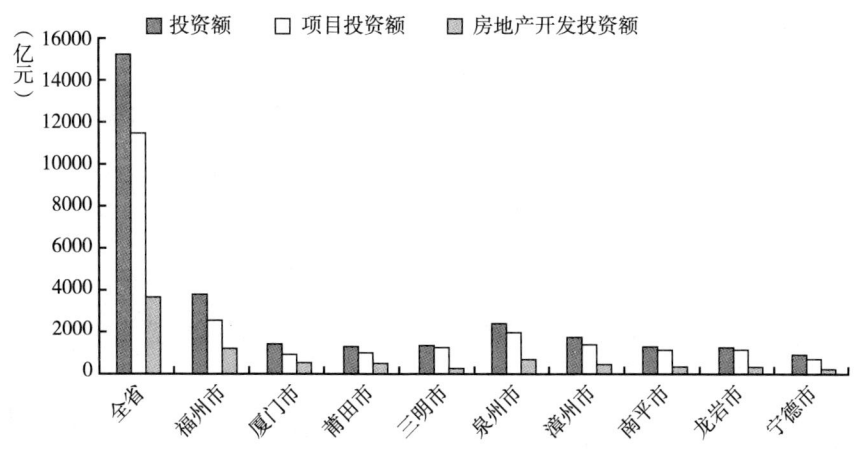

图 6　福建全省各地市固定资产投资情况对比

资料来源：《福建统计年鉴2014》。

在全年发展中，2013年厦门固定资产投资总体呈现四个特点。一是现代服务业投资成为新增长点。最大的投资领域是金融业，投资增长速度飞快，

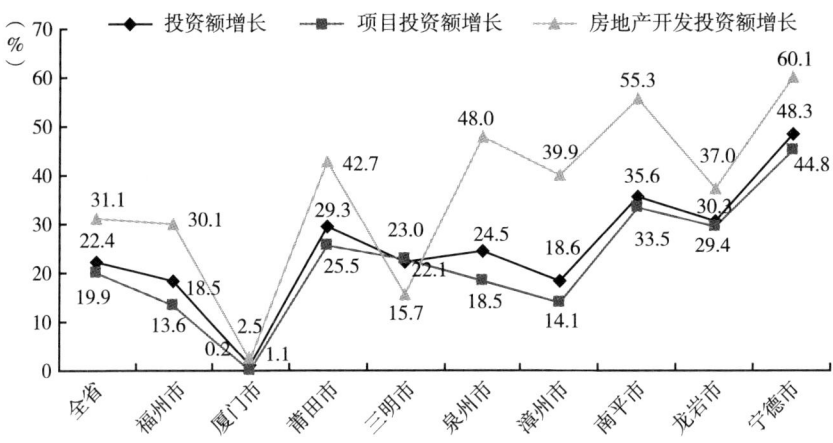

图7 福建全省各地市固定资产投资增长对比

资料来源：《福建统计年鉴2014》。

2013年金融业投资额达到12.18亿元，相对于上一年增长了3.5倍；其次是物流业领域的投资，完成投资额27.3亿元。二是对民生和社会领域的投资迅速增长。文化艺术业领域的增长最快，达到62.4%的增速，完成投资额8.7亿元；其次是卫生和社会事业，达到57.1%的增速，完成投资额10.46亿元；最后是体育行业领域，达到39%的增速，完成投资额5.53亿元。三是内涵型投资比重明显提升。新建项目投资比重下降，而注重改建和技术改造项目的投资。四是民间投资增速明显加快。2013年民间投资额增长率为11.3%，投资额为464.23亿元；而外商和港澳台的投资额下降了3.4%，投资额仅为232.18亿元。

（五）外贸竞争力继续增强

2013年，厦门市外贸进出口总额为840.94亿美元，增长速度为12.9%。其中，出口额为523.54亿美元，进口额为317.40亿美元，出口增长速度远远高于进口增长速度（见图8）。从全省各地市的进出口情况来看，厦门进出口总量远超其他各地市，说明厦门的外向型经济发达。

在厦门外贸进出口结构中，一般贸易占总出口额的比重达到64.1%，出口额为335.78亿美元；高技术产品的进口额和出口额的增长都相对较快，进

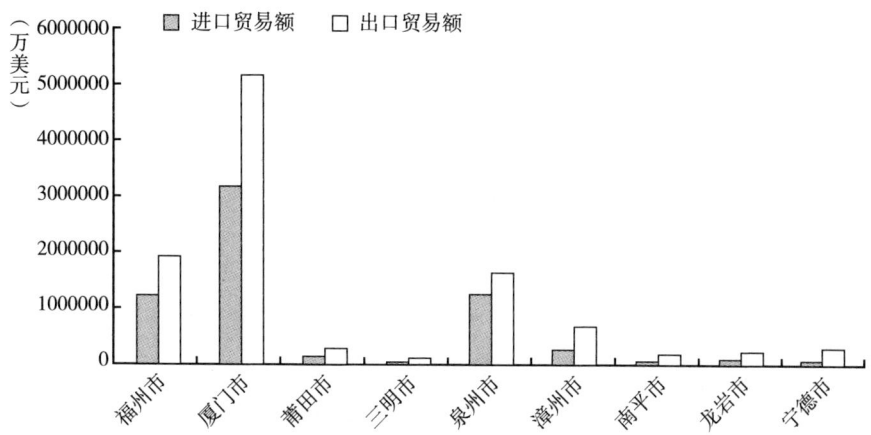

图 8　福建省各地市进出口贸易对比情况

资料来源:《福建统计年鉴2014》。

出口额达到234.17亿美元。在厦门利用外资方面,2013年,新批外商投资项目331个,实际利用外资为18.72亿美元,总量创5年以来最高水平,增长5.5%,完成年度计划的105.2%。从福建全省各地市利用外资的情况来看,厦门合同利用外资仅低于省会福州市,但实际利用外资雄踞全省首位。从外资投向上看,外资优先选择的是先进制造业,其次是金融业、航运物流业、公共管理、软件业和科技服务业。

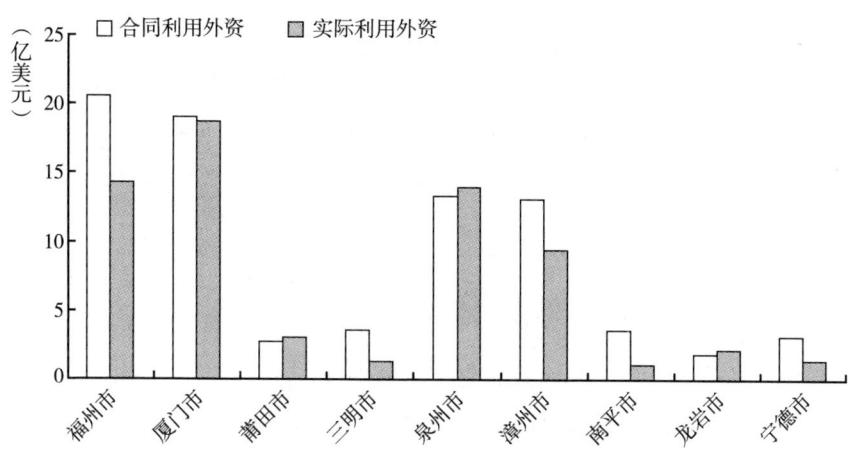

图 9　福建省各地市进出口贸易对比情况

资料来源:《福建统计年鉴2014》。

二 2013年厦门经济特区改革开放的新进展

(一)厦门自贸区申报提速

厦门一直在积极申报自贸区,并上报《厦门自由贸易园区总体方案》,2013年成立了专门的工作组——"海关特殊监管区域整合和自贸区建设工作组"。工作组由四个小组组成:综合小组、贸易小组、投资小组、金融小组。在2013年12月通过的《中共厦门市委关于贯彻党的十八届三中全会和省委九届十次全会精神全面深化改革的决定》中,厦门明确了全力推进自由贸易园区建设的工作部署。主要包括统筹安排现有的海关特殊监管区域,重新规划功能定位,积极探索负面清单的监管模式,积极推动通关便利化。厦门自贸区的开放也是以服务贸易领域为主,重点开放的领域包括金融业、航运业、商贸业、旅游业、文化业、专业服务业等,在这些领域中积极探索准入前国民待遇。

(二)岛内外一体化稳步推进

2013年,厦门继续贯彻落实"跨岛发展"战略部署。全年岛外完成投资(不含农户)891.7亿元,投资额最高的是集美区,达到279.57亿元,其次是海沧区、湖里区、翔安、思明区、同安区,增幅最快的是海沧区,达到13.8%,而湖里区和同安区的增长为负(见图10和图11)。

从厦门的工业发展空间布局上看,厦门工业发展中心也转移到了岛外,其中产值最高的是海沧区,实现产值998.40亿元;其次是翔安区实现产值819.87亿元,其增长速度也最快,达到21.8%;再次是集美区实现产值710.86亿元;最后是同安区实现产值405.45亿元(见图12)。

在消费领域,思明区的社会消费品零售总额最高,其次是湖里区,最低的是翔安区。随着岛外建设的快速发展及基础设施的不断完善,岛外消费能力增加。全年岛外四区实现零售额282.90亿元,占全市零售总额的29.0%,增长15.2%,比厦门市平均水平高出4.7个百分点。其中,海沧区和集美区的零售

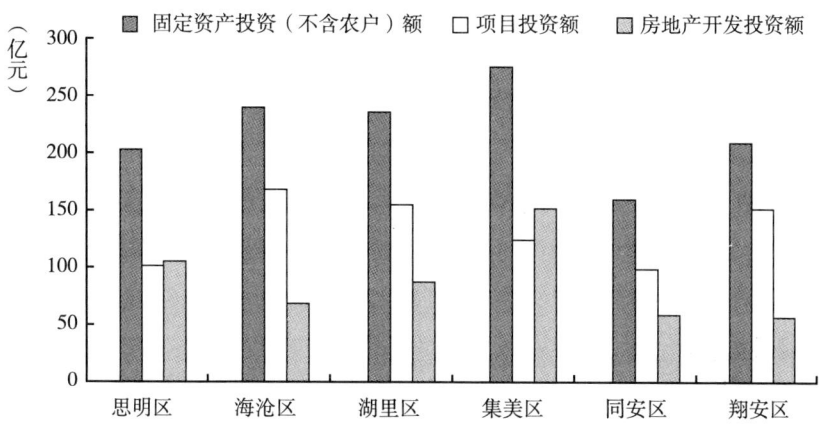

图10 厦门各区固定资产投资比较

资料来源：《福建统计年鉴2014》。

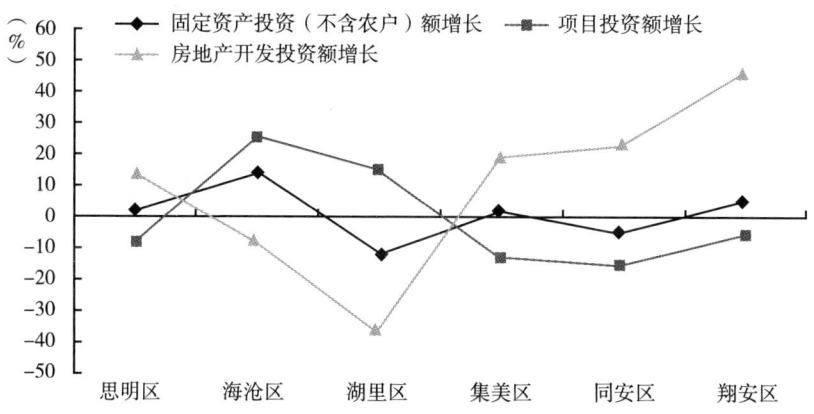

图11 厦门各区固定资产投资增长比较

资料来源：《福建统计年鉴2014》。

额增长较快，分别增长24.2%和19.7%（见图13）。

在居民收入领域，岛内外收入差距不断缩小，岛外的居民收入增长快于岛内的居民收入增长。2013年，海沧区城镇居民人均可支配收入达到37930元，增长率为11.7%，增幅比全市平均水平高出1.6个百分点；集美区城镇居民人均可支配收入为37608元，增长率为11.4%，增幅比全市平均水平高出1.3个百分点；翔安区城镇居民人均可支配收入为31244元，

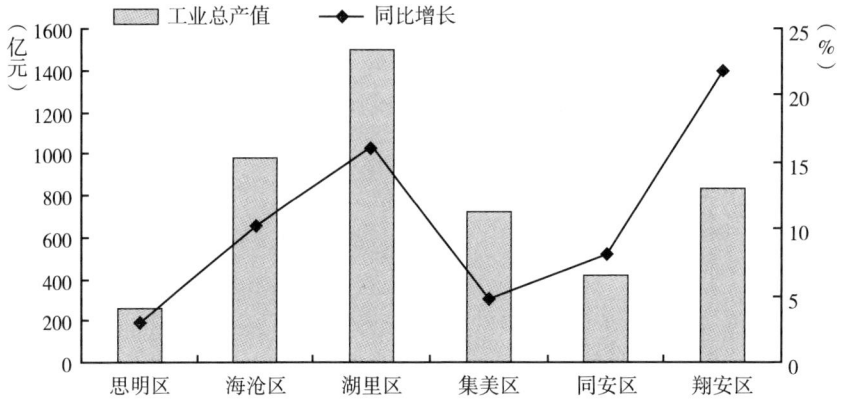

图 12 厦门市岛内外各区工业总产值及增长状况

资料来源：《福建统计年鉴 2014》。

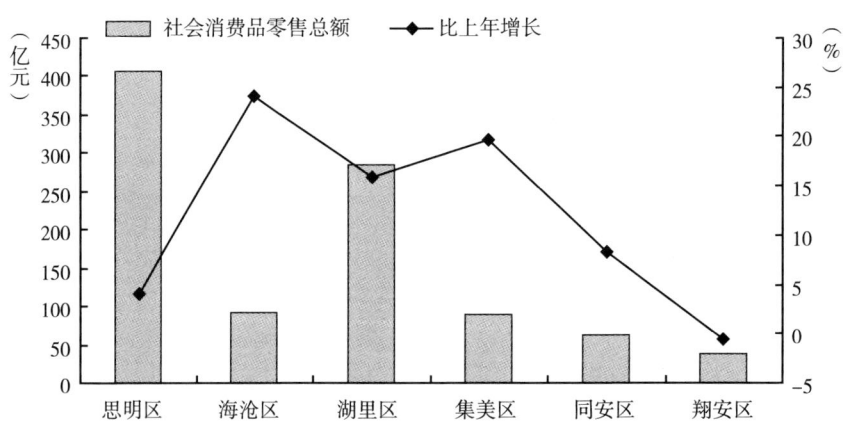

图 13 厦门市岛内外各区社会消费品零售总额及增长状况

资料来源：《福建统计年鉴 2014》。

增长率为 10.5%，增幅比全市平均水平高出 0.4 个百分点；同安区实现城镇居民人均可支配收入 36344 元，增长 7.1%（见图 14 和图 15）。岛外四区的收入增长，带动了消费支出的增长，海沧区的城镇居民人均生活消费支出为 23945 元，增长 10.0%；翔安区的城镇居民人均生活消费支出为 13479 元，增长 13.4%。

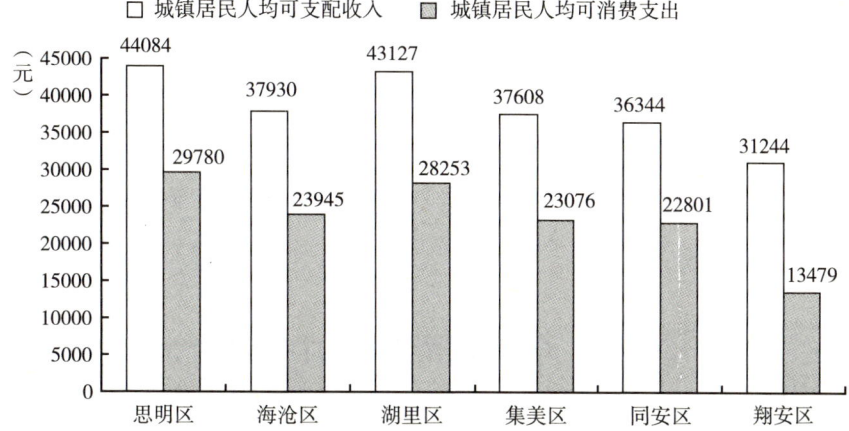

图 14　厦门岛内外各区居民人均收入和消费支出比较

资料来源：《福建统计年鉴 2014》。

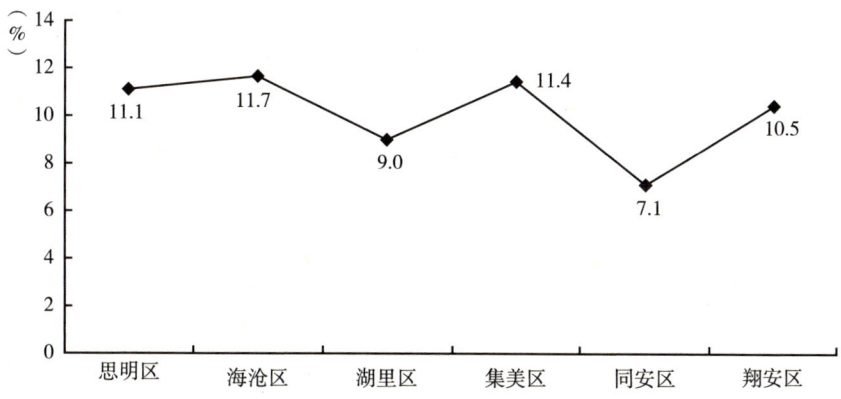

图 15　厦门岛内外各区城镇居民人均可支配收入增长比较

资料来源：《福建统计年鉴 2014》。

（三）厦门对台合作交流新进展

2013 年，备受瞩目的《海峡两岸服务贸易协议》签订，这为闽台服务业合作提供了更多优惠和便利，厦门在对台方面获得了很多先行先试的政策，包括对台文化交流项目审批权和两岸交通物流信息平台建设试点等政策。厦台跨境人民币代理清算协议签约银行增至 28 对 56 家，其中中国农业银行、中国建

设银行、平安银行分别在厦门设立两岸清算中心。厦门全年新批台资项目138个（含第三地），占全市新设外商投资项目总数的41.7%，实际利用台资3.9亿美元，增长29.9%。全年对台湾地区进出口额为80.95亿美元，增长5.8%，其中出口额为14.24亿美元，下降2.9%；进口额为66.71亿美元，增长7.9%。同时，厦门启用五通码头新通关大厅，并成功举办第五届海峡论坛，厦门对台湾的交流进一步加强。

三 2013年厦门在全国副省级城市中的综合竞争力研究

厦门是中央机构编制委员会确定的全国15个副省级城市之一。按照中央机构编制委员会的副省级城市编制办法，全国广州、武汉、哈尔滨、沈阳、成都、南京、西安、长春、济南、杭州、大连、青岛、深圳、厦门、宁波共15个城市的行政级别定为副省级城市。从经济发展水平上看，国家确定的15个副省级城市具有较强的可比性，综合评判厦门在全国副省级城市中的竞争力对于认清厦门发展差距、加快厦门经济特区发展具有积极的促进作用。本部分根据《直面转型发展压力，力促经济平稳发展——2013年厦门与15个副省级城市比较分析》报告的研究综合来看。

（一）2013年全国副省级城市运行的总体态势

从总量来看，在15个副省级城市中，广州、深圳、成都、武汉、杭州、南京、青岛7个城市GDP规模大于8000亿元，除杭州外，广州、深圳、成都、武汉、南京、青岛6个城市GDP增幅均在10%以上；8个城市GDP规模小于8000亿元，除西安以外，大连、沈阳、宁波、济南、哈尔滨、长春、厦门7个城市GDP增幅均在10%以下（见图16和图17）。

2013年，15个副省级城市中，仅广州、深圳、宁波、济南4个城市GDP增幅较上年有所提升，其他11个城市GDP增幅均较上年有所回落。依靠第三产业带动的广州、深圳、宁波，增幅回升幅度最高，比上年分别提升1.1个、0.5个、0.3个百分点；依靠第二产业带动的7个城市增幅回落较大，长春、成都、厦门和武汉分别回落3.7个、2.8个、2.7个和1.4个百分点，大连、

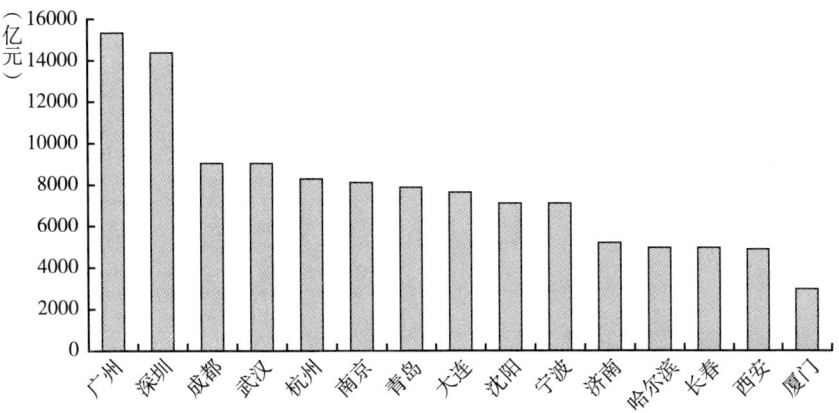

图 16　2013 年 15 个副省级城市地区生产总值

资料来源：根据厦门统计信息网数据整理而成。

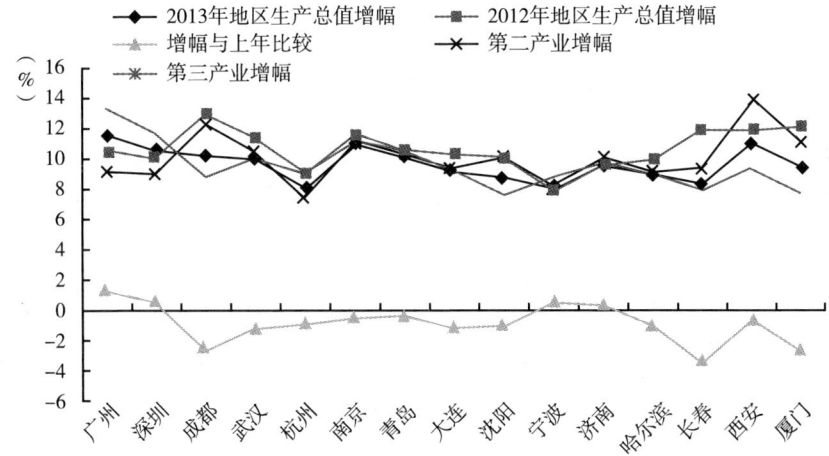

图 17　15 个副省级城市地区生产总值增幅比较

资料来源：根据厦门统计信息网数据整理而成。

沈阳和西安分别回落 1.3 个、1.2 个和 0.7 个百分点。

从产业结构方面看，15 个副省级城市中，除长春、沈阳、武汉的第三产业比重比上年有所下降，西安保持不变外，其他 11 个城市的第三产业比重均比上年有所提升（见图 18）。第三产业比重超过 52% 的广州、深圳、南京、西安，GDP 增幅均在 10.5% 以上，而第三产业比重低于 45% 的宁波、沈阳、大连、长春，GDP 增幅均在 9% 以下。

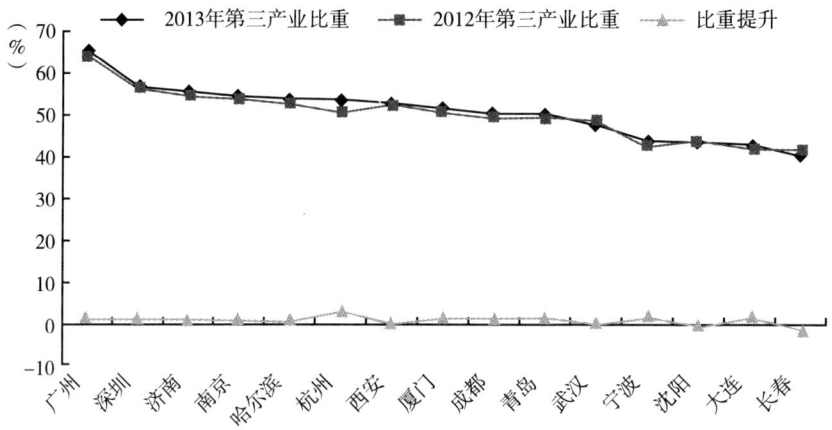

图18 15个副省级城市的第三产业年度占比

资料来源：厦门统计信息网，http://www.stats-xm.gov.cn。

（二）2013年厦门与副省级城市主要指标对比

2013年，厦门地区生产总值达到3018.16亿元，比上年增长了9.4%，增幅位居副省级城市的第九位，相对上年跌落七位，比居于首位的广州低2.2个百分点，比居于末位的杭州高出1.4个百分点。

工业方面，2013年，厦门规模以上工业增加值为1.69亿元，增长达12.1%，增幅位居副省级城市的第三位，相对上年提升一位，低于成都1.3个百分点，低于西安3.3个百分点；厦门规模以上工业对GDP的贡献率为54.6%，带动全市经济增长5.1个百分点；厦门规模以上工业总产值为678.45亿元，总量位居副省级城市的第十一位，增长13.1%，增幅位居副省级城市的第四位，较2012年提升两位。

进出口方面，2013年，厦门进出口贸易总额达到840.94亿美元，增长12.9%，进出口顺差额为206.14亿美元，出口额为523.54亿美元，总量及增幅均位居副省级城市的第四位，增幅较2012年提升两位。

地方财政方面，2013年，厦门实现地方财政预算收入500.56亿元，增长15.8%，增幅位居副省级城市的第六位，比15个副省级城市平均增幅的14.6%高出1.2个百分点，比全市GDP增幅高出6.4个百分点。厦门地方财政预算收入占GDP的比重为16.6%，位居副省级城市首位，比第二位的深圳高出4.7个百分点，比末位的广州高出9.2个百分点，比15个副省级城市平均水平的10.5%高出6.1个百分点。

居民收入方面，2013年，城镇居民人均可支配收入为41360元，比15个副省级城市平均水平的34190元高出7170元，增长10.1%，增幅位居副省级城市的第七位，提升了四位。厦门农民人均纯收入为15008元，比上年增加了1553元，增长11.5%，增幅位居副省级城市的第九位，比城镇居民人均可支配收入增幅高出1.4个百分点。城乡居民收入之比由2012年的2.79∶1缩小到2013年的2.76∶1，城乡居民收入差距进一步缩小。①

四 2013年厦门经济特区发展面临的主要问题

（一）工业的支撑作用不强

厦门的工业企业以代工生产为主要模式，产业园区没有形成很强的集聚效应和辐射周边的效应，对周围地区的带动作用较小，企业的研发投入力度较小，核心技术仍然在国外的控制之下，没有形成自主品牌和产品。产业结构不合理，工业领域的战略性新兴产业的带动和辐射作用没有发挥，龙头企业的支撑作用较小，导致工业发展的后劲不足，长期来看，这成为制约经济发展的最主要因素。工业领域投资萎缩，投资总量和增幅都位于全省最后一位，投资的萎靡抑制了工业规模的扩大和发展，严重影响了厦门经济发展的后劲。

（二）服务业的增长放缓

2013年厦门的服务业对GDP的贡献率仅为39.5%，而工业对GDP的贡献率达到60.5%。服务业增长率相对于上一年的增长率回落了4个百分点，服

---

① 《直面转型发展压力，力促经济平稳发展——2013年厦门与十五个副省级城市比较分析》，厦门统计信息网，http://www.stats-xm.gov.cn。

务业中的主要行业发展都呈现下降的趋势,其中交通运输仓储和邮政业增幅回落最大,达到12.2个百分点;其次是金融保险业,增幅回落10.9个百分点;再次是非营利性服务业,增幅回落6.2个百分点,服务业的很多重要领域都呈现出增幅为负的特征。2013年厦门服务业的投资着重在传统服务业领域,比如交通、房地产、市政等领域的基础设施投资,而用于金融和科、教、文、卫等现代服务业领域的投资较少。

(三)消费的拉动作用不强

2013年,厦门在扩大内需方面,消费者的消费能力较低,城镇居民的人均可支配收入的增幅比例远远大于人均消费支出的增幅,居民的消费动力不足。从具体产品来看,由于家电领域促销政策,居民提前透支了对于家电的消费能力。厦门的高端百货业发展不尽如人意,厦门本地的高端奢侈品消费不足,大部分消费分流到深圳等地。

五 厦门经济特区发展建议

(一)提升城市整体质量发展水平

厦门获批"全国质量强市示范城市"之后,还需要在国务院《质量发展纲要(2011~2020年)》的指导下,以质量促发展,积极探索提质增效升级的发展路径,全面实施"质量强市"战略,不断推进四个领域的质量发展——产品质量、工程质量、服务质量和环境质量,建立质量创新的激励机制,加强质量诚信体系的建设,健全质量发展的考核机制。

(二)积极推进海峡两岸服务贸易自由化

在《海峡两岸经济合作框架协议(ECFA)》的框架下,积极推进海峡两岸的服务贸易自由化,大力推动厦门金融服务和金融服务贸易的发展和创新,吸引金融总部落户厦门,完善金融配套服务设施;积极推进海峡两岸的民间合作,带动其他服务贸易的发展;利用海西优势大力发展运输服务贸易;鼓励新兴现代服务业的跨区合作，推动厦门的会展业及软件和信息服务业的发展；合理利用厦门的旅游资源优势，积极发展旅游业。

（三）着力发展战略性新兴产业

积极推动厦门产业的转型升级，提升厦门产业综合竞争力，以创新发展为驱动，利用信息化技术提升工业化水平，增强产业链的融合和协同能力，形成产业的集聚效应。大力发展的战略性新兴产业包括信息技术产业、生物与新医药产业、新材料产业、节能环保产业等。在生物与新医药产业发展中，推进生物技术药物的研发和产业化，积极发展海峡两岸的中医药进出口贸易。在节能环保产业发展中，要建立良好的退出机制引导高耗能和高污染的企业退出市场，引进低耗能和高效益的企业进入市场，扶持循环经济的重点项目建设，鼓励企业开展清洁生产，利用先进的清洁技术。

参考文献

［1］福建省统计局、国家统计局福建调查总队：《福建统计年鉴2014》，2014年9月。
［2］厦门市统计局、国家统计局厦门调查队：《厦门市2013年国民经济和社会发展统计公报》，2014年3月20日。
［3］《稳增长 调结构 厦门经济持续稳定增长》，厦门统计信息网，http://www.stats-xm.gov.cn/tjzl/tjfx/201401/t20140128_24015.htm。
［4］《直面挑战稳步前行——2013年厦门规模以上工业生产情况》，厦门统计信息网，http://www.stats-xm.gov.cn/tjzl/tjfx/201401/t20140128_24014.htm。
［5］《稳中求进转型增效——2013年厦门GDP运行情况分析》，厦门统计信息网，http://www.stats-xm.gov.cn/tjzl/tjfx/201402/t20140208_24023.htm。
［6］《产业结构调整步伐加快 固定资产投资平稳运行——2013年我市固定资产投资运行报告》，厦门统计信息网，http://www.stats-xm.gov.cn/tjzl/tjfx/201401/t20140129_24020.htm。
［7］《2013年厦门市消费品市场逆势增长》，厦门统计信息网，http://www.stats-xm.gov.cn/tjzl/tjfx/201401/t20140121_23973.htm。
［8］《直面转型发展压力，力促经济平稳发展——2013年厦门与十五个副省级城市比较分析》，厦门统计信息网，http://www.stats-xm.gov.cn。

B.14
海南经济特区发展报告

刘伟丽　闫振坤*

海南是中国面积最大、开放较早的经济特区，同时也是发展模式最具特色的经济特区之一。2013年，海南经济特区按照稳中求进的工作总基调，经济总体上呈现稳定较好的发展趋势，增长速度适中，结构持续优化，增长方式继续转变，惠民工程继续实施。在经济社会不断向前发展的同时，海南经济特区也面临产业基础依然薄弱、投资结构不是很合理、工业企业经济效益下降等比较突出的问题，与深圳、珠海、厦门等经济特区的发展水平相比，海南经济特区加快转型升级依然任重道远。

一 2013年海南经济发展的主要特征

（一）服务业在经济平稳发展中起到更重要的作用

《2013年海南省国民经济和社会发展统计公报》的数据显示，海南经济特区全年实现地区生产总值3146.46亿元（见图1），第一产业增加值为756.47亿元，占三次产业的比重为24%；第二产业增加值为871.29亿元，占三次产业的比重为27.7%；第三产业增加值为1518.70亿元，占三次产业的比重为48.3%。海南的产业结构不断优化，第三产业的比重不断上升，经济整体实力不断增强（见图2）。

服务业成为拉动海南经济发展的主要动力之一。最主要的产业是金融业，

---

* 刘伟丽，深圳大学经济学院教授、经济学博士，深圳大学中国质量经济发展研究所所长；闫振坤，深圳大学理论经济学博士生。

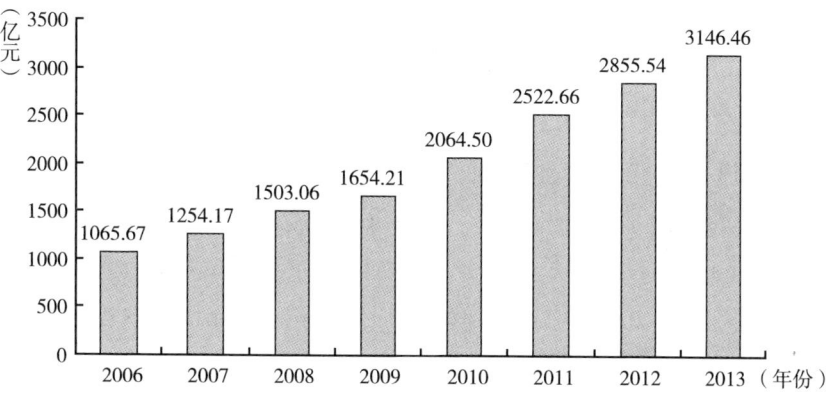

图 1　海南历年地区生产总值

资料来源：《海南统计年鉴 2014》和《2013 年海南省国民经济和社会发展统计公报》。

2013 年增加值为 151.6 亿元；其次，旅游业发展质量不断改进，发展速度不断提升，2013 年旅游业总收入达到 428.56 亿元；最后，海南的房地产销售情况回转，2013 年商品房销售面积达到 1191.23 万平方米，商品房销售额达到 1032.65 亿元。

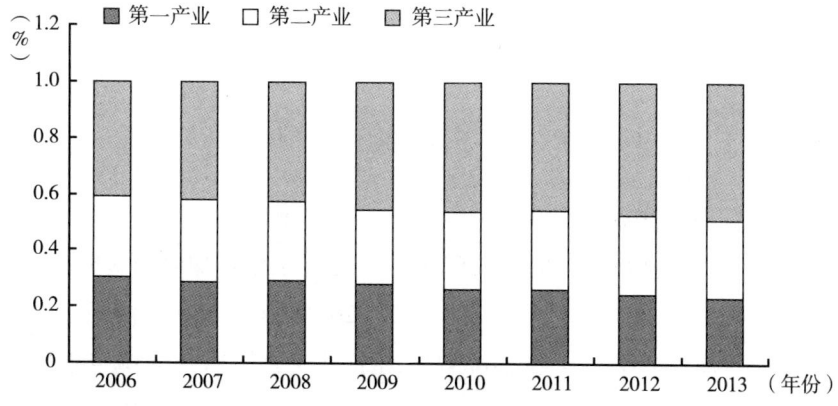

图 2　海南历年三次产业结构

资料来源：《海南统计年鉴 2014》和《2013 年海南省国民经济和社会发展统计公报》。

（二）固定资产投资规模不断扩大、质量不断提升

海南固定资产投资2013年全年达到2725.40亿元。三次产业的投资额参见图3，可以看出第三产业的投资额最高，达到2230.69亿元，同比增长29.6%；其次是第二产业的投资额，达到464.54亿元，同比增长17.8%；第一产业的投资额最小。2013年海南共完成349个重点投资项目，投资总额达到1796.92亿元。图4和图5是海南固定资产投资的产业结构和地区结构。

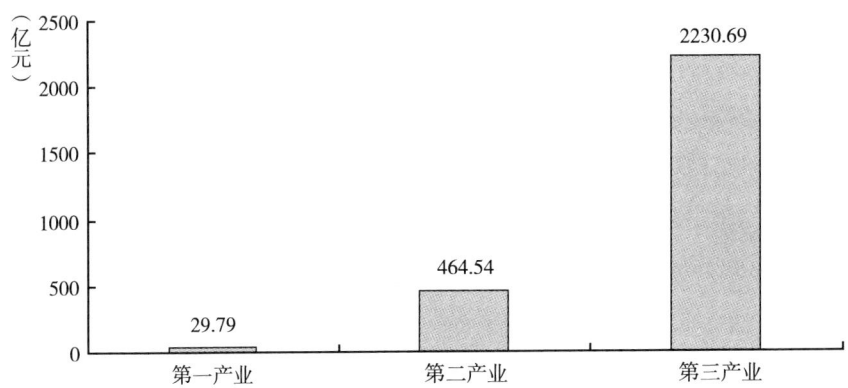

图3　2013年海南三次产业投资额

资料来源：《海南统计年鉴2014》和《2013年海南省国民经济和社会发展统计公报》。

（三）工业增速平稳发展，股份制企业增值较大

2013年，海南完成工业增加值551.11亿元（见图6），规模以上增加值为509.57亿元，重工业增加值为378.62亿元，是轻工业增加值的2.89倍，轻工业增加值为130.95亿元。建筑业增加值为320.18亿元。从经济类型上来看，股份制企业增加值最多，达到270.37亿元；其次是外商及港澳台投资企业，达到174.77亿元；图7是以上类型企业的结构分布比例。而国有企业仅为58.53亿元。

2013年海南的重点行业按照产值排名顺序详见图8，最高为石油加工业，产值达到498.99亿元，但是石油加工业和汽车制造业的增速为负；而化学原

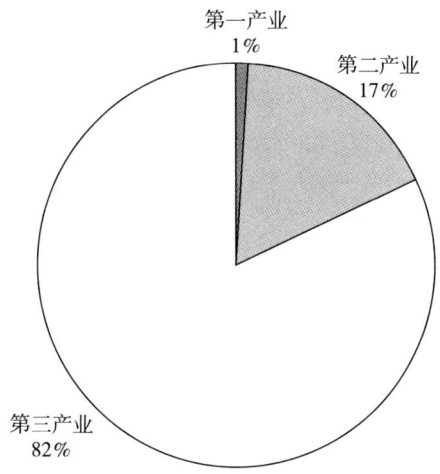

图4　海南固定资产投资的产业结构

资料来源：《海南统计年鉴2014》和《2013年海南省国民经济和社会发展统计公报》。

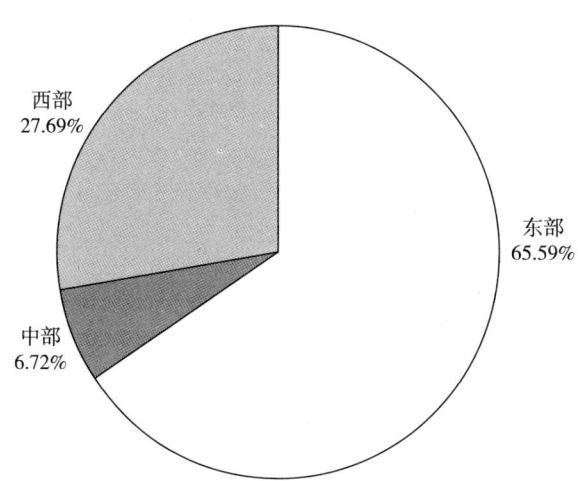

图5　海南固定资产投资的区域结构

资料来源：《海南统计年鉴2014》和《2013年海南省国民经济和社会发展统计公报》。

料及化学制品制造业的增速最高，为38.30%。这说明汽车制造业的销售遭遇瓶颈，而化学原料及化学制品制造业、造纸及纸制品业、电气机械及器材制造业等高端制造业得到快速发展，增幅都在20%以上。

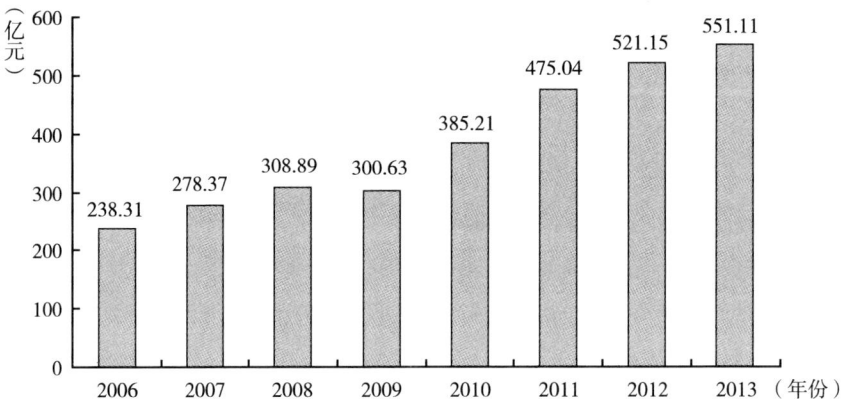

图6 海南历年工业增加值

资料来源:《海南统计年鉴2014》和《2013年海南省国民经济和社会发展统计公报》。

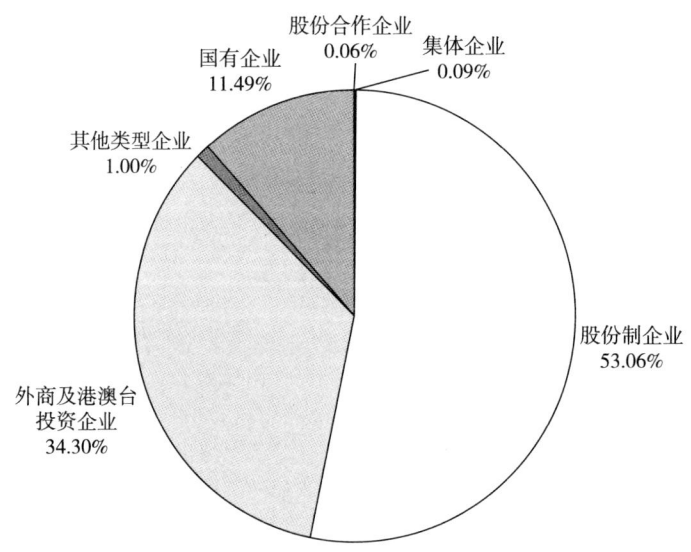

图7 2013年海南工业增加值的企业类型结构分布

资料来源:《海南统计年鉴2014》和《2013年海南省国民经济和社会发展统计公报》。

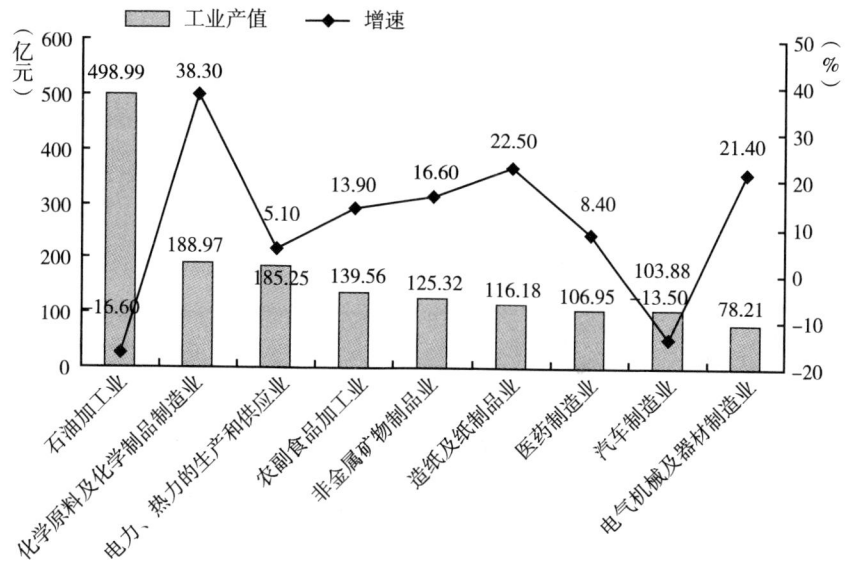

图 8　海南全年产值超 50 亿元的重点工业行业情况

资料来源:《海南统计年鉴 2014》和《2013 年海南省国民经济和社会发展统计公报》。

(四)旅游业仍为海南的重要产业

2013 年海南接待旅游过夜人数达到 3672.71 万人次(见图 9),旅游业实现增加值 229.96 亿元。旅游者主要来自国内,国内旅游者收入为 408.05 亿元,而入境旅游收入仅为 3.31 亿美元。由此,海南离打造国际旅游岛的目标还比较远,承接国际会议的能力比较有限,无法吸引大批量的境外旅游者。

(五)外贸进出口总额平稳增长

2013 年,海南对外贸易进出口总额为 149.78 亿美元,进口总额为 112.72 亿美元,出口总额为 37.06 亿美元,进出口逆差严重。从贸易方式来看海南的进出口情况,海南仍然以一般贸易为主,其进出口总额为 92.9 亿美元,而加工贸易的进出口总额仅为 40.92 亿美元(见图 10)。从发展

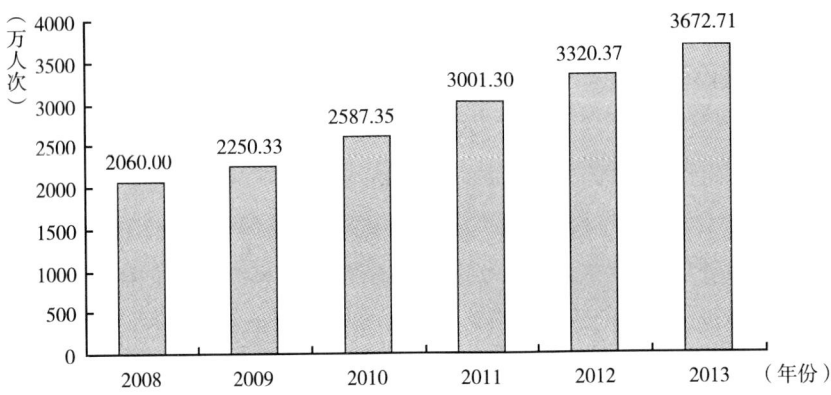

图9 海南近几年接待旅游人数情况

资料来源:《海南统计年鉴2014》和《2013年海南省国民经济和社会发展统计公报》。

趋势上看,加工贸易的增长率高于一般贸易的增长率。海南最主要的贸易地区是香港地区,出口额达到10.33亿美元;其次是东盟地区,出口额达到9.24亿美元。图11是海南贸易出口的地域分布。

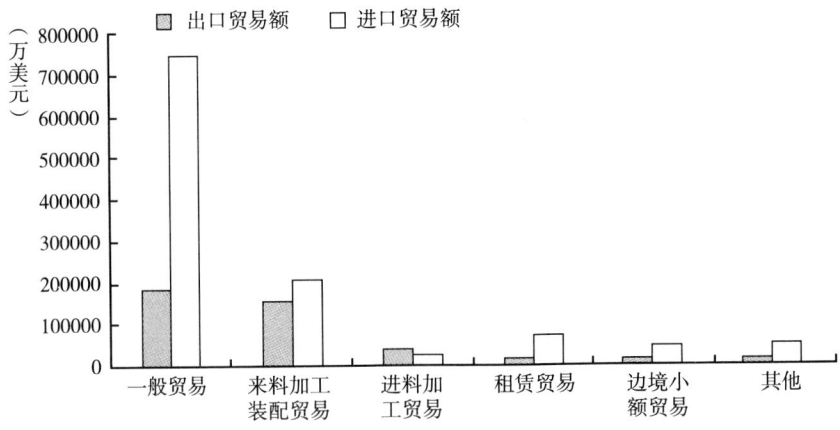

图10 海南进出口的贸易方式分布情况

资料来源:《海南统计年鉴2014》和《2013年海南省国民经济和社会发展统计公报》。

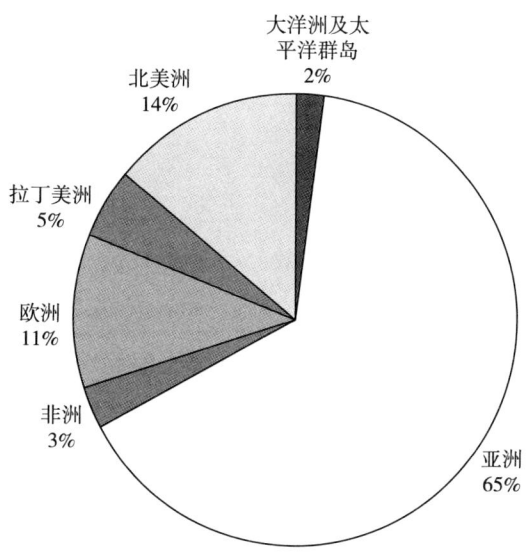

图 11　海南贸易出口的地域分布

资料来源：《海南统计年鉴 2014》和《2013 年海南省国民经济和社会发展统计公报》。

二　2013 年海南经济发展的区县差异与竞争力评价

（一）海南经济的区域空间布局

本文采用区域经济发展水平来衡量海南经济发展的综合发展状况。按照《海南统计年鉴》对海南区域的分类方法，海南的区域经济格局可以分为东部、中部和西部三类地区。其中，东部地区包括海口市、三亚市、三沙市、琼海市、文昌市、陵水县、万宁市；中部地区包括五指山市、屯昌县、定安县、保亭县、琼中县、白沙县；西部地区包括儋州（包括洋浦）市、澄迈县、东方市、乐东县、临高县、昌江县（见图 12）。

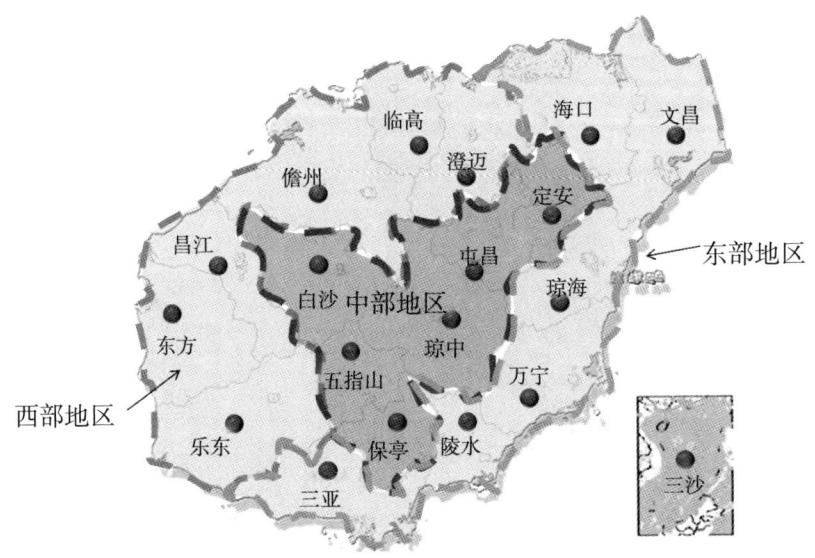

图 12　海南的区域经济布局

参照符国瑄、韩平、张江伟等①学者 2011 年对海南区域经济布局与人口城镇化进程的研究成果，借鉴其区域经济发展水平综合评价指标体系（见表 1），可以评估海南东部、中部和西部地区区域经济发展的空间差异。

采用 2013 年各项指标最大值作为标准值，标准化数值采用实际值与标准值的比值，乘以相应的权重，再累加，最后转化为百分比，获得每个区域的综合评价值。为了使数据能够具有可比性，清除原始数据的单位和量纲，采用极大值标准化法。

依据 2013 年海南省东部、中部和西部经济发展水平指标数据（见表 1），可以得到海南各地区的综合评价值（见表 2）。由表 2 可知，海南省区域经济发展具有如下特征。

第一，海南的东部、中部、西部区域经济发展差异巨大，总体呈现出中部地区较弱，东、西部地区较强的空间格局。

---

① 符国瑄、韩平、张江伟、童旭光、徐翠枚：《区域经济布局与人口城镇化进程研究》，海南省统计局网站，http://www.hi.stats.gov.cn/tjsj/tjfx/ztfx/201303/t20130325_923356.html。

第二,海南的东部地区在经济效益、经济规模和经济结构方面均具有绝对的领先优势,中部地区除经济结构略优于西部地区外,经济效益和经济规模均落后于西部地区(见表3)。

表1　海南东部地区经济发展水平综合评价指标体系

目标层	准则层	指标层	二级权重	一级权重	标准值	单位
区域经济发展水平	经济效益 0.309	人均财政收入	0.4	0.1236	4683	元
		农民人均纯收入	0.3	0.0927	9018	元
		城镇居民人均可支配收入	0.3	0.0927	23918	元
	经济规模 0.529	人均GDP	0.5933	0.3139	42934	元
		人均固定资产投资额	0.2764	0.1462	41291	元
		人均社会消费品零售额	0.1283	0.0679	17804	元
	经济结构 0.162	第三产业增加值占GDP比重	0.5499	0.0891	60.07	%
		第三产业从业人员占全部从业人员比重	0.2099	0.0340	54.08	%
		城镇人口消费比重	0.2402	0.0389	87.73	%

资料来源:根据《区域经济布局与人口城镇化进程研究》一文的数据整理而成。

表2　海南区域经济发展水平综合评价的各项指标值

	东部地区	中部地区	西部地区
人均财政收入(元)	4683	1621	2357
农民人均纯收入(元)	9018	7330	8387
城镇居民人均可支配收入(元)	23918	19780	21323
人均GDP(元)	42934	19049	35912
人均固定资产投资额(元)	41291	13406	22219
人均社会消费品零售额(元)	17804	3858	4357
第三产业增加值占GDP比重(%)	60.07	37.89	29.25
第三产业从业人员占全部从业人员比重(%)	54.08	31.58	30.53
城镇人口消费比重(%)	87.73	81.68	86.61

资料来源:《海南统计年鉴2014》和《2013年海南省国民经济和社会发展统计公报》。

表3　海南区域经济发展水平的综合评价得分

	经济效益	经济规模	经济结构	综合得分
东部地区	30.90	52.80	16.20	99.90
中部地区	19.48	20.14	11.23	50.85
西部地区	23.11	35.78	10.10	68.99

（二）海南经济发展区县差异的一般观察

为了刻画海南经济发展的区县差异，下文引入变异系数法来测算海南不同区县之间的差距。变异系数是标准差与平均值的比值。其中，标准差是样本中变量值与其均值的离差平方的平均值的算数平方根，可以精确反映地区经济指标的离散程度。将标准差与平均值相比是为了剔除由于基数大小不同造成的影响。变异系数的具体计算公式如下：

$$CV = \frac{\delta}{\bar{X}}, \delta = \sqrt{\sum_{i=1}^{n}\frac{(x_i - \bar{x})^2}{n}} \tag{1}$$

其中，δ 为标准差，$\bar{x}$ 为样本的均值，n 为样本数，x_i 表示 i 地区的样本值。

1. 海南各区县经济发展的总体差异

2013 年，海南实现地区生产总值 3146.46 亿元，高于全省平均发展水平的有 13 个市县，按照增长的顺序为：澄迈县、陵水县、琼海市、临高县、昌江县、琼中县、万宁市、白沙县、三亚市、五指山市、定安县、屯昌县、海口市。图 13 是 2013 年海南各区县地区生产总值及增速情况。

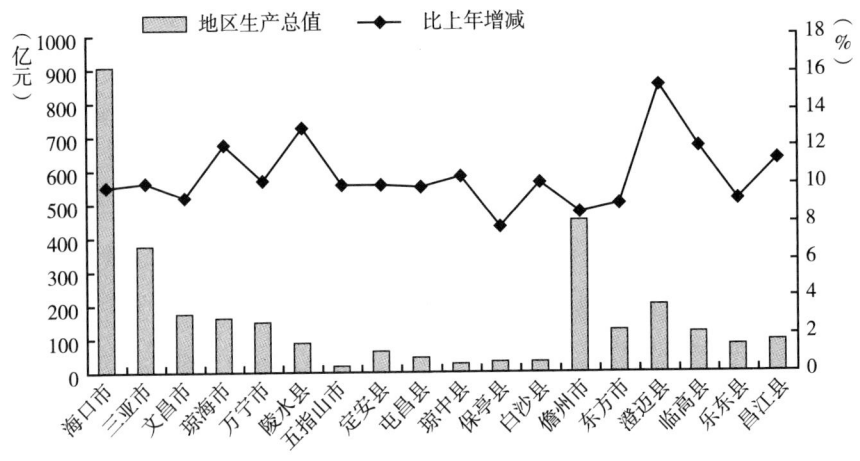

图 13　2013 年海南各区县地区生产总值及增速情况

资料来源：根据《2013 年海南省国民经济和社会发展统计公报》数据计算而得。

从近年来海南地区生产总值的变异系数来看,2000~2013年,海南地区生产总值的变异系数均大于1(见图14)。变异系数越大,说明一个地区各个区域之间的发展越不平衡。海南地区生产总值的变异系数均大于1,说明海南各区县之间的经济发展极不平衡。总体来看,海南地区生产总值的变异系数呈不断下降的趋势,说明海南各区县之间的不平衡程度虽然并没有实质的改变,但总体上呈不断缩小的趋势。

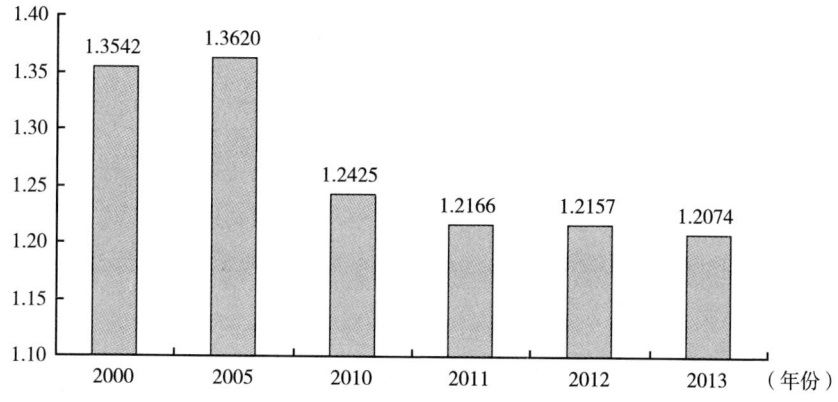

图14 近年来海南地区生产总值的变异系数变化情况

资料来源:根据《2013年海南省国民经济和社会发展统计公报》数据计算而得。

从海南经济发展的主要指标上看,各区县经济发展有较大差异的领域主要是第二产业和第三产业。2013年,海南第一产业和人均生产总值指标的变异系数均小于1,说明海南各区县第一产业发展和人均生产总值的不平衡程度较小。相比较而言,各区县第二产业和第三产业的变异系数均大于1,且第三产业的变异系数远大于全省生产总值变异系数的平均水平,说明第二产业和第三产业的发展是导致海南各区县经济发展差距的主要原因(见图15)。

2. 海南各区县工业发展的总体差异

2013年,海南规模以上工业完成增加值509.57亿元,超过全省平均水平的有13个市县,具体详见图16和图17,而且中部地区工业发展增速显著快于西部地区和东部地区。从近年来海南各区县工业发展的变异系数来看,海南各区县工业发展的变异系数均大于1,说明海南各区县工业发展的不平衡程度

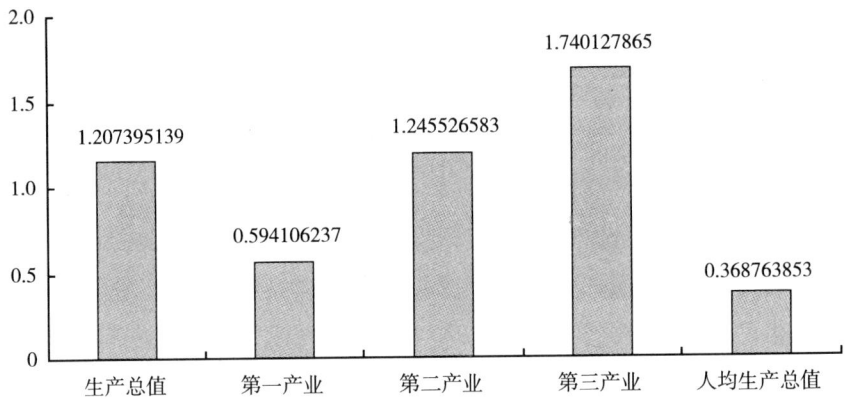

图 15　2013 年海南各区县主要经济指标的变异系数情况

资料来源：根据《2013 年海南省国民经济和社会发展统计公报》数据计算而得。

很高，且在 2009 年达到最高值，之后变异系数虽呈不断下降的趋势，但差距偏大问题仍未得到本质上的改善（见图 18）。

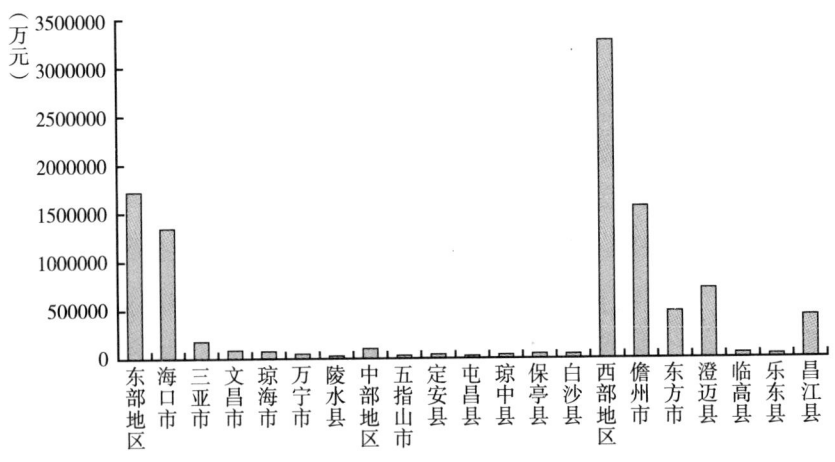

图 16　2013 年海南各区县规模以上工业增加值

资料来源：根据《2013 年海南省国民经济和社会发展统计公报》数据计算而得。

3. 海南各区县固定资产投资的总体差异

2013 年，海南固定资产完成投资额 2725.40 亿元，其中固定资产投资增速在全省平均水平之上的有 11 个市县，具体详见图 19。2013 年，海南各区县

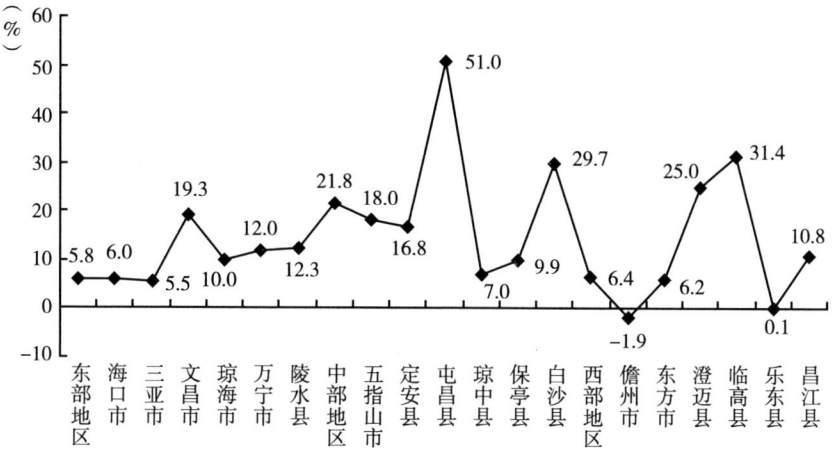

图 17　2013 年海南各区县规模以上工业增加值的增速情况

资料来源：根据《2013 年海南省国民经济和社会发展统计公报》数据计算而得。

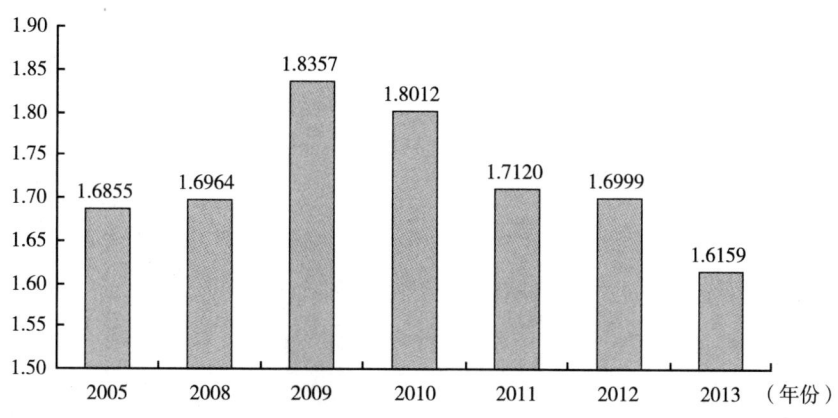

图 18　近年来海南各区县工业发展的变异系数变化情况

数据来源：根据《2013 年海南省国民经济和社会发展统计公报》数据计算而得。

固定资产投资分类的变异系数约为 1.12，显示海南各区县固定资产投资的不平衡程度相对较低。在城镇投资、房地产投资和农村投资领域，房地产投资在各区县中的变异系数最高，显示房地产投资在各区县之间差异最大。农村投资和城镇投资领域，农村投资在各区县中的变异系数略高于城镇投资（见图20）。

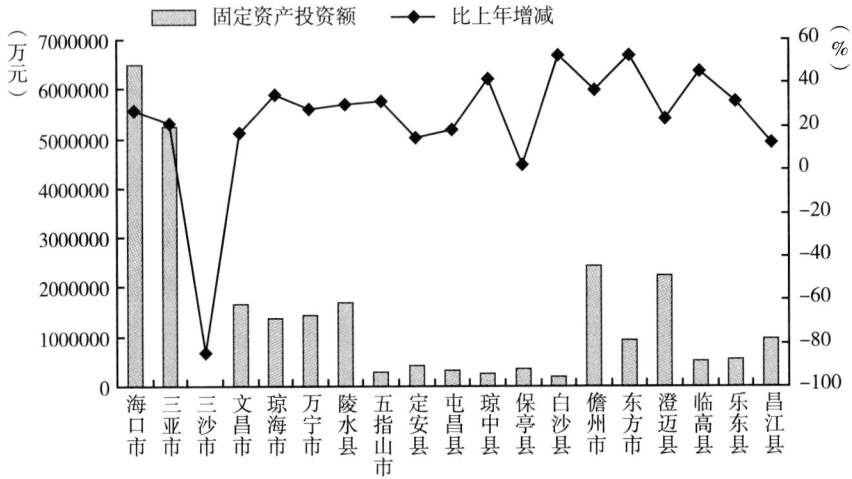

图 19　2013 年海南各区县固定资产投资及增速情况

资料来源：根据《2013 年海南省国民经济和社会发展统计公报》数据计算而得。

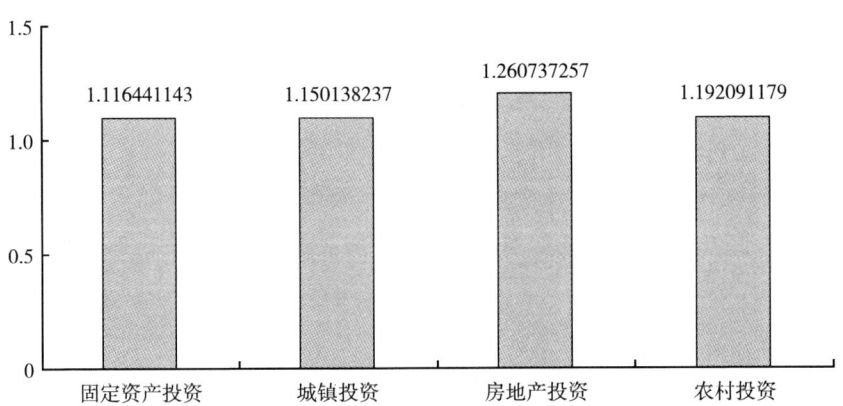

图 20　2013 年海南各区县固定资产投资分类变异系数情况

资料来源：根据《2013 年海南省国民经济和社会发展统计公报》数据计算而得。

2013 年，从产业方面来看，海南各区县固定资产投资变异系数在第二产业的变异系数最高，约为 1.39，显示海南各区县第二产业的固定资产投资空间分布最不平衡（见图 21）。相比较而言，第一产业变异系数约为 1.20，第三产业变异系数约为 1.29，海南各区县之间第三产业的固定资产投资不均衡程度显著高于第一产业。

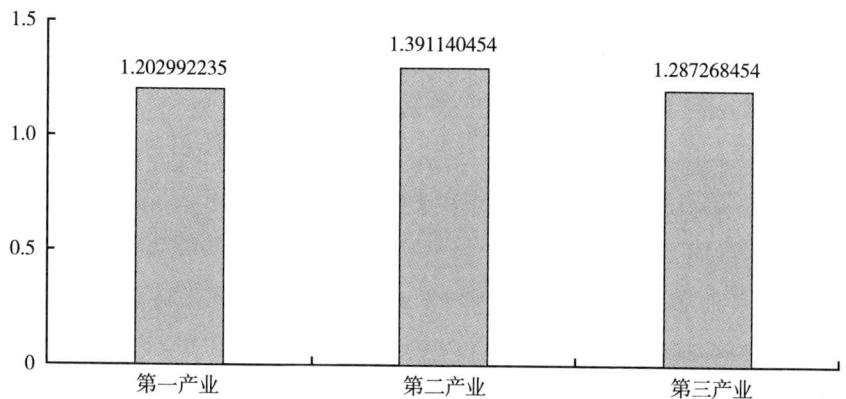

图 21　2013 年海南各区县固定资产投资变异系数的产业分布情况

资料来源：根据《2013 年海南省国民经济和社会发展统计公报》数据计算而得。

4. 海南各区县在消费领域的总体差异

2013 年，海南全省社会消费总额为 971.89 亿元，超过全省平均水平的有 14 个市县。图 22 和图 23 是 2013 年海南各区县社会消费总额及其增速。2013 年，海南各区县之间社会消费品零售总额的变异系数为 2.03（见图 24），远远高于工业、固定资产投资和经济发展总体水平，显示海南各区县之间的消费能力差异巨大。在社会消费品零售总额的地域分布中，城镇变异系数显著高于农村，说明海南各区县之间消费能力的差异主要在城镇领域。

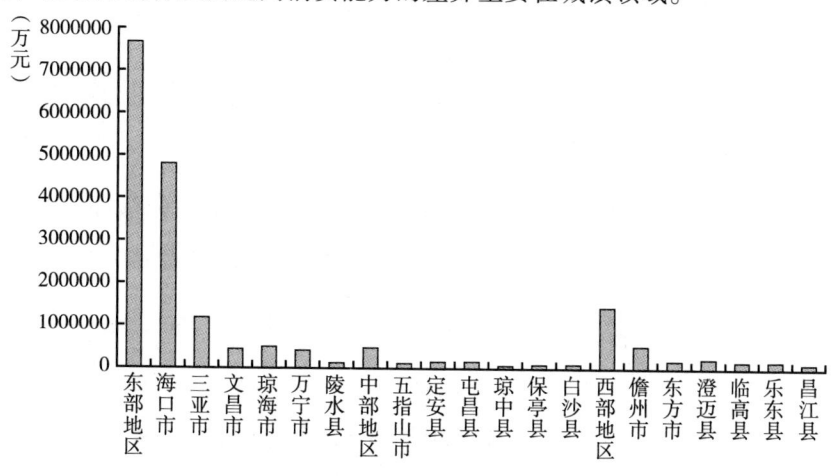

图 22　2013 年海南各区县社会消费总额

资料来源：根据《2013 年海南省国民经济和社会发展统计公报》数据计算而得。

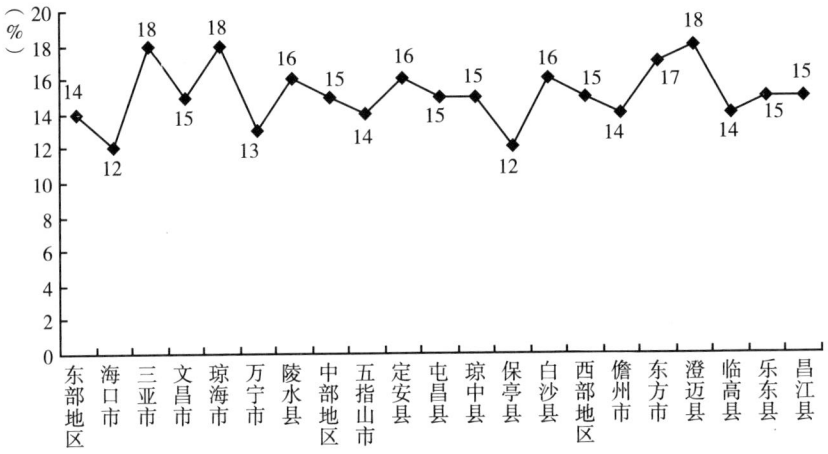

图23　2013年海南各区县社会消费总额的增速

资料来源：根据《2013年海南省国民经济和社会发展统计公报》数据计算而得。

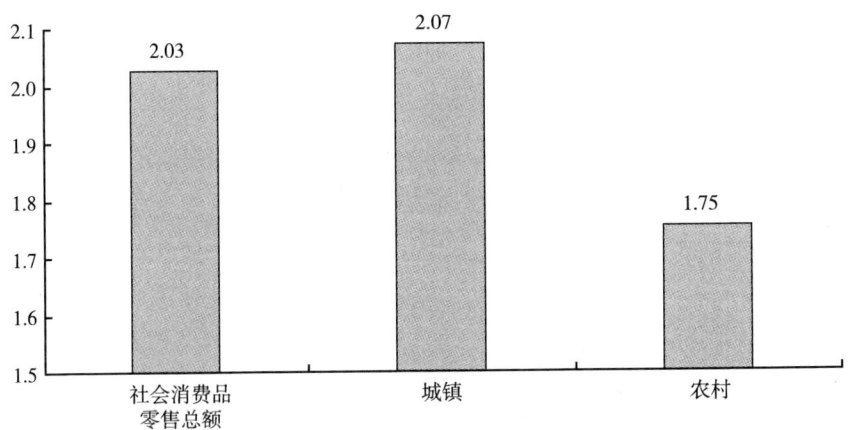

图24　2013年海南各区县社会消费零售总额变异系数的产业分布情况

资料来源：根据《2013年海南省国民经济和社会发展统计公报》数据计算而得。

5. 海南各区县在财政收支领域的总体差异

2013年，海南全省地方公共财政预算支出为1009.15亿元，其中东部地区完成财政预算220.7亿元，其次为中部地区，快于全省平均水平的有8个市县。图25和图26分别是2013年海南各区县财政收支总额及其增速情况。从2005~2013年海南财政收入的变异系数走势来看，近年来海南各区县财政收入的变异系数总体呈下降趋势，但变异系数仍均显著大于1，说明海南各区县在财政收入领域的不平衡程度仍然较大。与海南财政收入的变异系数走势相比，自2008年以来，海南各区县财政支出的变异系数均稳定在1以下，说明海南各区县财政支出较为均衡（见图27）。

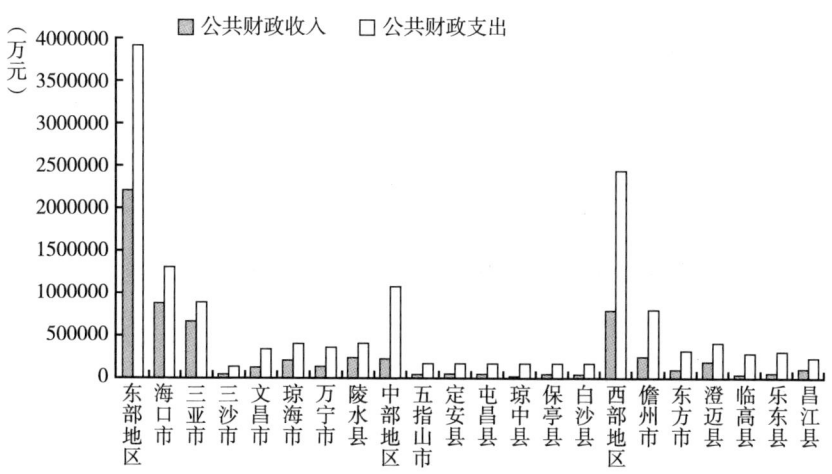

图25　2013年海南各区县财政收支总额情况

资料来源：根据《2013年海南省国民经济和社会发展统计公报》数据计算而得。

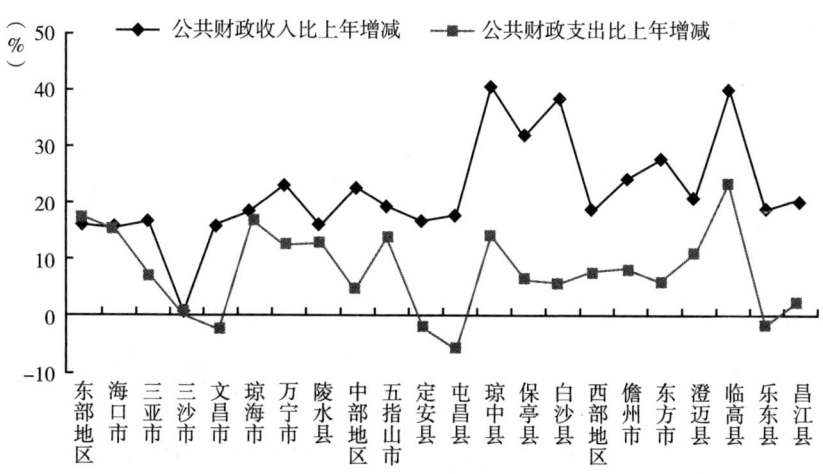

图26　2013年海南各区县财政收支总额的增速情况

资料来源：根据《2013年海南省国民经济和社会发展统计公报》数据计算而得。

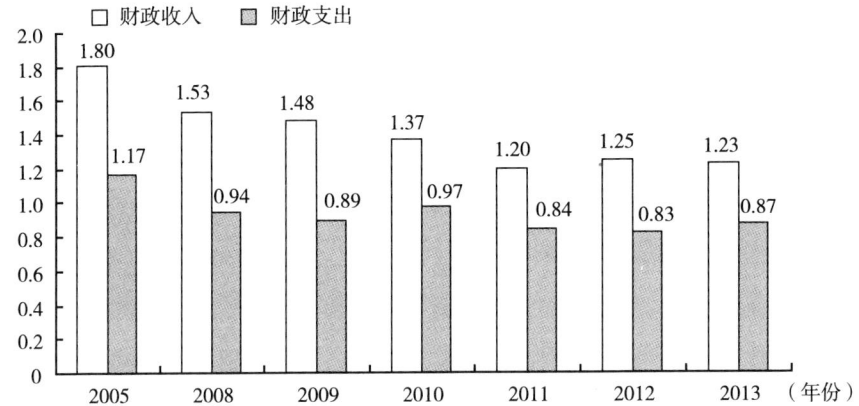

图27 近年来海南各区县财政收入与财政支出的变异系数变化情况

资料来源：根据《2013年海南省国民经济和社会发展统计公报》数据计算而得。

6. 海南各区县其他领域的差异程度比较

GDP能耗方面，2008~2013年海南各区县之间GDP能耗的变异系数年均小于1，说明各区县之间GDP能耗水平差距不大（见图28）。但从趋势上看，2010年之后，GDP能耗的变异系数逐步趋近于1，说明随着经济社会的发展，GDP能耗的区县差距有逐步拉大的趋势。

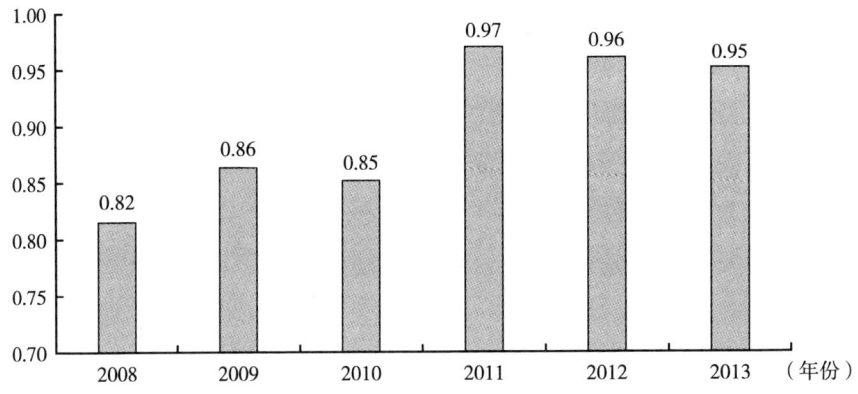

图28 近年来海南各区县GDP能耗的变异系数变化情况

资料来源：根据《2013年海南省国民经济和社会发展统计公报》数据计算而得。

居民收入方面,海南各区县之间,城镇居民之间的收入差距小于农村居民之间的差距,但从变异系数的数值上看,城镇居民和农村居民的变异系数均小于1,这说明随着劳动力的流动,各区县之间的收入差距总体较为均衡(见图29)。

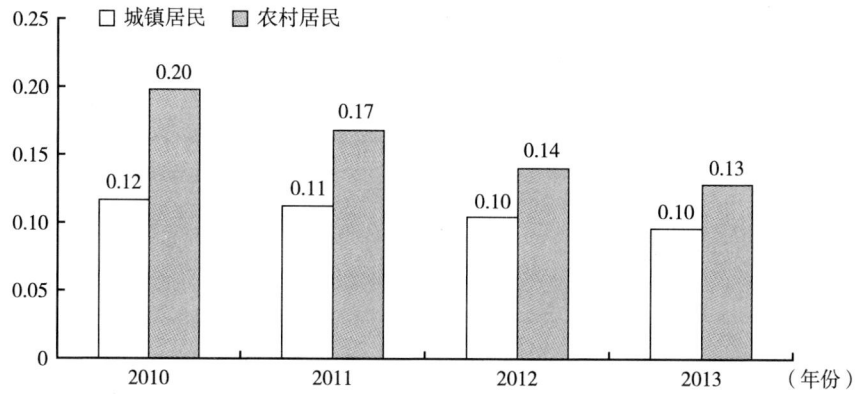

图29 近年来海南各区县城镇居民和农村居民收入的变异系数比较

资料来源:根据《2013年海南省国民经济和社会发展统计公报》数据计算而得。

市政基础设施建设方面,海南各区县市政基础设施建设极不均衡,尤其在污水日处理能力方面,各区县基础设施建设的变异系数大于2,显著高于道路长度、道路面积、排水管道长度和道路照明在各区县之间的不均衡程度(见图30)。

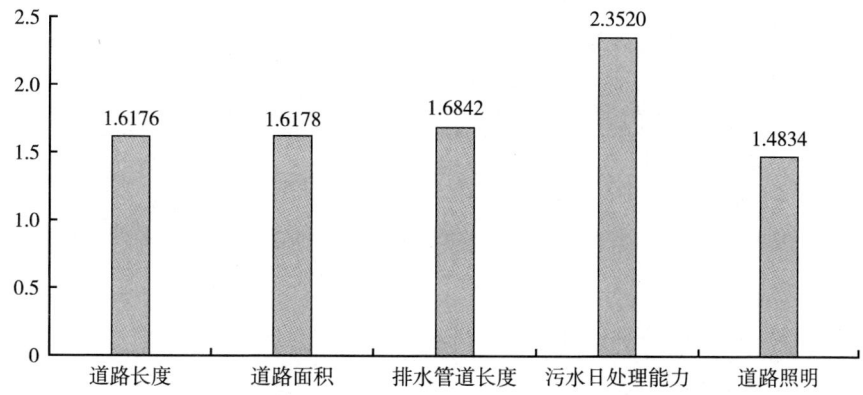

图30 近年来海南各区县市政基础设施建设的变异系数比较

资料来源:根据《2013年海南省国民经济和社会发展统计公报》数据计算而得。

（三）海南经济发展的区县竞争力评价

1. 总体评价

参照符国瑄、韩平、张江伟等学者 2011 年对海南区域经济布局与人口城镇化进程的研究成果，借鉴其区域经济发展水平综合评价指标体系，结合 2013 年海南各区县经济发展的指标情况，可以计算出 2013 年海南各区县综合竞争力的得分。

从图 31 可以看出，三亚市除经济结构得分略低于海口市外，总体得分、经济效益和经济规模得分都以绝对优势领先海南各地市；排名第二的海口市与三亚市总体得分相差近 20 分，显示海南区县经济发展第二梯队（大于 60 分、小于 80 分）的城市与第一梯队的城市（大于 80 分）差距甚大。

总体得分位于海南各区县第二梯队的区县主要有海口市、儋州市、澄迈县、陵水县、昌江县和琼海市；其他各区县均是综合得分 60 分以下的第三梯队城市，综合竞争力较弱。

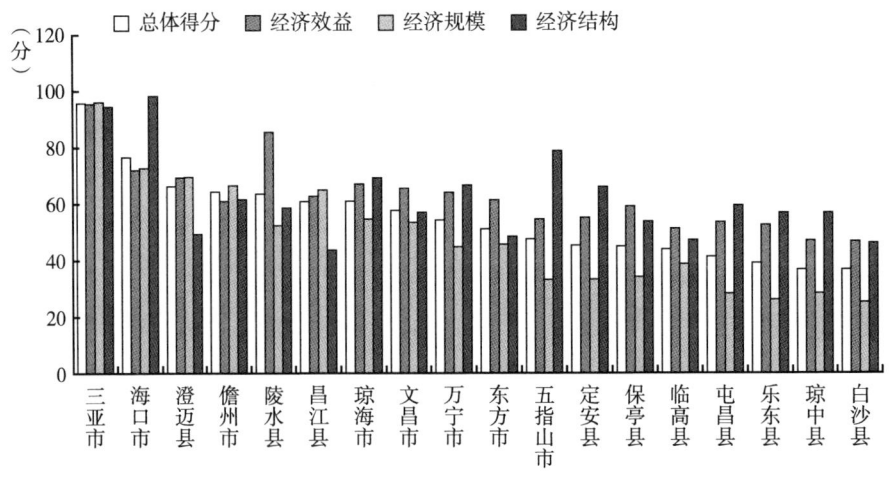

图 31　2013 年海南各区县综合竞争力比较

资料来源：根据《2013 年海南省国民经济和社会发展统计公报》数据计算而得。

2. 与 2010 年评价得分的比较

将 2013 年海南各区县综合竞争力排名结果与 2010 年评价得分比较，可以看到各区县在经过 3 年的发展，排名位次有较大变化。其中，陵水县由 2010 年的第 9 位上升至 2013 年的第 5 位，综合竞争力上升 4 位；琼海市则由 2010 年的第 3 位下降至 2013 年的第 7 位，综合竞争力下降 4 位；文昌市由 2010 年的第 5 位下降至 2013 年的第 8 位，综合竞争力下降 3 位，这三个区县综合竞争力排名位次变化较大（见图 32）。

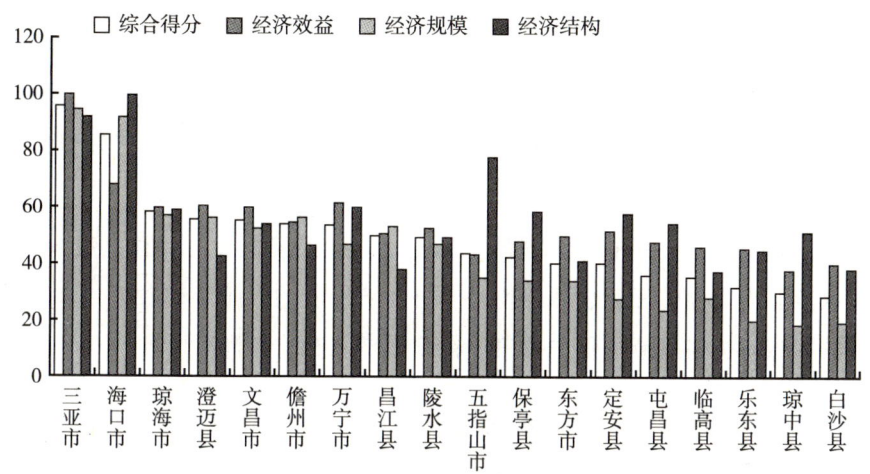

图 32　2010 年海南各区县综合竞争力比较

资料来源：根据《2013 年海南省国民经济和社会发展统计公报》数据计算而得。

与 2010 年相比，2013 年上升幅度较大的区县有：儋州市、昌江县、东方市排名较 2010 年上升 2 位；澄迈县、定安县、临高县排名较 2010 年上升 1 位。在海南其他各区县中，万宁市、保亭县排名较 2010 年下降 2 位；五指山市、屯昌县排名较 2010 年下降 1 位；三亚市、海口市、乐东县、琼中县、白沙县排名与 2010 年持平。

三　2013 年海南经济发展的总体评述和相关建议

（一）2013 年海南经济发展的总体评述

综合上述分析，可以得到以下结论。

(1) 海南的经济发展情况总体较好，高于全国的平均水平，并积极促进经济结构的转型升级，海南经济特区各项建设取得较快发展。

(2) 由于政策条件、自然禀赋、地理区位等存在较大差异，海南东部、中部、西部区域经济发展极不均衡，总体呈现中部地区较弱、东西部地区较强的空间格局。

(3) 面对"中部较弱、东西部较强"的总体趋势，海南各区县发展也极不均衡，第二产业、第三产业、固定资产投资等诸多经济指标的变异系数均显著大于1，且多年来各区县之间不均衡的状况始终未能得到有效改善，缩减不同区县之间、城镇与农村之间的经济发展不平衡仍是海南经济特区发展的重大挑战。

(4) 随着海南经济社会的发展，区县之间的经济发展尽管存在赶超现象，但以旅游业为主导的三亚、海口仍是全省经济发展的主体带动力量，未来区县之间的区域竞争格局调整仍主要集中在第二梯队和第三梯队区县。

（二）促进海南经济发展的相关建议

1. 完善财政转移支付制度，缩小东、中、西部差距

近年来，尽管海南不断加大对欠发达地区的转移支付，但欠发达地区要求加大转移支付力度的呼声仍然很高。目前，海南的转移支付制度仍存在结构安排不合理、政府间事权关系划分不清、资金使用效率低等诸多问题，未来海南应加强转移支付资金规范管理，增强财政转移支付制度对缩小海南东、中、西部差异的基础性作用。

2. 促进农村人口向城镇平稳转移

农村人口不断向城镇转移的主要原因是城乡收入差距较大，海南要创造条件引导中西部农村劳动力加速向经济相对发达的地区转移。在促进农村人口有序流向城市的过程中，要注重解决农民工的城市户口问题，让农民工享受与城镇居民同等的权利和待遇、医疗保险和社会保障，由此加快城镇、农村均等化发展。

3. 鼓励中部地区依托资源优势，发展特色产业

海南中部地区拥有种植南药的天然优势。海南中部地区应充分开发利用南药,加快建立南药生产基地,推进南药产业化经营,加快改变全省南药以小农经济、分散种植生产的模式,促进南药生产向标准化、规范化、产业化转变。另外,海南中部生态旅游资源十分丰富,拥有大量的热带山区和雨林自然景观,如五指山、吊罗山、黎母山、七仙岭和霸王岭等,发展热带森林旅游潜力巨大。海南中部地区应依托资源优势,不断寻求缩小与东西部地区差距的产业发展增长点。

参考文献

［1］海南省统计局、国家统计局海南调查总队:《海南统计年鉴2014》,2014年9月。
［2］海南省统计局、国家统计局海南调查总队:《2013年海南省国民经济和社会发展统计公报》,2014年1月24日。
［3］《2013年海南外贸进出口情况分析》,海南省统计局网站,http://www.hi.stats.gov.cn/tjsj/tjfx/jdfx/201403/t20140324_1176243.html。
［4］《2013年海南消费品市场运行情况分析》,海南省统计局网站,http://www.hi.stats.gov.cn/tjsj/tjfx/jdfx/201403/t20140310_1168836.html。
［5］《海南区域经济协调发展研究》,海南省统计局网站,http://www.hi.stats.gov.cn/tjsj/tjfx/ztfx/201105/t20110505_623032.html。
［6］符国瑄、韩平、张江伟、童旭光、徐翠枚:《区域经济布局与人口城镇化进程研究》,海南省统计局网站,http://www.hi.stats.gov.cn/tjsj/tjfx/ztfx/201303/t20130325_923356.html。

B.15
上海浦东新区发展报告

章 平*

历经24年开发开放,浦东新区已成为上海经济发展的引擎。一个外向型、多功能、现代化的新城区逐渐成型,被誉为"中国改革开放的象征、上海现代化建设的缩影"。浦东新区是国家级综合配套改革试验区,也是经济产业最发达的地区之一。2013年8月成立的中国(上海)自由贸易试验区成为全球关注的热点。

24年来,浦东新区经济持续快速发展。2013年,新区经济总量占上海市的比重上升到三成,形成了以服务业为主体的产业结构和以创新驱动为主导的发展模式,成为上海经济快速发展的重要增长极。

一 基于新区发展综合评价指标的综合考察

经济增长,以其可计量性、可比性等优势远超其他综合性评价指标,成为评价一个国家或地区发展程度最基本、最直接的指标。

从狭义角度来看,经济增长质量主要是指资源要素投入比例、经济增长效果及经济增长的效率,体现的是经济增长方式的转变问题(韩平、徐翠枚,2013)。武义青(1996)认为:"经济增长质量以投入要素的产出效率来衡量。质量高的经济增长,表现为以相同的投入量取得较多的产出量或以较少的投入量取得相同的产出量。"郭克莎(1996)认为:"经济增长质量主要表现在综合要素生产率的增长率及其贡献率的高低、产品和服务的质量、通货膨胀的状

---

* 章平,深圳大学中国经济特区研究中心副研究员,博士,主要研究方向为比较制度分析。

况、环境污染的程度。"

从广义的经济增长质量来看，钟学义（2001）认为不仅要从生产率角度考察，还要从经济波动、经济结构等方面对经济增长质量的内涵进行考察。毛海波（2009）把经济增长质量界定为："经济增长质量是经济增长的过程中表现出来的国民经济有效性、稳定性、协调性、分享性、创新性及持续性等方面的优劣程度。"

本文基于经济增长及其质量的相关研究，删繁就简，针对新区的特点和实际，归纳为如图1所示的评价体系。

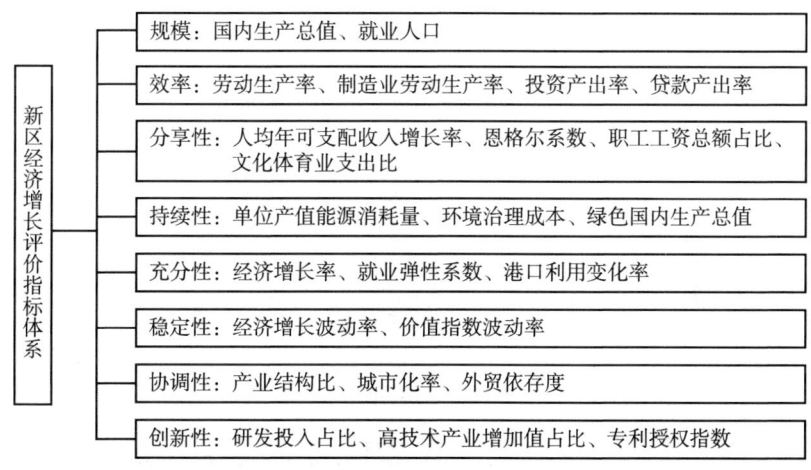

图1 浦东新区经济增长评价指标体系

（一）经济增长的规模

我们主要用国内生产总值（GDP）衡量一个地区经济发展规模。围绕"创新驱动发展、经济转型升级"，浦东新区经济增长继续保持平稳较快水平。2013年全年浦东新区实现生产总值6446.68亿元，较上年增长了8.7%（见图2）；地方财政收入达610亿元，比上年增长11%。由于受到国际和国内经济波动等各种因素影响，就业总人数由2012年的297.01万人减少至2013年的290.59万人（见图3）。

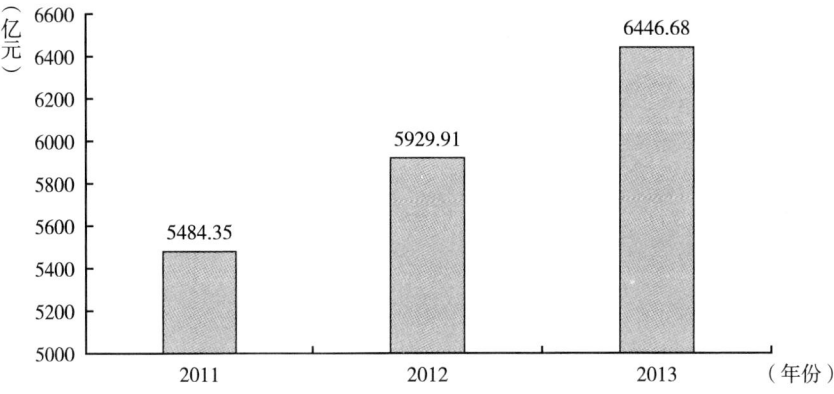

图 2　2011~2013 年上海浦东新区 GDP

资料来源：《上海浦东新区统计年鉴 2013》。

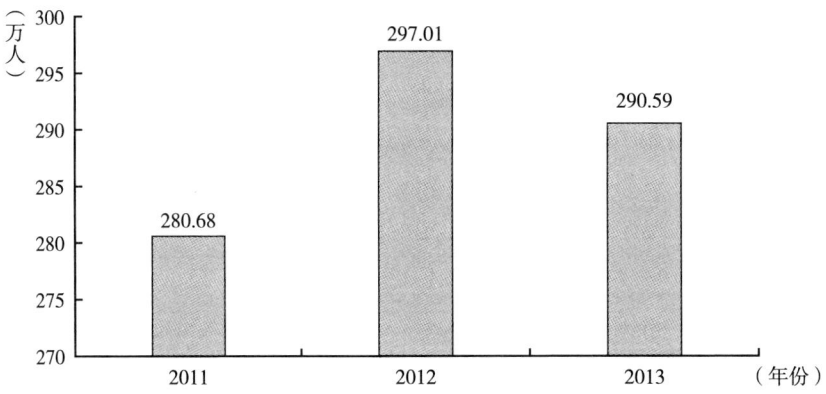

图 3　2011~2013 年上海浦东新区从业人员数量

资料来源：《上海浦东新区统计年鉴 2013》。

（二）经济增长的效率

经济增长的效率通常用投入与产出的比率关系来表示，投入包括土地、劳动力、物质资本投入等多方面因素，而产出统一由 GDP 来表示（见表1）。

（1）劳动生产率相比 2012 年的 20.53 万元/人，2013 年的劳动生产率上升到 21.94 万元/人，即在报告期内，平均每个劳动力创造了 21.94 万元的经济价值。

表1 经济增长效率评价指标

二级指标	含义算法	2013年数据计算值
劳动生产率	GDP/劳动者平均人数	21.94万元/人
制造业劳动生产率	第二产业GDP/第二产业从业人员	14.55万元/人
投资产出率	GDP/当年固定资产投资总额	3.84
贷款产出率	GDP/银行贷款年平均余额	0.49

（2）相对于2012年的14.77万元/人，2013年的制造业劳动生产率为14.55万元/人，降低了0.22万元，有下降趋势，原因可能是浦东新区产业结构调整，更多资源被投入到第三产业中，使得第三产业增加值占新区生产总值的比重提高到64.4%。

（3）相对于2012年的4.08，2013年的投资产出率为3.84，即平均每投入1个单位资本用于固定资产更新，就可以创造3.84元价值。这一指标虽然有所下降，但是作为反映投资经济效果的静态指标，不能只凭这一单一指标判断经济增长效率。

（4）贷款产出率作为银行贷款效益的主要指标，它反映了每单位贷款产生的经济效益水平。2013年的贷款产出率为0.49，基本维持2012年的水平。

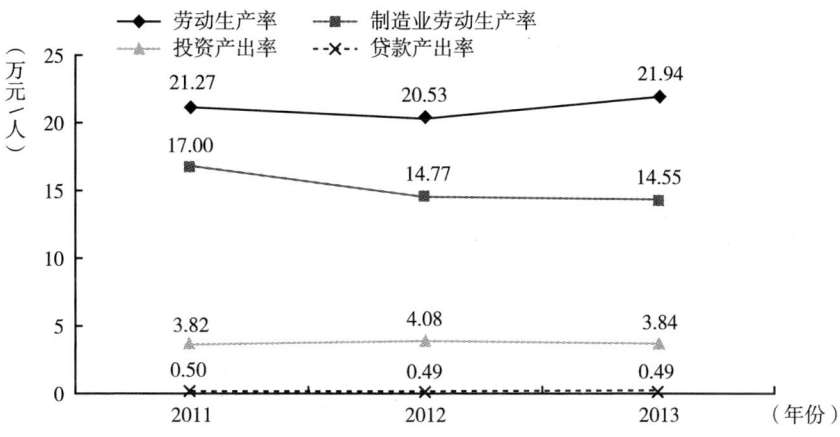

图4 2011~2013年上海浦东新区经济效率汇总

资料来源：《上海浦东新区统计年鉴2013》。

从图4中可见，最近3年来除制造业劳动生产率持续下滑外，劳动生产率、投资产出率和贷款产出率则基本保持不变。

依据一般经济规律分析，劳动生产率的大幅上升一般出现在固定资产的大规模更新时，这是因为采用了更为先进的生产技术致使单位劳动生产率上升。浦东新区目前处于稳步发展阶段，故制造业劳动生产率的小幅下跌属于可以接受的范畴。

对比浦东新区的产业结构，根据新区的产业定位和调整目标，第二产业劳动生产率走低正好验证了这一趋势和目标。

三年来浦东新区的固定资产投资总额基本保持不变，GDP的增加必然会导致投资产出率的增加。新区在建设了20多年后，各项基础指标已逐渐趋于正常，第三产业占GDP的比重已经上升到64.4%，投资产出率的小幅上涨完全可以理解。

（三）经济增长的分享性

2013年城镇居民人均年可支配收入为40901元，农村居民人均年可支配收入为17641元（见图5），分别较上年增长11.1%和11.2%，略高于GDP增长速度，说明居民分享到了GDP增长带来的收益。

地方财政对教育的支出由2011年的692047万元增加到2012年的917618万元，再增加到2013年的1025495万元，其中2013年增幅达到11.76%。地方政府对医疗卫生的支出则从2012年的267673万元增加至2013年的312571万元，文化体育与传媒支出从2012年的76838万元增至2013年的97490万元。以上几项支出总和占2013年全年GDP的2.23%，比2012年的2.13%有所上升。

2013年人均公共绿地面积为24.02平方米，基本与2012年的24.04平方米持平，城镇人均住宅面积为36.6平方米，基本与2012年的36.5平方米持平，按全国往年数据估算推测，新区在人均公共绿地和城镇人均住宅面积上均高于全国平均水平。

1. 居民人均年可支配收入增长率

该指标为现期可支配收入与基期可支配收入比值，按照衡量对象不同，具体分为城镇居民人均年可支配收入增长率和农村居民人均年可支配收入增长率。2013年浦东新区城镇居民人均年可支配收入增长率为11.1%，农村居民人均年可支配收入增长率为11.2%。

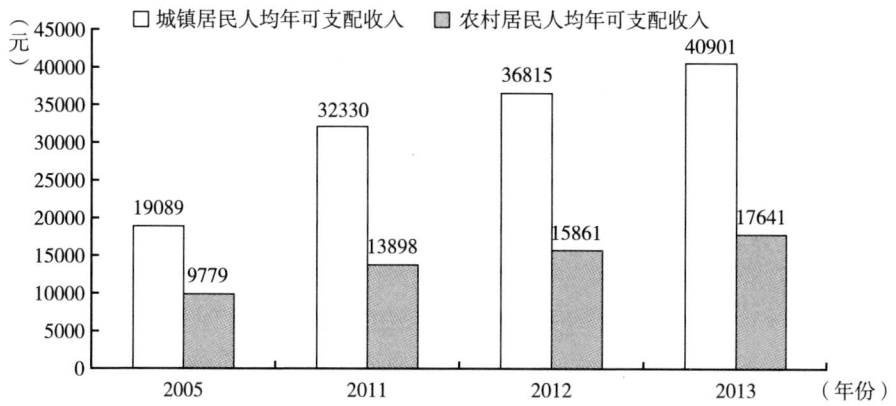

图5 上海浦东新区城镇居民和农村居民人均年可支配收入变化及对比

资料来源：《上海浦东新区统计年鉴2013》。

居民人均年可支配收入呈逐年递增趋势，但是增长幅度逐年下降，城市居民人均年可支配收入和农村居民人均年可支配收入增长率逐渐趋同。

农村居民人均年可支配收入远低于城市居民的原因可以归纳为：农村居民劳动力素质较城镇居民劳动力素质低（受教育程度的差别被认为是造成劳动者素质差别的最主要因素）、农村地区固定资产投资不足。

2. 恩格尔系数

恩格尔系数即食品支出占个人全部消费支出的比重。当一个人收入越多时，其食品支出在他的全部消费支出中所占的比重就越小，反之，则越多。恩格尔系数部分反映了一个地区的发达程度。《上海浦东新区统计年鉴2013》显示，2013年城镇居民的恩格尔系数为36.5%，比2012年降低1个百分点，符合国际社会公认的富裕家庭标准。

3. 职工工资总额占GDP的比重

建区初期的1993年，职工工资占GDP的比重为28.82%，2005年下降至11.15%。最近3年，此数据分别为22.67%、22.46%和23.95%。按收入法核算GDP，可以将GDP分解为固定资产折旧、劳动者报酬、生产税净额和营

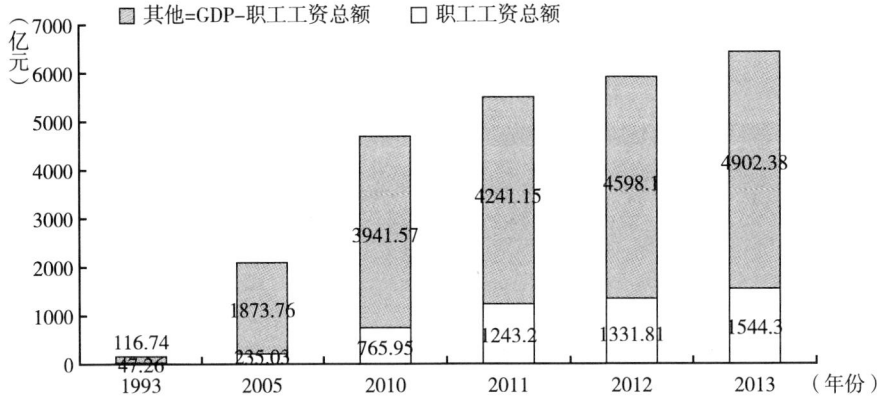

图 6 职工工资总额在 GDP 中的分配

资料来源：《上海浦东新区统计年鉴 2013》。

业盈余四部分。图 6 是职工工资总额在 GDP 中的分配情况。

工资占 GDP 的比重用于衡量国民收入初次分配的公平程度，数值越大，则分配越公平，反之则越不公平。欧美发达国家工资占 GDP 的比重普遍在 50% 以上，东南亚的平均水平在 28% 左右，由此可见，经济发展的分享性不具有普遍性。

加快提高劳动者工资的增长速度，使其涨幅高于 GDP 的涨幅，可以逐渐实现分配的公平性，这样才能真正享受到由广大劳动者分享经济发展带来的好处。

4. 居民文化体育业支出比率

2012 年上海浦东新区城镇居民教育文化娱乐服务支出占其消费总支出的比例为 15.90%，这一比例在 2011 年为 14.0%，而 2013 年上升到 16.0%。

由图 7 可见，浦东新区城镇居民教育文化娱乐服务支出占其全部消费支出的比重 9 年来的平均值为 15.48%，除 2011 年这一比例偏离均值较大外，其余各年基本处于均值附近，也就意味着多年来居民用在文化娱乐业上的支出占其总消费支出的比重基本不变。

相对固定的教育文化娱乐服务占消费总收入的比例说明随着收入的提高，居民对文化服务的需求增加。但同时也应看到这一比例并不是很高，这也就意味着随着居民可支配收入的进一步提高，食品支出占总消费支出的比重会进一步下降，未来教育文化产业的发展空间会进一步加大。

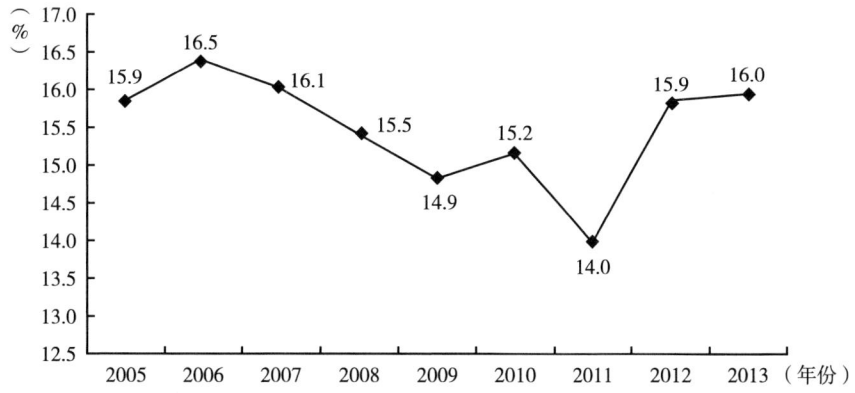

图 7　城镇居民教育文化娱乐服务支出占消费支出的比重

资料来源：《上海浦东新区统计年鉴2013》。

（四）经济增长的持续性

对能源消耗度量比较的通行方法是用消耗的煤炭或者石油等自然资源来衡量。因为这两个统计数据获得的局限性（统计年鉴），考虑到煤炭基本上以供电或供暖形式使用，而上海并没有利用煤炭大规模取暖，故基本可以用用电量转化成煤炭消耗量来代表其对煤炭资源的消耗，进而作为对自然资源消耗的衡量。表2是经济增长的持续性指标。

表 2　经济增长的持续性指标

二级指标	含义算法	2013年数据计算值（%）
单位产值能源消耗量	能源消耗总量(标准煤)/GDP	2.05
环境治理成本	[（工业废水排放量－符合排放标准排放量）×单位废水处理成本＋工业废气排放总量×单位废气治理成本＋（工业固体废物产生量－工业固体废物综合利用量）×工业固体废物处理成本]/GDP	—
绿色GDP	(GDP－能源消耗量折现价格－环境污染成本)/GDP	92

1. 单位产值能源消耗量

假设一度电的费用为0.5元，则上海浦东新区2013年全年耗电量费用为

131.835亿元，占GDP的比重为2.05%，这意味着1元标准能源可以产生50元左右的经济效益。

2. 环境治理成本

因为无法得到单位废物处理成本的参考数据，所以环境治理成本在现阶段还处于理论研究阶段，不能得到实际的应用，但是从上式中仍然可以简单得出这样的结论：为了减少环境治理成本，工业废水、废气和固体废物排放时必须经过适当处理以达到排放标准，这不仅需要研发机构设计出更多的有效设备，而且需要监管机构建立激励机制，对企业进行更认真的监督，并采取奖惩结合的制度激励企业进行废物处理再利用。

3. 绿色GDP

根据经济专家的计算，中国经济发展过程中的环境污染成本占GDP总量的2.8%~3.8%，这里取平均值，即用3.3%来表示。能源消耗即用当年耗电量、耗水量、耗用天然气量和耗用液化石油气量分别乘以当年这些资源的平均价格来计算。

按照以上标准，2013年上海的绿色GDP占GDP的比重为92%，说明如果用绿色GDP的标准来核算浦东新区2013年的生产总值的话，GDP将会缩水8%。

（五）经济增长的充分性

经济增长的充分性，衡量了经济增长潜能的利用程度：现有资源得到有效利用的程度；现有的经济资源在生产过程中是否形成了新的生产力、储备了资本。

表3 经济发展的持续性指标

二级指标	含义算法	2013年数据计算值
经济增长率	当期GDP/基期GDP×100%	9.7%
就业弹性系数	当期从业人员增长率/GDP增长率	-22.27%
港口利用变化率	当期港口吞吐量/基期港口吞吐量	1.05

1. 经济增长率

GDP增长率代表了一个地区发展的速度，浦东新区在经过多年的高速发展后，GDP增长率基本趋稳，10%左右的增长率与其同级的经济体相比仍处于高位，发展势头依然强劲（见图8）。

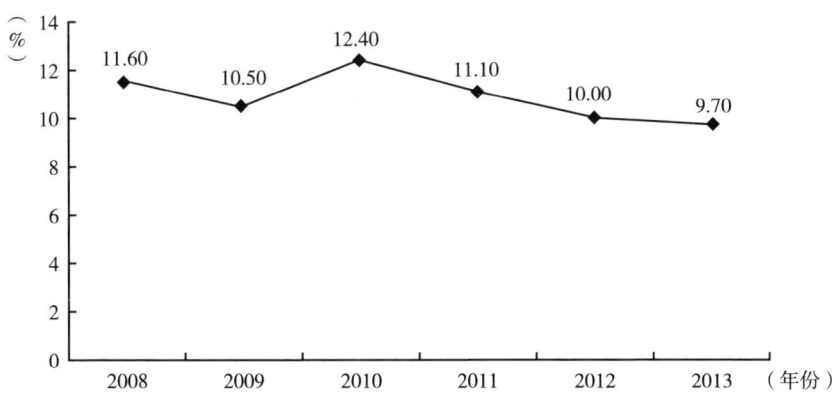

图8　2008~2013年上海浦东新区经济增长率

资料来源：《上海浦东新区统计年鉴2013》。

2. 就业弹性系数

该指标反映了GDP增长是否提供了更多的就业岗位，政府一直强调保持GDP的增长率，其经济含义就是要创造足够的就业岗位，让更多的人参与到经济建设中并分享经济增长带来的利益。当其大于1时，代表经济增长为就业提供了更多的机会；当这一比值小于1时，则代表经济增长不是由更多的劳动力投入来实现，而是由现有劳动力完成。

2013年浦东新区就业弹性系数为-22.27%，表示在GDP增长的同时，从业人员总数没有增加，甚至出现了下降。

3. 港口利用变化率

2013年港口利用变化率为1.05，而2012年港口利用变化率为1.03，上海建设自贸区的主要目的之一就是将上海打造成为"四个中心"（国际经济中心、国际金融中心、国际贸易中心、国际航运中心）。自贸区的建立，在未来一定会使上海成为世界上最繁忙的港口之一。浦东新区有洋山、外高桥、浦东机场三个海港和空港，集聚了波罗的海航运交易所等一批国际级航运机构。2013年外高桥港和洋山港集装箱吞吐量超过3000万标箱，连续多年位居世界第一。洋山港的

"水水中转"、国际中转箱量比例分别提高到50%和11%。国际中转集拼从洋山保税港区拓展到外高桥保税物流园区,航空快件国际中转集拼业务在浦东机场综合保税区启动。2013年,浦东机场货邮吞吐量居全球第三位。

(六)经济增长的稳定性

经济发展的稳定性可通过表4的两个指标来衡量。

表4 经济增长的稳定性评价指标

二级指标	含义算法	2013数据计算值
经济增长波动率	当期GDP增长率/基期GDP增长率-100%	-3.96%
价值指数波动率	当期CPI增长率/基期CPI增长率-100%	0.01

1. 经济增长波动率

当经济发展绝对平稳时,经济增长波动率接近于0,而图9表现出浦东新区经济增长波动率的较大幅度变化,说明了经济增长的波动性,而经济增长的长期不稳定波动最终会威胁到经济增长的长期表现。一般认为,内需(特别是私人消费和投资需求)相对于外需更稳定,因此针对这一情况,浦东新区下一步发展要更侧重于刺激内需,减少对出口和政府投资的依赖。

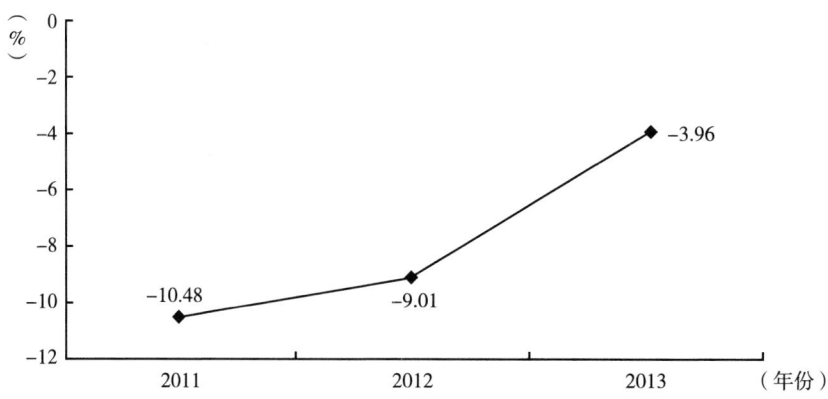

图9 2011~2013年上海浦东新区经济增长波动率

资料来源:《上海浦东新区统计年鉴2013》。

2. 价值指数波动率

从图 10 可以得出基本结论：以 CPI 衡量的物价指数波动率很小。物价波动率小可以让人们形成一个稳定的预期，以便更好地合理安排私人消费和投资。

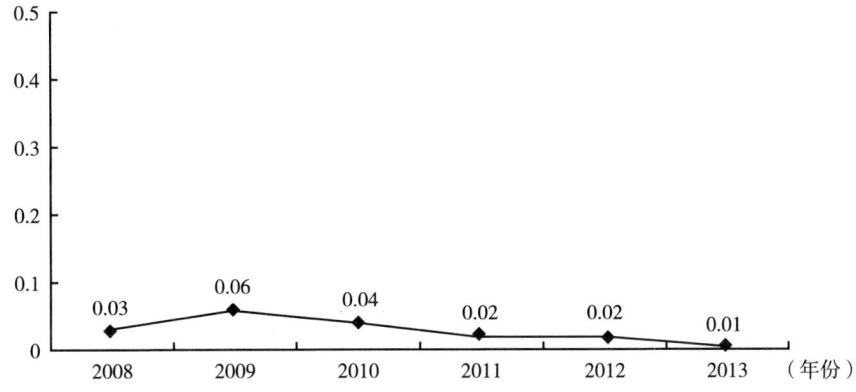

图 10　2008~2013 年上海浦东新区价值指数波动率

资料来源：《上海浦东新区统计年鉴 2013》。

（七）经济增长的协调性

经济增长的协调性评价指标包括产业结构比、城市化率和外贸依存度（见表 5）。

表 5　经济增长的协调性评价指标

二级指标	含义算法	2013 年数据计算值
产业结构比	第一产业增加值:第二产业增加值:第三产业增加值	0.5:35.1:64.4
城市化率	(城市人口/总人口)×100%	90%
外贸依存度	(进出口总额/GDP)×100%	38.72%

1. 产业结构比

从图 11 中可以直观看出，浦东新区的第三产业增加值已经占 GDP 的 64.4%，而第一产业所占比例则基本可以忽略不计，原因是浦东新区本身农业占地面积小且建立时主要发展点就是第二、第三产业，这一现象与浦东所处的区位

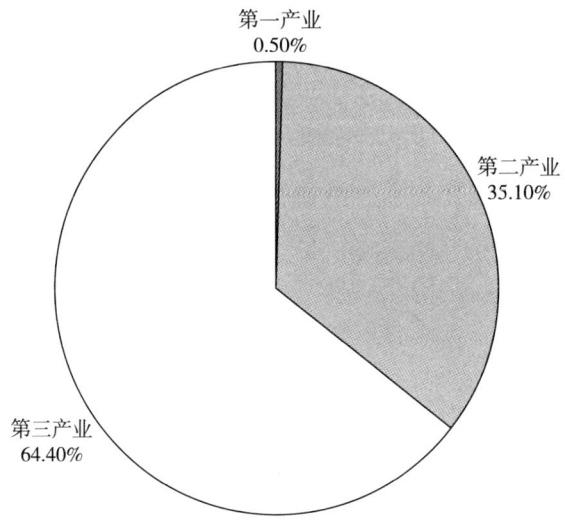

图11　2013年上海浦东新区产业结构比

资料来源：《上海浦东新区统计年鉴2013》。

有很大的关系，并不是产业发展不均衡的表现。第三产业是浦东新区发展的重点，新区政府着重推进金融领域开放创新、转变贸易发展方式、提升国际航运服务能级，推动新区产业结构逐步转向以金融、航运、贸易为核心的现代服务业。

2. 城市化率

浦东新区因所处地理位置的特殊性，城市人口占全部人口的比重较全国平均水平高出很多，至2012年连续多年城市人口占全部人口的比重在80%以上，2013年达到90%。从该指标看，浦东新区的城市化率已经很高。

3. 外贸依存度

2012年上海的外贸依存度为2.54，这一比例远远高于国内平均50%的水平，这一方面反映了上海对外贸易的活跃度，另一方面也反映上海经济受国际经济影响的程度。

这个指标又可以细分为进口依存度和出口依存度，2012年进口依存度为1.67，进口依存度一般被认为是反映一个地区对外开放程度的良好指标，由此数据可以看出浦东处于高度对外开放状态；2012年出口依存度为0.996，出口依存度接近于1充分验证了浦东新区经济发展对外贸的依赖程度。

（八）经济增长的创新性

当前，浦东新区正处于创新驱动发展、经济转型升级的关键时期，围绕习近平总书记提出的上海建设"具有全球影响力的科技创新中心"的核心目标，加快集聚创新资源，推进科技创新发展，成为当前要务。表6是经济增长的创新性指标。

表6　经济增长的创新性

二级指标	含义算法	2013年数据计算值
研究与开发投入占GDP的比重	研究与开发投入/GDP	3%
高技术产业增加值占工业总产值的比重	高技术产业增加值/工业总产值	30.90%
高技术产业出口占外贸出口商品总额比重	高技术产业出口总额/外贸出口商品总额	42.60%
专利授权指数	报告期获授权专利数/基期获授权专利数	0.99

1. 研究与开发投入占GDP的比重

研究与开发投入由政府对科学技术的财政支出、企业内部研发支出与企业委托外单位科技活动支出三部分组成。2013年浦东新区研究与开发投入占GDP的比重为3%。美国2011年研究与开发投入占GDP的比重为2.8%，浦东新区2013年研究与开发投入占GDP的比重高于全国和上海全市，成果直接表现为高新技术产业产值占总产值的比重越来越高。

2. 高技术产业增加值占工业总产值的比重

连续上升的趋势说明了上海高新技术产业带给经济发展的积极影响。2010~2013年，高技术产业工业增加值占工业总产值比重的连续增加说明科技在浦东新区经济增长中占据重要位置并做出重要贡献。

3. 专利授权指数

2013年浦东新区授权专利数为11073项，相比2011年的12685项和2012年的11226项有所下滑，专利授权指数为0.99，但2013年专利授予中的发明和实用新型（促进科技和经济发展最重要的组成部分）数量却比2012年有所上升。目前浦东新区认定的企业研发机构为500多家，高新技术企业为1000多家，每万人发明专利拥有量为24件。

二 发展新态势与特征

（一）内外需拉动和重点区域发展带动的经济增长态势

2013年，浦东新区经济增长继续保持平稳较快水平，主要得益于内外需拉动和以上海自贸区为典型的重点区域发展带动。

第一，内外需拉动。社会消费品零售总额、商品销售总额继续保持较快增长，全年分别完成1504.95亿元和16408.67亿元，分别增长11.5%和12.8%；外贸进出口总额达2496.08亿美元，增长4.0%，进口增长快于出口增长。

第二，作为首个国家级新区，浦东已经成为推动上海"四个中心"（国际经济中心、国际金融中心、国际贸易中心、国际航运中心）建设的重要引擎。各个重点区域功能互补、特色鲜明。主要包括以金融改革和国际化试验为亮点的自贸试验区，作为金融城建设核心区域的陆家嘴金融贸易区，作为国家自主创新示范区的核心基地的张江高科技园区，作为国家新型工业化产业示范基地的金桥经济技术开发区，定位是战略性新兴产业创新引领区、创新创业人才集聚区和现代产城融合发展示范区的临港地区，以迪斯尼乐园为核心的国际旅游度假区和上海国际化新地标的世博前滩地区等。

第三，以金融贸易和高新技术产业为先导的产业发展。浦东新区产业结构不断优化，以服务经济为主体的产业结构也已成型。第三产业增加值比重由1990年的20.1%增加到2013年的64.4%。浦东新区已经成为中国大陆"总部最集中、辐射面最广、服务能力最强"的区域之一。截至2013年，214家跨国公司地区总部设在浦东新区，约占上海全市总量的1/2。这214家跨国公司地区总部年销售结算能级约为2500亿元，年纳税总额突破165亿元。

第四，从大陆中心城市来看，上海、北京、深圳都是金融中心。目前深圳前海正与香港加强合作，拟构建粤港澳一体化自贸区，北京也在筹建新三板市场。作为全球最大的人民币离岸金融中心，香港正扩大其全球最大人民币离岸金融中心的地位和影响力，这些都给上海和上海浦东新区带来竞争压力。

（二）上海建设国际金融中心、国际航运中心、国际贸易中心的核心要素

金融中心：中国人民银行上海总部等"一行三会"驻上海监管部门、中国建设银行上海中心都落户浦东新区；上海证券交易所、期货交易所、上海国际能源交易中心、中国金融期货交易所和中国金融信息中心等金融市场齐集新区；监管类金融机构约800家，金融业增加值占新区GDP的比重约20%。

航运中心：洋山、外高桥、浦东机场三个海港和空港，2013年外高桥港和洋山港集装箱吞吐量超过3000万标箱，排名连续世界第一，洋山港"水水中转"、国际中转箱量的比例分别提高到50%和11%。浦东机场货邮吞吐量位居全球第三。

贸易中心：2013年浦东外贸进出口总额达2500亿美元，商品销售总额、社会消费品零售总额分别增长12.8%和11.5%。服务贸易同比增长20%，高新技术产品进出口同比增长7.2%，网络购物成交额同比增长80.7%。自贸试验区力推国内首个"前店后库"模式的保税展示交易平台，取得成功。

三 政策建议

到2020年浦东要基本建成科学发展先行区、"四个中心"核心区、综合改革试验区和开放和谐生态区，全面建成外向型、多功能、现代化新城区这一宏伟目标，主要对策建议如下。

（一）自贸试验区

2013年已经采取的措施有：颁布2013版负面清单，改革境外投资管理方式，推动商事登记制度改革、贸易监管制度试点，推进金融监管制度创新，综合监管制度初具雏形，深化信息共享和服务平台、积极推动服务业进一步扩大开放。之后需要推动建立已有多年基础的综合配套改革与新推出一年的自贸试验区联动机制，主动承接自贸试验区在金融、航运、贸易等方面开放创新的溢出效应，加快要素资源集聚，增强核心枢纽功能，提升全球资源配置能力。率

先形成与国际投资贸易通行规则相衔接的基本制度框架,为全国深化改革扩大开放探索新途径、积累新经验。

(二)转变政府职能

推进政府职能转变和行政审批制度改革。率先开展市场监管体制改革,由垂直管理向分级管理转变,推进从市场准入到产品质量等全过程监管。围绕审批重心下移、审批方式创新、审批互联共享,制定行政审批制度改革实施方案,明确政府职能转变和行政审批制度改革主要任务。

(三)转变经济运行方式

聚焦金融、航运、贸易核心功能区建设。大力引进高能级金融机构,争取更多的金融创新和先行先试,推动证券、期货和股权等资本市场功能拓展和能级提升,完善多层次金融要素市场体系。深化国资国企和投融资改革,优化创新创业环境,增强高端航运服务功能,提升贸易便利化水平。深化国际贸易结算中心试点。

(四)改变城乡二元经济与社会结构

深化农村综合改革,开展农村土地承包经营权确权登记试点,推进集体建设用地流转和农村宅基地置换等改革,探索农地股份制试点,深化集体资产股份制改革试点。探索引入社会资本参与小城镇发展建设。推进农村产权制度改革,加快完善城乡公共服务体系。提高群众收入水平,农村居民收入增长快于城镇居民收入增长。探索完善"政府托底、社会化参与、市场化运营相结合"的养老服务模式。完善大型居住社区治理机制,探索完善"镇管社区"模式。

参考文献

[1] 冷崇总:《构建经济发展质量评价指标体系》,《宏观经济管理》2008年第4期。
[2] 李答民:《区域经济发展评价指标体系与评价方法》,《西安财经学院学报》2008

年第 5 期。
［3］李丽莎：《我国经济发展指标体系的构建与应用研究——基于经济发展的数量与质量角度》，《特区经济》2011 年第 6 期。
［4］冷崇总：《关于构建经济发展质量评价指标体系的思考》，《发展纵横》2008 年第 4 期。
［5］倪鹏飞主编《中国城市竞争力报告 No.12》，社会科学文献出版社，2014。
［6］韩平、徐翠枚：《海南省经济增长质量评价指标体系研究》，海南省统计局网站，2013。
［7］孙继伟：《上海浦东新区人民政府 2014 年政府工作报告》，《上海浦东新区人民政府公报》2014 年 1 月。

B.16
天津滨海新区发展报告

章 平*

作为国家重要发展战略部署，滨海新区的功能定位是：依托京津冀、服务环渤海、辐射"三北"、面向东北亚，建设成为我国北方对外开放的门户、高水平的现代制造业和研发转化基地、北方国际航运中心和国际物流中心。

滨海新区在"一城双港、九区支撑"的总体规划布局中，正在形成"东港口、西高新、南重化、北旅游、中服务"五大产业板块。天津滨海新区具有带动和服务区域经济发展的交通、工业、发展、资源和区位五大综合优势，成长为推动中国经济增长的第三极。滨海新区位于环渤海经济带和京津冀城市群的交会点，拥有世界吞吐量第五的综合性港口、北方最大的航空货运机场，是连接国内外、联系南北方、沟通东西部的重要枢纽。

2013年，面对瞬息万变的国际和国内环境与激烈的区域地方竞争，滨海新区充分用好国家政策红利，在推动深化改革开放、发展实体经济、提升科技创新能力和建设美丽滨海等各方面取得了显著成效。同时，发展过程中也出现了一些突出的问题。本文根据公开数据（由于截稿时尚未获得《滨海新区统计年鉴2014》，只能以政府公报为主、媒体报道和期刊为辅获取数据）对上述内容进行梳理分析，提出我们的政策建议。

一 发展态势和总体特征

滨海新区全区生产总值由2009年的3810亿元增长到2013年的8020.4亿元（见图1），占天津全市GDP的比重超过一半，同比增长11.3%，近四年年

---
* 章平，深圳大学中国经济特区研究中心博士，副研究员。

均增长21.6%。财政一般预算收入由2009年的315.5亿元增长到2013年的878亿元,增长1.8倍,年均增长29.2%;全社会消费品零售总额由2009年的451亿元增长到2013年的1158亿元,增长1.6倍,2009~2013年实现年均增长20%;2013年,外贸进出口总额达到894亿美元,2009~2013年实现年均增长19.5%;2013年,全社会累计固定资产投资1.65万亿元,2009~2013年实现年均增长21.1%。2013年,总共实际利用外资364亿美元,2009~2013年实现年均增长17.9%;2013年,累计实际利用内资2203亿元,2009~2013年实现年均增长30.3%。

2013年,滨海新区农村居民和城镇居民人均年可支配收入分别比上一年增长13%和12%(见图2),新增就业人口12万人。新区万元生产总值能耗下降16%,比上一年下降4.1%。

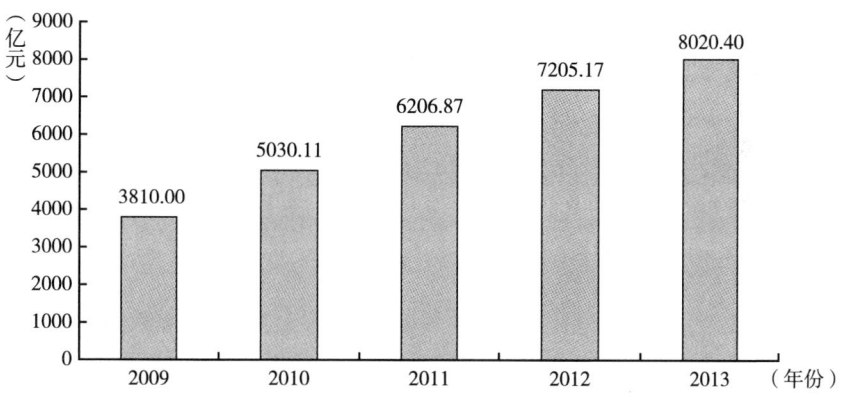

图1　2009~2013年天津滨海新区GDP

资料来源:《天津滨海新区统计年鉴2013》和陈西艳(2014)。

(一)区域统筹、联动发展,中国经济增长第三极崛起

新区建立之初,得益于启动管理体制改革,统一布局全局性、基础性工作,真正做到区域统筹、联动发展。2013年,新区对周边区域的带动作用进一步增强,经过天津口岸的进出口产品(或服务)总值达到2100亿美元左右,其中天津以外省市占55%以上。

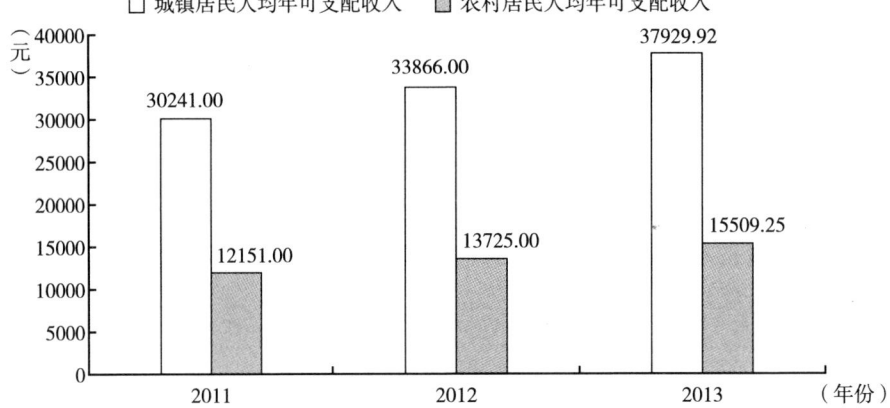

图2 天津滨海新区城镇居民和农村居民人均
年可支配收入变化及对比

资料来源：《天津滨海新区统计年鉴2013》和陈西艳（2014）。

1. 通过功能区提供基础支撑，实现区域与产业融合

开发区、保税区、空港商务园、滨海高新区、东疆保税港区、中新天津生态城、临港经济区、中心商务区和滨海旅游区等产业功能区与产业融合，形成了"谋划启动一片、开发建设一片、收益见效一片"的良好发展态势。

九大区域中，2009~2013年开发区生产总值实现年均增长21.9%；保税区生产总值2009~2013年实现年均增长25.1%；空港商务园建成；滨海高新区生产总值2009~2013年实现年均增长27.4%；东疆保税港区整体封关运作，注册企业超过1600家；中新天津生态城建设成全国首个绿色发展示范区；临港经济区完成120平方千米的造陆面积，双向10万吨级航道竣工通航；滨海旅游区初具规模。

2. 通过空间布局、产业集聚，推动区域均衡发展

在"一城双港、三片四区"的空间布局下，构建"东港口、南重工、西高新、北旅游、中服务"五大板块，提升产业聚集，推动区域均衡发展。各功能区分工合作，合力推进新兴经济区开发，实现经济职能和社会职能的双向延伸。

（二）经济结构优化，高端高质高新化现代产业体系基本形成

1. 先进制造业发展呈现集聚态势

2013年，新区累计实施重大工业项目566项，工业总产值突破1.62万亿元，相比2009年增长了1.2倍。八大优势产业占新区工业产值比重达到90%，其中汽车及装备制造产业规模突破5000亿元，石油化工产业突破3300亿元，电子信息产业突破2600亿元，粮油轻纺产业突破1600亿元，航空航天、新材料新能源等战略性新兴产业突破1500亿元。

2. 科技创新能力得以加强提升

围绕推进国家创新型城区、国家知识产权试点城区和国家863计划产业化伙伴城区建设，实施国家重大科技项目合计110项，"天河一号"、"曙光星云"超级计算机等一批处于国际领先水平的科技成果投入使用，获国家科技奖的成果共计14项。新区已建成7个国家高新技术产业基地、10个行业技术中心、15个产业技术联盟，新增96家国家级和省部级工程中心、企业技术中心和重点实验室。

根据《2014年天津市滨海新区政府工作报告》数据，"科技小巨人计划"实施以来，新区注册科技型中小企业累计1.4万家，小巨人企业累计715家，其中上市科技企业累计26家，这些企业拥有有效专利2.3万件，比2009年增长3倍。科技进步对新区经济增长的贡献率已经达到61%。

3. 服务业规模和质量均上新台阶

以十大服务业聚集区为平台，总共开展重大服务业项目550项，服务业增加值2009~2013年实现年均增长18.3%。2013年，新区旅游接待量突破1750万人次，综合旅游业收入达到115亿元。新区现有9个国家级文化产业基地，各个文产基地建设各具特色并已经初具规模。新区航运物流业发展迅速，天津港贸易往来的国家和港口扩大到180多个国家（或地区）的500多个港口，内陆无水港业已增加到23个。港口旅客吞吐量超过25万人次，机场旅客吞吐量达1000万人次。

2013年，在天津滨海新区共举办各类国际会议、论坛60余个，吸引观众88万人次。中国（天津滨海）国际生态城市论坛暨博览会是在新区

举办的最具影响力的国际会议,至2013年已经连续举办了五届,产生了广泛影响。图3是2013年天津滨海新区产业结构图。

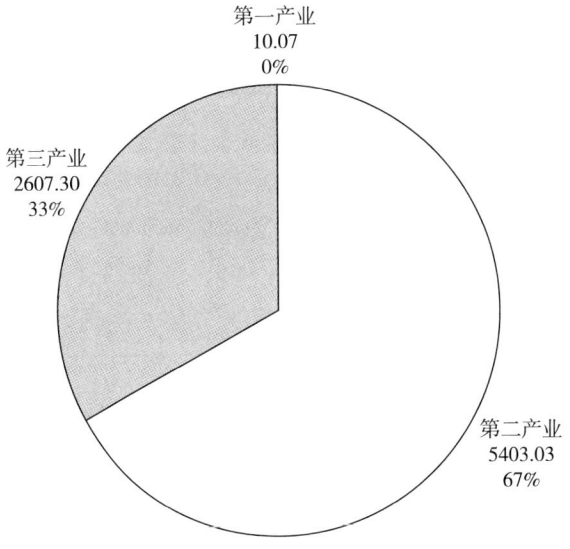

图3 2013年天津滨海新区产业结构

资料来源:陈西艳(2014)。

(三)深化综合配套改革,激发创新活力释放制度红利

近几年来,新区连续实施两个综合配套改革三年计划,社会、经济等诸领域的改革取得了突破,并不断全面深化。

1. 经济领域改革

累计建立股权、碳排放、金融资产等10个创新型交易市场,股权投资企业及其管理机构数量处于全国领先水平,股权投资企业发展势头迅猛,已经成为全国非上市公司场外交易市场首批扩容试点区。建设北方国际航运中心核心功能区方案获国务院批复,东疆保税港区获得了国际船舶登记制度、国际航运税收、航运金融业务和租赁业务四个创新"试点政策套餐"。相应领域免征营业税,将大幅降低航运企业运营成本,加速企业聚集效应。

融资租赁业务规模已经达到全国的1/4。2013年,共有300多个外资项目落户新区,利用外资近110亿美元,同比增长达到12%。内资实际到位项目600多个，利用内资738.26亿元，同比增长达到26.2%。新区外贸进出口总额为894亿美元，同比增长达到10%；其中出口318亿美元，同比增长达到3%。

民营经济发展环境进一步得到优化，出台了一系列政策措施，支持民营经济发展，取得显著成效。截至2013年底，滨海新区民营经济市场主体达8.1万家，其中民营企业4.2万户，同比增长7.3%，覆盖了八大主导产业；民营企业集团达93家，民营上市企业22家；提供就业岗位39.3万个，为推动新区发展做出了贡献。

2. 社会领域改革

在城乡一体化改革框架中推进城乡二元体制并轨，特别是在城乡就业、社会保障和公共服务等直接关系基本民生问题的领域。实施医疗重组、构建新型医疗服务模式，推行大型医院加快在社区网点布局，让高级专家长驻社区，整合社区医疗服务资源，提升服务数量和质量。探索出了新区食品药品监管新机制——"滨海经验"，在全国范围内备受关注、尝试推广。建立"低端有保障、中端有供给、高端有市场"的多层次住房保障体系，建立面向外来务工人员和企业的蓝白领公寓和定单式商品房制度，以缓解居民住房压力并吸引人才；滨海新区外来流动人口超过100万人，每年仍以30%的速度增长，新区政府采取管理服务双管齐下，推出"三三制"，主要包括建设三级管理、搭建三级平台、构建三层保障机制，用以创新流动人口管理模式。

（四）完善城市服务功能体系，优化投资、生活环境

1. 规划和交通体系

全部实现新区内控制性详规和核心城区城市设计全覆盖；累计完成重点建设工程259项，总投资达到4050亿元；基本形成以"两港、两高、三快"为主干的综合交通运输体系，提升城市载体服务功能。

2. 公用基础设施建设

建成引黄入区供水工程，新建改造8座污水处理厂，全区污水处理能力达到75万吨/日。建成2个垃圾焚烧发电厂，城镇生活垃圾无害化处理率达到92.7%。新增城市绿化2750万平方米，新建、改造公园20个，建成区绿化覆盖率达到35%。

二 存在的问题和面临的挑战

与引领长三角的中国经济第二增长极——上海浦东新区相比较,滨海新区有其自身发展的历史背景和成长模式,这里主要总结其发展模式并发现现存的问题和面临的挑战。

(一)经济指标略有下调,面临转方式、调结构契机

统计数据(见图4和图5)显示,滨海新区近年来经济增长速度基本领跑全国,但受国内外经济大环境和自身因素影响,出现的增速放缓和波动相对较大。

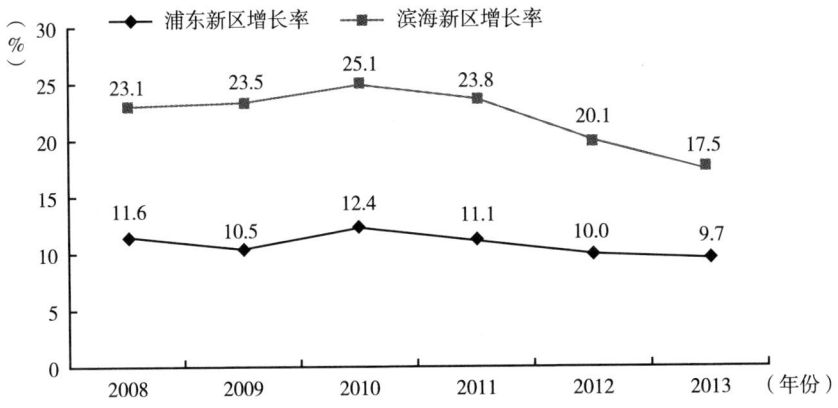

图4 2008~2013年滨海新区和上海浦东新区经济增长率对比

资料来源:《上海浦东新区统计年鉴2014》《天津滨海新区统计年鉴2013》。

第一,内外需不足。新区商品销售总额、社会消费品零售总额以及工业品出口交货值增幅同比回落,商贸流通领域增速放缓,制约内需释放;同时,在国际经济尚未完全向好、欧美发达国家贸易保护主义抬头的形势下,外需仍显不足。

第二,政策优势渐失。国家发展战略已从"特区吃独食"趋向于普惠型。截至2014年10月,共批准设立上海浦东、天津滨海、重庆两江、浙江舟山群

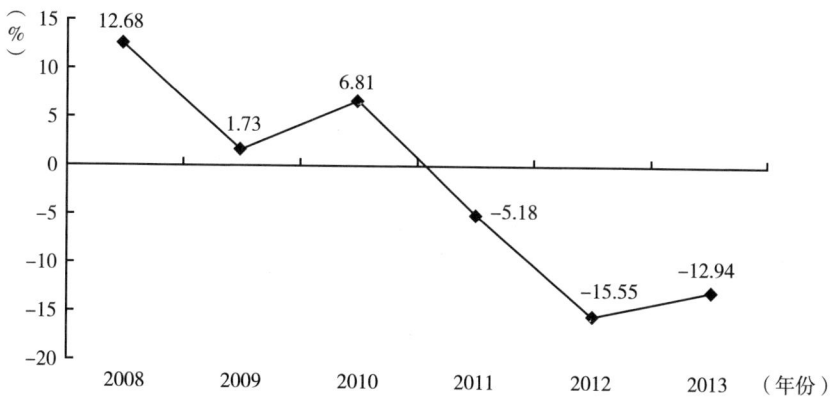

图 5　2008～2013 年天津滨海新区经济增长波动率

资料来源：根据《天津滨海新区统计年鉴 2013》等数据计算。

岛、甘肃兰州、广州南沙、陕西西咸新区、贵州贵安新区、青岛西海岸新区、大连金普和四川成都天府新区 11 个国家级新区，综合配套改革试验区也日渐增多，国家发展重点呈现分散化趋势，区域竞争日趋激烈，滨海新区很难再有 20 世纪 80 年代设立经济特区的政策优势。

（二）产业结构处于调整中，经济转型和创新驱动不显著

新区现有产业结构与其功能定位尚存在较大差距，第二产业占比偏高，第三产业比重极低，第三产业增速慢于第二产业，在经济增长和转型调整之间尚未找到平衡点。控制制造业投资项目势必拉低经济增速，而第三产业发展（比重上升）取决于市场化程度的不断提升。

目前，新区部分重点行业增长势头有所趋缓。一方面，石化产业、冶金行业、钢铁市场、冶金和化工行业均显现出缺乏动力、增幅回落、需求低迷、价格下滑的行情；另一方面，石化、汽车行业产量减少（中共天津市委党校经济发展战略研究所，2013）。这一系列市场行情变化更使得新区一再将"保增长"目标优先于"调结构"。

（三）新区人才总量小、需求大，环境吸引力有待加强

新区高科技企业高端人才数量偏少，中小企业人才总量不足，人才结构不

合理，且人才流失严重（中共天津市委党校经济发展战略研究所，2014）。尤其是在中小企业引进人才、留住人才方面不尽如人意，难以吸引人才、凝聚人心。亟须加快建设人才高地，加强人才工作，如北京中关村积极建设国家级人才特区和具有全球影响力的人才战略高地，上海持续建设浦东国际人才创新试验区，深圳、苏州等地也先后启动各类吸引、培养高层次人才的特殊政策体系。

三　政策建议

（一）推动全面深化改革，向更宽领域更深层次发力

充分发挥市场在资源配置中的基础性作用。进一步将国有资产资本化运作，积极探索试点组建国有资产运营管理公司，增强国有资产的公共服务职能。为民营企业发展提供公平的市场环境：建设北方金融改革创新基地，完善对外资、民营金融机构公平开放的发展环境。

实施商事登记制度改革（可以借鉴已经实施的深圳经验），放宽市场准入条件，破除制约民营经济健康发展的各种障碍，完善产权保护制度。

实施更为积极和高层次的开放战略。提高内外资利用的规模和质量，以引资、引技、引智相结合为导向，引导人力资源、资本等生产要素向优势产业、战略性新兴产业、现代服务业等领域倾斜投入，提高贸易便利化水平，支持企业"走出去"。

（二）提升科技创新能力，调整、优化、升级产业结构

针对层次更高、效益更好的现代产业体系发展目标，加快建设与新区功能定位相匹配、与先进制造业相匹配的现代服务业发展体系。聚集各个层次的金融服务和管理机构，大力发展产业金融带动产城融合、创新型交易市场，承接京津冀高端服务业转移基地。

将提升科技创新能力放到战略重心位置。围绕国家自主创新示范区建设，借鉴国内外成功科技城经验，激发各类创新主体活力，通过市场活动吸引集聚各类科技创新资源，从而实现新区经济的创新驱动、内生增长。积极吸引国内

外著名的研发机构、跨国公司在新区设立研发平台和创新基地，支持区内企业新建技术中心。加快发展科技型中小企业，培育更多技术水平高、发展潜力大的"科技小巨人"企业。

（三）找准自身比较优势，对接京津冀一体化协同发展

充分用好中央推进京津冀市场一体化进程的战略部署，利用"京津冀发展改革委区域工作联席会"等多种平台、多种形式，推动落实京津冀都市圈区域规划及相关工作，促进资本、技术、劳动力等要素根据市场规律自由流动和优化配置。

滨海新区要明确自身在京津冀都市圈区域中的地位和作用，扬长避短，充分发挥新区港口优势，加快提升港口的运载功能，通过京津冀海关通关一体化这一契机带动延伸港口功能，积极主动对接京津冀、服务京津冀，进而服务环渤海、辐射三北。

京津冀应提高产业协同创新能力，基于各自比较优势，实现产业发展互补。比如，滨海新区可以充分利用北京作为全国文化中心所拥有的科技创新资源和现代服务业资源，充分利用河北丰富的土地和劳动力等生产要素及农产品加工业、海洋产业等资源，不断加强专业化、市场化分工与合作。

参考文献

［1］中共天津市委党校课题组、李燕、于明言、邹玉娟、刘波：《天津滨海新区经济发展研究报告（2014）》，《求知》2014年第2期。
［2］陈金梅、马虎兆：《滨海新区与浦东新区、中关村科技发展比较研究》，《第十届中国科技政策与管理学术年会论文集》，吉林长春，2014年8月23日。
［3］邹玉娟：《深圳特区、浦东新区与天津滨海新区经济发展模式比较》，《未来与发展》2013年第9期。
［4］薄文广、欧阳伟军：《天津滨海新区发展经验及制约因素》，《开放导报》2013年第2期。
［5］张玉庆：《天津滨海新区经济发展研究报告（2013）》，《求知》2013年第1期。
［6］李昍煜：《天津滨海新区经济发展方式转型策略研究》，《改革与战略》2013年第

7期。
［7］刘昊：《天津滨海新区和上海浦东新区的产业发展比较研究》，《求知》2013年第9期。
［8］宗国英：《2014年天津市滨海新区政府工作报告——2013年11月27日在天津市滨海新区第二届人民代表大会第一次会议上》。
［9］陈西艳：《新区去年GDP同比增17.5%》，《滨海时报》2014年2月15日。

特区发展动态考察报告

Investigation Reports on the Development
Trends of the Special Economic Zones

B.17
深圳前海合作区发展报告

雍 炜*

自2010年8月26日成立以来,深圳前海合作区的开发建设已经进入第四个年头。2014年是前海开发开放的"突破年"。前海合作区肩负着为国家新一轮改革开放探索新道路、深化深港合作开创新模式、经济转型升级开拓新经验等重担。2014年初,深圳市政府工作会议中提出"三化一平台"的工作内容,将前海合作区作为深圳进一步"市场化""国际化""法制化"的主平台,实施进一步的开发开放。

一 前海合作区的发展定位

如果说30年前中国改革开放的重心是通过建立"经济特区"、"让一部分人先富裕起来"的非均衡发展方式,建立社会主义市场经济,逐步实现社会主义

---

* 雍炜,深圳大学中国经济特区研究中心讲师,博士。

经济从"计划"到"市场"的经济体制的转型,那么30年后新一轮改革开放的重心则是通过建立"特区中的特区"、自贸区等形式,在机制体制创新、制度创新等方面进行"先行先试",学习、探索、培养、创造、形成符合市场经济发展的制度环境,完善社会主义市场经济,使市场真正实现在资源配置中的绝对性作用。而前海合作区的建立正是以制度创新为先导,特别是在深港合作、现代服务业产业转型升级等方面进行先行先试,为国家提供可复制、可推广的经验。

2010年8月国务院在批复前海合作区的文件中对其战略定位做了明确规定,即"高举中国特色社会主义伟大旗帜,以邓小平理论和'三个代表'重要思想为指导,深入贯彻科学发展观,坚持开放合作、互利共赢、体制创新、科学高效、高端引领、集约发展,统筹规划、辐射示范的原则,在'一国两制'框架下,深化与香港合作,构建更具活力的体制机制,以生产性服务业为重点,推动现代服务业集聚发展,促进珠三角地区产业结构优化升级,提升粤港澳合作水平,努力打造粤港现代服务业创新合作示范区"①。

综观前海合作区的发展规划,前海合作区的发展定位可从以下三个方面来诠释。

(一)前海合作区首先是一个"示范区"

打造前海为"粤港现代服务业创新合作示范区"、"社会主义法治示范区"、"粤港澳人才合作示范区"、"粤港澳紧密合作示范区"和"金融改革示范区",是国家赋予前海的重要使命。"示范区"是前海合作区的一个重要标签。前海合作区作为"示范区"的示范作用,更多地体现在体制机制上的改革创新,并带来全国范围内的示范效应,形成可复制、可推广的经验,对于我国新一轮改革开放具有重要意义。

(二)现代服务业的集聚发展,尤其是金融业的发展是前海合作区的重要内容

发展现代服务业是前海合作区的产业定位,而其中金融业是发展的重中之

---

① 资料引自《前海深港现代服务业合作区总体发展规划》。

重。将香港发达的现代服务业移接到前海，并联合香港共同构建国际金融中心是前海现在和将来要做的事情。

（三）深化与香港的紧密合作与融合发展是前海合作区发展的重要途径

30年前的改革开放，与香港的紧密合作，成就了现在国民经济总量排名全国第四的深圳。而30年后新一轮的改革开放，前海合作区将继续深化与香港在经济、社会、文化、人才往来等方面的紧密合作与融合发展，共同创造两地的再次辉煌。

二 前海合作区取得的新进展

2014年初，前海管理局颁布了《前海深港现代服务业合作区2014年改革创新工作要点》（下文简称为《工作要点》），在构建区域金融体系、推动粤港澳服务贸易自由化、建设社会主义法治示范区和全国人才管理改革实验区等方面，对前海合作区2014年的开发开放做了明确的工作安排。作为"粤港现代服务业创新合作示范区"，这一年里在《工作要点》的指导下，在"示范区"、"现代服务业集聚区"以及"深化与香港的紧密合作和融合发展"三个方面都取得了长足的发展，本小节将分别从以上三个方面综述前海合作区在这一年里所取得的新进展。

（一）作为"示范区"所取得的新进展

前海合作区是我国进一步改革开放、实现经济转型升级的"示范区"，这是国家赋予前海的重要使命。这里的"示范"作用，更集中体现在实现各种政策、制度在前海的先行先试，从而形成"可复制经验"推广至全国。主要包括土地管理制度、金融机制、法律机制以及管理机制的改革创新四个方面。

1. 土地管理制度的改革创新

2014年是前海合作区开发建设的重要一年，土地管理制度的改革创新仍然是合作区制度创新的重点。自2013年5月《前海深港现代服务业合作区土

表 1　前海合作区土地出让情况

时间	土地编号	土地位置	土地用途	面积（平方米）	建筑面积（平方米）	出让方式	使用年限	竞买者主体资格	资产总数	营业收入	其他条件	竞买价格（亿元）	竞得者	竞得者所属
2013.7.26	T201-0077	桂湾片区二单元3街坊	商业性办公用地	49152.18	320400	挂牌一次竞价	40年	境内外房地产开发企业，具有城市综合开发经验	不低于100亿元		—	123.7	卓越集团	外资
2013.7.26	T201-0075	桂湾片区二单元4街坊	商业性办公用地	57481.45	450200	挂牌一次竞价	40年							
2013.8.16	T201-0078	桂湾片区二单元2街坊	商业性办公用地	61883.29	503000	挂牌一次竞价	40年	须在香港联合交易所上市的企业	不低于400亿港元	不低于200亿港元	—	109	华润集团	港企
2013.11.27	T102-0244	十九单元3街坊	商业性办公用地	12746.66	150000	拍卖方式	40年	前海注册的从事供应链管理、商品展示交易、工业产品研发设计及相关贸易经营项目之一的港资企业	不低于50亿元		—	24.3	前海世茂投资有限公司	港企
2013.11.27	T102-0245	十九单元3街坊	商业性办公用地	4223.5	64000	拍卖方式	40年				—	16.3	深圳市江供应链管理有限公司	港企
2014.1.23	T201-0080	一单元1街坊	商业性办公用地	51400	39700	招标方式	40年	具有国际金融中心地区办公、商业、酒店项目开发运营经验的企业	—	—	—	134.1	兆华斯联合市前海国际能源金融中心	外资与内资联合

续表

时间	土地编号	土地位置	土地用途	面积（平方米）	建筑面积（平方米）	出让方式	使用年限	竞买者主体资格	资产总数	营业收入	其他条件	竞买价格（亿元）	竞得者	竞得者所属
2014.5.22	T102-0253	九单元3街坊	商业性办公用地	9985.31	140000	拍卖方式	40年	前海注册的从事信息技术和业务流程外包服务、互联网及通信系统设备开发等业务的外商投资企业	注册资本不低于15亿元	—	取得国家行业主管部门办法的信息安全服务一级以上资质	19.5	深圳市前海佰昌科技开发有限公司	中外合资企业
2014.5.22	T201-0081	一单元4街坊	商业性办公用地	24947.84	190000	拍卖方式	40年	从事互联网综合服务业上市的企业	—	不低于400亿元或等值外币	—	15.5	腾讯控股有限公司	内资
2014.5.22	T201-0082	二单元5街坊	商业性办公用地	15062.57	80000	拍卖方式	40年	私募股权投资基金管理企业	—	—	管理人民币基金总量不低于240亿元或外币基金总量不低于40亿美元	6.5	弘毅投资有限公司	中外合资企业

续表

时间	土地编号	土地位置	土地用途	面积（平方米）	建筑面积（平方米）	出让方式	使用年限	竞买者主体资格	资产总数	营业收入	其他条件	竞买价格（亿元）	竞得者	竞得者所属
2014.5.22	T201-0083	二单元6街坊	商业性办公用地	24317.22	172000	拍卖方式	40年	前海注册的电子商务企业	注册资本不低于30亿元，实缴资本不低于10亿元	—	—	15.7	民生电子商务有限责任公司	内资
2014.8.29	T102-0247	十九单元3街坊	商业性办公用地	6267.15	35000	定向公告出让	40年	在前海注册，从事供应链管理、电子商务、产品研发设计、进出口贸易等经营业务之一的企业（外商投资企业须有3年以上资质）	不低于50亿元或等值外币		—	7	深圳市前海香融中盛供应链管理有限公司	内资
2014.8.29	T102-0248	十九单元3街坊	商业性办公用地	5776.77	35000	定向公告出让	40年				—	7.1	深圳市金立科技有限公司	内资
2014.8.29	T102-0249	十九单元3街坊	商业性办公用地	5277.75	54000	定向公告出让	40年				—	10.6	深圳市信利康电商科技有限公司	内资
2014.8.29	T102-0250	十九单元3街坊	商业性办公用地	6118.8	76000	定向公告出让	40年				—	13.2	深圳市顺丰供应链有限公司	内资

资料来源：笔者根据前海管理局网站整理。

地管理改革创新要点》（下文简称为《土地改革创新要点》）颁布后，在这15平方千米的土地上，开始了土地管理制度在土地的差别化供应、运作模式、集约使用、管理以及监管机制等方面的先行先试。截至目前，前海合作区共出让土地14块，土地面积为33.46万平方米，成交额为502.5亿元（见表1）。从土地的竞得主体来看，出让的14块商业用地中有6块由香港企业及外资企业竞得。另外，值得注意的是，《土地改革创新要点》中规定的土地"弹性年期制度"创新方面，综观截至目前所出让的14块商业用地中，其使用年限的设定仍然都是"40年"，没有取得实质性突破。前海，这个面积只有15平方千米的国家级新区，如何在开发开放的初期阶段，高效地利用开发土地，避免一味以"卖地"增加财政收入的"土地财政"问题，是前海合作区在土地管理创新上的重点。2014年前海在土地交易上积极探索，在出让的前海合作区内第十九单元3街坊的4块商业办公用地，全国首次采用"产业项目用地公告出让"方式，将竞买者的身份限定为互联网行业、私募股权基金、电子商务以及信息通信等相关行业。这种针对某一行业领域、指向明确的公告出让土地方式，可以有效地防止由恶性竞争所导致的"高地价"，打破了传统的"土地财政"模式，符合国家对于前海的规划以及产业的发展定位，有助于前海的现代服务业集聚发展。

另外，在土地的节约集约利用方面，2014年在前海合作区基础设施建设的同时，注重绿色、低碳城市功能的建设，并通过对前海进行生态化分区，优化前海的生态系统。例如将北片区的建设划分为施工建设区、办公商务区和配套休闲区，在基础设施建设的同时，优先环境整治工作，力争为成长中的前海创造一个绿色环境。

2. 金融机制的改革创新

"金融改革示范区"是前海的又一重要标签。实现在金融机制改革上的创新，是前海合作区的一项重要工作。随着前海22条先行先试中8条金融创新政策的一一落地后，2014年前海合作区又马不停蹄地提出了新一轮的金融创新。在年初的"工作要点"中，46项改革创新措施中有18项是金融领域的改革创新。此外，为了进一步支持前海的金融创新，国家监管机构又批复了前海合作区内金融机构准入、业务创新、监管创新等方面的17条金融创新政策，积极推动前海合作区的金融创新。

另外,2014年前海管理局全额出资组建前海金融控股有限公司,开启了前海金融创新的新篇章。前海金融控股有限公司意图通过参股、控股金融机构的投资方式,培育创新金融机构,引导金融机构入驻前海,并肩负着推动金融机制改革创新的重大使命。自其成立后,就纷纷与招银国际联手共同设立招银前海母基金,与东方资产联手构建另类投资渠道,建立对不良资产收购及并购重组的投资基金等,推动前海合作区内金融业的集聚发展及创新改革。2014年在前海金融控股有限公司的引领下,前海合作区在金融机制改革创新方面取得了如下发展。

首先,跨境人民币业务的创新。推动与香港资本市场的紧密合作,实现在跨境人民币业务上的创新,是前海的一项重要课题。跨境人民币贷款拓宽了货币的供应渠道,加快了利率市场化的步伐。2014年在跨境人民币业务上前海又做了新的解读。比如在拓宽跨境人民币贷款的使用范围方面,鼓励前海企业开展集团内部双向人民币资金池业务,也就是说只要是与前海企业相关联的境内外企业都可以从低利率的跨境信贷中分得一杯羹。顺丰首先成为前海合作区内开展集团内部双向人民币资金池业务的企业。在拓宽跨境人民币贷款的资金来源方面,前海管理局已经向中国人民银行提出将提供贷款的主体扩大到境外金融机构的申请等。除此之外,根据2014年深圳政府1号文件,2014年前海还将会在推动人民币信贷资产跨境转让、第三方支付机构跨境电商等业务创新、开展个人跨境人民币结算试点等方面取得进展。

其次,资本项目开放方面的先行先试。随着外商投资股权投资企业合格境外有限合伙人(QFLP)、赴港发行点心债等政策一一落地,2014年前海又开始了合格境内有限合伙人(QDLP)、合格私募人民币基金境内证券投资业务(RQDLP)、合格境内投资者(QDII)、合格境外个人投资者(QFII2)、合格境外人民币个人投资者(RQFII2)等政策的先行先试。可以说,随着这些政策的一一落实,境内外资本流通渠道将会被逐步打开。

目前我国在一定程度上已经实现了对经常项目下人民币的自由兑换,而金融改革的重点在于资本项目下人民币的自由兑换。前海合作区作为金融改革的示范区,承担着资本项目开放的先行先试的重任。资本项目开放可以为境内企业提供大量的融资渠道，使境内企业能够在比较优势的原则下，整合世界资源，对国内外资本进行有效的配置，从而减少融资成本。实现资本项目下人民币的自由兑换将会推动人民币国际化的进程。

再次，金融机构的探索创新。作为我国首批设立的民营银行——前海微众银行，与互联网相结合，面向个人或企业提供包括小微贷款等差异化的金融服务，着力发展互联网金融、跨境金融。而作为国家首家消费金融公司——招联消费金融有限公司，主要是向个人提供以消费为目的的贷款服务，其设立的目的主要是为了促进我国经济由原来的投资推动逐步向消费驱动转型。

随着信息时代的到来以及互联网不断地向各个产业尤其是金融业的渗透，互联网金融也慢慢崛起，而伴随着互联网金融而生的创新型金融机构也逐步成长壮大起来。不管是民营银行还是消费金融公司，其实都是前海在传统的金融机构上的探索创新，是顺应时代的要求。金融机构作为金融服务业中介机构，是我国金融改革的重要内容之一。而作为"国家金融改革示范区"的前海，势必会在金融机构改革创新上创造出新的高地。

最后，拓宽融资渠道，创新服务模式。融资租赁并不是新生事物，作为连接生产企业与生产性服务业的金融工具，伴随着改革开放逐步发展起来。可以说，融资租赁是一种替代银行信贷的低成本的融资模式。而前海飞机融资租赁公司的落户开启了前海在大型设备融资租赁上的先行先试，为新能源、电力、医疗设备等需要大量投资的行业提供可复制的经验，推动生产制造业的蓬勃发展。此外，商业保理是为市场交易双方提供贸易融资、应收账款的催收等综合性金融服务。它的发展将会为中小企业打开融资的新渠道，推动中小企业的健康发展。

无论是融资租赁还是商业保理，都是前海为缓解中小企业融资难问题，在拓宽融资渠道、创新服务模式方面的先行先试。一方面，中小企业是我国国民经济中的重要生力军，促进中小企业的蓬勃发展，对于整个国民经济发展具有战略性意义。中小企业的发展很容易受到外部经济环境波动的影响，遇到发展的瓶颈。"融资难"已经成为我国中小企业面临的重要问题。另一方面，吸引香港现代服务业进驻前海，是前海合作区的重要工作，而香港现代服务业中中小企业数量居多，可见培育一个多元化、多渠道的金融融资环境对于前海发展

现代服务业来说至关重要。融资租赁和商业保理的试行显然为此开辟了新途径。

3. 法律机制的改革创新

市场经济的发展完善需要一个公正、公平、廉洁、透明、健全的法制环境保驾护航。如何在错综复杂的经济活动中有效地维持市场秩序、保障所有经济主体的既得利益，防范各种经济风险，是完善我国市场经济体制发展的重要课题。建设"社会主义法治示范区"是国家赋予前海的使命。自前海合作区开发建设以来，合作区内已经初步形成了以前海法庭、前海廉政监督局、深圳国际仲裁院三个机构为主体，积极探索与国际规则接轨的法治化营商环境。2014年前海在法律机制改革创新方面做了许多努力，并在法制建设和廉政建设方面取得实质性的突破。

首先，法制建设方面的探索创新。吸引国内外现代服务业企业入驻前海，实现香港现代服务业在前海的延伸，是前海合作区的产业发展定位。而面对大批入驻前海的国际与国内投资者，尤其是香港企业，当各种商业纠纷发生时，如何才能保障每个投资者的正当权益，使国内外投资者利益不受损？针对此，前海在商事审判制度的改革上积极探索创新，并取得了长足的发展。

前海法庭率先启用了深港商事纠纷调解机制、港籍调解员机制，开始对商事审判制度进行改革。作为解决商业纠纷的一种手段，深港商事纠纷调解机制与传统的司法调解相比更具灵活性，它更适用于在当事人双方不了解对方法律的情况下，在经验丰富的调解员的调解下，使当事人双方迅速并有效地达成调解方案，提高办事效率。而港籍调解员机制的启用，有助于在调解涉港商事纠纷时兼顾香港的法律及道德观念，有效地确保港商利益，从而消除港企入驻前海的后顾之忧。深港仲裁调解合作机制的建立，有助于实现深港两地调解与仲裁服务的对接，为深港两地企业提供高效便捷的民事商事纠纷解决服务。可以说，深港商事纠纷调解机制、港籍调解员机制和深港仲裁调解合作机制的启用，不仅仅是前海在商事民事审判机制上的先行先试，而且还加深了深港之间的合作，共同构建前海合作区国际化法治营商环境。

前海还积极探索建立了粤港澳商事调解联盟以及搭建深港法律查明平台。粤港澳商事调解联盟的建立，有助于加强内地与港澳律师在业务上的合作，更好地为国内外客户提供高效率、高质量的跨境法律服务。而深港法律查明机制的建立，为内地当事人了解香港法律提供了新的平台。众所周知，香港法律属于不同于内陆地区的英美法体系，在解决深港企业商业纠纷前，事先充分了解香港法律体系内容，对于保障香港企业当事人权益的同时有效进行调解纠纷至关重要。深港法律查明平台的建立就为此提供了有效途径。

除了在审判机制上的创新外，在司法的服务机制上，为了及时、高效地解决前海合作区内涉外涉港的法律文书的"送达难"问题，前海法庭积极探索创新，建立了"前海E送达服务平台"。"前海E送达服务平台"是通过电子邮箱和传真的方式，确保诉讼书能够及时准确地送达到当事人，大大提高了司法服务效率，为入驻前海的港企以及国际企业提供高效的服务。

另外，廉政建设方面的探索创新。打造"廉洁"的营商环境是前海合作区机制体制创新的重要目标之一。开发建设初期阶段的前海合作区，由于各项建设投资涉及金额巨大，作为合作区规划建设的主体——前海管理局在设立之初就拥有省、市授予的多项行政审批和服务权限，在这样巨大的经济利益和权力面前，做好廉政建设、反腐败工作尤为重要。如何避免各种"寻租"行为的发生，前海廉政监督局自建立之初起，就积极探索廉政监督新机制。2014年初的"工作计划"就将梳理前海管理局"三项清单"，也就是将"权力清单""事务清单""制度清单"纳入工作重点，而"权力清单"的正式落地，为前海廉政建设工作迈出了坚实的一步。"权力清单"可以使前海管理局各管理职责部门的权力边界更加清晰，职权运行更加透明，有效地对"廉政风险"进行防控。

4. 管理机制的改革创新

"小政府、大服务"是前海合作区在政府管理机制改革中的主要定位。政府如何放权于市场，如何从管理型政府向服务型政府转变，将市场行为的主导权更多地归还市场主体，为企业和市场提供一个高效率、低成本、法制化、国际化的营商环境，有效地发挥市场作用，是前海合作区现在和将来要做的事情。作为管理机制创新的示范区，前海合作区2014年在海关监管机制创新、外商投资管理体制创新、行政管理体制创新等方面都取得了一些进展，详述如下。

(1) 海关监管机制创新方面。

前海湾保税港区是前海合作区的核心发展区。海关作为一个国家进出境的重要监管机构，在促进国际贸易自由化、便利化水平上发挥着重要作用。建立一个与国际通行规则接轨的、有助于贸易自由化的高效便捷监管机制，是前海在管理机制改革创新上的一个重要内容。目前，前海湾保税港区已经形成了"7×24"、"关检三个一"、"分送集报、集检分出"、"口岸直通车"、"先入区、后报关"、"无纸化通关"、"跨境易"、"定制快放"、"深港仓店通"和"海上安全特区"等"十大特色通关服务品牌"[①]。2014年又推出了5项创新海关监管模式，包括"批次进出，集中申报"、"集中汇总纳税"、"简化同意进出境备案清单"、"简化无纸通关随附单证"和"智能化卡口验放"。此外，为了顺应跨境电子商务的发展，前海积极探索跨电子商务海关监管新模式。继2013年启动跨境贸易电子商务出口试点项目之后，前海湾保税港区又开启了跨境贸易电子商务进口试点项目，至此跨境贸易电子商务海关监管新模式已经完整建立。可以说，海关监管机制的创新是将会为线上、线下跨境贸易，提供高效、便捷的通关服务，有助于前海合作区现代服务业的集聚发展。

(2) 外商投资管理体制创新方面。

继上海自贸区之后，前海合作区推出了"准入前国民待遇和负面清单"政策，开始了前海在外商投资管理体制创新上的先行先试。"准入前国民待遇和负面清单"，说到底是国家为了进一步推动贸易自由化所进行的政府放权，降低外资企业的准入门槛，减少政府部门过多的行政干预，真正实现外资企业在前海无障碍进行直接投资，推动现代服务业在前海的集聚发展。

(3) 行政管理体制创新方面。

2014年前海合作区在行政管理体制创新方面取得最突出的成绩就是联合前海廉政监督局，将前海管理局规划建设处、经营发展处、人力资源处、E站通服务中心、计划财务处80项关于行政审批、许可以及服务事项的权力进行梳理，删繁就简实现"一站式"集中受理审批，简化审批流程、缩减审批时间，并制定"权力清单"，公布于众。"权力清单"的推行，可以明晰前海管

---

① 前海管理局网页，http://www.szqh.gov.cn/ljqh/qhwbsgq/cxfz/tstgfwpp/。

理局各部门权限,并能充分调动、发挥社会的监管效力,在为企业、个人提供高效便利的服务的同时,又能防控廉政风险。可以说,作为行政管理机制的新模式,"权力清单"制度是将行政权力以法律的形式规定下来,厘清政府各部门之间的职权关系,可以有效地避免职权不明、互相推诿、多头管理、多层执法现象的发生。

(二)现代服务业集聚方面所取得的新进展

现代服务业是前海合作区的产业发展定位,其中以金融、现代物流、信息服务、科技服务和其他专业服务为重点,金融业是重中之重。2014年前海合作区已经初步形成了现代服务业产业集群,并在优化营商环境等方面取得了一些进展。

1. 产业布局的形成

发展现代服务业是前海合作区的产业发展定位,其中重点发展金融业、现代物流业、信息服务业、科技服务及其他专业服务业。随着前海产业准入目录、优惠目录、个人所得税补贴等政策的出台,截至目前,已有14000多家企业入驻前海,其中有50多家世界五百强企业,港资企业达到480家,超过入驻企业的1/3,已经初步形成了以金融产业为核心,现代物流、信息服务和科技服务及其他专业服务为主的现代服务产业集群。

(1)金融业。

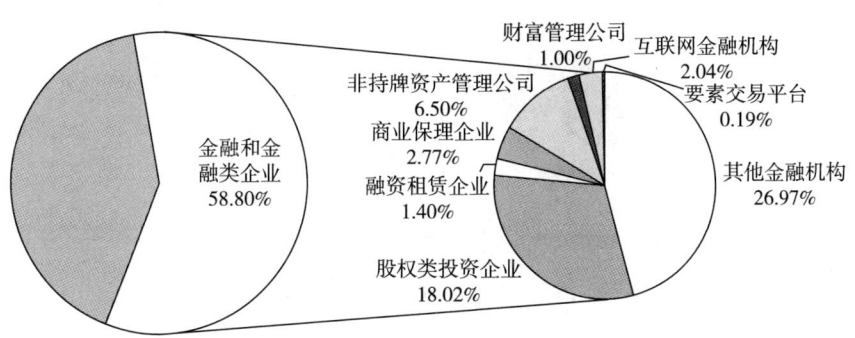

图1 入驻前海合作区的金融类企业

截至2014年9月19日，入驻前海合作区的14037家企业中金融和金融类企业为8254家，占比58.8%，其中股权投资类企业为2529家，占比18.02%；融资租赁企业为197家，占比1.4%；商业保理企业为389家，占比2.77%；非持牌资产管理公司为912家，占比6.5%；财富管理公司140家，占比1%；互联网金融机构为287家，占比2.04%；要素交易平台为26家，占比0.19%；其他金融机构占比26.97%（见图1）。这已经初步形成了以新型、多元、高端为显著特点的金融生态圈。

（2）现代物流业。

随着DHL、越海全球供应链有限公司、顺丰、怡亚通、朗华等国内外知名供应链行业巨头纷纷抢滩前海，康美药业、钢铁电商欧浦钢网等非供应链企业，为了拓展业务也纷纷在前海设立了供应链公司。截至2014年9月，进驻前海的现代物流企业已达1628家，占比为14.0%（见图2）。2014年前海积极推动现代物流业的发展，完成了首例跨境电商出口退税，开始申报跨境电商进口试点，设立了国家首个航空航运交易平台。

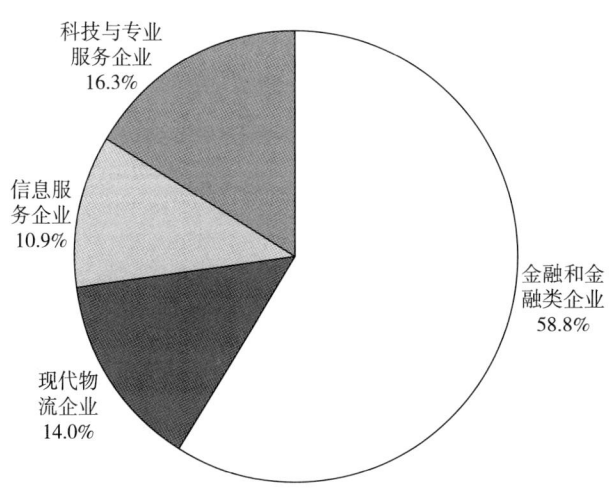

图2 入驻前海企业行业分类

（3）信息服务业。

信息服务业是前海发展的重要现代服务业之一，截至2014年9月，进驻前海的信息服务企业为1268家，占比为10.9%。2014年，为了推动信息服务业的发展，为了前海能提供一个跨境数据通信环境，更快捷高效地为入驻企业提供数据传输、交互业务，前海合作区积极加快建设国际通信专用通道。

(4) 科技服务及其他专业服务业。

随着大量企业的入驻，专门为企业提供法律服务的机构也纷纷进入前海。自深圳华商律师事务所、北京德和衡（前海）律师事务所入驻前海后，前海福利法务成为中国首个公共法律服务平台，对所有律师开放，接受律师加盟。此外，随着房屋经理、联营律所、注册会计师等专业服务业的入驻，截至9月，进驻前海的科技服务及其他专业服务企业为1890家，占比为16.3%，成为仅次于金融业的前海第二大现代服务业。

2. 营商环境的优化

产业集群的发展需要一个良好的营商环境，为了吸引更多的现代服务业集聚前海，作为深圳"市场化""法治化""国际化"改革的主战场，2014年前海合作区在构建营商环境方面做了多方面的努力，详述如下。

(1) 税收优惠政策。为了促进前海合作区现代服务产业的集群发展，前海为入驻合作区内除金融业外的物流业、信息服务业、科技服务业和文化创意产业提供税收减免政策。政策有效期间为2014年1月1日到2020年12月31日。与内地通用的25%的企业所得税相比，此次所规定的15%的税收优惠政策，对于入驻区内企业来说是个莫大的福利，对于未入驻区内的企业来说也是一个很大的诱惑。此外，个人所得税的补贴政策，有利于推动香港及境外的专业人才服务前海。可以说，税收优惠政策有助于前海产业的集聚发展和高层次专业人才的引入。

(2) 税收服务。为了便捷合作区内纳税人缴税，前海合作区内采取税收服务与信息技术相结合，构建高效便捷的服务平台。例如，在前海E站通提供一站式的办税服务；纳税人可以在网上申请税收优惠申报，无须审批备案即可享受所得税优惠；网上可办理将近90%的税收业务；等等。以科技来创新服务，这是现代行政管理发展的大趋势，信息技术与税收服务相结合的新模式，可以优化合作区内的营商环境，为合作区内企业和个人提供更便捷、更高效、更满意的服务。

(3) 招商合伙人制度。为了进一步吸引更多的港资企业进驻前海，前海管理局联合律师事务所、会计师事务所、咨询有限公司、国际商务有限公司等8家专业咨询公司,通过市场化的方式进一步推动前海的招商引资工作。招商合伙人制度是前海在招商机制上的创新,真正体现了发挥市场的作用。通过对招商合伙人的设计,可以整合"合伙人"的所有社会资源,并通过市场主体间的交流和对接,扩大前海的影响力,从而吸引更多优质的企业尤其是香港现代服务业入驻前海。

(三)与香港紧密合作方面所取得的新进展

作为改革开放后30年的新一轮改革开放的排头兵,前海合作区肩负着"一方面依托香港推动内地服务业的发展,一方面要维护香港的繁荣发展"的历史使命。"深港合作"是前海合作区开发开放的重要主题。为了进一步深化与香港的合作,2014年前海合作区提出了"万千百十"的工作目标,即"到2020年前海由港资开发的建筑面积超过900万平方米,为香港永久性居民提供超过10万个中高端就业岗位,吸引1万家香港企业落户;孵化1000家有发展潜力、创新和整合能力较强的香港企业,力争港资服务业规模超过1000亿元;在前海孵化成型的港资创新型企业超过100家;在前海建立面向香港又适合特色产业的10个港企聚集基地"。[①]

为了进一步深化深港在经济、社会、文化、人员往来等方面的合作,前海合作区在政策上给予了大量的支持,比如降低准入门槛,取消了对入驻的香港企业注册资本金的限制;设立区内港企创新发展专项资金;制定实施"准入前国民待遇"、"负面清单";在"E站通"为港企开设"港企直通车";创立"招商合伙人"制度;针对港籍高端紧缺人才,制定个人所得税补贴政策;针对港企实行对土地出让的个性化调整等一系列措施来推动深港合作。除了政策上给予的支持之外,2014年前海合作区积极探索"港人、港资、港服务"的运营模式,并积极推进与香港各界多方面的合作。

1. 与香港政府间的合作

2014年前海积极加强与香港政府之间的合作,在招商引资方面,为了方

[①] 引自前海管理局网站,http://www.szqh.gov.cn/ljqh/sghz/sg_gzdt/201408/t20140826_38705.shtml。

便香港企业办理入驻手续,前海管理局在香港设立了前海管理局香港联络处。前海管理局香港联络处为香港政府、行业协会、企业、社会团体等提供了一个了解前海的平台,通过这一平台,港企可以更好地了解前海政策,前海管理局可以更好地为入驻港企提供咨询服务。

在人员互访方面,随着前海建设进入加速阶段,越来越多的香港政要以及商业精英来到前海进行实地考察,2014年香港政务司司长林郑月娥带领香港经济发展局、政制及国内事务局的相关官员考察前海,了解前海的发展状况。另外,为了让香港社会各界更多地了解前海发展进度以及优惠政策,深圳政府官员、前海管理局曾多次组队赴香港进行交流。

在法律合作方面,为了构建适应前海现代服务业发展的审判机制,深港两地政府积极合作,由深圳专门派出100多名法官到香港的大学和机构进行学习培训。

2. 与香港企业机构间的合作

在深港联合机制创新方面,为了进一步推进深港合作,深圳政府多次率队访问香港,与香港中华总商会、工业总会、总商会、中华厂商联合会等香港四大商会进行座谈,宣传推介前海,并签署了战略合作协议,吸引更多的港企参与到前海开发建设中,推动深化深港两地的合作。此外,前海管理局联合香港积极创新招商机制,与香港四大会计师事务所等8家企业成为前海的"招商合伙人",意图通过"以商引商"的模式来吸引更多港企的入驻,推动前海现代服务业的集聚发展。

在产业合作方面,金银业贸易场前海贵金属交易物流验证中心的成立,是深港两地在产业合作上的重大突破,它的建立势必会为前海带来一大批黄金珠宝企业的入驻,标志着前海港企集聚基地的形成。

在人员互访方面,前海管理局积极与香港金银业贸易场、香港中小型企业联合会举办前海政策理论研讨会,为港企在前海发展提供智力支持。

3. 与香港社会团体间的合作

在与香港社会团体间的合作方面,2014年前海积极创新深港两地人才合作新模式,与深圳青年联合会、香港青年协会签订协议,建立了深港青年创新基地——深港青年梦工场。深港青年梦工场是由前海管理局免费提供土地,并通

过设立专项基金、建立创业孵化器等手段，为深港两地以及海外华人青年提供良好的创业环境，从而吸引更多的中外青年，特别是深港青年进驻前海进行创业。

在法律合作方面，前海管理局开展粤港澳律师事务所合作型联营试点，推动成立前海商事法庭，对接香港专业调解机构，积极开展商事案件诉前调解，并试行港籍陪审机制，由符合条件的香港居民担任陪审员，从而使其判决在体现司法公正的同时兼顾国际化的法律准则。

在人才交流方面，为了更好地推进前海合作区的开发建设工作，前海管理局联合香港社会力量，积极开展"智库"建设。2014年设立了前海金融专业、法律专业、规划建设专业、青年事务专业咨询委员会，聚合深港两地金融、法律等各方面的专家，为前海的金融、法律等发展献计献策。至此，连同之前设立的前海合作区咨询委员会，前海已经形成了由5个咨询委员会组成的豪华智囊团，为前海合作区的发展提供智力支持。另外，为了吸引香港专业人员到前海就业，前海管理局与香港建筑师、规划师等行业协会签署了战略合作协议，探索建立"前海深港博士后交流驿站"。

三 前海合作区发展的焦点问题

（一）如何进一步深化深港合作推进制度创新

深化深港合作既是前海发展的前提也是发展的重点内容。如何使两种不同社会制度、两个不同发展阶段下的深港两地融合发展；如何在"一国两制"的前提下，使两个不同行政区域在比较优势的引导下，将香港的资本、管理及市场的优势与深圳的政策和成本等优势相结合，发挥"1+1>2"的综合效应，实现两地的双赢发展，是前海发展的难题。

自前海合作区建立以来，国家为支持前海现代服务业的集聚发展，给予了很多政策优惠，并一一落实。但是不能不说单单靠这种政策优势来谋发展只是权宜之计，如何将国家给予的政策优惠和前海自身的优势结合，学习香港，深化与香港的合作，构建与国际相接轨的开放的、国际化、法治化的制度环境才是长远之计。这是前海现在、未来要做的事情。

（二）如何加快现代服务业尤其是金融业的创新发展

发展现代服务业，尤其是金融业是前海合作区开发开放的重点。要想将前海发展成连接香港的金融中心，前海合作区需要具备以下要素：一个比较宽松的税收环境、一个高效的监管机制、一个开放的市场、一个成熟的法治环境。

随着前海合作区对 QDII、RQDLP、QFII2、RQFII2 等业务的先行先试，资本项目的逐步开放，互联网金融等多样化金融服务的发展，以及融资租赁、商业保理、要素市场平台、股权投资基金等新型金融业态的不断涌现，不可避免的会有类似套利等道德风险的发生，这给前海的金融监管带来了新的挑战。目前对于建设初期的前海来说，金融监管机制的尚未成型，国际经济环境的多云变幻，以及人民币跨境自由兑换、资本项目开放下存在的各种不确定因素，都会为前海金融发展带来潜在的金融风险。对于开放条件下金融的监管，"过度监管""过度开放"两者皆不可行。那么，如何建立一个高效的金融监管机制，是前海所面临的重要问题。

另外，在前海的现代服务业发展，尤其是金融业的发展上，国家在政策上给予了许多先行先试。这里的"先行先试"，既体现在执行力上，又体现在时间上。但随着国家金融改革的星星之火在各地的展开，而另一方面前海金融改革政策的落地缓慢，"先行先试"的这种政策优势似乎被弱化。例如，2012年6月推出的前海制度创新22条，有8条是针对金融改革的。而其中"前海股权投资母基金"的设立，2013年3月才得到国家批复，2014年9月政策正式落地。政策落地缓慢，很容易使合作区丧失在政策上先行先试的优势，那么特区中的特区也就失去了特有的意义。

四 前海合作区未来发展的政策建议

（一）构建适合现代服务业发展的法治环境

政府与市场的关系是经济学中一直被争议的问题。我国通过30年的改革开放已经建立了社会主义市场经济。在接下来的新一轮改革开放中,如何处理好不同发展阶段中政府与市场之间的关系,完善市场经济是重要课题。前海是我国进一步改革开放的先导区,是我国政府进一步减政放权,由管理型政府向法制化、国际化的服务型政府转型的试验区。另外,香港是国际化大都市,拥有成熟的市场机制、完备的法律体系、开放的管理制度。前海在未来的发展中要积极学习借鉴香港,努力构建与香港相媲美的制度环境。

例如,在加快法治建设方面,前海要与香港协力共建国际金融中心,关键要建立一个良好的金融生态环境,而其中法治建设是重点。随着跨境信贷业务的拓展、资本项目的放开,大量的契约交易、跨境投资势必会带来繁多的法律合同与纠纷等问题,这就需要专业的法律队伍来支撑。这里的"专业"不仅仅是在法律上业务专业,而且还要洞悉金融。也就是说,要建立一个针对金融业的专业法律审判团队和审判机制。此外,还可以根据前海合作区内其他现代服务业的发展要求,相应建立专业的法律审判机制,为其提供良好的生态环境,推动现代服务业在前海的集聚发展。

(二)构建一个适合前海、连接香港的国际金融监管机制

随着前海金融的不断创新,跨境融资尤其是互联网金融等新兴业务的出现,对尚未成熟的前海金融监管带来了挑战。尤其对于我国来说,互联网的监管机制尚未形成,那么对于这种互联网与金融的产物——互联网金融的监管更是难上加难。互联网的安全是互联网金融的重要命脉。这就需要前海在建设互联网金融监管机制的同时,借助国家的力量加强对互联网的监督管理。

此外,随着跨境信贷、跨境融资口径的不断打开,大量的资本涌入前海,各种不确定因素会给国内带来各种金融风险,这就需要金融监管部门不仅要在融资信贷前期的审批过程上下功夫,而且还要对后期资金的运行管理进行严格的监管,把监管责任落实到各个部门,从而有效地防范套汇等道德风险的发生。

参考文献

[1] 谭刚：《深港合作：发展历程与总体规划》，《中国经济特区研究》2008年第1期。

[2] 陶一桃：《建设前海就是"再造香港"》，《法人》2014年第5期。

[3] 张玮：《前海改革瞄准法制国际化》，《民主与法制时报》2014年3月20日。

[4] 前海管理局网站，http://www.szqh.gov.cn/。

[5] 徐浩鸣：《新加坡、首尔、香港现代服务业发展经验及对深圳的启示》，《特区经济》2013年第4期。

B.18
中国（上海）自由贸易试验区发展报告

范霄文 秦 渝*

中国（上海）自由贸易试验区①［China (Shanghai) Pilot Free Trade Zone］按照设立之初设定的目标，坚持制度创新与国际规则接轨，经过一年的探索实践，制度创新在不同程度上取得了突破性阶段成果。《中国（上海）自由贸易试验区条例》②的颁布也使制度创新有了法律保障。

当年的深圳特区撬动了计划经济体系的瓦解，今天的上海自贸试验区则率先突破改革"深水区"制度樊篱，探索建立使中国融入经济全球化发展格局中的制度体系，打造中国经济升级版。"法无禁止皆可为"的负面清单的投资管理制度基本建立、"一线放开、二线严格管理"的金融框架制度与监管模式基本形成、"法无授权不可为、法定职责必须为"的事中事后监管制度框架业已形成、以贸易便利化为重点的贸易监管制度有效运行。这些制度的创新，从制度上为内资外资、国企民企构建了一个平等竞争的市场环境，因而为进一步激发市场活力、降低企业经营成本提供了条件，对以审批为主的政府管理模式颠覆性创新的正溢出效应已开始显现。

一 上海自贸试验区发展状况概述

上海自贸试验区成立一年来，根据《中国（上海）自由贸易试验区总体方案》③提出的目标任务，在参照国际通行规则的基础上，积极推进投资贸易

---

* 范霄文，深圳大学中国经济特区研究中心副教授、经济学博士；秦渝，深圳大学经济学院硕士研究生。
① 以下简称上海自贸试验区。
② 以下简称《条例》。
③ 以下简称《方案》。

便利、货币兑换自由、法制环境规范和监管高效便捷的制度创新,"苗圃"效应开始显现,已有21项制度在全国复制推广,营商环境得到显著改善,制度创新试验的效果显现。据上海工商局初步统计,从2013年9月29日上海自贸试验区成立至2014年9月15日止,上海自贸试验区新设企业共12266家,其中外资企业1677家。短短一年的企业注册数量超过原上海保税区20年的企业注册总量。新设企业注册资本总额超过3400亿元,跨境人民币业务累计金额已达1760亿元。

(一)上海自贸试验区制度创新取得突破性进展

1."法无禁止皆可为"的负面清单管理模式正在逐渐完善

上海自贸试验区作为一个单边自由贸易试验区,成立之初就按照国际通行规则在区内全面实施准入前国民待遇,建立了负面清单管理模式。非禁即入,一年来不断通过制度创新努力减少非关税壁垒,政府简政放权给了企业更多公平竞争、自由选择的机会。2014年7月修订出台的新版负面清单将2013版的190条缩减为139条,调整率达到了26.8%。

"法无禁止皆可为"的负面清单(Negative List)列明了企业不能投资的产业和领域,也即只要是没有被列入清单的外商投资领域,均按内外资一致原则由核准制改为备案制。由原来的正面清单到现在的负面清单,上海自贸试验区带来的不仅是投资领域的扩大开放和市场竞争环境的改善,更重要的是带来了由市场准入制度改变引发的一系列制度创新。负面清单制度的建立意味政府自觉放权于市场,由政府主导的资源配置方式转换为通过市场来进行的资源配置。资源配置方式的转变必然要求政府职能也随之发生根本性的转变。因此,在上海自贸试验区,负面清单制度的推出形成了政府职能改变的倒逼机制,也成为推动政府管理模式转变的触发点。

目前负面清单虽然与国际整体相比还比较长,政府对于资源配置的管制还有待进一步"瘦身",但它引入了"法不禁止即可为"的全新市场思维,由此引发的制度创新进一步激发了我国社会的创造活力,对当今中国深化改革推进治理能力现代化具有积极深远的意义。

2. "一线放开、二线严格管理"的金融框架制度与监管模式基本形成

金融改革被国际社会看作上海自贸试验区最大的看点。在上海自贸试验区挂牌的当天，证监会发布了《资本市场支持促进中国（上海）自由贸易试验区若干政策措施》，明确了资本市场支持上海自贸区建设的五项政策措施。2013年12月2日，中国人民银行上海总部《关于金融支持中国（上海）自由贸易试验区建设的意见》公布，随后又陆续发布了支付机构跨境人民币支付业务、扩大人民币跨境使用、放开自贸区小额外币存款利率上限等金融实施细则。经过一年的实践，截至目前，在宏观层面上紧紧围绕推进人民币国际化、利率市场化、人民币跨境交易、外汇管理制度创新方面，中国人民银行、银监会、证监会、保监会已推出了51条有关的金融创新举措，上海自贸试验区"一线放开、二线严格管理"的金融制度框架和监管模式已具雏形。

货币是市场交易的媒介，自由贸易区物品和服务的自由进出必然要伴随金融市场的开放，如何在风险可控的前提下开放金融市场是上海自贸试验区改革面临的最大挑战。上海自贸试验区在"一线放开，二线严格管理"的原则指导下，2014年2月21日，扩大人民币跨境使用细则落地；2014年5月17日，首个外汇新政落地；2014年5月22日，央行上海总部发布上海自贸区分账核算业务细则和风险审慎管理细则。这些细则的出台为自贸区的金融改革奠定了制度基础。而2014年6月18日正式推出的自由贸易账户，更是搭建起一个平台，打通了区内境外多个市场，使小额外币利率上限放开，资金实现双向流通。金融改革方面最大的制度创新当属探索建立了自由贸易账户体系。这一账户体系的建立，既方便了资金的进出，也构筑起了风险可控的电子围栏，同时也是人民币国际化进程中跨境交易监管的制度创新。其次是建立了"分类别、有监管"的资本项目可兑换操作模式，通过将资本项目下的投资进行分类，实现了直接服务于实体经济和经济发展的资本项目自由兑换。同时，中国人民银行设定了一整套有效的风险防范监管体系，可以说在一年多的时间里上海自贸试验区在金融改革方面取得了突破性的进展。通过自由贸易账户、投融资汇兑便利、人民币跨境使用、利率市场化、外汇管理改革，上海自贸试验区已经构筑起"一线放开、二线严格管理"的金融制度框架和监管模式。

上海自贸试验区金融制度创新的大部分已进入实际操作阶段，有关业务及监管正在顺利展开。金融改革牵一发而动全身，上海自贸试验区金融制度的创新为我国更大范围金融市场的开放改革奠定了制度方面的基础。

3."法无授权不可为、法定职责必须为"的事中事后监管制度框架已形成

自贸试验区实质上就是一个划定可以自由投资和贸易的特殊区域。在这一特殊区域，"自由"就意味着经济活动由市场主体而非政府主导，政府的责任在于公平竞争规则的建立及保证规则的执行，这就要求政府要从管理型政府转变为服务型政府。

市场主导权的转变必然伴随相应制度的转变，经过一年的探索总结，上海自贸试验区形成以6项制度为主体的事中事后监管制度框架。这6项制度包括：安全审查制度、反垄断审查制度、社会信用体系、企业年度报告公示和经营异常名录制度、信息共享和综合执法制度与社会力量参与市场监管制度。由事前审批到事中事后监管，上海自贸试验区政府职能发生了根本性转变。政府减政放权，给予市场和企业更大的发展空间，这也代表着政府管理方法和思维的变化，这对推动中国政府职能转变具有积极的示范作用。

如果说准入前国民待遇和负面清单制度给出了企业的权力清单，那么这六大制度则是确立了政府的权力清单。"法无授权不可为"和"法定职责必须为"，看似简单，实质却是政府管理理念及方式的自我革命。在这一理念下，政府将工作的重心放在防范风险、维护公平的市场秩序上，使得市场可以充分发挥资源配置作用，实现价格机制的激励与信息传递功能，为构建高效的资源配置制度探索出路。

上海自贸试验区六大制度的建立，只是高效便捷的监管机制创新的开端，政府要放权给市场，就应该减少政府行政干预，化繁为简，充分发挥市场作用，减少企业运行成本，在转变政府职能的同时，形成企业自律的新机制。在国际通行规则条例及法律保障下，上海自贸试验区自主管理空间还需进一步扩大，推动贸易和投资便利的监管体制依然有待发展完善，自贸试验区改革的任务依然艰巨。

4. 贸易便利制度创新取得成效

在"一线放开、二线安全高效管住、区内流转自由"的原则下，上海自贸试验区实施了"先入区、后报关"的新型海关监管方式，货物通关时间可缩短2～3天，物流成本平均可降低10%左右，大大降低企业交易的成本，贸易便利化制度创新取得明显成效。上海自贸试验区"先入区、后报关"制度已于2014年9月18日起在全国海关复制推广。

据上海海关初步统计，截至2014年9月已出台23项针对自贸试验区的海关监管制度，这些制度的出台使自贸试验区贸易往来的便利程度大幅提高，区内进口货物平均通关时间比区外减少41.3%，出口物品通关平均时间比区外减少36.8%，海关监管效能大大提升。

为了促进贸易便利，优化市场环境，上海自贸试验区还探索建立了国际贸易"单一窗口"和货物分类监管等国际先进水平的贸易监管方式。贸易便利化举措的实施进一步增强了区内企业的国际竞争力。

（二）上海自贸试验区的正溢出效应开始显现

自成立一年来，上海自贸试验区按照《方案》要求，已形成50多项可复制、可推广的制度创新成果，涵盖投资管理方面6项、贸易监管方面9项、金融创新方面6项，共计21项制度已在全国或部分地区复制推广。另外还有30多项比较成熟的创新制度也已具备复制推广的基础，目前正在国家各有关部门的指导推进下酝酿，分批分期在全国复制推广。

上海自贸试验区成立之初，《方案》就明确指出自贸区的制度成果都必须符合可复制、可推广的要求。自贸试验区是制度创新的"苗圃"而不是"盆景"，尤其是在对外开放方面，制度的"苗圃"效应明显。"先入区、后报关"制度于2014年8月18日起在长江经济带51个海关特殊监管区域复制推广，2014年9月18日起在全国海关监管场所复制推广。截至2014年10月，海关已出台约23项自贸区制度。

上海自贸试验区制度创新复制推广的力度显示出"试验田"的作用已经开始发挥作用，自贸试验区改革成功与否，从某种意义上讲，衡量的标准不是看发展体量大小，而是要看形成了多少在全国可复制可推广、服务于国家战略的制度成果。

（三）上海自贸试验区法制保障逐渐完善

完善的法制是复杂经济活动中有效的风险防范屏障，上海自贸试验区面临的是要参照国际准则建立与自由贸易区相应的法律保障平台。为此，国务院已调整实施了3部法律、20部行政法规、3部国务院文件、6部国务院批准的部门规章等相关内容为上海自贸试验区保驾护航。

2014年4月8日颁布自贸区仲裁规则——《中国（上海）自由贸易试验区仲裁规则》（以下简称《自贸区仲裁规则》），这些仲裁规则与代表国际仲裁潮流的国际上的通行规则完全对接。2014年5月1日，《自贸区仲裁规则》正式施行。随后，由上海市第二中级人民法院对外发布《关于适用〈中国（上海）自由贸易试验区仲裁规则〉仲裁案件司法审查和执行的若干意见》，与《自贸区仲裁规则》进行回应和对接，以提供司法保障。

2014年8月1日，我国首部自由贸易区地方性法规——《中国（上海）自由贸易试验区条例》开始正式实施。这部《条例》堪称自贸试验区建设的《基本法》，共9章57条，对自贸区建设中涉及的管理体制、投资开放、贸易便利、金融服务、税收管理以及综合监管、法治环境等方面进行了全面的规范，不仅为上海自由贸易区新的法律体制完善奠定了基础，而且将制度创新成果法律化，将更有利于构建国际化、法制化的市场环境。

2014年9月28日，国务院做出决定，在试验区内暂时调整实施《中华人民共和国国际海运条例》、《中华人民共和国认证认可条例》、《盐业管理条例》以及《外商投资产业指导目录》、《汽车产业发展政策》、《外商投资民用航空业规定》规定的有关资质要求、股比限制、经营范围等准入特别管理措施。在上海自贸试验区，外商被获准进入盐业、海运和高铁等领域。

健全的法制保障是自贸试验区发展的基石，只有不断完善法制法规，才能使自贸区制度创新做到于法有据。法无禁止皆可为，这种限制权力来换取市场活力的理念，在倒逼自贸区行政管理体制改革的同时，也推动司法机关进行制度创新。通过立法固定成法条，为改革提供法律依据。

二 上海自贸试验区改革的核心问题

上海自贸试验区作为一项国家战略，其改革的核心任务是制度创新，要从制度安排上探索处理好市场与政府的关系，在充分发挥市场在资源配置中的决定性作用的同时，更好地发挥政府作用。以开放促改革，按照新的国际贸易投资规则和国际通行惯例，进一步扩大开放和深化改革所需要探索的内容，成为打造中国经济升级版的制度试验区。

（一）试验区制度创新的内在机制

在一个国家经济不断发展的过程中，制度会随着经济发展状况的变化而进行调整完善。中国现在经济发展所面临的问题是，全球经济竞争中劳动力低成本的优势在快速削弱，在全球分工中处于价值链的低端。中国目前是世界贸易的第一大出口国，却不是国际结算中心。中国作为世界第二大贸易国却被排除在两个协议①之外。

究其原因，虽然中国经济蕴含着巨大的发展潜力，但和世界国际结算中心新加坡、鹿特丹、伦敦等地相比，我国在经济自由度、政府透明度及营商便利度等制度方面还有较大的差距。一些制度的缺失加之开放力度不够，使我国经济发展的潜力尚未充分释放出来。中国要发挥自己的比较优势，在全球生产价值链中提升地位，就必须降低制度成本。只有通过制度创新，才能带来交易费用的下降，获得更大的市场和更多的交易收益。

新的世界贸易格局迫使中国要成为一个开放型的经济体，开放意味着关税壁垒与非关税堡垒的逐步取消，意味着与国际贸易投资规则及通行惯例接轨。因此，在这样的大背景下，上海自贸试验区应运而生。在开放型经济体系中，市场在资源配置中起决定性作用，与之相应就要求要有相对应的制度安排，即要建立保证使各个经济活动主体平等自由交换的制度安排。同时，也要求设立保障交易顺利进行的制度安排，使得市场主体按照各自比较优势实现资源的有效配置。除此之外，市场实现交换是有成本的，因而还需要建立降低监管与实施契约交易成本的制度安排，而这一制度安排显而易见触及政府的职能转变。

制度②是由人制定出来的、用以规范人们互动行为的规则。走向开放经济体系的制度创新，一个高效的经济发展环境制度结构必然要由若干个单一制度安排构成。上海自贸试验区的制度创新也将由若干单一制度安排创新所构建。

---

① 《跨大西洋贸易与投资伙伴关系协定》（TTIP）与《跨太平洋战略经济伙伴关系协定》（TPP）。
② 林毅夫：《解读中国经济》，北京大学出版社，2012，第273页。

（二）创新市场与政府关系的制度安排

上海自贸试验区改革的目标：进行制度创新，建立既能充分发挥市场在资源配置中的决定性作用，又能积极发挥政府作用的制度。其核心是以开放促改革，处理好政府和市场的关系。

依据西方主流经济学的观点，市场经济应该以产权明晰的私有制为基础，资源的配置完全由市场决定。按照这一理论，有效的资源配置就要以国资国有企业私有化为前提，否则中国经济改革将以失败而告终。东欧、苏联的"休克疗法"已经表明这一理论显然存在问题。这一理论忽略的是市场经济也会失灵，而且制度的变迁是需要时间的。

在开放竞争的市场中，有效的资源配置有赖于价格机制，那么就制度安排而言就是要制定相应的行为约束规范，使参与市场活动的行为主体按照契约进行自由平等的交换活动，与此同时，通过制度安排应该建立一个有效、低成本的契约实施保障机制，无疑政府应该成为一个监督产权并有效实施契约的强制力量，维持经济的开放和市场的充分竞争是政府在资源配置中应尽的职责。凡是交易成本大于收益、价格机制失效的交换活动，都应从制度安排上赋予政府责任，才能从制度上构建有效的营商环境。

（三）金融制度安排

一个开放而充满竞争活力的市场经济必然要求要有一个高效的金融制度安排。金融体系最主要的功能是有效的配置资金，上海自贸试验区制度创新的一个最大挑战就是如何从制度上构建一个风险可控、资金配置高效的金融制度。没有一个高效的金融制度安排，就无法实现资源的有效配置，改革也就难以成功。

上海自贸试验区目前所进行的金融制度创新在一定程度上可以说仅仅满足了最基本的货物、服务及投资正常的货币流转功能。上海自贸试验区要站在国家战略层面进行制度创新，要从制度上进行安排，培育高效的全球化资金筹集、配置和监管低成本高效率的金融体系。高效的资金配置制度安排是金融制度安排的着力点，因为高效的资金配置必然会伴随高效的资金筹集，也伴随低成本监管。而高效的资金配置制度也就是由市场来有效配置资金的制度安排，市场化的资金配置就要求资金的价格由市场决定，即要实现由市场决定利率的高低，以使资金配置到具有比较优势的市场主体。由市场配置资金意味着要从制度上建立平等的竞争环境，与之相配套的是低成本、高效和风险可控的金融监管制度，这是制度创新的难点。

中国经济蕴含着巨大的发展潜力，目前上海自贸试验区与竞争对手伦敦、纽约这样的国际性金融中心相比，现有的开放程度不够，风险防范能力及金融制度尚待完善，如何借助于离岸金融中心的建设推动人民币国际化，在搭建亚太资金结算中心乃至全球资金投融资平台的过程中不断完善金融制度安排是改革的需要。

三 上海自贸区发展面临的焦点问题

（一）国资国企如何改革

建立公平竞争的市场环境，要解决的焦点问题是国资国有企业与政府在市场中的关系定位问题。诺斯认为①，某一制度框架所引起的成本，不仅来源于制度框架本身，而且来自于这一框架下发展起来的组织。市场与政府关系的制度创新与现有制度下的组织——国资国企有着不可分割的关系。一方面，国资国企改革会受到现有政府与市场关系制度创新的根本性影响；另一方面，国企的单一制度安排也会影响制度框架的演变。因此，国资国企改革是政府与市场关系改革首先要突破的。

有效率的经济组织是经济增长的关键，国资国企是现存市场与政府关系中的既得利益组织，因而也是推动这方面制度创新的关键所在。国资国企的改革在创新制度安排中起着重要的作用。如何在现有混合所有制产权制度下，突破现有制度约束，设计制度安排，明确国企与其他经济活动主体的平等地位，是处理市场与政府制度创新中亟待解决的焦点问题，也是进一步深化改革要解决

---

① 〔美〕道格拉斯·C.诺斯：《制度、制度变迁与经济绩效》，杭行译，上海三联书店，2012。

的关键问题。

国资国企改革的核心,是要通过制度安排来进一步增强国企在开放市场中的竞争能力。也就是在制度上要将国企作为一个真正参与平等竞争的市场主体,鉴于有些国企的设立不是通过市场机制建立的,具有先天的不足,要避免"休克疗法"可能会带来的经济危害,采用分期分批的形式进行国企转变。另外,现有国有企业在市场经济中的作用不同,有些属于参与市场竞争类企业,而有些则属于公共服务类企业,因此,国企的改革应分类进行制度安排。

国资的性质决定了政府要管好国资的同时还要放活企业,在现代企业制度下就需要建立有效的分类监管制度,国资国企的产权属性决定了它是处理好市场与政府的关系必须解决的问题。

(二)上海自贸试验区还是中国自贸试验区?

上海自贸试验区被看作改革之初的深圳特区,二者均是以开放促改革的试验田。然而,虽然同样是着眼全局而落子一隅,但不同的是当年深圳特区吸引全国的关注,各地的人才蜂拥而至,经济发展日新月异。而上海自贸试验区目前却似乎更多地停留在"概念"上,虽然挂的是中国自贸试验区的牌子,但更像是上海的自贸试验区而不是中国的自贸试验区。虽然作为制度创新的试验田,已有一些制度创新被复制推广,但28平方千米的土地承载力毕竟有限。

上海自贸试验区实质上就是原来海关特殊监管区的一个升级版,从成立一年来的发展看,更多的是通过开放来促进政府管理上的更加自由和更加高效。如果自贸区长期只是上海的独唱,很难想象其能走多远。

围绕打造中国经济升级版需要做很多试验,上海自贸区不可能全部承担这样的任务。那么,在高层的战略布局中,自贸试验区究竟扮演怎样的角色?上海自贸试验区无疑具有打造国际金融中心的区位优势,在推进人民币跨境结算方面占有先手。但我国不同的区域具有不同的区域优势,中国的自贸区也不会只有这一个。市场竞争出效益,改革也同样如此,下一个自贸试验区会花落谁家呢?

四 上海自贸区发展的对策建议

(一)避免盲目模仿,采取中国式的制度变迁路径

以开放促改革的制度变迁方式,由"试验田"推广至全国的改革模式,中国30多年经济的高速增长已经证明了是行之有效的改革模式。不同的国家有着不同的意识形态,在借鉴吸收其他国家制度变迁经验的同时,要避免盲目模仿西方制度。

经济学家诺思认为[①]:"制度创新过程存在着报酬递增和自我强化的机制。这种机制使制度变迁一旦走上了某一路径,它的既定方向会在以后的发展过程中得到自我强化。也就是说,人们过去做出的选择决定了他们现在可能的选择。按照既定的路径,制度的变迁可能进入良性的循环轨道。"上海自贸试验区的制度创新只有选择正确路径,才能沿着预定的方向推进,也才能真正激活市场活力、实现资源有效配置,并促进经济持续增长。在制度变迁过程中,由此引发的经济增长反过来又会成为推动制度变迁的重要力量,二者互相促进、互为因果而形成良性循环局面。反之,如果变迁的路径选择不正确,制度创新不仅不能给人们带来普遍的收益递增,有可能会导致市场秩序混乱和经济衰退,俄罗斯及许多发展中国家在这方面有着深刻的教训。

从家庭联产承包责任制到设立经济特区,中国的经济制度改革采取的是一条"自下而上"再"自上而下"的制度变迁路径。习近平总书记对上海自贸试验区提出了"大胆闯、大胆试、自主改"的要求,上海自贸试验区制度创新应采取在自发性制度创新的基础上,政府强制性推动的制度创新发展路径。

(二)促进意识形态转变,降低制度创新成本

制度变迁或者是制度创新是有成本的,按照制度经济学理论,意识形态的制度安排是交易成本最低制度安排。意识形态是关于政治、经济、社会以及其

---

① 引自制度变迁理论,http://www.baike.com/wiki/制度变迁理论。

他制度基础的一系列信仰或主义,人们能遵守一定的意识形态,是市场机制得以有效运行的一个重要条件。

众所周知,要实现资源的有效配置仅仅明确产权是不够的,要保证社会成员通过交换而不是偷盗或掠夺来获取资源,必须要制定大家共同遵守的行为规范,就是人们通过观念认同形成每个人自觉遵守的行为准则,道德、价值观念在规范和协调人们的行为中无疑有着非常重要的作用。如果社会成员在交易过程中都遵守道德行为规范,就能节约社会成本,使每个人受益。在诺斯看来,意识形态是降低交易成本的一种非正式制度安排。诺斯指出[①]:"在社会成员相信这个制度是公平的时候,由于个人不违反规则和侵犯产权,那么规则和产权的执行费用就会大量减少。"

就经济学意义而言,社会交易成本包括"外生"和"内生"两种,所谓"外生"交易成本是指交易中发生的运输成本、信息成本,"内生"交易成本则是指交易过程中可能会发生的违约、欺诈风险等。我国在降低"外生"交易成本方面取得了飞速的发展,但是在信用体系建设方面还有很长的路要走,如环境污染、食品安全、腐败等问题都阻碍着我国经济未来的发展。我们既需要通过进一步完善道德体系来降低社会交易成本,也需要通过道德体系解决诸如空气污染等问题的产权界定。

道德重建与完善对于社会所具有的意义从其他国家的经验中略见一斑。例如,德国的地铁无人售票也无人监管,由于社会信用体系较为完善,基本无人逃票,降低了运营成本,而人们也可以享受低费用的交通服务。我国在这方面有很大的改进余地,诚实、守信是实现财富交换和创造财富必不可少的条件,如果缺失就会增加社会交易成本。在界定和执行产权的成本大于收益的情况下,就无法通过产权界定解决"搭便车"的问题,而通过意识形态来约束人们的行为则可以降低社会交易成本。

(三)市场失灵与政府责任界定

对于政府在经济中的责任问题一直存在不同观点。从亚当·斯密到当代诺

---

① 引自制度变迁理论,http://www.baike.com/wiki/制度变迁理论。

贝尔经济学获得者科斯、弗里德曼，对于政府责任均有所研究，古典经济学的观点是给个人以自由选择的权利，最大限度减少政府对经济活动的干预程度，但也不否认政府在公共事务中具有难以替代的作用。而凯恩斯则提出政府的责任不仅仅限于公共事务，应加强政府对经济活动的促进作用，通过财政政策来减少经济的波动及进一步促进经济的增长。今天国内外经济理论界学者对于政府在经济中的责任界定仍然存在不同程度的争议，有些认为政府应通过基础设施投资推动经济的发展，而另一些学者则认为应减少政府对经济的干预，让市场这一"看不见的手"对经济进行自我调节。

究竟政府在经济活动中起什么样的作用，其责任是什么？这一问题今天看来依然是经济学中颇有争议的理论问题。众所周知，市场经济的有效运行是有条件的，市场有所能也有所不能，市场也会失灵。市场经济下，明确的私有产权界定是自愿交换的先决条件。与此同时，与之相对应的道德体系及法律体系才能使市场经济得以正常的运行。在市场失灵情况下，政府的责任是什么？在产权不明晰及具有公共产权的情况下，"看不见的手"同样将失去作用，为了避免经济运行的低效率，就需要"看得见的手"——政府来发挥积极作用。

上海自贸试验区以负面清单为抓手的改革，是参照国际惯例政府所做的减政放权。以私有产权为主的西方发达国家现有的制度并非完美无缺，同样存在关于"看不见的手"与"看得见的手"责任的界定问题。因而，中国应探索具有中国特色的制度结构，从理论上进一步厘清以市场经济为主体的经济制度下政府的责任，在开放改革中增强"看不见的手"配置资源作用的同时，积极发挥"看得见的手"的作用。

参考文献

［1］王红茹、郭芳：《国务院发展研究中心党组成员、研究员隆国强谈上海自贸区：全国的各类园区不能一刀切，不同地方应建不同实验园区》，《中国经济周刊》2013年第36期。

［2］高莹：《要从打造中国经济升级版的角度理解自贸区——访国务院发展研究中心党组成员、办公厅主任隆国强》，《中国中小企业》2013年第11期。

[3] 韩正:《自贸区要为国家全面深化改革率先探索突破口和新路子》,http://www.dfdaily.com/html/21/2014/9/29/1190247.shtml。

[4] 《"苗圃"效应持续释放 沪自贸区四大制度创新扫描》,中国经济网,http://finance.ce.cn/rolling/201409/29/t20140929_ 3619014.shtml。

[5] 马洪超:《负面清单让政府市场各就各位》,http://cpc.people.com.cn/n/2013/1210/c83083-23796220.html。

[6] 《上海自贸区将建八大国际交易平台》,http://henan.sina.com.cn/news/economy/2014-09-29/1415-164379.html。

[7] 《李克强点赞上海自贸区发展超36项制度可被推广》,中国新闻网,http://news.sina.com.cn/c/2014-09-29/083830931716.shtml。

[8] 宋清辉:《全面解读上海自贸区》,http://finance.sina.com.cn/zl/stock/20140929/101820441628.shtml。

[9] 沈则瑾、吴凯:《上海自贸区亮出一年成绩单 改革红利不断释放》,http://finance.people.com.cn/n/2014/0929/c1004-25756596.html。

[10] 陈波:《中央认为上海自贸区改革走得不是很快》,http://news.jnnc.com/finance/2014/0930/358464.shtml。

[11] 宋薇萍:《上海自贸区挂牌一周年国务院送开放"贺礼"》,http://ln.people.com.cn/n/2014/0929/c353929-22480068.html。

[12] 晨哨网:《上海自贸区一周年纪念日:外投创新落地全盘点》,http://www.focus.cn/news/chanye-2014-09-28/5580624.html。

[13] 李泓冰、谢卫群:《上海自贸区:政府自我削权释放改革开放新动能》,http://news.china.com.cn/2014-09/30/content_ 33653801.htm。

[14] 制度变迁理论,http://www.baike.com/wiki/制度变迁理论。

[15] 〔美〕道格拉斯·C.诺斯:《制度、制度变迁与经济绩效》,杭行译,上海三联书店,2012。

B.19 中国图们江地区外商投资发展报告

沈万根*

为了深入实施《中国图们江区域合作开发规划纲要》，进一步推动图们江区域国际合作开发，2012年4月，国务院办公厅发布了《国务院办公厅关于支持中国图们江区域（珲春）国际合作示范区建设的若干意见》，中国图们江地区①外商投资进入了新的历史发展时期。

一 中国图们江地区外商投资基本情况及特点

2013年，中国图们江地区新批准34项外商投资合同项目，实际外商投资额为1.36亿美元，同比增长10.3%，略高于1996年图们江地区外商投资1.34亿美元的水平。中国图们江地区外商投资进入了稳定发展阶段。截至2013年底，中国图们江地区外商投资项目合同总数为637个，合同外资总额约为18.7亿美元，外方实际出资总额约为12.2亿美元。

（一）中国图们江地区外商投资基本情况

1. 从外商投资的投资方式来看，以外资企业投资方式为主

中国图们江地区外商投资合同项目中，外资企业合同项目数为496个，占外商投资合同项目总数的77.9%，占据绝对优势；实际外商投资约为8亿美元，占外商投资总额的60%以上，达到了65.4%。中外合资经营企业合同项目数为128个，占外商投资合同项目总数的20.1%；实际外商投资约为3.39

---

* 沈万根，延边大学马克思主义学院教授，博士，硕士生导师，主要从事于区域经济研究。
① 中国图们江地区，是指吉林省延边朝鲜族自治州，包括延吉市、图们市、珲春市、龙井市、和龙市、敦化市、安图县和汪清县。

亿美元，占外商投资总额的27.8%。中外合作经营企业合同项目数13个，占外商投资合同项目总数的2%；实际外商投资约为0.83亿美元，占外商投资总额的6.8%。因此，中国图们江地区外商投资主要是以外资企业投资方式为主，中外合作经营企业投资方式占比很小（见表1）。

表1 截至2013年底中国图们江地区外商投资的基本情况

单位：万美元，%

项目\类型	合同项目数		合同外资金额		外方实际出资	
	数量（个）	百分比	金额	百分比	金额	百分比
项目总数	637	100	186633	100	121980	100
中外合资经营企业	128	20.1	45551	24.4	33919	27.8
中外合作经营企业	13	2	19468	10.4	8257	6.8
外资企业	496	77.9	121614	65.2	79804	65.4

资料来源：根据《延边统计年鉴2014》数据整理及计算得出。

2. 从外商投资的行业来看，外商投资主要分布在制造业

中国图们江地区制造业合同项目数为313个，占外商投资合同项目总数的49.1%；实际外商投资约为9.2亿美元，占实际外商投资总额的75.5%。住宿和饮食业、社会服务业合同项目数分别为67个、50个，分别占外商投资合同项目总数的7%以上，合计占18.3%；但是，实际外商投资额合计约为1亿美元，占实际外商投资总额的8.4%，还不到10%。农、林、牧、渔业合同项目数为44个，占外商投资合同项目总数的6.9%；实际外商投资额为3097万美元，仅占实际外商投资总额的2.5%。因此，中国图们江地区外商投资合同项目还是以制造业为主，在中国图们江地区外商投资中外方实际出资占3/4，超过了75%（见表2）。

表2 截至2013年底中国图们江地区主要行业外商投资的情况

单位：万美元，%

	合同项目		合同外资		外方实际出资	
	数量（个）	百分比	金额	百分比	金额	百分比
农、林、牧、渔业	44	6.9	12823	6.9	3097	2.5
制造业	313	49.1	109985	58.9	92100	75.5
建筑业	11	1.7	9331	5	2213	1.8

续表

	合同项目		合同外资		外方实际出资	
	数量(个)	百分比	金额	百分比	金额	百分比
住宿和饮食业	67	10.5	2630	1.4	2601	2.1
批发和零售业	40	6.3	2107	1.1	1731	1.4
房地产业	3	0.5	8729	4.7	2609	2.1
社会服务业	50	7.8	8233	4.4	7711	6.3

资料来源：根据《延边统计年鉴2014》数据整理及计算得出。

3. 从外商投资的投资国别来看，外商投资仍以韩国为主

韩国投资合同项目数为449个，占外商投资合同项目总数的70.5%。其次是日本、美国和中国香港，合同项目数分别为46个、40个和36个，分别占外商投资合同项目总数的7.2%、6.3%和5.7%。再次是朝鲜、中国台湾、俄罗斯，分别为17个、10个、10个，分别只占外商投资合同项目总数的2.7%、1.6%、1.6%。韩国投资企业合同外资金额约为8.6亿美元，占中国图们江地区合同外资总额的45.9%。其次是中国香港，约为6.7亿美元，占合同外资总额的36.1%。再次是日本，约为0.95亿美元，美国约为0.61亿美元，英国约为0.18亿美元，分别占合同外资总额的5.1%、3.3%、1.0%（见表3）。

表3 截至2013年底中国图们江地区按投资国别（地区）外商投资的情况

单位：万美元，%

	合同项目		合同外资		外方实际出资	
	数量(个)	百分比	金额	百分比	金额	百分比
朝鲜	17	2.7	470	0.3	391	0.3
中国香港	36	5.7	67365	36.1	18354	15.0
中国台湾	10	1.6	3060	1.6	3133	2.6
日本	46	7.2	9485	5.1	9105	7.5
韩国	449	70.5	85688	45.9	74620	61.2
英国	1	0.2	1794	1.0	3319	2.7
俄罗斯	10	1.6	472	0.3	189	0.2

续表

	合同项目		合同外资		外方实际出资	
	数量（个）	百分比	金额	百分比	金额	百分比
加拿大	8	1.3	2070	1.1	422	0.3
美国	40	6.3	6110	3.3	6185	5.1
其他	20	3.1	10119	5.4	6262	5.1
合计	637	100	186633	100	121980	100

资料来源：根据《延边统计年鉴2014》数据整理及计算得出。

（二）中国图们江地区外商投资基本特点

1. 外商投资合同项目数减少，但实际投资额度有所上升

2013年新批外商投资项目数与2012年持平，比2011年新批外商投资企业项目数减少17个；但实际外资投资总额、注册资本和外方认缴额明显上升。2013年中国图们江地区外商实际投资额为13616万美元，与2012年相比，增幅达10.3%，与2011年相比增幅为34.7%。

2. 外商投资在第二产业投资中占据主体地位

外商投资在中国图们江地区第二产业的投资，主要集中在制造业。由于中国图们江地区有其独特的自然资源和较为廉价的劳动力供给优势，制造业的各项指标大大高于其他行业。截至2013年，制造业外商投资合同项目数为313个，合同外商投资额约为11亿美元，外方实际投资额约为9.2亿美元。制造业在中国图们江地区外商投资额中所占比重分别都超过了50%，远远高于其他行业外商投资合同项目。

3. 外商投资合同项目中批发和零售业发展势头良好

2013年，中国图们江地区新批批发和零售业外商投资合同项目数为10个，占新批外商投资项目总数的29.4%。虽然合同外商投资额比2012年略有减少，但是发展势头较好。在外商投资方面，2011～2013年，中国图们江地区实际外商投资额平均在16%的增幅基础上继续保持稳定增长。

4. 外商投资主要来源地相对稳定，仍然以亚洲为主

从中国图们江地区外商投资的投资主体分析看，外商投资主要来源地比较

稳定，亚洲国家和地区依旧是中国图们江地区外商投资的主流。截至2013年，韩国、中国香港、日本仍位居中国图们江地区外商投资的前三名，其合同外资金额占中国图们江地区外商投资合同总额的87.1%，外方实际出资额占中国图们江地区实际外商投资总额的83.7%。

二 中国图们江地区外商投资面临的问题

（一）外商投资规模小

2013年，中国图们江地区新签协议外商投资合同项目34个，外商投资合同金额为1048万美元，但是实际外商投资金额达到了13616万美元，同比增长13.3%。截至2013年底，批准制造业外资合同项目313项，吸收外资合同金额109985万美元；住宿和饮食业、批发和零售业项目合同数共107项，合同金额共4737万美元。2013年底，中国图们江地区实有注册登记外商投资企业721户。虽然这些年来中国图们江地区外商投资额稳步上升，但是同东部沿海地区的差距仍然很大。其中，总投资20万美元以下的项目占绝大多数，占项目总数的50%以上。虽然2012年和2013年中国图们江地区实际外商投资突破1亿美元，但固定资产投资的比重仅占1.2%。因此，外商投资规模小的问题仍然是中国图们江地区外商投资中存在的突出问题，这直接影响了外商投资在中国图们江地区开发开放中发挥的作用。

（二）外商投资的产业结构不合理

在中国图们江地区国民经济产业结构中，外商投资的产业结构不合理。2013年，农、林、牧、渔业（第一产业）外商投资项目数为44个，占外商投资项目总数的6.9%；实际外商投资额为3097万美元，占实际外商投资总额的2.5%。所以，外商投资对第一产业的投入严重不足。制造业在外商投资中所占比重最高，其合同项目数占中国图们江地区外商投资项目总数的近50%，实际利用外商投资占中国图们江地区实际利用外商投资总额的70%以上。

2013年底，外商投资在中国图们江地区产业结构中，住宿和饮食业、批发和零售业、社会服务业合同项目数共计157项，占中国图们江地区外商投资合同项目总数的24.6%。这在一定程度上助长了中国图们江地区的"消费早熟"现象。现在，外商主要看好中国图们江地区原材料资源和市场优势。所以，外商在中国图们江地区的投资趋向主要是一般性加工工业。而中国图们江地区在产业政策方面贯彻不力，没有真正地引导外资投向投资规模大、周期长、利润率低、风险较大的能源、原料、基础设施等项目上来。因此，目前在中国图们江地区外商投资结构中，一般性加工项目过多，给中国图们江地区的产业结构调整设置了一些新的障碍，不利于《中国图们江区域合作开发规划纲要》下中国图们江地区产业结构的进一步优化。

（三）外资合同履行率较低，抗风险的能力较差

截至2013年底，中国图们江地区批准设立的外商投资合同项目共2708个，由于合同项目到期终止、外商投资企业变更为内资企业、经营不善等原因，先后有2071个合同项目自然消失或被撤销。目前，中国图们江地区现存637个外商投资合同项目，企业存活率仅为23.1%。由于全球金融危机、人民币升值、劳动力成本上升，中国图们江地区大部分涉外出口和劳动力密集型外商投资企业的盈利能力出现大幅度下滑，部分企业出现多生产多亏、少生产少亏、不生产不亏的现象。一些企业被迫采取压缩生产规模、减少出口、裁减人员的方法应对。中国图们江地区的外商投资企业大多是中小企业，融资难度较大。因此，企业扩大生产规模、开发产品、开拓国内外市场等都受到了资金限制。一些发展势头好、市场前景好的企业，在扩大规模和扩大再生产方面需要及时注入资金，而融资难目前已经成为制约这些企业发展的瓶颈。当前企业主要融资渠道是银行借贷，但由于缺乏担保、银行贷款手续烦琐等原因，外商投资企业银行借贷困难重重。

（四）外商投资来源过于集中，科技含量不高

中国图们江地区吸引外商投资主要集中于韩国投资。目前，从到中国图们江地区来投资的国家（或地区）的投资商来看，60%以上为韩国投资商，而

经济发达国家（或地区）如日本、中国香港投资商总数合计不到30%。另外，美国、加拿大、英国等欧美国家的投资商到中国图们江地区投资合计还不到10%。除个别项目外，韩国投资商到中国图们江地区投资项目平均投资额为100多万美元，投资规模小，属于中小规模投资项目。韩国对中国图们江地区投资的主要目的是想利用中国图们江地区的资源优势和同族人员优势，获得原材料的供应；利用韩国用过的先进设备建立一个垂直的整体结构，把劳动密集型阶段工艺生产放到中国图们江地区，获得中国图们江地区提供的优惠政策待遇等。其特点是以劳动密集型项目居多，以投资规模小、技术水平低的投资项目为主。以规模较大的资源开发和高技术制造为重点的韩国大企业集团的市场目标主要是欧美发达国家。而美国投资商，主要是跨国公司来我国投资，其动机是占领中国市场，取得本国找不到的资源，建立向亚洲扩张的根据地；其特点就是生产性项目居多，投资规模大，技术水平高。西欧国家投资商因受美国和日本的竞争压力而来我国投资，其特点是生产性项目多，投资规模大，技术水平高。由此可见，中国图们江地区投资主要集中于韩国的投资，不利于提高外商投资在规模和技术上的投资质量，也不利于拓宽外商投资来源渠道，无法实现中国图们江地区合作开发开放的战略目标。

三 中国图们江地区外商投资发展的对策

（一）优化招商引资的投资环境

1. 加快高速公路等基础设施建设

目前，在中国图们江地区中长春至图们的高速公路已经通车，吉图珲高铁预计2015年通车，长春和延吉机场正在扩建，西起蒙古乔巴山、东至长吉图先导区——珲春的欧亚大陆桥即将建设。但是中国图们江地区基础设施建设始终落后，远不能满足《中国图们江区域合作开发规划纲要》的要求。因此，为了加快中国图们江区域合作开发开放步伐，应加大与白山地区、通化地区等吉林省内陆腹地的高速公路衔接力度，加大建设我国唯一与朝鲜罗先自由经贸区自通的国家一类口岸——珲春圈河口岸的直通高速公路，这将为中国图们地区外商投资创造良好的基础设施环境。此外，需继续促进珲卡铁路正常运行，加快运作图们—豆满江—哈桑中朝俄铁路联运和中、日、俄、韩四国海运项目建设。

2. 提高劳动力的整体素质

外商投资首先考虑的要素是当地劳动者素质。中国图们江地区劳动者的素质较高，是利用外商投资的重要因素。但是，随着科学技术的发展，中国图们江地区劳动者素质的比较优势逐渐减少。所以，中国图们江地区务必建设能较好适应外商投资企业所需要的熟练劳动者和技术人员、管理人员队伍。因此，一方面，通过中国图们江地区综合性民族大学——延边大学加强培养一批技术人员和管理人才；另一方面，委托中国图们江地区成功的外商投资企业举办熟练劳动者和技术管理人员培训班，提高劳动者、技术和管理人员的素质。

3. 加强外商居民区等配套建设

一般来说，外商投资很关注当地交通条件和安全、舒适的生活环境。因此，中国图们江地区可以向沈阳市、大连市学习，在外商居住比较集中的社区，应加强改善交通设施。同时，必须做好做细教育、医疗卫生、娱乐等与外商投资者生活密切相关的社会公共服务设施建设，为中国图们江地区外商投资者创造出良好的生活居住、子女就学、医疗保健等各方面的便利条件。此外，中国图们江地区还应加大大型消费品超市、停车场（位）、垃圾处理站等基础设施方面的建设，消除外商投资者可能遇到的生活服务方面的障碍。

（二）多形式、多渠道、灵活地引进外商投资

1. 灵活地扩大外商投资规模

（1）占据韩国点，这是重中之重。韩国与中国图们江地区有着人缘和地缘关系，吸引韩国投资有着极强的优势。随着图们江国际合作开发建设的深入，中国图们江地区吸引韩国投资者的优势更加明显。目前，中国图们江地区对韩国招商引资的目标不应全部放在资金上，而应放在韩国的先进设备、先进技术和先进的经营理念以及先进的管理模式上。

（2）占据日本点。中国图们江地区积极扩大和加强与日本中小企业的合

作。要采取一定措施把韩国、中国香港、中国台湾、东亚以及中国沿海地区的日本企业挖到中国图们江地区来设立分公司或办事处。从日本海外投资和在华投资重心向北移的趋势与一些日本企业建立多家三资企业的情况不断增多的趋势,以及中国图们江地区与日本的地缘优势来看,这一做法完全是可能的。

(3) 占据香港点。中国香港是亚太国家进入中国这个大市场的桥梁和窗口,香港商人与东南亚众多的华裔商人之间有着密切的经济来往。因此,中国图们江地区如果占据香港这个点,就会有以香港为中心,向美国、日本、东南亚扩展的基础。

2. 采用多种形式引进外商投资

中国图们江地区应注意利用外国政府贷款、国际金融组织信贷、出口信贷、发行国际债券等间接投资形式,还可采取多种灵活方式,或以基础设施(厂房、地皮)作为股份与外商合营,或拿老企业来嫁接外资,或向外商转让企业部分股权,或把我方企业出租承包给外商经营,或试办私人合资、合作企业等措施,以解决配套固定资金和流动资金不足的困难。

3. 多渠道地引进外商投资

中国图们江地区一方面可以利用驻外使馆、商务机构、华人团体和各驻外机构、国外的经济咨询机构,促进外资的引进利用。另一方面,可以通过对外承包劳务工程和劳务输出,引进先进技术和科学管理经验,以提高劳动生产率。另外,还可以采用"迂回投资"的方式来引进外商投资。采取这种方式,不仅有利于扩大外商投资规模,而且也有利于解决购销渠道受制于外商的问题。

4. 加大引资工作的力度和强度

中国图们江区域合作开发建设已上升为国家战略。但是,中国图们江地区外商投资的吸引力不强,不说欧美,就日本等周边国家外商投资也比较少。因此,加大宣传力度,把中国图们江地区的投资领域介绍给发达国家,让发达国家了解中国图们江地区。每年中国图们江地区都会举办"中国延吉·图们江地区国际投资贸易洽谈会"。通过这些招商活动,不但可洽谈成功一批经济合作项目,更重要的是可向海外推出中国图们江地区的整体形象,为今后的招商引资打开局面。如果坐等客来,被动应付,只能坐失良机。

（三）对外资投向加强产业引导

1. 积极扩大服务业利用外商投资

中国图们江地区应降低现代服务业准入门槛，尽快打破行政垄断，加快外商在生产性服务业领域投资，特别是中国图们江地区现代物流、教育培训、网络信息、人力资源配置、工程技术服务等，除个别涉及国家安全的领域外，都要进一步推进改革步伐。在中国图们江地区中允许进入和允许竞争并重，以利于提高投资效率和服务质量。此外，中国图们江地区广泛采用国际上迅速发展起来的服务外包方式，培植服务外包基地，也吸引外商在我国投资服务外包业务。

2. 积极鼓励外商投资进入农业加工领域

中国图们江地区对于并非事关粮食安全的种植业，可以先行先试，进行市场化改革，积极扩大对外开放，引进外资。要充分利用中国图们江地区地处东北亚大市场的中心，拥有有机大米、棚膜蔬菜、人参、食用菌等丰富的农业资源来扩大外商投资规模和提高外商投资的水平。

3. 加强与外商在医药、矿藏等特色产业的合作建设

中国图们江地区将做大做强医药、林产等支柱产业。积极培育壮大能源矿产和现代物流等新兴产业。同时，中国图们江地区的高岭土储量居东北地区首位，属特大型矿床，且高岭土具有用途广泛、产业链条长、市场效益好，以及可以形成产业集群的特性，开发潜力巨大。中国图们江地区应着力与外商合作建设高岭土产业集群基地，实现集群发展，产值将突破百亿元。

此外，还要引导外商加大投资旅游业。中国图们江地区应高标准建设旅游景点，积极开发边境游、民俗游、生态游、红色游等特色精品旅游线路，努力打造成为中国北方重要的旅游目的地。

（四）扩宽外商投资来源地

1. 将推介范围大胆拓展到印度、巴西等新兴经济体

在加大对韩、日、俄宣传推介力度的同时，过去几届的"图洽会""东博会"在展示中国图们江地区形象、宣传中国图们江地区招商引资优势等方面起到了重要的作用。但是影响范围还是有限，现在印度、巴西等新兴经济体的发展

速度和实力不容小觑,况且中国与其同属于金砖国家,有很多共同点,在产业上也各有优势。

2. 转变企业管理者的经营理念

中国图们江地区要想扩大外商投资的规模,就必须转变企业经营管理者的经营理念。让中国图们江地区经营管理者认识到外商投资对于自身企业生存发展的重要作用,积极发挥主动性。同时,以中国图们江地区延吉高新技术产业开发区晋升为国家级开发区为契机,加强中国图们江地区的产业集群发展,提高综合竞争力,进而保证能稳定地吸引外商投资,使中国图们江地区吸引外资的来源地不断扩大。

3. 着力创新招商引资方式

中国图们江地区要坚持内外资并举、多产业并举、大中小项目并举,做到与中国图们江地区有关部门和各县市联动,政府、企业、民间组织与行业协会或者中介组织联动,积极探索推行多种行之有效的招商方式,创新招商机制,增强招商引资的实效性。推行各种招商方式,既可以组成小分队招商,也可以让中介组织招商;既可以代理招商,也可以以商招商;既可以会展招商,也可以网上招商。

总之,中国图们江地区应当充分利用国家战略和国家批准设立珲春国际合作示范区的历史机遇,明确招商引资的方向和目标,从而努力扩大中国图们江地区外商投资规模。

参考文献

[1] 沈万根:《图们江地区开发中延边利用外资研究》,民族出版社,2006。
[2] 王胜今、于潇:《图们江地区跨国经济合作研究》,吉林人民出版社,2010。
[3] 沈万根:《吉林省利用外商直接投资存在的问题及其对策》,《延边大学学报》2012年10月。
[4] 国务院:《国务院批准图们江区域合作开发规划(纲要全文)》,中国新闻网,2009年11月17日。
[5] 延边朝鲜族自治州统计局:《2013年延边朝鲜族自治州国民经济和社会发展统计公报》2014年3月5日。
[6] 延边州统计局:《延边统计年鉴2014》,中国国际图书出版社,2014。

B.20
新兴经济特区发展报告

王保卫 张 颖*

2013年世界经济仍延续低速增长态势,我国经济由高速增长向中高速增长转换,从需求衰退周期逐渐转换为供给调整周期。为了平衡我国东西部区域发展的不均衡,国家主席习近平提出以创新大合作模式建设"丝绸之路经济带"的构想,以点带面,从线到片,逐步形成区域大合作,重现丝路辉煌,实现民族复兴。本报告中的三个新兴经济特区便是"丝绸之路经济带"中闪耀的"点",这些闪耀点的诞生都有着相同的时代背景,也面临着相似的发展问题。

一 新兴经济特区共同的创建背景及发展局限

(一)新兴经济特区创建背景

1. "丝绸之路"引领下的多边合作

随着全球经济一体化的发展进程,各国通过组织制定经济政策来消除国别之间发展贸易的障碍,逐渐实现区域经济一体化,达到互利互惠。亚洲各个地区之间经济互补性强,加强相互之间的合作可以实现国家间的共同繁荣,且中亚、西亚、南亚、东北亚、东南亚自然资源丰富,战略地位非常重要。美国从自身地缘政治经济战略角度出发在2011年提出"新丝绸之路"计划,希望在欧亚大陆腹地的经济发展中能掌握一定主导权。尽管此概念由美国提出,但是"新丝绸之路"计划为我国的西部大开发提供了契机,有利于我国加强与中

---

* 王保卫,深圳大学中国经济特区研究中心教师;张颖,深圳大学经济学院讲师,博士。

亚、南亚、西亚国家的经贸与文化联系。

2013年9月中国国家主席习近平在哈萨克斯坦提出了和欧亚各国建立经济联系方面的创新合作模式——"丝绸之路经济带"。2013年10月习近平又在印度尼西亚提出和东盟国家发展海洋合作伙伴关系，建设21世纪"海上丝绸之路"。2014年7月在第二届中国延边·俄罗斯远东市长合作会议上中俄两国的城市负责人都提出要采取积极的措施推进"东北亚海上丝绸之路经济带"建设。

我国实施"丝绸之路经济带"和"海上丝绸之路"的战略可以为环太平洋国家和地区提供难得机遇，推进沿边合作开发的进程。我国在新的战略时期将沿边开放作为对外开放的重点，在沿边开放地区实施特别开放政策，加快沿边开放的速度，按部署将图们江区域建设成东北亚开放的重要枢纽，将喀什和霍尔果斯建设成对西亚开放的重要基地。作为沿边区域开发的主要参与国，朝鲜、俄罗斯和哈萨克斯坦都采取了积极的态度和措施来改善沿边区域的外部环境和经贸关系，为区域的发展提供新的空间，实现多边合作。

2. "边缘-核心"冲突下的多元平衡

由于经济发展速度的不一致，根据市场配置的规律，区域发展在宏观空间中呈现资源丰富与财富不断增长、资源稀缺与贫困增长的"循环累积"过程，形成了国际和国内经济贸易结构的"边缘-核心"现象，在市场竞争中边缘地区必然处于劣势。

在我国，内陆边境地区相对于东部、中部区域而言都属于"边缘区域"，同时与内陆边境相邻的各国边疆区域也是各自国家的边缘区域，在经济竞争中不占任何资源优势，发展速度缓慢，出现国界区域整体"积弱"的现象。我国边界有较多区域主要是由少数民族居住，区域的社会文化有着特殊的民族色彩，又因所在区域经济发展速度的缓慢，使得整个区域的边缘化趋势比较明显，影响全民族的融合甚至整个社会的政治稳定。

为了解决"边缘-核心"的冲突，减少二者区域之间的差距，需先从拉近二者之间经济发展水平出发，但是"核心"区域的辐射范围难以较快地企及边缘地带，所以要在边缘地带迅速建立"增长极"，通过"增长极"的辐射来带动周边地区的经济发展。国界边境的经济"增长极"的形成为国家间的区域合作夯实了民意基础和社会基础。

图们江区域居住着众多的少数民族，以朝鲜族为主，霍尔果斯和喀什居住的少数民族以维吾尔族为主，这些区域的经济发展速度相比东部、南部的经济发展核心区而言比较缓慢，经济实力比较薄弱，人民生活条件相比发达地区有很大的差距，加之区域社会文化的差异使得区域的社会安定性相对较差。图们江、霍尔果斯和喀什都是几国交界之处，邻国与这三处交界的区域也是各国经济实力相对薄弱的地方，和各国经济发达区域的空间距离较远，受到的辐射带动作用很小。这些边界区域的发展必须通过内生力量来实现，建立经济开放开发区形成区域"增长极"，社会对图们江和喀什的发展都寄予了很高的期望，以将其建成北部和西部的"深圳"为目标。中央政府肯定新兴经济开发区域的国家战略发展地位，给予优厚条件的扶持政策，通过新兴经济开发区的经济增长来实现区域经济实力的增强和人民生活的改善以达到区域的社会稳定和民族融合。

（二）新兴经济特区面临的问题

第一，三个新兴经济特区属于边境区域，整体经济发展水平较低，与其交界的邻国区域经济发展水平较弱，相互之间的跨境经济联系非常薄弱。鉴于各国区域发展规划的需求，各国提出了相邻区域的合作方案，但方案仅是区域主义构想，并不是在现实的区域化经营活动中企业向各国政府或者国际组织提出的发展需求。

第二，区域的行政地位低下。我国的经济特区中，深圳市为国家特级城市，厦门为国家一级城市，珠海、汕头均为国家二级城市，而图们江区域（珲春市）是延边朝鲜族自治州下辖的县级市，喀什市是新疆维吾尔自治区喀什地区下辖的一个县级市，霍尔果斯于2014年6月刚设县级市，隶属于伊犁哈萨克自治州。三个新兴经济区的城市行政地位都较低，而城市的行政地位是决定城市发展的一个先决条件，对城市的发展有着非常重要的影响。城市规模的大小和发展速度也与城市的行政地位高低有着直接的联系。目前，我国市场经济体制并不完善，一个城市的行政地位仍会在较大程度

上干预当地的经济发展，政府主导型经济和投资拉动型经济在落后和欠发达地区仍占重要地位。城市行政地位的提高可相应提高当地的经济管理权限与调配社会资源的能力，可突破体制弊端的限制和约束，如在经济建设、文化社会发展、固定资产投资、能源调配、外贸进出口、财政信贷等方面的自主管理和自我发展的话语权。虽然三个新兴经济特区享受国家产业、土地、税收、金融、外贸等特殊优惠政策，但是目前在招商引资、城市规模扩大、能源调配、财政信贷、人才引进方面仍然面临极大的困难，较大的原因还是归于三个新兴经济特区的行政地位为县级市。

第三，区域的基础设施建设落后，"硬件"条件不足。三个新兴经济区由于历史的原因，区域内的桥梁、管道、铁路、公路、航空等交通运输设施基础薄弱，很多设施陈旧或者规格不一，在经济技术层面阻碍了区域经济的发展。

第四，区域双边贸易发展不稳定，相关的法制建设不健全。与图们江区域相邻的俄罗斯为发展中国家，朝鲜处于经济发展探索阶段；与喀什、霍尔果斯相邻的中亚五国尚处于向市场经济转轨阶段。相邻国家因内部和国际影响，出于各自利益考虑，在对外政策上存在一定的不确定性，各国在贸易立法、管理体制、投资环境、金融服务、法律保障、政府管理等方面还存在诸多不符合市场经济要求和国际惯例的障碍和问题，多变的法律法规，不健全的机制，随意的政策在很大程度上影响了区域对外贸易的正常发展。

第五，人才缺乏及引进外资不足。新兴经济特区均面临人才缺乏及引进外资不足的问题。由于地域劣势，经济相对欠发达，各种硬件设施落后，新兴特区在对人才的吸引和留住人才方面，均显得不足。与沿海的经济特区相比，如深圳有与之毗邻的香港，浦东新区有上海作为大后盾，新兴经济特区均不存在这种地域的优势，导致了其引进外资不足，从一定程度上限制了经济发展。

尽管新兴经济特区受到各种自然资源以及政治、经济、文化等人文条件的局限，但国家对三个新兴经济特区给予了全方位的鼎力支持，寄予它们新使命，期望它们的发展带动区域经济的飞跃。

二 图们江区域（珲春）国际合作示范区

（一）图们江区域的发展历程

图们江位于吉林省东南边境，发源于长白山的图们江流经俄罗斯、朝鲜，全长525千米，是我国进入日本海的唯一水上通道，也是进入太平洋最近的通道。图们江下游地区为中、俄、朝领土交界地，与日本、韩国隔海相邻，地处东北亚地理中心，"雁鸣闻三国，虎啸惊三疆；花开香三邻，笑语传三邦"是对其的真实写照。

图们江区域的界定有广义和狭义之分。广义的图们江区域包括我国东北地区、俄罗斯远东地区、朝鲜、韩国西海岸地区、蒙古国；狭义的图们江区域包括我国延吉市、朝鲜清津市和俄罗斯符拉迪沃斯托克（海参崴）。

图们江区域的发展从20世纪90年代起经历了口岸开发时代、特区构想时代，在21世纪进入了多边合作时代。2005年9月我国提出将图们江地区开发提升为"大图们江行动计划"；2009年国务院正式批复了《中国图们江区域合作开发规划纲要——以长吉图为开发开放先导区》；2012年4月国务院正式批复设立"中国图们江区域（珲春）国际合作示范区"。图们江区域（珲春）国际合作示范区占地约90平方千米，包括国际产业合作区、边境贸易合作区、中朝和中俄珲春经济合作区四大板块。本报告中图们江新兴特区的概念是限于"中国图们江区域（珲春）国际合作示范区"的范畴。

图们江区域现有三个国家一类口岸，一个国家二类口岸。对俄贸易往来有两个国家一类口岸：珲春公路口岸和珲春铁路口岸；对朝贸易往来有一个国家一类口岸和一个国家二类口岸：圈河口岸和沙陀子口岸。区域周围分布着海参崴、斯拉夫扬卡、扎鲁比诺、波谢特等俄罗斯港口和罗津、清津、先锋等朝鲜港口，形成了中、朝、俄三国间的口岸港口链。在海运通道建设上已开通三条经俄、朝港口出海的国际海陆联运定期航线，实现了中、朝、俄、韩、日五国水路相通。图们江区域已经成为中国东北及亚欧大陆最便捷的国际通道，同时也是国际客货海陆联运的最佳结合点。

（二）图们江区域的功能定位

根据《国务院办公厅关于支持中国图们江区域（珲春）国际合作示范区建设的若干意见》，图们江区域（珲春）国际合作示范区将建设成为我国面对东北亚合作与开发开放的重要平台、东北亚商贸物流中心以及重要的综合交通运输枢纽，通过发展加工产业成为能提供电力能源、煤炭资源，石油制品生产加工和有色金属加工出口的能源矿产基地。通过发展新材料、矿产品精深加工、汽车零部件制造与精品钢加工等先进制造业，形成外向型出口加工基地；通过建设现代化的物流基础设施及公共信息平台、物流通道及园区，形成国际物流基地；通过发展现代服务业及旅游业，培育新兴支柱产业，形成跨国旅游基地以及宜居生态型新城市，让图们江区域成为我国东北地区的重要经济增长极和大图们江区域合作开发的桥头堡。

（三）图们江区域发展目标

2012~2015年，图们江区域基本建成较为完善的基础设施体系，形成良好的体制、市场、政策和法律环境，连通内外的交通网络进一步完善，对外开放体制机制创新取得明显成效，商贸物流蓬勃发展，边境和跨境旅游进一步活跃，跨境合作模式初步建立，双边联动发展、多边联动发展深入推进，开放性经济发展格局基本形成。2016~2020年，图们江区域将建成布局合理、功能齐全、服务完善、商贸繁荣的重要经济功能区，体制机制创新取得新突破，对外开放平台比较完善，跨境合作成效显著，区域综合交通运输枢纽功能充分发挥，商贸物流和跨境旅游日益繁荣，人居环境和生态环境进一步改善，开放型经济发展格局全面形成。

（四）图们江区域被誉为"政策洼地"

中国图们江区域（珲春）国际合作示范区承担着我国沿边开发开放和国际合作开发的双重历史使命得到了国家高度的关注，是全国唯一以"中国"冠名的"示范区"。

图们江区域享受国家赋予的西部大开发、东北振兴、兴边富民及边疆少数民族地区发展、国家级边境经济合作区、出口加工区、中俄互市贸易区、首批4个进一步对外开放沿边城市、长吉图先导区建设、支持国际合作示范区建设九大国字号优惠政策。自2012年4月示范区获批后，国家、省、州30多个相关部门出台了近300项具体支持的政策，国务院从财税、产业布局和投资、土地利用、境外基础设施建设、金融创新、海关监管及口岸建设、人才引进和培养、通关便利、专项资金支持九个方面赋予了特殊的支持政策，具有较高的含金量。

吉林省根据国家的批复意见制定了相关政策，进一步落实优惠政策，以推进图们江区域的发展，在保障示范区建设用地、实行税收属地化管理、改建农村商业银行、对转变经济发展方式的产业项目实行政策倾斜、贸易经营权及口岸审批权下放、保障基础设施以及对物流和航运给予补贴方面都制定了相关的优惠支持政策。

延边州根据国家和省级有关法律、法规及政策在投资保障、税收、国土资源开发利用、金融及国有资产出售、行政收费、政府服务、资金引进奖励政策七个方面提供了优惠政策，来延边投资的企业可享受外商政策并为投资企业提供一站式服务，并对投资额亿元以上的重大投资项目或列入国家重点高科技建设项目，采取一事一策的方式。

珲春市则在"十二五"期间制定了极具吸引力的招商引资优惠政策，为前来珲春市投资的企业在土地供应、财政奖励、减免城市基础设施配套费方面都提出极其优厚的待遇，并对引进的世界500强企业、国内500强企业、国内外知名品牌和高新技术项目，以及对珲春市地方经济、社会发展具有较大带动作用的特殊投资项目还可采取一事一议、特事特办的办法，给予更加特殊的优惠政策。

（五）图们江区域2013年经济发展状况

1. 图们江区域（珲春）经济发展势头良好，对当地经济贡献较大

2013年图们江区域（珲春）国际合作示范区实现地区生产总值72.4亿元，同比增长16%；财政收入2.5亿元，同比下降31.1%；出口加工区完成进出口总额5亿美元，同比增长67%；互市贸易区对俄出口额实现4.3亿美元，俄边民入区16万人次。在旅游产业中，防川景区进入国家AAAA级景区行列，中俄韩陆海跨国旅游线路正式运行，示范区全年接待游客110万人次，同比增长18.8%，旅游总收入15亿元，同比增长30.5%。

图们江区域（珲春）国际合作示范区对珲春经济发展贡献较大，GDP的贡献比例超过50%，带动珲春整个区域经济的增长，并使地区区域经济增长速度逐渐靠近，让示范区带领其他区域协同发展。图们江区域（珲春）国际合作示范区与珲春市GDP比较图如图1所示。

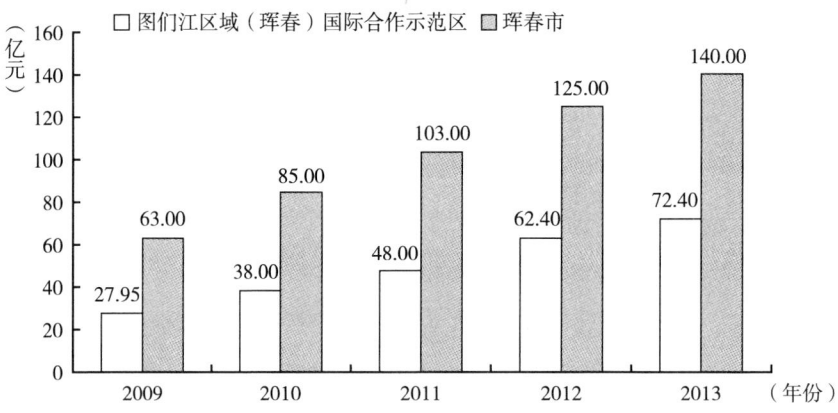

图1 图们江区域（珲春）国际合作示范区与珲春市GDP比较

资料来源：根据《珲春市2009年政府工作报告》《珲春市2010年政府工作报告》《珲春市2011年政府工作报告》《珲春市2012年政府工作报告》《珲春市2013年政府工作报告》整理而得。

图们江区域（珲春）国际合作示范区与珲春市GDP同比增长速度比较如图2所示。图们江区域（珲春）国际合作示范区出口加工区进出口总额增长如图3所示。

2. 图们江区域（珲春）国际合作示范区建设卓有成效，国际影响力提升

图们江示范区制定实施《示范区先行先试突破性工作指导意见》，与相关部门对接落实了245项支持政策，全年实施亿元以上项目16个，将"吉林省东北亚旅游促进中心"整建制划转到图们江示范区。2013年示范区通过举办大型国际交流活动来扩大国际影响力，达到在短期内大幅提升其知名度的目的，如举办东北亚旅游论坛、图们江区域国际科技论坛、国际现代物流论坛、

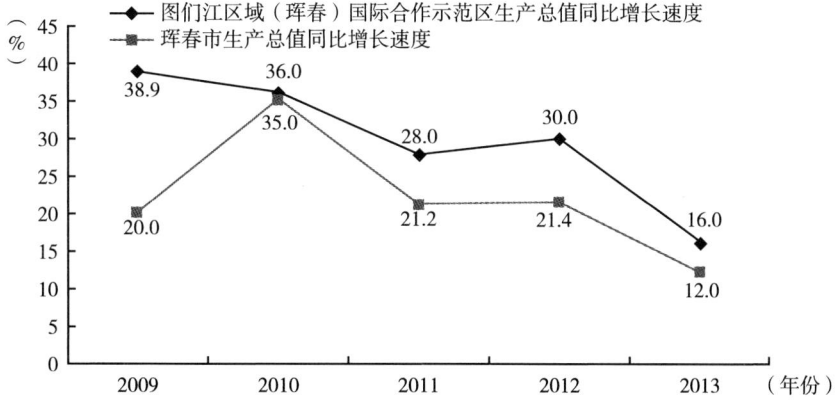

图2　图们江区域（珲春）国际合作示范区与珲春市GDP同比增长速度

资料来源：根据《珲春市2009年政府工作报告》《珲春市2010年政府工作报告》《珲春市2011年政府工作报告》《珲春市2012年政府工作报告》《珲春市2013年政府工作报告》整理而得。

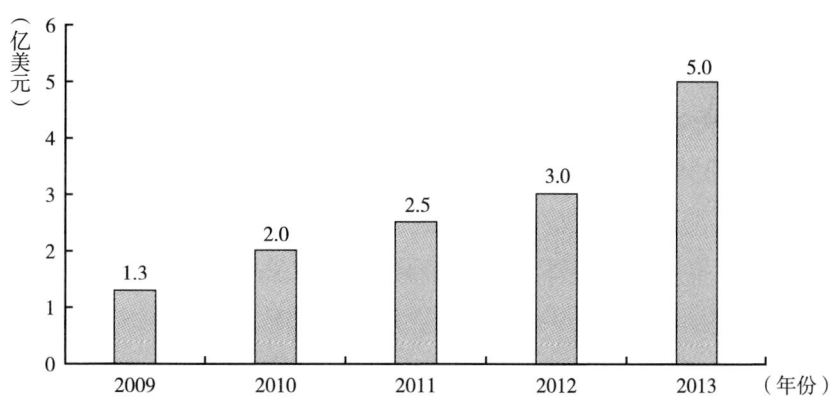

图3　图们江区域（珲春）国际合作示范区出口加工区进出口总额

资料来源：根据《珲春市2009年政府工作报告》《珲春市2010年政府工作报告》《珲春市2011年政府工作报告》《珲春市2012年政府工作报告》《珲春市2013年政府工作报告》整理而得。

环日本海市长论坛等大型国际交流活动。

3. 图们江区域（珲春）国际合作示范区"硬环境"得到改善

珲春—扎鲁比诺—束草航线恢复通航并稳定运营，珲马铁路实现载货试运行，对俄国际邮路正式开通；中朝圈河跨境大桥启动前期工作，吉珲高铁珲春段完成工程总量的80%;国省干线公路、县乡公路等工程完成投资1.4亿元;投入1400万元实施"口岸"扩能改造,全年口岸过货30万吨、过客70万人次。全区完成道路、排水、绿化等基础设施建设投资8000万元。吉林省公安厅2013在珲春设立出入境管理办事处,彻底解决异地办证问题。国家从2013年起连续3年每年下拨8亿元支持长吉图先导区建设,2013年投入5.2亿元用于推动示范区发展。珲春农村商业银行于2013年11月正式成立。

(六)图们江区域发展所面临的问题

1. 地缘政治影响因子比重大

图们江区域的地缘政治关系复杂,利益存在冲突,各国参与开发区域的步骤不一致。各国在参与图们江区域中都为谋求本国利益最大化,以强调本国国家利益为出发点,不愿为取得区域利益而做出政治主权上的让步。我国希望通过打通出海口来发展边疆经济实现兴边富民,与朝鲜边界图们江区域开发"路港区一体化"工程,使得朝鲜不冻港-罗津港可以直接延伸到我国东北腹地实现"借港出海"。俄罗斯认为该工程会威胁本国的远东地区,会冲击自己港口群的中心地位而遭受利益损失,在区域开发中我国和俄罗斯存在着开发主导地位的竞争,这对正在进行的区域开发合作赋予不确定性,对开发的进度产生阻碍。同时,朝鲜认为自己在区域开发中占据一定有利的竞争优势,希望通过对图们江区域自由经济区进行经济改革,让清津、罗津等港口取得主港地位,不愿在合作中出现俄罗斯远东区这样有力的竞争对手。由于三国追求利益的不一致,在面对边界区域开发时表现出的态度上的不一致,各国中央及地方政府在进行区域开发时呈现出的是共同合作和相互竞争之间的博弈行为。图们江区域外的政治环境错综复杂,美国不想放弃作为欧亚大桥起点及东北亚丝绸之路中心——图们江区域的主导权,日本也想独揽区域的主导权以增强其政治资本,韩国希望取得该区域更大的发言权。同时,朝核问题、朝韩问题、日俄南千岛群岛问题、中日钓鱼岛问题、日韩独岛问题、中韩黄海大陆架问题都让区域内外各国之间的合作缺乏安全和信任,各国的相互猜忌导致区域开放开发缺乏政治基础,无法保证区域开放开发过程中的和平稳定。

2. 区域合作机制松散难以奏效

跨境区域经济合作需要参与国家中央政府根据各国的法律、法规达成具有法律约束力的国际协议且承担落实相关协议的国际义务。图们江区域开放开发的参与国中央政府之间达成的是较为松散的合作机制，作为区域开发的核心推动者发挥的作用有限。

图们江区域合作开发最早运营的合作机制是自1992年开始运行的联合国开发计划署（UNDP）图们江区域项目秘书处机制，由UNDP主导中、朝、俄、韩、蒙等国家参与，制定"相关协定"对每一个参与国家形成一定的约束力，五国正式签署了《关于建立图们江地区开发协调委员会的协定》《关于建立图们江经济开发区及东北亚开发协商委员会的协定》《图们江经济开发区及东北亚环境准则谅解备忘录》和"大图们江动议"（GTI）。图们江区域其他的合作机制还有中俄朝三国协调委员会机制、中俄朝蒙韩五国协商委员会机制、中俄朝蒙四国协调机制。协调委员会和协商委员会发布的声明和合作计划具有明显的原则性特征，没有具体在各领域中做出安排，即便是2005年在"协商委员会"上各国通过的《GTI战略行动计划（2006～2015）》也是内容空泛，执行性差，各项战略目标局限于文件中，无法成为具有现实意义的行动蓝图。上述机制的运行情况各异，甚至有些机制仍在理论架构阶段，机制运行下的工作离预期结果相差甚远。松散的合作机制没有发挥出较好的效果，不能让双边或者多边签订具有法律效力的区域经济合作投资贸易协定，区域开放开发缺乏法律保障，区域内投资者权益得不到法律保护，区域开发项目缺乏吸引力，合作进程推进缓慢。

3. 区域开发资金匮乏，缺乏有力的经济支持

图们江区域开发需要极大的资金支持，数额的巨大让周边参与的国家难以承担。区域的延边、通化、牡丹江等地方政府属于经济欠发达地区，腹地中心城市长春、吉林经济基础较差，都不具备相应的财力，周边的邻省辽宁省、黑龙江省也都属于经济欠发达地区，整个东北三省是我国经济实力相对较弱的区域，人口及市场经济规模不足，发展水平有限，投资资金匮乏。俄罗斯参与开发的远东地区相对俄罗斯全国经济而言同样是竞争能力不足。朝鲜的罗津地区同样属于朝鲜经济发展的非重点区域。各国腹地区域对图们江区域的经济支持非常有限，区域的发展缺乏强有力的外力支撑。区域开发时期，全球各国应付金融危机，忙于复苏本国经济，难有富余资金进行他国投资。同时因非成员国身份，朝鲜难以从世行和亚行得到融资的机会；俄罗斯因不是世行成员国，对其从国际上筹资也有一定影响。世界银行、国际商业银行、亚洲开发银行及私人资本都没有对图们江区域开发进行投资，在区域内建立"东北亚银行"、"区域开发国际投资公司"或者"图们江开发基金"在短期内还无法实现，所以资金匮乏、缺乏经济支持是图们江区域发展缓慢的重要原因。

三 喀什经济开发区

（一）喀什经济开发区的发展历程

喀什地区是我国最西端的城市，位于新疆南部、我国西北部、欧亚大陆的腹地。喀什地区边境线总长 888 千米，总面积为 16.2 万平方千米，其中，绿洲面积为 2.74 万平方千米。全区辖 1 市 11 县，总人口 350 万人，其中维吾尔族占 92.8%，喀什地区是以维吾尔族为主体的少数民族聚居区。喀什作为我国的西大门，具有"五口通八国，一路连欧亚"的独特区位优势，与塔吉克斯坦、阿富汗、巴基斯坦、吉尔吉斯斯坦、印度五国接壤，拥有 6 个国家一类口岸，是我国与中亚、西亚、南亚和东欧各国经贸来往的重要门户。喀什拥有 2100 多年历史，是维吾尔族的发源地，是新疆唯一一座国家级历史文化名城。

喀什地区于 1952 年建市，经国务院批准于 1986 年列为国家乙级对外开放城市，2010 年 5 月批准设立"中国·喀什经济特区"，2011 年 9 月 30 日，国务院出台《国务院关于支持喀什霍尔果斯经济开发区建设的若干意见》，对两个经济开发区的发展建设给予了更大更明确的全方位支持，赋予经济开发区更特殊而全面的扶持政策。

（二）喀什经济开发区的功能定位

喀什经济开发区面积约 50 平方千米，包括喀什经济开发区主体园区 40 平方千米、伊尔克什坦口岸园区 10 平方千米。喀什经济开发区由喀什经济开发区管委会统一规划，授权克孜勒苏柯尔克孜自治州人民政府负责建设、管理伊尔克什坦口岸园区，享有与喀什经济开发区管委会同等的管理权。按照规划，喀什主体园区主要分为城北转化加工区、空港产业物流区、城东金融贸易区3个片区；伊尔克什坦口岸园区主要发展口岸经济，重点建设进出口商品物流仓储集散中心、进出口产品加工区以及商贸综合服务区三个功能分区。

根据《国务院关于支持喀什霍尔果斯经济开发区建设的若干意见》，喀什地区战略定位如下。①我国向西开放的重要窗口。充分发挥喀什地区和伊犁州对外开放的区位优势，拓展对外连接通道，发挥口岸和交通枢纽的作用，加强与中亚、南亚、西亚和东欧的紧密合作，实现优势互补、互利互惠、共同发展，努力打造"外引内联、东联西出、西来东去"的开放合作平台，把喀什、霍尔果斯经济开发区建设成为我国向西开放的重要窗口，推动形成我国"陆上开放"与"海上开放"并重的对外开放新格局。②新疆跨越式发展新经济增长点。通过实施特殊经济政策，吸引国内外资金、技术、人才，高起点承接产业转移，促进产业集聚发展，构建现代产业体系，加快推进新型工业化和城镇化步伐，充分发挥对当地经济和社会发展的辐射带动作用，将喀什、霍尔果斯经济开发区建设成为推动新疆跨越式发展新的经济增长点。具体发展定位为沿边开放创新实践区、区域经济中心、区域商贸物流中心、区域金融贸易中心和区域国际经济技术合作中心，构建以特色消费品工业和新兴产业等先进制造业和国际商贸、现代物流、创新金融、会议展览等现代服务业为支柱产业的现代化产业体系。

（三）喀什地区的发展目标

自成立之始至2015年，喀什开发区发展需求的基础设施体系初步形成。交通、市政、公共服务和口岸监管等重点设施建设适度超前；科学合理、特色鲜明、功能配套、协调发展的空间布局和产业体系初步构建；综合保税区、深圳产业园、深圳城和伊尔克什坦口岸园区出口商品加工区等启动区发展初现成效。

2016~2020年，喀什开发区的基础设施体系全面建立。公共服务设施基本完善，口岸功能全面提升，特色优势产业形成规模，对外开放水平显著提高；综合经济实力大幅度提升，区域发展引领作用不断强化；特色鲜明、社会和谐、环境友好的现代化新城区基本建成，成为我国向西开放的重要窗口，新疆跨越式发展新的经济增长点和沿边开发开放的示范区。

（四）喀什经济开发区的"特"

虽然同为综合型经济特区，但是喀什地区既不同于我国前几个时期所设立的深圳、珠海、厦门、汕头、海南、上海浦东、天津滨海等经济特区，也不同于一些特殊经济区域，如武汉城市圈、长株潭城市群，喀什的"特"体现在各个层面的"特"优惠政策。喀什经济开发区全面享受着改革开放以来所有有效的优惠政策并得到了中央、地方以及援疆省市的全力支持。国务院在2011年出台了33号文件，明确了喀什地区在财政、税收、进出口、金融、投资扶持、科技人才、土地、扩大开放八个方面的40项扶持政策。地区政府则在招商引资、税收、财政扶持、固定资产投资、收费减免、权益保障等方面提供更为具体及详细的优惠政策，喀什地区出台了"1+9政策"，即一项优惠政策和9个针对金融类企业、股权投资类企业、工业企业、农副产品加工类企业、综合保税区、总部经济大楼、高新技术企业、物流企业、旅游企业的专项优惠政策。不同于以往靠自力更生的特区，喀什地区有着山东、上海、广东、深圳4个省市的对口援建，援建的省市在教育、科技、文化、卫生、交通、规划制订、项目引进和人才培养等方面提供资金、人才、技术的支持。喀什地区除了有来自招商引资的资金来源外，还有来自国内19个省市在资金上的对口支援。

（五）喀什经济开发区2013年经济发展状况

1. 喀什经济开发区GDP增长速度较快，居民消费水平提高

2013年喀什地区地方生产总值达617.3亿元，比上年增长19.3%；人均生产总值15016元，比上年增长17.2%。其中，第一产业增加值为191.3亿元，增长9.2%；第二产业增加值为185亿元，增长29.3%；第三产业增加值为241亿元，增长21.1%。三次产业结构为第一产业31%，第二产业30%，第三产业39%。全年实现城镇就业、再就业12.2万人，城镇登记失业率为

3.78%。全年居民消费价格比上年上涨3.4%，其中，食品价格上涨7.6%。[①]
2009～2013年喀什地区生产总值及各产业增加值如图4所示。

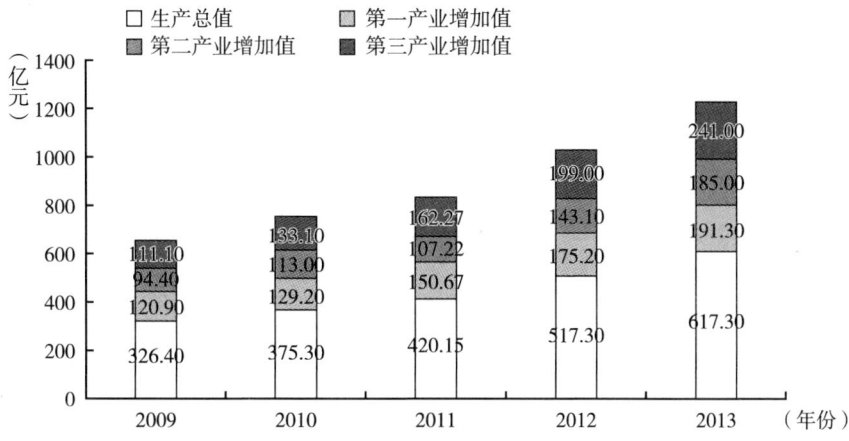

图4 2009～2013年喀什地区生产总值及各产业增加值

资料来源：根据喀什政府信息网《2009年喀什地区国民经济和社会发展统计公报》《2010年喀什地区国民经济和社会发展统计公报》《2011年喀什地区国民经济和社会发展统计公报》《2012年喀什地区国民经济和社会发展统计公报》《2013年喀什地区国民经济和社会发展统计公报》整理而得。

2. 喀什经济开发区产业结构变化不大，有待调整

喀什地区2013年第一产业增加值为191.3亿元，第二产业增加值为185亿元，第三产业增加值为241亿元。三次产业结构占比为第一产业31%，第二产业30%，第三产业39%。2009～2013年喀什地区三次产业结构所占比重如图5所示。

在农业方面，2013年农林牧渔业总产值为388.6亿元，比上年增长5.73%。其中，农业产值（含水果、坚果）为270.3亿元，增长5.43%；林业产值（育苗、造林、木材采运）为9.4亿元，增长13.01%；畜牧业产值为99.5亿元，增长6.28%；渔业产值为1.3亿元，增长5.97%；农林牧渔服务业产值为8亿元，增长0.83%。

在工业和建筑业方面，2013年全区工业企业为1697家（新增607家），

---

① 资料来源：根据《2013年喀什地区国民经济和社会发展统计公报》整理而得。

其中，规模以上工业企业88家，新增5家；规模以下工业企业1609家，新增602家。全年完成工业增加值104.9亿元，比上年增长26%。其中，规模以上工业增加值33.3亿元，增长16.5%；规模以下工业增加值71.6亿元，增长34.5%。①

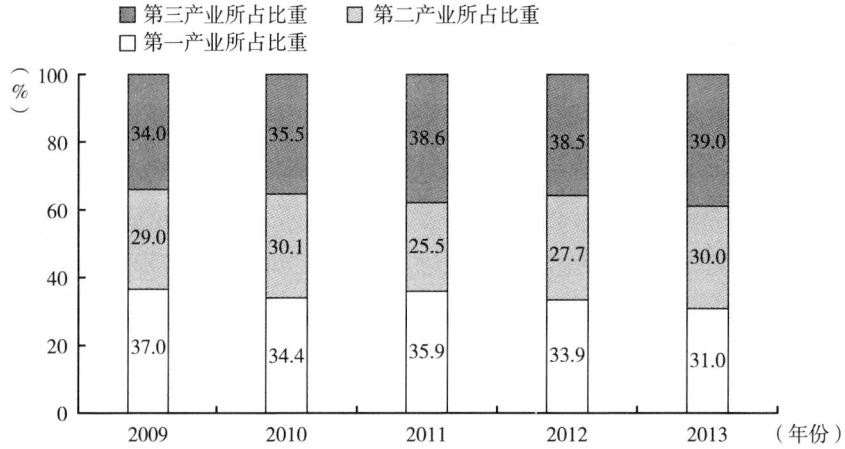

图5　2009~2013年喀什地区三次产业结构所占比重

资料来源：根据喀什政府信息网《2009年喀什地区国民经济和社会发展统计公报》《2010年喀什地区国民经济和社会发展统计公报》《2011年喀什地区国民经济和社会发展统计公报》《2012年喀什地区国民经济和社会发展统计公报》《2013年喀什地区国民经济和社会发展统计公报》整理而得。

喀什三次产业结构在五年的发展中变化不大，第三产业比例有所提高，第一产业的比例有所下降，第二产业比例在近期应难以突破50%，整个产业结构仍处于比较落后的发展阶段，有待于进一步调整，但发展潜力巨大。

3. 喀什经济开发区国内贸易及对外贸易增长速度较快

国内社会消费品零售总额为2039.15亿元，比上年增长13.4%，扣除价格因素，实际增长9.8%。对外经济中货物进出口总额约为276亿美元，比上年增长9.5%。其中，出口222.70亿美元，增长15.1%；进口52.92亿美元，下降9.1%。喀什经济开发区拥有190个贸易伙伴国家和地区，其中，对哈萨

---

① 资料来源：根据《2013年喀什地区国民经济和社会发展统计公报》整理而得。

克斯坦进出口总额为122.55亿美元,增长9.7%;吉尔吉斯斯坦41.73亿美元,增长3.3%;塔吉克斯坦15.85亿美元,增长12.6%;美国8.07亿美元,下降20.9%;俄罗斯4.54亿美元,下降29.5%。① 2009~2013年喀什地区货物进出口总额及增速如图6所示。

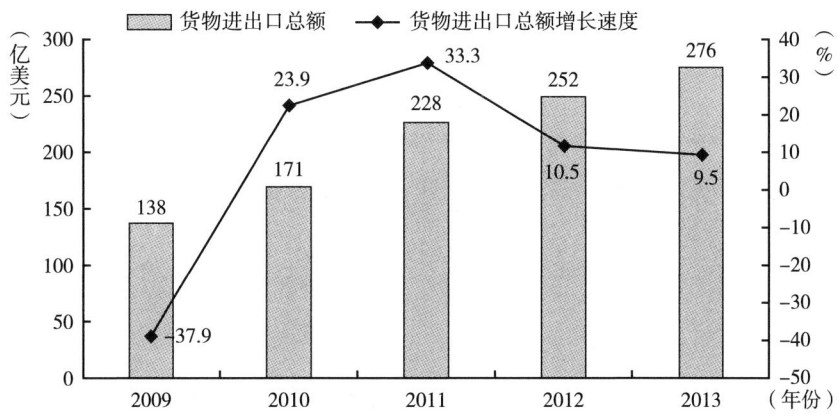

图6 2009~2013年喀什地区货物进出口总额及增速

资料来源:根据喀什政府信息网《2009年喀什地区国民经济和社会发展统计公报》《2010年喀什地区国民经济和社会发展统计公报》《2011年喀什地区国民经济和社会发展统计公报》《2012年喀什地区国民经济和社会发展统计公报》《2013年喀什地区国民经济和社会发展统计公报》整理而得。

4. 喀什地区援建资金到位情况良好

2013年四省市对口援建项目258个,援助到位资金41.7亿元,2010~2013年累计援助资金121.64亿元。

(六)喀什经济开发区发展所面临的问题

1. 喀什经济开发区政治维稳压力极大

喀什地区位于我国最西部,国防边界线较长,与五国接壤,接壤的部分邻国内部存在随时爆发冲突的诸多不稳定因素,影响着我国边境的国防安全,也将造成部分国家和地区金融市场动荡,出现汇率不稳、货币价值剧烈波动,使外贸

---

① 资料来源:根据《2013年喀什地区国民经济和社会发展统计公报》整理而得。

企业面对更大的汇率风险和国际结算风险，为喀什经济发展带来不确定性与高风险。喀什区域内为多民族聚集区域，随着各项优惠政策的实施，区域经济开放度的提高及经济的发展，由于境内各种分裂势力、极端分子的存在以及实施的破坏活动，加之区域的流动人口因经济活动会不断增加，各种危害社会稳定的因素也会不断增多。投资环境安全的不确定性给喀什地区的发展造成了一定的阻碍，影响投资者和投资机构的信心和决心。喀什地区的边防安全和社会稳定都需要大量的财物支持和保障，这也将部分占用喀什地区经济发展所需的资源，总之喀什地区的经济发展将会处于政治维稳高压长期持续存在的状态。

2. 喀什经济开发区经济发展水平落后，产业结构不协调

喀什地区 GDP 排名和人均 GDP 排名仍位于新疆的后列，当地居民收入水平低，消费能力弱。喀什地区 12 个县市中有 8 个为国家级扶贫开发重点县，占比约为 56% 的 94 个乡镇是扶贫开发重点乡镇。新疆经济特征为相互独立的封闭性绿洲经济，喀什也是如此，所以城镇规模都偏小，并且相互之间距离遥远，难以形成具有集聚效应的一体化经济体，地区的贫困状况呈现出区域性分布的状况，贫困人口分布的范围极广且居民贫困程度很深。区域的弱经济实力及居民的低消费能力无法满足经济发展的需要，更难以推动区域经济的快速发展和实现跨越式目标。喀什经济特区的第一产业比重较大，第二、第三产业比重较小，工业产业化程度低，服务业整体服务水平不高，产业结构不协调使得喀什经济特区吸纳剩余劳动力的能力有限。

3. 喀什经济开发区公共基础设施落后，资金、技术和人才缺乏

喀什经济特区的各县级间的交通通达率较低，交通基础设施不完善导致区域内产业发展所需的相关服务配套设施也不完善，落后的交通运输业与物流业已成为资源优势转化为经济优势的瓶颈。喀什经济特区区位偏远，各类领域如金融产业、风险投资等相关体制并不完善，经济发展水平低，投资吸引力不足，各类吸引人才和资金的政策体系无法发挥其效能，当前处于各类专业人才都严重缺乏的局面。不完善的人才培养机制导致了人才的创新科研能力弱，引进和消化技术的能力也极其有限，无法满足当地经济快速发展的要求。

4. 喀什经济开发区的生态自然条件较弱

喀什东临世界第二大沙漠——塔克拉玛干沙漠，该区域为极干旱气候，水资源短缺，生态脆弱，资源环境承载力较弱，当地经济的发展长期受到风沙、干旱、荒漠化、盐渍化、滑坡和泥石流地质灾害等生态灾害的困扰。绿洲面积仅占区域面积的18.8%，水资源利用率为39.8%，在工业化过程中不合理利用资源，环境恶化严重，生态环境极为脆弱，经济社会的可持续发展受到严峻挑战。

四 霍尔果斯经济开发区

（一）霍尔果斯经济开发区发展历程

霍尔果斯位于新疆维吾尔自治区伊犁哈萨克自治州境内，素有"塞外江南"之美誉的伊犁河谷谷口，自然条件得天独厚，位于上海合作组织成员国与观察国整体区域在西部的核心位置，距乌鲁木齐市670千米，距哈萨克斯坦原首都阿拉木图市378千米。霍尔果斯在隋唐时期是古"丝绸之路"上的一个重要驿站。霍尔果斯口岸是我国自然环境最好、西部通关历史最长、恢复开放最早、西北边境综合运量最大、功能最为齐全的国家一类公路口岸。

2010年5月，中央召开新疆工作座谈会，决定设立霍尔果斯经济开发区，实行特殊的政策，将其建设成为新疆新的经济增长点和全国向西开放的桥头堡。

2011年9月，国务院出台《关于支持喀什霍尔果斯经济开发区建设的若干意见》（国发〔2011〕33号），明确了特区的战略定位、总体要求、基本原则、区域范围、产业布局，从十个方面提出了具体的扶持政策。

2014年6月26日，霍尔果斯经中华人民共和国国务院批准设立为县级市，由新疆维吾尔自治区伊犁哈萨克自治州管辖，截至2013年底，辖区内总人口为8.5万人。

（二）霍尔果斯经济开发区的功能定位

霍尔果斯经济开发区面积约为73平方千米（含新疆生产建设兵团），包括霍尔果斯口岸30平方千米左右（含国务院已批准的中哈霍尔果斯国际边境合作中心13.16平方千米），伊宁市35平方千米左右，清水河配套产业园区8平方千米左右。霍尔果斯经济开发区重点发展化工、农产品深加工、生物制药、可再生能源、新能源、新材料、建材、进口资源加工、机械制造、商贸物流、旅游、文化及高新技术等产业。其中，伊宁市重点建设区域性商贸物流中心和优势资源转化加工区；霍尔果斯口岸重点建设中哈霍尔果斯国际边境合作中心中方中心区及配套区；清水河配套产业园区重点建设农副产品深加工和出口机电产品配套组装加工基地，从而实现霍尔果斯从单一的过货口岸转变为一个多种经济成分并存且经济成分之间能够相互拉动、相互支持、相互依存的多元化复合型区域，成为中亚重要的国际贸易中心和中等规模的边境城市。霍尔果斯充分发挥口岸和交通枢纽优势，实现"东联西出，西进东销"，成为我国向西开放的重要窗口，推动形成我国"陆上开放"与"海上开放"并重的对外开放新格局。通过实施特殊经济政策，吸引国内外资金、技术、人才，高起点承接产业转移，促进产业集聚发展，构建现代产业体系，加快推进新型工业化和城镇化步伐，充分发挥对当地经济社会发展的辐射带动作用，将喀什、霍尔果斯经济开发区建设成为推动新疆跨越式发展新的经济增长点。

（三）霍尔果斯经济开发区的发展目标

霍尔果斯经济开发区预计到2015年初步形成以外向型经济为重点的产业基础和国际化服务体系，"一区三园"至少新增工业增加值100亿元以上。到2020年把经济开发区建设成为面向中亚、西亚、东欧，辐射全疆和西部地区的国际物流中心、国际服务中心、国际区域性进出口加工中心，打造成国家向西开放的重要窗口。

（四）中哈霍尔果斯国际边境合作中心

中哈两国共同筹建的中哈霍尔果斯国际边境合作中心是建立在中哈两国霍尔果斯口岸的跨境经济贸易区和区域合作项目，是我国与其他国家建立的首个国际边境合作中心，也是上海合作组织框架下区域合作的示范区。不同于世界的"自由经济区""贸易自由区"，也不同于我国沿海的经济特区，中哈霍尔果斯国际边境合作中心是国际经济贸易活动中两国加强经贸合作的新尝试，它的跨国建立和国际合作运营模式在全世界范围内是一项新事物。

中哈霍尔果斯国际边境合作中心沿中哈界河横跨中国与哈萨克斯坦两个国家，经由专门通道连为一体，实行全封闭管理。中心总面积为5.28平方千米，其中中方区域面积为3.43平方千米，哈方区域面积为1.85平方千米。中方区域的主要功能是贸易洽谈、商品展示和销售、仓储运输、宾馆饭店、商业服务设施、金融服务、举办各类区域性国际经贸洽谈会等。同时，国务院批复同意在中心以南1千米处建立中方配套区域，作为支撑中心发展的产业基地，配套区域规划面积为9.73平方千米。合作中心配套区比照珠澳跨境工业园区的税收和外汇等相关政策、功能定位和管理模式执行，主要功能为出口加工、保税物流、仓储运输。

中哈合作中心区内存在关税限制，关税减免范围有限且无歧视，具体如下。在先封闭后进行基础设施建设的前提下，对由中方境内进入中心区的基础设施（公共基础设施除外）建设物资和区内设施自用设备视同出口，实行退税；对由哈方进入中心区的基础设施（公共基础设施除外）建设物资和区内设施自用设备免征关税及进口环节增值税。由中心区进入中方境内的货物按一般贸易税收管理规定办理，旅客随身携带物品从中心区进入中方境内的，同意在按照海关现行有关规定进行管理的基础上将每人每日一次携带物品免税额提高到8000元人民币。不同于自由贸易区原产地的规则，中哈合作区域没有原产地规则，双方也未进行关税减让谈判，关税的减免不具有地区歧视性。对区内项目所需的某些进口商品免征进口关税，仅看是否属于免征关税的商品，而无论商品是否原产于双方国家。

（五）霍尔果斯经济开发区2013年经济发展状况

1. 霍尔果斯经济开发区产业集聚增强，工业经济快速增长

2013年已有7家企业入驻综合保税区，三一重工机械制造等10个重点工业项目和配套区综合保税区开工建设，麦尔哈巴、德祥工贸等企业争取国家和自治区各类扶持资金1040万元，完成工业增加值4600万元，增长20.1%。

2. 霍尔果斯经济开发区出口贸易全面增长

2013年，霍尔果斯经济开发区口岸进出口货物26822批次、2069.18万吨，同比分别增长13.2%、28.69%，其中出口总量为276.98万吨、进口总量为1992.2万吨，同比分别增长53.38%、25.88%；开发区进出口总额为144.16亿美元，同比增长31.04%，其中出口总额为45.96亿美元，进口总额为98.2亿美元，同比分别增长91.1%、14.24%，进出口贸易全面增长。进口货物主要为管输天然气、动物产品、中草药等，出口货物主要为日用百货、机电产品、水果蔬菜等。增长原因主要为：一是农产品出口增势明显，出口量达12.31万吨，同比增长19.17%；二是进口甘草大幅增长，进口量达2.84万吨，同比增长120.24%，呈爆发式增长态势；三是进口天然气稳步增长，进口量达278亿立方米，同比增长38.73%。霍尔果斯口岸出口货物完成100万吨。霍尔果斯经济开发区各类口岸进出口总额如图7所示。

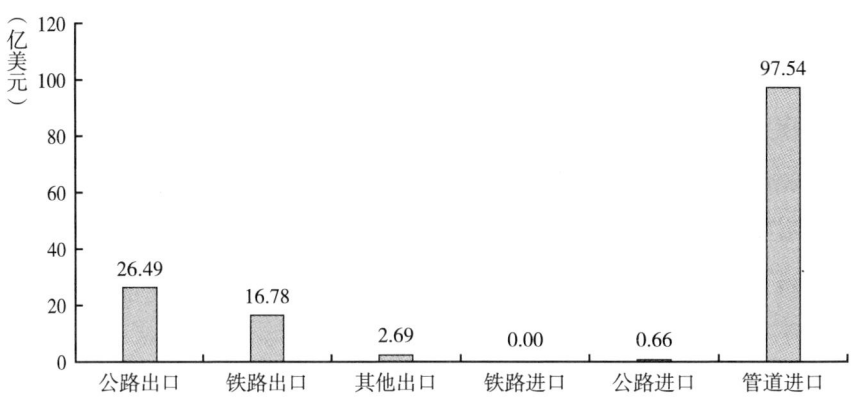

图7　2013年霍尔果斯经济开发区各类口岸进出口总额

资料来源：根据霍尔果斯政府网《霍尔果斯经济开发区2013年主要经济指标》整理而得。

3. 霍尔果斯经济开发区跨境人民币融资业务的启动

霍尔果斯经济开发区的中哈国际边境合作中心管委会已经与中国建设银行、中国农业银行等五大银行签署合作协议，并设立机构开展跨境人民币融资的业务。

（六）霍尔果斯经济开发区存在的问题

1. 霍尔果斯经济开发区技术人才缺乏

2008年霍尔果斯的常住人口约为1.5万人，流动人口约为1万人。经过5年发展，截至2013年底，人口为8.5万人，但区域人口规模仍然比较小，缺乏各类技术人才，高层次专业人才和领导型人才更是严重不足。随着区域经济合作的快速发展，区域的教育、科研部门对区域发展的支持是力不从心，科研成果的储备水平更是无法满足经济发展的速度。区域发展的现状以及产业布局对高层次人才的吸引力十分有限。

2. 霍尔果斯经济开发区协商管理体制不完善

一区三园是霍尔果斯经济开发区的管理模式，由霍尔果斯特殊经济开发区管理委员（副厅级）负责三个园区的管理委员会以及整个一区三园的工作。霍尔果斯口岸管委会（自治区级）、中哈霍尔果斯国际边境合作中心管委会（自治区级）与开发区管委会（自治区级）为"三块牌子、一个机构、一套人马"。开发区内的伊宁配套产业园区隶属于伊宁市人民政府，清水河配套产业隶属于霍城县人民政府，中哈霍尔果斯国际边境合作中心管委会隶属于霍尔果斯口岸管委会，霍尔果斯口岸管委会属于霍尔果斯特殊经济开发区管理委员（副厅级），同时也是伊犁州人民政府的派出机构，虽然霍尔果斯口岸管委会拥有双重身份，但在现实中其只能实行伊犁州政府派出机构权限，而开发区管委会所赋予派出机构的行政职能在一定程度上被削弱了，因此口岸管委会在经济开发区整体规划、城市建设、社会各项事业发展方面等综合问题上很难起到协调作用。

3. 霍尔果斯的双边贸易发展不稳定，相关的法制建设不健全

与霍尔果斯经济开发区相邻的中亚五国尚处于向市场经济转轨阶段，在对外政策上缺乏连贯性和一致性，法律法规多变且不健全，政策与法令法规朝令夕改，随意性较强，在贸易立法、管理体制、投资环境、金融服务、法律保障、政府管理等方面还存在诸多不符合市场经济要求和国际惯例的障碍和问题，在一定程度上影响了新疆对外贸易的正常发展。

五 新兴经济特区的发展建议

（一）实施地缘政治环境再造工程，突破合作瓶颈

地缘政治问题在三地新兴经济开放开发区都显得尤为复杂和重要。在图们江区域，我国与俄、朝、日、韩、蒙五国分别处于不同的政治阵营，区域利益冲突明显，相互之间的关系敏感微妙，难以在区域发展中达成一致，对相互之间的经济合作造成一定的阻碍。在喀什、霍尔果斯区域，我国与中亚五国之间的关系因宗教文化问题存在一定政治外交政策上的不确定性，部分国家的宗教极端势力活跃，为达目的不惜使用暴力和恐怖手段。塔吉克斯坦和吉尔吉斯斯坦由于历史原因存在着严重的地区和部族问题，而新疆地区与中亚国家有民族文化上的相似性，区域社会稳定容易受邻国影响。新兴经济开发区的发展需要我国实施国际政治环境再造工程，搁置争议增强互信，实施外交手段，促进政策融合，保证多边合作开发的推进战略。

（二）进一步争取国际组织的支持与参与，依靠多边合作开发

在图们江区域的合作开发中，我国及区域各国应该继续推动 UNDP 发挥在东北亚区域的影响力，使各国中央政府、国际组织及金融结构参与图们江区域的开发，在现有的合作机制上搭建更为专业的信息互动平台以促进区域内信息和人员的交流，推进国家、地方政府和企业间的实际合作。喀什和霍尔果斯两个经济开发区的建立是在上合组织框架下开展的全方位互利共赢的多领域区域合作项目，霍尔果斯经济开放开发区内的中哈霍尔果斯国际边境合作中心更是上合组织国际区域经济合作的第一块试验田。为了让喀什、霍尔果斯经济开放开发区快速发展，我国应继续推进上合组织发挥中亚各成员国力量，积极参与多方沟通、多方合作，促进区域内经济、文化、科教各领域的交流和合作。

（三）更新合作开发观念，在以政府主导开发的前提下鼓励企业积极参与，争取区域外资金的注入

三地新兴经济开发区的地方政府应积极发挥自己在招商引资中的推动作

用、积极到位地执行优惠政策、降低进入门槛、理清思路、转变职能、不断完善投资软环境，强化企业招商引资的主体作用，引进民营资本，争取境外资金以及国际金融机构参与区域的开发和发展。

参考文献

[1] 金向东：《东北亚区域合作与图们江地区开发展望》，《南洋问题研究》2009年第2期。

[2] 王肇钧：《图们江地区地缘经济一体化的重点领域与制约因素探析》，《世界地理研究》2009年9月。

[3] 毛健、刘晓辉、张玉智：《图们江区域多边合作开发研究》，《中国软科学》2012年第5期。

[4] 朱廷峰：《关于喀什经济特区发展的几点思考》，《深圳大学学报》2013年1月第30卷。

[5] 李胜兰、冯锐、申晨：《沿海开放与沿边开放：喀什经济特区的发展定位与战略》，《深圳大学学报》2013年1月第30卷。

[6] 朱金鹤、崔登峰：《西向开放视角下喀什经济特区发展战略研究》，《商业研究》2012年5月。

[7] 陈励：《霍尔果斯经济特区口岸建设与发展》，《国际商务论坛》2012年2月。

[8] 珲春政府网（http://www.hunchun.gov.cn/）有关政策和公报。

[9] 喀什政府信息网（http://www.kashi.gov.cn/）有关政策和公报。

[10] 霍尔果斯政务网（http://www.xjhegs.gov.cn/）有关政策和公报。

B.21
非洲经济特区发展报告

罗海平*

非洲整体工业化程度较低、经济发展相对滞后，为此，非洲各国致力于复制和学习东亚和中国发展模式，力图通过建立各种形式和职能的经济特区，出台各种优惠政策和提供便利的服务吸引外资、鼓励外商投资。相对而言，非洲发展出口产业和世界贸易的区位条件均较好，经济特区起步亦较早。经过多年发展，非洲经济特区总体发展形势越来越好，已拥有为数众多的出口加工区、自由港、工业园、自由贸易区以及旨在实现非洲经济一体化的各种区域一体化组织，非洲大陆自由贸易区建设亦渐趋渐近。我国一直保持与非洲国家的友好关系，随着我国经济特区发展模式的成功，对非关系逐渐开始由援助向合作转变，并通过建立中非经贸合作区，实现中国经济特区发展模式的输出，最终实现中非互赢互惠。

一 前言

非洲位于亚洲的西南方，东濒印度洋，西临大西洋，北隔地中海与欧洲相望。非洲面积约3020万平方千米，约占世界陆地总面积的20.2%，为世界第二大洲。尽管非洲的古埃及曾是世界四大文明古国之一，并在建筑、雕刻和绘画等艺术方面取得了巨大成就，创造了以金字塔和狮身人面像为代表的人类建筑史上的奇迹，但因各种原因，非洲目前仍为全球最贫穷的大洲。非洲人口数占世界总人口数的15%，经济总量却仅为全球的2%左右，贸易总额为全球的

---

* 罗海平，四川南充人，南昌大学中国中部经济社会发展研究中心副研究员，博士，主要从事特区、试验区研究。项目基金：教育部人文社会科学研究青年基金项目（项目编号：12YJC790134）。

1%。在联合国发布的《2009年人类发展报告》中，非洲大陆共有22个国家进入人类发展指数排名最低的24个国家名单。非洲贫穷的原因固然很多，但长期以来经济不景气、工业化程度低、对外贸易处于不利地位无疑是导致非洲贫穷的直接原因。

与非洲长期得不到快速发展相对应的是，二战后世界经济迎来快速发展的机遇期。东亚的日本、亚洲"四小龙"创造了世界经济增长的"东亚奇迹"。改革开放以来，中国保持了30多年高速增长，在政治、经济、文化、社会建设等领域取得了举世瞩目的发展成就，经济总量先后超过英国、法国、德国和日本，成为推动世界经济发展的新引擎和世界第二大经济体。"东亚奇迹"和"中国奇迹"尽管形成原因不尽相同，但抓住世界经济转型和产业升级的历史机遇，通过在具有良好区位的区域建立享有特殊优惠政策和便利支撑的出口加工区、自由贸易区、自由港、经济区等经济特区来吸引外资，发展出口导向的工业和开展自由贸易，则是支撑"东亚奇迹"和"中国奇迹"的共同因素。

因地缘和政治制度等原因，非洲经济特区起步比中国早。非洲最早的经济特区是毛里求斯、塞内加尔和埃及等在20世纪70年代设立的出口加工区。随着出口加工区在非洲的兴起，到了90年代，南非、阿尔及利亚、突尼斯等国纷纷设立了出口加工区、自由贸易区以及经济开发区等各种类型的经济特区。同时，除了各种类型的特区外，非洲还存在多个层次的旨在推进贸易自由化、经济一体化的区域一体化组织以及双边和多边的自由贸易协定。伴随我国经济特区的成功以及对非援助力度的加大和援助形式的创新，输出中国经济特区的成功发展模式，发展中非经贸合作区已成为中非共同谋求非洲发展建设的共识。

二 非洲出口加工型经济特区

（一）非洲出口加工区的总体发展

出口加工区是经济特区最基本的形式之一，是指一国划定或开辟的专门制造、加工、装配出口商品的特殊工业区，并享受各种地方征税优惠以及便利服务。出口加工区设立的目的在于通过发展出口贸易带动本国制造业发展，并增加本国就业，创造税收收入。

从世界出口加工区的发展历程来看，非洲出口加工区起步较早。非洲大陆资源丰富，但其出口贸易一直以原材料出口为主，使得非洲在贸易中长期处于不利地位，且出口贸易并未带来本土制造业的提升和经济繁荣。为了改变这种现状，从20世纪70年代开始，非洲的埃及、塞内加尔、毛里求斯等国纷纷效仿亚洲和拉丁美洲的成功经验[①]，通过建立出口加工区来发展本土制造业。到90年代，非洲已有肯尼亚、埃及、毛里求斯、尼日利亚、南非、赞比亚等20多个国家兴建了出口加工区。建立了出口加工区的国家均出台特别的税收和劳务优惠政策，通过改善投资环境，完善基础设施等吸引外商投资设厂。总体来看，非洲各国出口加工区内往往具有高于非洲平均水平的基础设施，以及相对简便的投资手续和宽松的劳务政策。相对于非洲的整个投资环境而言，出口加工区内的企业在生产安全和资本安全上的保障更为有力，同时受益于各种税费优惠政策，出口加工区的投资企业往往成本更低，从而投资回报相对较高。因此，投资非洲的外资企业多选择非洲的出口加工区。

非洲出口加工区分为三种类型。第一类是出口自由区，出口加工区鼓励外商投资加工装配生产项目，原料和半成品可免税进口，制成品可以自由出口，并享有税收、费用以及银行低息贷款等优惠。在非洲，出口自由区占多数，主要分布在科特迪瓦、利比里亚、塞内加尔等国。第二类为自由港，其优惠政策不仅针对加工装配企业，同时也包括仓储、贸易、旅店等，突尼斯、毛里求斯的出口加工区多属于此种类型。第三类是过境自由区，对过境向他国转口的产品免除关税优惠，在安哥拉、莫桑比克、坦桑尼亚均有此类自由区。

从出口加工区的产权性质来看，非洲出口加工区分国有和私有两种。总体

[①] 黄梅波、唐露萍：《中非经贸合作区的建立及其面临的挑战》，《国际经济合作》2012年第6期。

来看，以国家所有的居多，但在马达加斯加、尼日利亚、肯尼亚以及津巴布韦等国均存在私有的出口加工区（见表1）。其中，马达加斯加的2个出口加工区均为私有；尼日利亚1个、津巴布韦4个出口加工区为私有；私有出口加工区最多的是肯尼亚，35个出口加工区中共有33个属于私有；埃及共有53个出口加工区，且全部属于国有。

表1 非洲部分国家出口加工区

国家	建立年份	国有(个)	私有(个)	工业领域	主要市场
塞内加尔	1974	1	0	食品加工，药品	美国、欧盟
毛里求斯	1970	1	0	服装，纺织工业	欧盟
埃及	1970	53	0	服装，石油化工业	欧盟、中东
阿尔及利亚	1997	4	0	农业，渔业，玻璃制造业	欧盟
马达加斯加	1991	0	2	服装，纺织工业	欧盟
尼日利亚	1991	5	1	木材，食品，纺织工业，天然气	西非、欧盟、美国、印度
肯尼亚	1993	2	33	服装，纺织工业	欧盟、美国
津巴布韦	1995	3	4	服装，皮革，金属加工	中国、日本、印度和加拿大
南非	2000	6	0	汽车加工，铝加工，农产品加工	美国、英国、德国和加拿大

资料来源：世界出口加工区协会（World Export Processing Zones Association, 2007）。

非洲出口加工区的产业类型主要为服装、纺织、食品等。其中，塞内加尔出口加工区的主要工业领域为食品加工和药品；毛里求斯、马达加斯加和肯尼亚出口加工区的主要工业领域均为服装和纺织工业；埃及出口加工区除了服装工业外，还有石油化工业；阿尔及利亚出口加工区则包括农业和渔业以及玻璃制造业等；尼日利亚出口加工区的主要工业领域包括木材、食品、纺织工业和天然气；津巴布韦为服装、皮革和金属加工；作为非洲最大的经济体，南非2000年才设立出口加工区，目前共有6个，主要从事汽车加工、铝加工和农产品加工。

从出口加工区的主要出口市场来看，毛里求斯、阿尔及利亚、马达加斯加的主要市场均为欧盟；塞内加尔和肯尼亚的出口加工区的主要市场为美国和欧盟；埃及除欧盟外还有中东国家；尼日利亚出口加工区市场主要为西非、欧盟、美国和印度；津巴布韦则为中国、日本、印度和加拿大；南非出口加工区的主要市场为美国、英国、德国和加拿大。

（二）非洲主要国家出口加工区建设与发展

非洲各国出口加工区发展进度、绩效各不相同。出口加工区发展已形成一定规模和特色的国家主要有毛里求斯、肯尼亚、津巴布韦、坦桑尼亚等国。

毛里求斯出口加工区。毛里求斯的出口加工区发展极为成功，是非洲出口加工区的成功典范。目前，出口加工区已成为毛里求斯重要的经济支柱。20世纪70年代，毛里求斯兴建了以服装、手表和珠宝加工为主的首批出口加工区。90年代后，毛里求斯开始实施出口加工区的转型，力图使出口加工业从劳动密集型向技术密集型转变。同时，进一步改善投资与商业环境，大幅度增加本国企业在园内的投资。经过多年发展，毛里求斯的出口加工区成功实现了多元化发展，成为毛里求斯经济的重要支柱。①

肯尼亚出口加工区。肯尼亚是东非最大的经济体，目前全国共有35个出口加工区。肯尼亚出口加工区设立相对较晚，1990年才出台出口加工区法，并启动实施出口加工区计划。肯尼亚的出口加工区主要分布在肯尼亚区位条件和发展基础都相对较好的8个城市，分别为内罗毕、阿西里弗、基利菲、蒙巴萨、沃伊、马林迪、基姆沃勒、马泽拉斯等。肯尼亚的出口加工区多为私有，国有仅有2个，即阿西里弗出口加工区和蒙巴萨出口加工区。从属性看，肯尼亚的出口加工区多为工业园型的出口加工区，区内企业主要从事纺纱、印刷、服装以及塑料制品、计算机组装、电池及电铸加工、宝石、茶叶、鲜花储存、果蔬加工等的加工与生产。其中，86%的投资企业为外国企业，尤以英国、美国、荷兰、卡塔尔及印度的企业居多，约占60%。

津巴布韦出口加工区。津巴布韦的出口加工区起步较晚，1996年津巴布韦出台出口加工区法，并启动实施出口加工区计划。在启动和实施出口加工区计划中，津巴布韦建立了专门负责出口加工区的批准立项和执行有关法律政策的出口加工区管理局（EPZ Authority，EPZA）。津巴布韦的出口加工区目前有两种类型：工业园出口加工区和出口加工企业。工业园出口加工区是指特定划出的区域用于发展出口导向型的加工制造企业进行生产活动，凡是园内企业均享受出口加

---

① 《非洲积极发展本土制造业，建立出口加工区模式》，www.eastmoney.com，2010-05-23。

工区待遇。目前，津巴布韦的工业园出口加工区共有7个。出口加工企业则指赋予单独公司的"单工厂出口加工区资格"，而不论它们的地理位置是不是在工业园内。在津巴布韦，"单工厂出口加工资格"通常被授予资源开发型的大企业。

坦桑尼亚出口加工区。坦桑尼亚的出口加工区发展相对于整个非洲出口加工区的发展而言较为成功，成效非常显著。目前，坦桑尼亚共有14个城市设有出口加工区。2013年，坦桑尼亚出口加工区入住企业为31家，吸引外资4.98亿美元，创造10200个就业岗位，出口创汇达到1.05亿美元。其中，坦桑尼亚企业与韩国企业合作建立的出口加工区工业园吸引了来自丹麦、荷兰、越南、巴基斯坦和英国5国的企业入驻，目前共有64家企业，其中本土企业占46%，外商独资企业占40%，合资企业占14%。

从总体发展情况来看，非洲出口加工区设立时间并不算晚、数量也不少，也正一步步向好的方向发展，但非洲出口加工区分布极端不均衡，发展绩效差异较大。除极个别国家出口加工区发展势头较好外，大多数国家出口加工区经济规模偏小，产业结构还处于初级化阶段，出口加工区的产业带动和经济支撑作用还不明显。

三 非洲自由港型经济特区

（一）非洲自由港总体分布及类型

自由港（Free Port）又称自由口岸、自由贸易区、对外贸易区。自由港的主要职能就是国际贸易，尤其是转口贸易，在自由港内外国商品进出港口时可免缴关税。随着自由港的发展，不少自由港同时也可从事自由改装、加工、长期储存或销售以及旅游、服务等行业。

非洲大陆几乎四面临海，港口众多。非洲自由港数量相对较多，但分布不均衡。作为岛国，毛里求斯的经济自由化程度在非洲最高，是非洲拥有自由港数量最多的国家，且全部为转口型自由港；突尼斯共有14个转口型自由港，其数量在非洲排名第二；埃及共7个自由贸易区型自由港；坦桑尼亚有4个转口型自由港；吉布提共和国、莫桑比克、塞内加尔等国各有2个自由港（见表2）。

表2 非洲自由港一览表

序号	国家	数量	港口	英文名称	港口类型
1	安哥拉	1	洛比托港	LOBITO	转口区
2	吉布提共和国	2	吉布提（整个地区）	DJIBUTT	自由港
			吉布提港	PORT DJIBUTT	转口区
3	贝宁	1	科托努港	COTONOU	港内设自由贸易区
4	埃及	7	亚历山大港	ALEXANDRIA	自由区
			开罗港	CAIRO	自由区
			马特鲁港港	MARSA MATRUH	自由区
			塞得港	PORT SAID	自由区
			苏伊士港	SUEZ	自由区
			阿达比亚港	ADABIYA	自由区
			伊斯梅利亚港	ISMAILIA	自由区
5	象牙海岸	1	阿比让港	ABIDJAN	转口区
6	利比里亚	1	利比里亚工业自由区	LIBERIA INDUSTRIAL FREE ZONE	
7	利比亚	1	的黎波里港	TRIPOLI	自由区
8	毛里求斯	88	在23个地区设有88个转口型自由港		
9	摩洛哥	1	丹吉尔港	TANGTFR	自由区
10	莫桑比克	2	贝拉港	BEIRA	转口区
			马普托港	MAPUTO	转口区
11	塞内加尔	2	达喀尔内自由贸易区	DARKAR FREE TRADE ZONE	自由区
			达喀尔内转口区	DARKAR TRANSIT ZONE	自由区
12	坦桑尼亚	4	达累斯萨拉姆港	DAR ES SALAAM	转口区
			基戈马港	KIGOMA	转口区
			姆特瓦拉港	MTWARA	转口区
			坦噶港	TANGA	转口区
13	多哥	1	洛美港	LOME	自由区
14	突尼斯	14	共有14个政府指定地区设有转口型自由港		

（二）非洲主要自由港建设与发展

非洲港口资源丰富，许多区位条件优良的港口被开发成自由贸易港、转口贸易港或在港口设立出口加工区、保税区。其中，世界知名的自由港口主要有亚历山大港、达喀尔港、路易港等。

亚历山大港。亚历山大港是埃及最大的港口，设有自由工业区，始建于1974年，面积达600平方千米，位于埃及北部沿海尼罗河口，在阿拉伯海东岸入海处，濒临地中海的东南侧。亚历山大港分东、西港，港外有两道防波堤和狭长的法罗斯岛作屏障。西港为深水良港，全港面积达6平方千米以上。港区主要码头有60个，最大水深为10.6米。埃及每年有80%~90%的外贸货物都经亚历山大港中转。

坦噶港。坦噶港设有转口区，始建于1967年，位于坦桑尼亚东北沿海的坦噶湾内，是坦桑尼亚的第二大港。坦噶港主要出口具有本地特色的剑麻、兽皮、木丝绵及咖啡等货物，进口或转口食品、机械、石油、金属制品等。

贝拉港。贝拉港设有转口区，是莫桑比克的第二大港，位于莫桑比克东部沿海蓬圭（PUNGOE）河口。贝拉港始建于1891年，转口区建于1980年，是津巴布韦、赞比亚及马拉维的主要转口港之一。

科托努港。科托努港设有转口区，位于贝宁共和国南部沿海的诺奎湖口，是贝宁最大的海港，为贝宁全国经济及对外贸易的中心，是贝宁的海上门户。科托努港是尼日尔、马里及布基纳法索的进出口物资转运港。

达喀尔港。达喀尔港设有自由贸易区，位于塞内加尔西部沿海戈雷湾的西岸，是西非最大的海港，是大西洋航线的重要中转港及加油港。达喀尔港主要出口花生，其中花生的出口额约占出口总额的52%，出口的花生、花生油、鱼及磷酸盐全部运往法国。

达累斯萨拉姆港。达累斯萨拉姆港设有转口区，位于坦桑尼亚东部沿海的达累斯萨拉姆湾内，是坦桑尼亚最大的海港，也是东非的著名港口之一。达累斯萨拉姆港主要出口剑麻、咖啡、茶叶等货物，进口钢铁、食品、棉制品等货物。

吉布提港。它是东非最大的现代化港口之一，为转口自由港。吉布提共和国自1949年就开始实行自由港政策，是埃塞俄比亚的重要转运港，还是一个加油站及供应站，以港口为基础的服务业收入在国家经济中居首位。港口主要贸易对象为法国。

洛美港。它是多哥最大的自由贸易区海港，始建于1975年，面积达50万平方米，位于多哥西南沿海的贝宁湾。洛美港主要出口磷酸盐、咖啡等货物，其中磷酸盐占出口总值的40%左右；主要进口机械、石油、车辆、食品等货物。

马普托港。马普托港设有转口区，位于莫桑比克东南沿海圣埃斯皮里图河口，马普托湾的西岸，是莫桑比克的最大海港，是莫桑比克全国最大的工业基地，并拥有最大的腰果加工厂。该港约90%为中转货物。

路易港。路易港是转口自由港，设有出口加工区，位于毛里求斯西北沿海，是毛里求斯首都和最大的海港。路易港是毛里求斯进出口货物的唯一门户，是毛里求斯政治、经济、文化、交通的中心和毛里求斯的制糖中心。毛里求斯90%以上的货物由该港中转。

塞得港。它是埃及第二大港，设有自由工业区，位于埃及苏伊士运河的北口。塞得港是澳大利亚、新西兰及南亚与地中海各港之间的转口港，是世界煤炭和石油储存港之一。该港自由工业区始建于1974年，面积达364万平方米，主要出口棉花、卷烟、皮革、棉及盐等，主要进口机械、食品、煤、酒、建材、石油制品、金属制品及黄麻等。

总体来看，非洲港口资源丰富，不乏区位优越的天然深水港。非洲自由港建设历史悠久，自由港数量相对较多，包括自由贸易港、自由工业区以及转口自由港等类型，且发展势头较好。受非洲经济和产业结构影响，非洲自由港流通货物多为农副产品、初级加工的原材料或矿产资源，附加值低。同时，具体到某个港口产业则通常仅运输和转口单一货物，导致港口难以发展壮大，对地区经济的带动作用不明显。

四　非洲自由贸易型经济特区

（一）非洲园区型自由贸易区建设与发展

园区型自由贸易区是在一国国境内划定的关境之外的特定区域，区域内对进出口商品全部或大部分免征关税，并且允许在港内或区内进行商品的自由储存、展览、加工和制造等业务活动。自由贸易区一般设在一个港口的港区或邻近港口的地区，采取自由港政策的关税隔离区。该类自由贸易区就性质而言可分为：商业自由区和工业自由区。就功能而言，世界自由贸易区的主要类型有：①转口集散型；②贸工结合、以贸为主型；③出口加工型；④保税仓储型。

自由贸易区是一国促进地区经济和对外贸易发展的重要载体。近年自由贸易区的发展形势非常迅猛，截至2013年，全球已有1200多个自由贸易区。非洲自由贸易区多是在自由港基础上发展而来的，在许多非洲国家，自由贸易区成为最重要的特区类型。

尼日利亚的自由贸易区。尼日利亚共有25个自由贸易区，按照所有制类型可分为四种类型，即联邦政府所有、州政府所有、私人企业所有以及各类公共私人团体所有。目前，尼日利亚与中国建有卡拉巴尔自由贸易区、莱基自由贸易区和广东经济贸易合作区3个经贸合作的自由贸易区。卡拉巴尔自由贸易区由出口加工区改建而成，总面积为300公顷；莱基自由贸易区内所有的进出口商品都可以免税，享受境内放贷的优惠政策；广东经济贸易合作区位于奥贡州，规划容纳800家中国企业入区经营，计划投资额为39.5亿美元。①

厄立特里亚自由贸易区。厄立特里亚自由贸易区包含阿萨布自由贸易区、马萨卡自由贸易区两个港口自由贸易区。阿萨布自由贸易区距离国际海运航线近，区内劳动力便宜，经营费用低廉；马萨卡自由贸易区已吸引20余家企业前来投资。在自由贸易区内，投资企业享受政府优惠政策，一律免交海关所有税费，免缴纳各种税收。同时，区内企业享有100%的利润拥有权。

卢旺达基加利自由贸易区。基加利是卢旺达共和国的首都，也是卢旺达共和国政治、经济、交通的中心。基加利自由贸易区目前已开发第一期和第二期，共占地277公顷，另计划开发的第三期占地约134公顷。截至2013年，基加利自由贸易区一期的排水系统、道路、照明等基础设施建设工作已完成，已有80多家外国和本地投资企业在自由贸易区投资购地，一期项目90%的土地已售出。目前，自由贸易区内正在设立集海关和税务于一体的一站式中心，进一步完善配套服务，同时正考虑为项目配套建设小型水电站或热力电厂。

埃及苏伊士湾西北自由贸易区。苏伊士湾西北自由贸易区地处亚、非、欧

---

① 蔡倩茹：《非洲的"经济特区"》，《国际商报》2010年7月12日第14版。

三大洲交会处，西距开罗市 120 千米，北距苏伊士城 44 千米，南邻红海省，附近有苏伊士港、阿达比亚港、因苏哈那港，交通极为便利。埃及政府于 20 世纪 90 年代做出了建设自由贸易区的战略决策，目标是建成一个以外向型工业为主、综合性的港口城市。1998 年 6 月，埃及政府通过了自由贸易区规划方案，确定面积为 233 平方千米。2000 年 6 月，埃及政府提出了特区法草案，规定所得税为 20%、个人所得税为 10%，进口机器设备、原材料免税，出口产品免税。其中，产品主要内销，在埃及本国销售视同进口等。自由贸易区内投资的项目享受 10 年免税期，进口机器设备按 5%征收关税等优惠。[①]

肯尼亚蒙巴萨自由贸易区。肯尼亚在濒临印度洋的城市蒙巴萨建立了该国第一个自由贸易区。蒙巴萨是非洲东岸最大的港口，是东非地区重要的物资集散地，能够辐射乌干达、坦桑尼亚、布隆迪、卢旺达、南苏丹、埃塞俄比亚等周边国家以及中部非洲、南部非洲等地区。蒙巴萨自贸区占地约 2000 平方千米，另外还计划在西部城市基苏木和蒙巴萨以北 200 多千米的东部沿海古城拉穆地区建立各占地 700 平方千米的自贸区。自贸区不仅开展面向肯尼亚本国的商品贸易，还将面向非洲其他国家开展贸易，其他国家可以在新建立的自贸免税区内进行商品和货物贸易。肯尼亚自贸区的启动，是非洲三大区域经济组织东非共同体、东南非共同市场和南部非洲发展共同体建设非洲最大的自贸区和走向全面经济一体化的重要一步，将加速东非地区的跨境基础设施建设和区域内产业发展。

毛里求斯自由贸易区。毛里求斯为印度洋上的金融贸易中心。自 1992 年毛里求斯创立离岸业务中心和自由港以来，金融服务业已成为毛里求斯四大支柱产业之一，在毛里求斯注册的离岸银行达数十家。毛里求斯自由贸易区内企业免缴公司所得税、红利税，进口原材料和设备免税，80%的进口商品都免征进口税。

（二）非洲跨洲协议型自由贸易区的建设与发展

非洲一直积极参与同非洲之外国家的自由贸易区建设。通过自由贸易协议实现一国与他国贸易的自由化，最终实现区域经济的一体化，如突欧自由贸易区以及欧盟与地中海南岸国家自由贸易区等。

---

① 《埃及苏伊士湾西北经济特区建设情况简介》，驻埃及经商参赞处，2008 年 10 月 1 日。

突欧自由贸易区。突尼斯从2008年1月1日成为与欧盟建成自贸区的国家，自此欧盟工业产品可自由进入突尼斯市场，突尼斯工业产品自由进入欧盟市场，原则上实行零关税并取消配额限制。突尼斯在地中海国家中率先与欧盟于1995年7月7日签署涉及政治和安全、经济和金融、社会与人道主义三大领域的联系国协议，并于1998年3月1日生效，协议确定了在协议生效12年内建立自由贸易区的目标。在工业产品方面，1998年起欧盟对从突尼斯进口的工业产品免除所有关税和配额限制。突尼斯同样取消从欧盟进口工业产品的配额限制，设置12年过渡期，根据不同时间表逐渐减至零关税。关于金融合作，为帮助突尼斯促进产业结构升级，改善基础设施建设，提高国民经济整体竞争力，欧盟向突尼斯提供了10.2亿欧元赠款和14亿欧元的银行贷款。突尼斯从1996年开始逐步取消自欧盟进口工业产品的关税，从2008年1月1日起双方在工业产品方面实现零关税和无配额限制的贸易自由化。

欧盟与地中海南岸国家自由贸易区。欧盟与地中海南岸国家自由贸易区始于20世纪60年代。除阿尔及利亚外，欧盟与所有的地中海南岸国家签订了一系列贸易合作协定。70年代下半叶，欧盟与地中海南岸国家开展第二次合作，与这些国家签订了一系列涉及范围更加广泛的合作协定。1994年10月欧盟提出了进一步加强地中海国家间的合作，提出建立欧盟与地中海南岸国家伙伴关系的设想。1995年3月，欧盟通过了建立欧盟与地中海南岸国家伙伴关系的方案。该方案提出，到2010年逐步建立起包括12个地中海南岸国家在内的30多个国家、有6亿~8亿人口的欧盟-地中海自由贸易区。目前，地中海自由贸易区正在成为世界最大的南北合作的自由贸易区。

（三）非洲国家间的一体化组织与自由贸易区建设

为了通过经济一体化和贸易自由化实现非洲区域经济发展，多年来非洲建立了若干区域性经济组织，针对组织内成员实施一体化和自由化政策。世界经济论坛非洲峰会发布的《2013非洲竞争力报告》指出①，区域一体化能提升

---

① 《2013非洲竞争力报告认为区域一体化是提升非洲未来竞争力的关键》，驻喀麦隆经商参赞处，2013年5月24日。

非洲竞争力。西非经货联盟的经济增速由2011年的0.9%增至2012年的6.5%①。非洲境内的区域一体化有近10个,且都定位于实现区内经济的一体化和贸易的自由化,希望通过一体化提升整体竞争力。但非洲一体化进程依然较为缓慢,非洲出口产品仍主要为原材料,在国际贸易中所占比重依然很低,且非洲一体化组织成员国之间的贸易极其有限。2000~2010年,非洲内部贸易年平均进口额为290亿美元,年均增长14.4%;年平均出口额为300亿美元,年均增长14.6%。非洲内部贸易出口额和进口额分别仅占非洲出口总额和进口总额的10.4%和14.2%。尽管非洲内部贸易保持增长,但水平依然很低。非洲货物和服务内部贸易量仅占非洲贸易总量的12%,远低于欧盟60%、北美40%和东盟30%的水平。

东非经济共同体。东非共同体是由肯尼亚、乌干达、坦桑尼亚、布隆迪和卢旺达五个东非国家组成的区域性国际组织。该组织最早成立于1967年,成员有坦桑尼亚、肯尼亚和乌干达三国。1996年3月14日,坦桑尼亚、肯尼亚、乌干达成立东非合作体秘书处。1999年11月,三国首脑签署《东非共同体条约》,东非共同体正式成立。2001年11月,东非共同体议会和法院成立。2004年,坦桑尼亚、肯尼亚、乌干达达成关税同盟。2007年6月,卢旺达与布隆迪两国成为东非共同体成员。2013年11月,东非经济共同体建立了货币同盟。

东部和南部非洲共同市场。东部和南部非洲共同市场秘书处设在赞比亚首都卢萨卡,是非洲地区成立最早、最大的,也是最成功的地区经济合作组织。东部和南部非洲共同市场是在原东部和南部非洲优惠贸易区的基础上成立的区域性经济组织,东南非共同市场现有成员国20个,总人口近4亿人。1993年11月,原东部和南部非洲优惠贸易区第12次首脑会议通过了把贸易区转变为共同市场的条约。1994年12月,东部和南部非洲共同市场正式成立。2000年10月,正式启动自由贸易区。2009年6月东南非共同市场正式建立关税同盟。

西非国家经济共同体。1975年5月西非15国在尼日利亚签署《西非国家经济共同体条约》,正式成立西非国家经济共同体。西非国家经济共同体最初

---

① 《2013年非洲重大经济事件回顾》,驻喀麦隆经商参赞处,2014年1月20日。

的宗旨是促进西非经济一体化。西非国家经济共同体成员国总面积占非洲总面积的1/6多，人口数为2.25亿。目前西共体共有12个正式成员国，已实现了人员自由流动，并建立了关税同盟。

南部非洲发展共同体。南部非洲发展共同体（简称"南共体"）的前身是1980年成立的南部非洲发展协调会议。相对于非洲其他地区组织来说，南共体的发展堪称典范。1992年8月，南部非洲发展协调会议决定改"南部非洲发展协调会议"为"南部非洲发展共同体"。南部非洲发展共同体成员包括安哥拉、博茨瓦纳、津巴布韦等15个国家，面积约926万平方千米。南部非洲发展共同体自贸区于2008年启动，当年南共体内部贸易的85%已实现了零关税，随后剩余敏感商品的关税也已逐步降低。2012年1月，剩余关税减让工作大部分已完成。尽管自贸区取得里程碑式进展，但是还有一些成员国仍没有完全履行其关税减让承诺。自贸区建设的延误使原计划于2010年启动的关税联盟不得不延迟至2012年启动。南共体计划于2015年启动共同市场，2016年启动货币联盟，2018年实行单一货币。

中部非洲国家经济共同体。中部非洲国家经济共同体（简称"中非体"）正式成立于1983年。中非体共有11个成员国，分别为布加蓬、隆迪、刚果（布）、喀麦隆、赤道几内亚、乍得、卢旺达、刚果（金）、中非、圣多美和普林西比、安哥拉等。中非共同体在2004年6月1日正式启动自贸区建设，采用优惠税率，计划逐步实施成员国关税减让，其中手工艺品和非矿产品外的粗制品自贸区启动时开始实行100%关税减让，矿产品和制造业产品由2005年50%的关税减让水平发展至2007年实现100%关税减让。

中部非洲国家经货共同体。中部非洲国家经货共同体成立于1994年3月16日，并于1996年7月通过一项协定而成为一个真正意义上的机构，1998年正式取代中部非洲经济与关税同盟。该共同体成员国之间建立了货币联盟，使用共同的货币中非法郎，成立了中央银行即中部非洲国家银行。中部非洲国家经货共同体成员国分别为喀麦隆、中非、刚果（布）、加蓬、赤道几内亚、乍得。中部非洲经货共同体建立了单一货币、关税同盟、共同的预算制度，这些成为中部非洲经货共同体经济一体化最重要的支柱。但共同体内部成员经贸往来较少，内部贸易仅占其全部贸易的3%，导致中部非洲贸易一体化程度很低①。

西非经货联盟。西非经货联盟成立于1994年，并取代了原来的非洲货币联盟。西非经货联盟成员国共8个，分别为贝宁、尼日尔、科特迪瓦、布基纳法索、马里、几内亚比绍、塞内加尔、多哥。西非经货联盟宗旨是通过建立一个开放和竞争的市场，构建一个和谐与合理的司法框架，以促进联盟成员国经济一体化。联盟成员国使用共同的货币西非法郎，成立了中央银行即西非国家中央银行，目前西非经货联盟已实现了内部贸易自由化（成为自由贸易区，并建立关税同盟），成立了"西非地区证券交易所"。

阿拉伯马格里布联盟。阿拉伯马格里布联盟于1989年2月成立，是一个区域经济共同体，其宗旨是构建一个由马格里布国家组成的"经济区"，并在"各个领域"采取共同的政策。成员国分别为阿尔及利亚、利比亚、摩洛哥、突尼斯、毛里塔尼亚。但阿尔及利亚和摩洛哥在西撒哈拉问题上的争端使该组织自成立之日起即陷于瘫痪，导致阿拉伯马格里布联盟至今仍处于初始阶段②。

萨赫勒－撒哈拉国家共同体。萨赫勒－撒哈拉国家共同体于1988年2月成立，其宗旨是改善萨赫勒地区国家的经济合作。成立之初，仅6个成员国，分别为利比亚、布基纳法索、马里、尼日尔、乍得和苏丹。截至目前，萨赫勒－撒哈拉国家共同体共拥有18个成员国。萨赫勒－撒哈拉国家共同体的创建目标主要包括建立整体经济联盟，确保成员国之间的人员居住、资金流动、资金兑换、经济活动的自由以及建立统一的教学、科技、文化教育体制等。2013年2月该组织在恩贾梅纳召开了一次特别峰会，是"后卡扎菲时代"的第一次峰会。目前，该组织还在定位新的目标，但尚不明朗。该组织成效不大，不仅成员国之间几乎没有贸易往来，而且与"东南部非洲共同市场"存在重叠的现象。埃及、苏丹、厄立特里亚和吉布提四国既是该组织成员国，又是"东南部非洲共同市场"成员国。

---

① 《中部非洲经济与货币共同体："六国俱乐部"处于停滞状态》，《青年非洲》2014年7月8日。
② 《非洲区域一体化组织盘点》，驻喀麦隆经商参赞处，2014年3月17日。

东非政府间发展组织。东非政府间发展组织于1986年成立,是一个区域经济共同体,成立之初名为"东非政府间干旱与发展组织",其职责是推动地区合作和成员国经济一体化,目前已延伸至维和领域。东非政府间发展组织成员国分别为吉布提、厄立特里亚、埃塞俄比亚、肯尼亚、索马里、苏丹、乌干达。东非政府间发展组织的主要作用在于实现金融与货币一体化,实现东非和平、安全、稳定与良治的发展环境。

(四)非洲联盟、非洲一体化与非洲大陆自由贸易区

非洲联盟(简称"非盟")是一个包含53个非洲会员国,集政治、经济和军事于一体的全非洲性的政治实体。非盟组织积极推进非洲发展新伙伴计划,推动各成员国加强基础设施建设、吸引和争取外资及援助,以促进非洲大陆经济一体化,建成非洲自由贸易区。

自非盟前身非统组织成立以来,非洲一体化就是优先方向。1991年非统组织27届会议上通过的《阿布贾条约》,为非洲一体化奠定了法律框架,条约决定成立非洲经济共同体(African Economic Community),提出分步实现非洲一体化,包括建立一系列自由贸易区、关税联盟、单一市场、中央银行和货币同盟。此后,因战争和经济因素,非洲一体化进程缓慢,非统多次在多边会议上声明一体化进程的重要性和紧迫性,呼吁各国加速推动一体化进程。1999年的苏尔特声明(Sirte Declaration)、2007年的阿克拉声明以及2013年10月举行的非洲经济会议均呼吁加快非洲一体化进程[①]。

非洲一体化中最首要的领域就是贸易一体化,也是目前进展相对较快的领域。2012年1月,非盟峰会批准建设非洲大陆自由贸易区行动计划[②]。根据非洲大陆自由贸易区行动计划,非洲大陆自由贸易区将在2017年建成,其中,2012~2013年,主要进行基础路线研究,各国进行协商并达成共识;2014~2017年,开始分阶段实现商品贸易自由化,实行关税自由化,简化海关程序和相关文件,破除非关税贸易壁垒,减少贸易保护;2017年,在旅游业、金

---

① 《非洲贸易一体化现状分析》,驻埃塞俄比亚经商参赞处,2014年2月25日。
② 《非洲自贸区有望于2017年底前实现》,埃塞俄比亚《每日观察》2014年5月28日。

融业等服务行业中实现自由贸易,将交通运输业和通信业等领域作为第一批放开的领域;2019年成立非洲大陆海关联盟。

根据2013年非盟发布的《非洲一体化状态报告》,南部非洲共同体、东南非共同市场、东部非洲共同体已共同做出决议,将整个非洲大陆整合为单一的非洲经济共同体,先行创建包括26个国家的自贸区。这三个组织人口数近6亿,约占非洲总人口的60%,占非洲经济总量的58%,国内生产总值约1万亿美元,建成后将是非洲最大的自贸区。目前,东非共同体、东南非共同市场和南部非洲发展共同体正在朝着建立一个单一共同市场的方向努力,并提出建成区域一体化的三大支柱,即市场一体化、基础设施建设一体化和产业发展一体化,通过三者互相促进,最终形成区域大市场,促进区域内贸易和成员国经济发展。

在南部非洲共同体、东南非共同市场、东部非洲共同体三个区域组织自贸区推动非洲一体化的带动下,目前西非经济共同体、中部非洲国家经济共同体、萨赫勒国家共同体、阿拉伯马格里布联盟等区域经济组织也开始积极加强彼此区域间的经济整合,努力成为非洲大陆的第二个整合区域。虽然建立整个非洲大陆自贸区仍是一项长期而艰巨的任务,但这无疑已经是非洲经济未来发展的重要方向。目前,东非共同体、东南非共同市场和南部非洲发展共同体已经开始协商合并事宜,成为建立跨非洲单一贸易区的先行者。非盟已建议西非经济共同体、中部非洲国家经济共同体和阿拉伯马格里布联盟开始进行类似的对话。

五 中非合作与中非经贸合作区

(一)中非合作与对非援助

非洲和我国同属第三世界,是促进世界和平与发展的重要力量,为此我国一贯重视加强同非洲国家的团结与合作。2000年在我国政府倡议下,在非洲各国的热烈响应和广泛支持下,建立了"中非合作论坛"机制,并成功举办了"中非合作论坛——北京2000年部长级会议"。此后,中非合作论坛部长级会议每3年举行一届。2012年7月在北京召开了第五届部长级会议。目前，中非合作论坛已建立起了中国和非洲国家在南南合作范畴内的集体对话机制。

除中非合作论坛这种官方合作交流平台外，还推动双方企业界成立"中国－非洲联合工商会"。通过提供优惠贷款和出口买方信贷支持等方式鼓励和支持中国企业到非洲投资。中国－非洲联合工商会支持中国金融机构与非洲国家和地区金融机构加强交流与合作，支持中国企业参与非洲国家的基础设施建设，逐步建立对非承包工程的双边和多边合作机制。在中非贸易上，我国采取积极措施为非洲产品进入中国市场提供便利，给予非洲最不发达的国家免关税待遇。

随着我国综合国力的增强，我国不断加大对非援助，中非合作迈上新台阶。目前，非洲已成为我国对外承包工程最重要的市场之一，非洲项目在我国海外项目中占据重要地位。以2011年为例，在我国十大海外承包工程项目中非洲占四个。从新签合同额来看，我国与阿尔及利亚合作的项目达645847万美元，排在海外项目第二名，而从2011年完成营业额来看，与安哥拉完成634417万美元的项目，同样排在第二。新签合同额进入前10名的非洲国家主要有阿尔及利亚（第2）、埃塞俄比亚（第3）、安哥拉（第7）、尼日利亚（第10）。从完成营业额大小排名来看，进入我国海外市场10大项目的非洲国家有安哥拉（第2）、阿尔及利亚（第4）、尼日利亚（第6）、苏丹（第9）（见表3）。

表3 2011年中国对外承包工程十大海外市场非洲项目排名

单位：万美元

国家	新签合同额	排名	国家	完成营业额	排名
阿尔及利亚	645847	2	安哥拉	634417	2
埃塞俄比亚	601060	3	阿尔及利亚	405255	4
安哥拉	442570	7	尼日利亚	345969	6
尼日利亚	348431	10	苏丹	273502	9

资料来源：摘自中国对外承包工程商会出版的《中国对外承包工程发展报告2011~2012》。

近年来，中非关系从单纯的援助向经贸互惠，增强双边经贸合作，帮助非洲实现工业化，增强非洲对外贸易能力转变。为此，中非进出口额逐年增加，其中进出口份额较大的非洲国家主要有南非、安哥拉、苏丹、尼日利亚、埃及、阿尔及利亚、刚果（布）、利比里亚、刚果（金）和摩洛哥。以2011年1~9月为例，中非实现进出口贸易值为1222.02亿美元，其中我国出口非洲533.48亿美元，从非洲进口达688.54亿美元。在非洲国家中，南非进出口额占中非贸易额的26.7%，安哥拉占16.6%（见表4）。

表4 我国与非洲进出口排名前20名国家（以2011年1~9月为例）

单位：亿美元，%

排名	国家	进出口		出口		进口	
		金额	占比	金额	占比	金额	占比
1	南非	325.86	26.7	96.71	18.1	229.15	33.3
2	安哥拉	202.76	16.6	19.53	3.7	183.23	26.6
3	苏丹	87.73	7.2	15.65	2.9	72.08	10.5
4	尼日利亚	80.05	6.6	68.16	12.8	11.89	1.7
5	埃及	66.23	5.4	52.65	9.9	13.58	2.0
6	阿尔及利亚	45.9	3.8	33.53	6.3	12.37	1.8
7	刚果（布）	41.24	3.4	3.64	0.7	37.6	5.5
8	利比里亚	36.11	3.0	35.76	6.7	0.34	0.0
9	刚果（金）	28.81	2.4	6.25	1.2	22.56	3.3
10	摩洛哥	27.06	2.2	23.27	4.4	3.79	0.6
11	加纳	25.1	2.1	22.2	4.2	2.9	0.4
12	赞比亚	25.03	2.0	4.58	0.9	20.46	3.0
13	贝宁	23.15	1.9	21.81	4.1	1.35	0.2
14	利比亚	22.03	1.8	5.18	1.0	16.85	2.5
15	肯尼亚	17	1.4	16.61	3.1	0.4	0.1
16	赤道几内亚	15.71	1.3	1.96	0.4	13.75	2.0
17	毛里塔尼亚	15.05	1.2	2.71	0.5	12.33	1.8
18	坦桑尼亚	15.01	1.2	11.81	2.2	3.21	0.5
19	多哥	13.98	1.1	13.42	2.5	0.57	0.1
20	喀麦隆	11.44	0.9	6.4	1.2	5.04	0.7
合计	非洲	1222.02		533.48		688.54	

资料来源：中国商务部西亚非洲司公布的数据。

在中非贸易上我国对非洲国家实行关税减免。2010年7月1日起，中方正式开始对埃塞俄比亚、利比里亚、刚果（金）、莫桑比克等26个非洲国家60%的产品实施对华出口免关税政策，免关税受惠商品由478个税目扩大到4700多个税目。免关税政策的扩大对推动非洲商品对华出口，增强非洲商品的出口竞争力,帮助非洲国家发展,具有重要的推动作用。

在国际合作平台上,我国积极争取非洲国家加入与华相关的各种合作组织。2010年吸纳非洲最大经济体南非加入"金砖国家"合作组织,共同就全球气候变化问题、联合国改革、减贫等重大全球性和地区性问题协调立场。2011年"金砖国家"合作组织签署《金砖国家银行合作机制金融合作框架协议》,推行本币贸易结算。2012年签署《金砖国家银行合作机制多边本币授信总协议》和《多边信用证保兑服务协议》。2014年在上海建立金砖国家开发银行,并通过"金砖国家"合作平台吸纳安哥拉、刚果共和国、埃及、几内亚、象牙海岸、塞内加尔以及乍得等15个非洲国家参与合作。在官方关系上,我国一贯重视基于非盟的官方互访,通过高层亲密交往推动中非合作。继2000年中非合作论坛创办以来,中非合作内涵日渐扩大和丰富。2013年3月,国家主席习近平对坦桑尼亚、南非和刚果(布)进行国事访问,并出席在南非德班举行的金砖国家领导人第五次会议。2014年5月李克强总理出访埃塞俄比亚,提出新时期的中非合作框架,并签订了16项协议。2014年5月中国人民银行与非洲开发银行在卢旺达首都基加利签署规模为20亿美元的"非洲共同增长基金"。"非洲共同增长基金"总资本20亿美元全部来自中国,期限30年,面向全非洲提供融资,由非洲开发银行推荐项目。"非洲共同增长基金"将于2014年底开始运作,并采用非洲开发银行的招标条件,将全部资金在10年内投下去。总体来看,中非合作是互赢互惠的,"非洲的发展是中国的机遇,中国的发展也是非洲的机遇"。

(二)非洲"中国经济特区"与中非经贸合作区

长期以来,中非经贸合作以贸易和对非援助为主。直到1995年10月中共中央召开的改革援外工作会议首次提出在受援国建立经济开发区,意味着我国对非援助形式开始改变,经济特区逐渐成为中非合作的重要载体。

1998年10月,中埃共同建立的苏伊士特区项目正式启动。

2006年3月,中国商务部发布《境外中国经济贸易合作区的基本要求和申办程序》。

2006年11月,前国家主席胡锦涛在"中非合作论坛北京峰会"上,提出

"今后3年内在非洲国家建立3~5个境外经济贸易合作区"。①

2007年2月4日,前国家主席胡锦涛出席了"赞比亚中国经济贸易合作区"揭牌仪式。

2009年9月16日,毛里求斯和中国山西省共同启动了毛里求斯晋非经贸合作区。

截至目前,我国共在非洲建立7个经贸合作区,分别为尼日利亚莱基自贸区、尼日利亚广东经贸合作区、埃及苏伊士经贸合作区、毛里求斯晋非经贸合作区、赞比亚中国经贸合作区、埃塞俄比亚东方工业园、阿尔及利亚中国江铃经济贸易合作区(见表5)。

表5 中非经贸合作区概况

序号	名称	获批时间	面积	主要开发商
1	赞比亚中国经贸合作区	2006年8月	17.28平方千米	中国有色矿业集团
2	尼日利亚广东经贸合作区	2006年8月	规划100平方千米	广东新广国际集团中非投资有限公司
3	毛里求斯晋非经贸合作区	2006年8月	2.1平方千米	山西晋非投资有限公司
4	尼日利亚莱基自贸区	2007年11月	30平方千米	中非莱基投资有限公司
5	埃及苏伊士经贸合作区	2007年11月	7平方千米	中非泰达投资股份有限公司
6	埃塞俄比亚东方工业园	2007年11月	规划5平方千米	江苏永元投资有限公司
7	阿尔及利亚中国江铃经济贸易合作区	2007年11月	规划5平方千米	中鼎国际和江铃汽车集团

赞比亚中国经贸合作区。赞比亚中国经贸合作区又称赞比亚中国有色工业园,于2007年2月正式揭牌,是中国首个以经贸合作区名义在非洲设立的工业园区,被誉为中国"发展最好"的境外合作区。赞比亚中国有色工业园由中国有色矿业集团运营,由两个园区组成。一个是谦比西铜矿区,另一个是卢萨卡区。谦比西铜矿区规划面积为11.58平方千米,以铜钴开采冶炼为主;卢萨卡区面积为5.7平方千米,以建材、加工制造等为主,未来将建成一个辐射非洲的物流中心、科技中心。

尼日利亚莱基自贸区。尼日利亚莱基自由贸易区是由中非莱基投资有限公

---

① 张菲:《中非经贸合作区建设模式与可持续发展问题研究》,《国际贸易》2013年第3期。

司，与拉各斯州政府和莱基全球投资有限公司共同投资建设的经济特区。总体规划面积为30平方千米，以生产制造业与仓储物流业为主导，未来的莱基自贸区将建设成为拉各斯都市卫星城、产业城、生态城以及宜居城和现代化工业新城，定位为中国境外经贸合作区的标杆和中非经贸合作的典范。

埃塞俄比亚东方工业园。埃塞俄比亚东方工业园位于埃塞俄比亚奥罗米州，投资主体为江苏永元投资有限公司。埃塞俄比亚东方工业园开发采取投资企业自带项目入园的方式进行园区建设。目前初步定位是以冶金、建材和机电及其他埃塞俄比亚市场需求的外向型制造加工业为主，最终发展成一个多行业、多功能的工商贸综合区。

埃及苏伊士经贸合作区。埃及苏伊士经贸合作区规划面积为7平方千米。合作区产业定位以纺织服装、日用轻工、冶金冶炼为主。目前已基本形成了以各自龙头企业为首的"石油装备产业园"、"高低压电器产业园"、"纺织服装产业园"和"新型建材产业园"；配套了银行、保险等12家企业，并预留6平方千米的拓展区。

尼日利亚广东经贸合作区。尼日利亚广东经贸合作区由广东新广国际集团中非投资有限公司负责建设和管理。尼日利亚广东经贸合作区远期规划开发面积达100平方千米，合作区以"工业园"为依托，规划设立有"仓储物流园"、"高科技农业示范园"、"牧业园"和"小商品贸易园"等园区，定位为以轻工、建材、原材料加工为主，集加工、贸易、研发、会展于一体的自由贸易区。

毛里求斯晋非经贸合作区。2006年8月，山西天利集团中标开发毛里求斯经济贸易合作区。2009年6月，山西省政府决定重组合作区开发主体，引入山西省两家最大的国有企业太钢集团和山西焦煤集团，与天利集团合资成立山西晋非投资有限公司，作为毛里求斯经济贸易合作区投资主体，并于2009年8月13日，正式注册成立毛里求斯晋非经济贸易合作区有限公司。毛里求斯晋非经贸合作区定位为综合性开发园区，设有旅游度假、教育、绿色能源、房地产开发、产品加工及物流、商务商业餐饮等板块。

从中非经贸合作区的发展定位来看，中非经贸合作区肩负和承担着我国对非政策，在中非合作中扮演越来越重要的作用。中非共同建立特殊的经贸合作区或经济特区将成为中非经贸合作最重要的形式和载体,具有非常广阔的前景。这种合作关系不仅为非洲国家带来了工业化、贸易和就业,也为金融危机后的中国企业走出去搭建了重要平台。这使得中非合作在金融危机中经受住了考验,并表现出旺盛的生命力和发展潜力。2013年中非双边贸易再创历史新高,突破2000亿美元。双边贸易结构不断优化,中国给予已建交的非洲最不发达国家绝大部分输华产品零关税待遇。目前,非洲已成为我国第二大海外工程承包市场和第四大投资目的地。2013年1~10月,中国对非洲非金融类直接投资达25.4亿美元,同比增长71.6%。中国在非企业已超过2500家,参与非洲电力、基础设施、加工制造、农业、资源开发、金融和民生等众多领域的建设,2013年中国企业在非新签署承包工程合同额突破500亿美元。尽管如此,中国的投资占非洲获得外国直接投资总额的比重依然较低。中非经贸合作依然还处于较为初级的阶段,依然还以商品贸易和工程承包为主,还没有上升到产业合作的高级阶段,还有很大的发展空间。

六 非洲经济特区与我国经济特区发展比较及启示

第一,非洲经济特区与中国经济特区存在较大的功能差异。中国的经济特区服务于市场经济和对外开放的试验,从全国大局来看经济特区是试验田,具有更多的拓荒性质。而大多数非洲国家的经济特区无论是出口加工区还是自由贸易区,抑或自由港设立的职能均较为单一,不存在市场经济对外开放的试验,仅具有经济功能,设立的目的在于利用外部资源实现区域开发、资源开发和区位的开发和利用,从而增强经济实力,加强与特定国家和地区的对外联系和经贸合作。

第二,非洲经济特区从总体来看,特区类型较我国更全,部分国家特区起步较我国更早。非洲经济特区类型基本是基于国际自由区和出口加工区设计的,而我国经济特区自由化程度较低。目前,非洲自由港和自由贸易区已不少,而我国至今没有自由港(除香港外),自由贸易区仅有中国(上海)自由贸易试验区。非洲出口加工区多诞生于20世纪70年代,而我国经济特区始于改革开放后,特区类型逐渐齐备后,才有了出口加工区、保税区、保税港区、高新园区、自由贸易区等典型类型，而真正被冠以特区且属于"中国创造"的仅有五大综合型经济特区。五大综合型经济特区不是单纯的工业区而是享受特殊经济待遇的地区，目前已经发展成具有一定规模和水平的现代化城市。而这正是非洲缺乏且希望拥有的。

第三，非洲经济特区与中国经济特区存在发展绩效差异。相对而言，非洲具有很好的发展出口贸易和建设经济特区的区位优势。同时，非洲各国均不缺乏学习特区建设经验，追赶发达国家的精神和动力。尽管非洲经济特区起步早，数量众多，次区域一体化组织较多，但各种类型的特区总体来看发展缓慢，经济总量较小，并未起到带动非洲各国经济起飞的目的。非洲经济特区建设效果总体不够显著的原因是多方面的，除了非洲国家之间边境管理烦琐、政策缺乏透明度、信息通信技术普及率低、基础设施建设长期缺乏资金等经济和贸易因素外，非洲国家稳定和安全保障的缺失是重要原因。与之相对应的是中国各类特区均起步较晚，但在近二三十年的发展却令世人瞩目。经济特区的成功，除了和特区的选址、政策设计以及发展定位相关外，更重要的是所有经济特区均需对各种特殊政策提供强有力的支撑，这种支撑既可来自健全的法律和法规，也可来自强有力的中央政府和地方政府，而这正是非洲多数国家所缺乏的。

第四，我国经济特区的成功以及中国特区模式的输出将为中非经贸合作和中非经济合作区带来极大发展机会。我国经济特区的创办和成功，是我国迈向现代化进程中的产物，是市场经济体制与中国特殊的制度设置相结合的产物，是世界发展史上的一大创举，引起了发达国家和其他发展中国家的极大关注。一方面，非洲等经济社会发展相对滞后的国家和地区纷纷效仿中国，向中国"取经"然后建设各种类型的经济特区；另一方面，随着中国经济实力的增强，受资源和生产要素以及生态、环境、人口的承载压力的约束，在国外建立产业园区、特别合作区、自由贸易区已成为我国对外经济合作的大趋势。非洲作为新兴市场，建立中非特殊合作区将为非洲和我国带来极大的商机和发展机会。

第五，非洲自由贸易区和一体化将引发更大的中非发展机遇。目前，非洲各国都在稳步推进非洲大陆自由贸易区建设的步伐，非洲一体化和贸易自由化将迎来非洲发展的新机遇。同时，非洲自贸区建设的推进，将为中国带来商品贸易、基础设施、产业合作等众多领域的合作机遇。非洲是一个拥有10亿人口、尚待开发的大市场，中非合作的深化将加快非洲市场的成熟与发展。为此，中国企业应积极把握非洲经济一体化建设的一些重点领域，以推进非洲一体化为契机，积极扭转我国对非贸易层次低、总量小的竞争格局。

参考文献

[1] 黄梅波、唐露萍：《中非经贸合作区的建立及其面临的挑战》，《国际经济合作》2012年第6期。

[2] 张菲：《中非经贸合作区建设模式与可持续发展问题研究》，《国际贸易》2013年第3期。

[3] 蔡倩茹：《非洲的"经济特区"》，《国际商报》2010年7月12日第14版。

[4] 罗拉·霍塔：《中国为非洲打造经济特区》，《世界报》2010年8月4日第010版。

[5] 路红艳：《中国境外经贸合作区发展的经验启示》，《对外经贸》2013年10月25日。

[6] 王彦喆：《借经贸合作区淘金非洲》，《进出口经理人》2011年2月5日。

[7] 逄增珺：《中国对非投资的经济社会效应初探》，上海外国语大学硕士论文，2011。

[8] 白云：《突尼斯与欧洲国家经济关系分析》，华中师范大学硕士论文，2013。

[9] 《2013非洲竞争力报告认为区域一体化是提升非洲未来竞争力的关键》，驻喀麦隆经商参赞处，2013年5月24日。

[10] 《2013年非洲重大经济事件回顾》，驻喀麦隆经商参赞处，2014年1月20日。

[11] 《中部非洲经济与货币共同体："六国俱乐部"处于停滞状态》，《青年非洲》2014年7月8日。

[12] 《非洲区域一体化组织盘点》，驻喀麦隆经商参赞处，2014年3月17日。

[13] 《非洲贸易一体化现状分析》，驻埃塞俄比亚经商参赞处，2014年2月25日。

[14] 《非洲自贸区有望于2017年底前实现》，埃塞俄比亚《每日观察》2014年5月28日。

[15] 《非洲积极发展本土制造业，建立出口加工区模式》，www.eastmoney.com，2010年5月23日。

[16] 《埃及苏伊士湾西北经济特区建设情况简介》，驻埃及经商参赞处，2008年10月1日。

[17] 《中部非洲国家经济共同体》，Baike.Gqsoso.com，2010。

[18] 毕洪业：《后危机时代的国际体系转型：俄罗斯的主张与应对》，《国际论坛》

2014年3月10日。
［19］武芳、田伊霖、王婷：《东非共同体发展成效和问题研究》，《国际经济合作》2013年12月20日。
［20］赵红霞、王峰：《中国对西非国家出口贸易常见的风险及防范》，《对外经贸实务》2010年11月10日。

B.22 后　记

呈现在读者面前的"经济特区蓝皮书"是由教育部人文社科重点基地——中国经济特区研究中心所承担的一个持续了六年的研究项目。自2009年起，"经济特区蓝皮书"就以真实反映中国经济特区发展状况，如实记录中国经济特区发展历程，动态记载中国经济特区成长路径的独特方式，及时反映国家区域发展战略布局调整大思路，而受到社会各界的关注。

从结构上来说，"经济特区蓝皮书"分为总报告、专题研究报告、特区发展分述报告和特区发展动态考察报告四个部分。总报告是全书的基本纲要，是站在国家整体发展战略规划的角度，对中国经济特区，包括改革试验区和部分新特区一年发展状态的整体评述。我们希望总报告能更充分地体现国家整体战略，并准确反映中国改革的大方向，能成为具有一定学术分量和政策意义的，有关中国经济特区发展现状与趋势的总论。当然，由于我们认识能力、研究水平及对国家整体发展战略理解的局限，目前的总报告作为初探时期的结果，离我们所期望的还有些距离。

专题研究部分不是泛泛而论的综述，而是以问题为导向的探索，即分别从特区的发展现状、比较分析、政策建议为切入点，对特区所面临的转型问题、资源的使用与可持续发展问题、政治体制改革问题、经济社会发展问题、社会保障问题、科技创新问题、金融体制改革问题、特区文化及文化产业问题等进行了综述分析，并针对每一具体问题提出了发展建议。可以说，这些问题既是经济特区所面临的问题，也是现阶段中国社会发展所遇到的问题，特区对上述问题解决的路径与举措，或许会对全国产生借鉴与先行的意义。这部分研究的重要意义在于拓展了经济特区的研究领域，不是就特区研究特区，而是从简单的历史回顾，走向理论与对策建议的前沿与前瞻性研究；从单纯的经济问题研究，走向对经济社会的整体研究。

后记

特区发展分述部分，是对五大传统特区及上海浦东和天津滨海新区一年发展状况的历史性记录与梳理，是"经济特区蓝皮书"撰写伊始就存在的最基本内容。但随着特区自身的发展及功能的变化，我们的研究增加了分析的内容。如果说专题研究部分主要是共性问题的比较，那么分述部分则是偏重不同特区的特殊问题的比较。由于历史及地域位置的不同，各经济特区及新区或经济圈所担负的责任也有所不同；由于不同经济区域或经济圈在产业结构的定位和在中国经济发展布局中的地位、角色、作用不同，各经济特区及新区的发展路径选择也有所不同，第三部分的分析正是以这些不同为出发点展开的。

特区发展动态考察部分，主要介绍中国区域发展战略调整及对国外的借鉴，尤其是新兴市场国家经济特区发展状况，是一个比较灵活且具有广泛扩展空间的结构安排。喀什、霍尔果斯、图们江特区的建立，意味着中国社会已经开始了由沿海开放向沿边开放的战略转移，鉴于此，本年度蓝皮书增加了图们江经济特区外商投资发展报告。可以说，从沿海开放到沿边开放是在中国大地上确立、完善市场经济体系的战略大思路；是中国社会实现协调发展的大举措；是对全方位开放路径的积极探索；是科学发展的伟大实践；是全面实现现代化的整体部署。它不仅以战略的眼光规划着中国社会全面发展的宏伟蓝图，同时也将促进产业结构区域间的合理布局及不同区域间由要素禀赋等构成的比较优势的形成与有效发挥；扩大中国经济增长的对外辐射力，从而开拓更加广阔的国际市场；减弱世界经济危机对中国以外向型经济为主的经济增长模式的正面冲击，巩固增长空间日益扩大而又可持续的、内生的经济发展实力；形成全国范围内的逐渐趋于平衡发展的、共同繁荣的、以区域间协调互补为特征的经济共同体。所以它对中国未来的发展将产生深刻而持久的影响，它的战略意义是深远而巨大的。

与喀什、霍尔果斯、图们江特区不同，上海自贸区和深圳前海的建立，不仅是区域发展战略部署的结果，更是以点带面、深化经济体制改革，从而带动中国社会政治体制改革和社会整体协调发展的试验区。如果说35年前以深圳为代表的传统经济特区的成立是为了完成计划经济向市场经济的转型，那么今天新兴经济特区，尤其是深圳前海和上海自贸区的成立，则更在于扩大特区的示范效应，深化中国社会的改革开放和社会规制建设的成果，以开放促改革，

进一步推动中国社会全方位改革的有序进行。基于此,本年度蓝皮书把深圳前海和上海自贸区纳入其中。

记录、反映、研究国外新兴经济体的经济特区发展路径、成长模式、政策支持等问题,在比较中寻找共性规律、探索共同面临的问题及解决方案,寻求共同发展繁荣的途径和方式,是"经济特区蓝皮书"的时代使命。新兴市场经济国家几乎无一例外地面临着某些共性的问题:既依赖于国际分工,又受制于国际分工;都在经历经济高速增长的同时,面临资源过度消耗及污染和环境保护等问题;都遭遇未富先老的社会尴尬和矛盾;等等。尽管对于经济可持续发展和社会文明、进步而言并没有一条放之四海而皆准的道路或模式,但国与国之间的相互借鉴、学习以及对共同面对的发展问题提出解决方案,无疑可以彰显合作的力量。2013年的蓝皮书中加入了巴基斯坦经济特区发展报告部分,2014年的蓝皮书我们又把非洲经济特区纳入其中,未来几年,国外新兴市场经济国家特区的分量将会不断提升。

其实,在编写"经济特区蓝皮书"的过程中,我们也面临着现实的挑战与考问。因为从概念上讲,特区本来就是"实行特区优惠政策的地区"的简称,一旦这种政策取消了,特区在概念上自然就没有存在的可能了。从20世纪末的近30年的实践来看,特区已经很好地或者说圆满地完成了设立之初特殊的政治历史使命,即"窗口""试验田""排头兵"的使命。1992年之后,当全国都走上市场经济之路时,特区也就没有存在的必要了。也正是在这个意义上,时任总理朱镕基说:"现状特区已经不'特'了,已经没有什么特区优惠政策了,全中国都是一样的。我们并不是按地区来优惠,而是按产业来优惠。"在经济特区成立二十周年大会上,中央要求特区"增创新优势,更上一层楼",宣告经济特区将贯穿于中国改革开放的全过程,贯穿于中国现代化建设的全过程。有学者认为,上述两个全过程清楚表明经济特区被历史地赋予了双重使命——从"改革"的意义上讲,是要加快完成市场经济的转型,继续当好改革开放的先锋队、排头兵;从"发展"的意义上讲,是要加快实现发展方式的转变,早日建成现代化国际性大城市,构筑中国区域经济的新版图。

从根本上说,无论是对中国社会,还是对一直走在改革开放前沿的特区而言,改革的任务并没有完成,改革的时代也并没有结束。所以,无论如何我们都不能得出这样的结论：中国社会已从"改革的时代"进入了"发展的时代"，更不能以发展替代改革。从根本上说，只有深化改革，扩大开放，切实建立起社会主义市场经济体制，才能实现发展方式的彻底转变，才能使中国社会真正走上科学发展的道路，才能实现震撼人心的"中国梦"。因为无论从逻辑还是从现实上说，"改革"与"发展"之间的关系绝不是此先彼后的关系，而是存在深刻的因果关系。它们不是处于两个不同时代的承上启下的两项任务，而是同一时代的同一过程中的共同主题。这正如阿玛蒂亚·森的自由与发展的关系一样。

共筑"中国梦"的过程，依然是改革开放的过程。改革开放30多年来，中国社会取得了举世瞩目的巨大成就。可以说，30多年来的高速增长，靠的就是改革开放；令世人感叹的"中国奇迹"，靠的也是改革开放；实现科学发展，靠的还是改革开放；共筑"中国梦"的伟大实践，靠的必然还是改革开放。

经济特区作为特殊政策的产物，它已经完美地完成了特殊的历史使命，但特区作为中国道路的一种选择，或者说作为中国实现现代化的一条捷径，它的存在是有其必要性的，它的使命是与时俱进的。或许特区作为一种路径选择将伴随着"中国梦"实现的全过程，如喀什、霍尔果斯、图们江、上海自贸区等新兴经济特区的出现就是一个很有力的现实说明。

蓝皮书的顺利完成，首先要感谢创作团队的全体同人。这是一支专业知识扎实，学术功底深厚，对经济特区问题有比较深入思考与研究的学术团队。如果说共同的学术兴趣是蓝皮书团队的凝聚力之所在，那么团结、友善、合作、充满活力与朝气则是这个团队的战斗力之所在。蓝皮书的完成是项目的完成，更是学术团队的共同收获。对学术的敬畏和对专业的热爱是这支学术团队已经拥有，并期待永远拥有的美好品格。另外，作为学术团队的重要成员和负责人之一，袁易明教授为蓝皮书的完成付出了更多精力和努力。周轶昆博士承担了蓝皮书稿件的收集整理以及相关事务工作，他是一个踏实敬业的学者。

蓝皮书编委会是由专家学者和来自中国几大经济特区的实际工作者与地方官员组成的。蓝皮书从前期调研、资料收集到撰写框架和初稿的论证都得到了编委会全体成员的积极参与和大力支持。来自各大经济特区的编委们以丰富的

实践经验和实政思考,为蓝皮书的完善提出了许多有针对性、有价值的意见与建议,他们是蓝皮书撰写中的冷静而现实的头脑。在这里尤其要说明的是,蓝皮书受到了来自越南广宁经济特区和南非、巴基斯坦、印度、柬埔寨等新兴经济体的学者与官员的高度关注,逐步加入新兴经济体经济特区、自贸区的内容,将是蓝皮书未来的一个研究方向。这是国别比较、借鉴的过程,也是宣传、介绍中国道路的过程。

在这里还要特别感谢"经济特区蓝皮书"出版项目负责人和本书的责任编辑。他们踏实的工作作风和令人敬佩的专业精神为蓝皮书的顺利完成提供了不可或缺的指导与帮助。

蓝皮书的出版还获得了深圳市文化宣传基金的资助,深圳市政府的远见卓识不仅会为中国特区发展的历史,为中国改革开放的历史,而且还会为中国现代历史留下厚重的一笔。它的意义和价值随着时间的延续将越来越显现出来。在这里还要特别感谢时任深圳社会科学院院长、市委宣传部副部长,现任深圳市委宣传部常务副部长吴忠同志的支持与帮助,他作为编委会的主任委员不仅为蓝皮书的撰写贡献了思想与政治智慧,同时也给予了切实的资助。还要感谢深圳市宣传文化事业发展专项基金领导小组办公室李建阳主任对蓝皮书的支持,政府的远见卓识将是学术自由发展的制度环境保证。

希望蓝皮书在以飨读者的同时,能得到同行和读者的批评与指教。

陶一桃

2014 年 11 月 4 日于桑泰丹华府

社会科学文献出版社　皮书系列

✣ 皮书起源 ✣

"皮书"起源于十七、十八世纪的英国，主要指官方或社会组织正式发表的重要文件或报告，多以"白皮书"命名。在中国，"皮书"这一概念被社会广泛接受，并被成功运作、发展成为一种全新的出版型态，则源于中国社会科学院社会科学文献出版社。

✣ 皮书定义 ✣

皮书是对中国与世界发展状况和热点问题进行年度监测，以专业的角度、专家的视野和实证研究方法，针对某一领域或区域现状与发展态势展开分析和预测，具备权威性、前沿性、原创性、实证性、时效性等特点的连续性公开出版物，由一系列权威研究报告组成。皮书系列是社会科学文献出版社编辑出版的蓝皮书、绿皮书、黄皮书等的统称。

✣ 皮书作者 ✣

皮书系列的作者以中国社会科学院、著名高校、地方社会科学院的研究人员为主，多为国内一流研究机构的权威专家学者，他们的看法和观点代表了学界对中国与世界的现实和未来最高水平的解读与分析。

✣ 皮书荣誉 ✣

皮书系列已成为社会科学文献出版社的著名图书品牌和中国社会科学院的知名学术品牌。2011年，皮书系列正式列入"十二五"国家重点图书出版规划项目；2012~2014年，重点皮书列入中国社会科学院承担的国家哲学社会科学创新工程项目；2015年，41种院外皮书使用"中国社会科学院创新工程学术出版项目"标识。

法律声明

"皮书系列"(含蓝皮书、绿皮书、黄皮书)之品牌由社会科学文献出版社最早使用并持续至今,现已被中国图书市场所熟知。"皮书系列"的LOGO( )与"经济蓝皮书""社会蓝皮书"均已在中华人民共和国国家工商行政管理总局商标局登记注册。"皮书系列"图书的注册商标专用权及封面设计、版式设计的著作权均为社会科学文献出版社所有。未经社会科学文献出版社书面授权许可,任何使用与"皮书系列"图书注册商标、封面设计、版式设计相同或者近似的文字、图形或其组合的行为均系侵权行为。

经作者授权,本书的专有出版权及信息网络传播权为社会科学文献出版社享有。未经社会科学文献出版社书面授权许可,任何就本书内容的复制、发行或以数字形式进行网络传播的行为均系侵权行为。

社会科学文献出版社将通过法律途径追究上述侵权行为的法律责任,维护自身合法权益。

欢迎社会各界人士对侵犯社会科学文献出版社上述权利的侵权行为进行举报。电话:010-59367121,电子邮箱:fawubu@ssap.cn。

社会科学文献出版社

权威报告·热点资讯·特色资源

皮书数据库
ANNUAL REPORT(YEARBOOK) DATABASE

当代中国与世界发展高端智库平台

WWW.PISHU.COM.CN

皮书俱乐部会员服务指南

1. 谁能成为皮书俱乐部成员？
- 皮书作者自动成为俱乐部会员
- 购买了皮书产品（纸质书/电子书）的个人用户

2. 会员可以享受的增值服务
- 免费获赠皮书数据库100元充值卡
- 加入皮书俱乐部，免费获赠该纸质图书的电子书
- 免费定期获赠皮书电子期刊
- 优先参与各类皮书学术活动
- 优先享受皮书产品的最新优惠

3. 如何享受增值服务？

（1）免费获赠100元皮书数据库体验卡

第1步 刮开附赠充值的涂层（右下）；

第2步 登录皮书数据库网站（www.pishu.com.cn），注册账号；

第3步 登录并进入"会员中心"—"在线充值"—"充值卡充值"，充值成功后即可使用。

（2）加入皮书俱乐部，凭数据库体验卡获赠该书的电子书

第1步 登录社会科学文献出版社官网（www.ssap.com.cn），注册账号；

第2步 登录并进入"会员中心"—"皮书俱乐部"，提交加入皮书俱乐部申请；

第3步 审核通过后，再次进入皮书俱乐部，填写页面所需图书、体验卡信息即可自动兑换相应电子书。

4. 声明

解释权归社会科学文献出版社所有

皮书俱乐部会员可享受社会科学文献出版社其他相关免费增值服务，有任何疑问，均可与我们联系。

图书销售热线：010-59367070/7028
图书服务QQ：800045692
图书服务邮箱：duzhe@ssap.cn

数据库服务热线：400-008-6695
数据库服务QQ：2475522410
数据库服务邮箱：database@ssap.cn

欢迎登录社会科学文献出版社官网
（www.ssap.com.cn）
和中国皮书网（www.pishu.cn）
了解更多信息

社会科学文献出版社 皮书系列
卡号：447219183530
密码：

Sub-Database Introduction
子库介绍

中国经济发展数据库

涵盖宏观经济、农业经济、工业经济、产业经济、财政金融、交通旅游、商业贸易、劳动经济、企业经济、房地产经济、城市经济、区域经济等领域，为用户实时了解经济运行态势、把握经济发展规律、洞察经济形势、做出经济决策提供参考和依据。

中国社会发展数据库

全面整合国内外有关中国社会发展的统计数据、深度分析报告、专家解读和热点资讯构建而成的专业学术数据库。涉及宗教、社会、人口、政治、外交、法律、文化、教育、体育、文学艺术、医药卫生、资源环境等多个领域。

中国行业发展数据库

以中国国民经济行业分类为依据，跟踪分析国民经济各行业市场运行状况和政策导向，提供行业发展最前沿的资讯，为用户投资、从业及各种经济决策提供理论基础和实践指导。内容涵盖农业，能源与矿产业，交通运输业，制造业，金融业，房地产业，租赁和商务服务业，科学研究，环境和公共设施管理，居民服务业，教育，卫生和社会保障，文化、体育和娱乐业等100余个行业。

中国区域发展数据库

以特定区域内的经济、社会、文化、法治、资源环境等领域的现状与发展情况进行分析和预测。涵盖中部、西部、东北、西北等地区，长三角、珠三角、黄三角、京津冀、环渤海、合肥经济圈、长株潭城市群、关中一天水经济区、海峡经济区等区域经济体和城市圈，北京、上海、浙江、河南、陕西等34个省份及中国台湾地区。

中国文化传媒数据库

包括文化事业、文化产业、宗教、群众文化、图书馆事业、博物馆事业、档案事业、语言文字、文学、历史地理、新闻传播、广播电视、出版事业、艺术、电影、娱乐等多个子库。

世界经济与国际政治数据库

以皮书系列中涉及世界经济与国际政治的研究成果为基础，全面整合国内外有关世界经济与国际政治的统计数据、深度分析报告、专家解读和热点资讯构建而成的专业学术数据库。包括世界经济、世界政治、世界文化、国际社会、国际关系、国际组织、区域发展、国别发展等多个子库。

权威·前沿·原创

社会科学文献出版社
皮书系列
2015年

盘点年度资讯 预测时代前程

社会科学文献出版社 学术传播中心 编制

社会科学文献出版社
SOCIAL SCIENCES ACADEMIC PRESS (CHINA)

社会科学文献出版社成立于1985年,是直属于中国社会科学院的人文社会科学专业学术出版机构。

成立以来,特别是1998年实施第二次创业以来,依托于中国社会科学院丰厚的学术出版和专家学者两大资源,坚持"创社科经典,出传世文献"的出版理念和"权威、前沿、原创"的产品定位,社科文献立足内涵式发展道路,从战略层面推动学术出版的五大能力建设,逐步走上了学术产品的系列化、规模化、数字化、国际化、市场化经营道路。

先后策划出版了著名的图书品牌和学术品牌"皮书"系列、"列国志"、"社科文献精品译库"、"全球化译丛"、"气候变化与人类发展译丛"、"近世中国"等一大批既有学术影响又有市场价值的系列图书。形成了较强的学术出版能力和资源整合能力,年发稿5亿字,年出版图书1400余种,承印发行中国社科院院属期刊70余种。

依托于雄厚的出版资源整合能力,社会科学文献出版社长期以来一直致力于从内容资源和数字平台两个方面实现传统出版的再造,并先后推出了皮书数据库、列国志数据库、中国田野调查数据库等一系列数字产品。

在国内原创著作、国外名家经典著作大量出版,数字出版突飞猛进的同时,社会科学文献出版社在学术出版国际化方面也取得了不俗的成绩。先后与荷兰博睿等十余家国际出版机构合作面向海外推出了《经济蓝皮书》《社会蓝皮书》等十余种皮书的英文版、俄文版、日文版等。截至目前,社会科学文献出版社共推出各类学术著作的英文版、日文版、俄文版、韩文版、阿拉伯文版等共百余种。

此外,社会科学文献出版社积极与中央和地方各类媒体合作,联合大型书店、学术书店、机场书店、网络书店、图书馆,逐步构建起了强大的学术图书的内容传播力和社会影响力,学术图书的媒体曝光率居全国之首,图书馆藏率居于全国出版机构前十位。

上述诸多成绩的取得,有赖于一支以年轻的博士、硕士为主体,一批从中国社科院刚退出科研一线的各学科专家为支撑的300多位高素质的编辑、出版和营销队伍,为我们实现学术立社,以学术的品位、学术价值来实现经济效益和社会效益这样一个目标的共同努力。

作为已经开启第三次创业梦想的人文社会科学学术出版机构,社会科学文献出版社结合社会需求、自身的条件以及行业发展,提出了新的创业目标:精心打造人文社会科学成果推广平台,发展成为一家集图书、期刊、声像电子和数字出版物为一体,面向海内外高端读者和客户,具备独特竞争力的人文社会科学内容资源供应商和海内外知名的专业学术出版机构。

社长致辞

我们是图书出版者,更是人文社会科学内容资源供应商;

我们背靠中国社会科学院,面向中国与世界人文社会科学界,坚持为人文社会科学的繁荣与发展服务;

我们精心打造权威信息资源整合平台,坚持为中国经济与社会的繁荣与发展提供决策咨询服务;

我们以读者定位自身,立志让爱书人读到好书,让求知者获得知识;

我们精心编辑、设计每一本好书以形成品牌张力,以优秀的品牌形象服务读者,开拓市场;

我们始终坚持"创社科经典,出传世文献"的经营理念,坚持"权威、前沿、原创"的产品特色;

我们"以人为本",提倡阳光下创业,员工与企业共享发展之成果;

我们立足于现实,认真对待我们的优势、劣势,我们更着眼于未来,以不断的学习与创新适应不断变化的世界,以不断的努力提升自己的实力;

我们愿与社会各界友好合作,共享人文社会科学发展之成果,共同推动中国学术出版乃至内容产业的繁荣与发展。

社会科学文献出版社社长
中国社会学会秘书长

2015年1月

社会科学文献出版社　皮书系列

❖ 皮书起源 ❖

"皮书"起源于十七、十八世纪的英国，主要指官方或社会组织正式发表的重要文件或报告，多以"白皮书"命名。在中国，"皮书"这一概念被社会广泛接受，并被成功运作、发展成为一种全新的出版形态，则源于中国社会科学院社会科学文献出版社。

❖ 皮书定义 ❖

皮书是对中国与世界发展状况和热点问题进行年度监测，以专业的角度、专家的视野和实证研究方法，针对某一领域或区域现状与发展态势展开分析和预测，具备权威性、前沿性、原创性、实证性、时效性等特点的连续性公开出版物，由一系列权威研究报告组成。皮书系列是社会科学文献出版社编辑出版的蓝皮书、绿皮书、黄皮书等的统称。

❖ 皮书作者 ❖

皮书系列的作者以中国社会科学院、著名高校、地方社会科学院的研究人员为主，多为国内一流研究机构的权威专家学者，他们的看法和观点代表了学界对中国与世界的现实和未来最高水平的解读与分析。

❖ 皮书荣誉 ❖

皮书系列已成为社会科学文献出版社的著名图书品牌和中国社会科学院的知名学术品牌。2011年，皮书系列正式列入"十二五"国家重点出版规划项目；2012~2014年，重点皮书列入中国社会科学院承担的国家哲学社会科学创新工程项目；2015年，41种院外皮书使用"中国社会科学院创新工程学术出版项目"标识。

经 济 类

经济类皮书涵盖宏观经济、城市经济、大区域经济，提供权威、前沿的分析与预测

经济蓝皮书
2015年中国经济形势分析与预测

李 扬 / 主编　　2014年12月出版　　定价：69.00元

◆ 本书课题为"总理基金项目"，由著名经济学家李扬领衔，联合数十家科研机构、国家部委和高等院校的专家共同撰写，对2014年中国宏观及微观经济形势，特别是全球金融危机及其对中国经济的影响进行了深入分析，并且提出了2015年经济走势的预测。

城市竞争力蓝皮书
中国城市竞争力报告No.13

倪鹏飞 / 主编　　2015年5月出版　　估价：89.00元

◆ 本书由中国社会科学院城市与竞争力研究中心主任倪鹏飞主持编写，汇集了众多研究城市经济问题的专家学者关于城市竞争力研究的最新成果。本报告构建了一套科学的城市竞争力评价指标体系，采用第一手数据材料，对国内重点城市年度竞争力格局变化进行客观分析和综合比较、排名，对研究城市经济及城市竞争力极具参考价值。

西部蓝皮书
中国西部发展报告（2015）

姚慧琴　徐璋勇 / 主编　　2015年7月出版　　估价：89.00元

◆ 本书由西北大学中国西部经济发展研究中心主编，汇集了源自西部本土以及国内研究西部问题的权威专家的第一手资料，对国家实施西部大开发战略进行年度动态跟踪，并对2015年西部经济、社会发展态势进行预测和展望。

皮书系列重点推荐

经济类

中部蓝皮书
中国中部地区发展报告（2015）

喻新安 / 主编　　2015年5月出版　　估价：69.00元

◆ 本书敏锐地抓住当前中部地区经济发展中的热点、难点问题，紧密地结合国家和中部经济社会发展的重大战略转变，对中部地区经济发展的各个领域进行了深入、全面的分析研究，并提出了具有理论研究价值和可操作性强的政策建议。

世界经济黄皮书
2015年世界经济形势分析与预测

王洛林　张宇燕 / 主编　　2014年12月出版　　估价：69.00元

◆ 本书为"十二五"国家重点图书出版规划项目，中国社会科学院创新工程学术出版资助项目，作者来自中国社会科学院世界经济与政治研究所。该书总结了2014年世界经济发展的热点问题，对2015年世界经济形势进行了分析与预测。

中国省域竞争力蓝皮书
中国省域经济综合竞争力发展报告（2015）

李建平　李闽榕　高燕京 / 主编　　2015年3月出版　　估价：198.00元

◆ 本书充分运用数理分析、空间分析、规范分析与实证分析相结合、定性分析与定量分析相结合的方法，建立起比较科学完善、符合中国国情的省域经济综合竞争力指标评价体系及数学模型，对2013~2014年中国内地31个省、市、区的经济综合竞争力进行全面、深入、科学的总体评价与比较分析。

城市蓝皮书
中国城市发展报告No.8

潘家华　魏后凯 / 主编　　2015年9月出版　　估价：69.00元

◆ 本书由中国社会科学院城市发展与环境研究中心编著，从中国城市的科学发展、城市环境可持续发展、城市经济集约发展、城市社会协调发展、城市基础设施与用地管理、城市管理体制改革以及中国城市科学发展实践等多角度、全方位地立体展示了中国城市的发展状况，并对中国城市的未来发展提出了建议。

经济类 皮书系列 重点推荐

金融蓝皮书

中国金融发展报告（2015）

李 扬 王国刚/主编　2014年12月出版　估价：69.00元

◆ 由中国社会科学院金融研究所组织编写的《中国金融发展报告（2015）》，概括和分析了2014年中国金融发展和运行中的各方面情况，研讨和评论了2014年发生的主要金融事件。本书由业内专家和青年精英联合编著，有利于读者了解掌握2014年中国的金融状况，把握2015年中国金融的走势。

低碳发展蓝皮书

中国低碳发展报告（2015）

齐 晔/主编　2015年3月出版　估价：89.00元

◆ 本书对中国低碳发展的政策、行动和绩效进行科学、系统、全面的分析。重点是通过归纳中国低碳发展的绩效，评估与低碳发展相关的政策和措施，分析政策效应的制度背景和作用机制，为进一步的政策制定、优化和实施提供支持。

经济信息绿皮书

中国与世界经济发展报告（2015）

杜 平/主编　2014年12月出版　估价：79.00元

◆ 本书由国家信息中心继续组织有关专家编撰。由国家信息中心组织专家队伍编撰，对2014年国内外经济发展环境、宏观经济发展趋势、经济运行中的主要矛盾、产业经济和区域经济热点、宏观调控政策的取向进行了系统的分析预测。

低碳经济蓝皮书

中国低碳经济发展报告（2015）

薛进军 赵忠秀/主编　2015年5月出版　估价：69.00元

◆ 本书是以低碳经济为主题的系列研究报告，汇集了一批罗马俱乐部核心成员、IPCC工作组成员、碳排放理论的先驱者、政府气候变化问题顾问、低碳社会和低碳城市计划设计人等世界顶尖学者，对气候变化政策制定、特别是中国的低碳经济经济发展有特别参考意义。

皮书系列 重点推荐　社会政法类

社会政法类

 社会政法类皮书聚焦社会发展领域的热点、难点问题，提供权威、原创的资讯与视点

社会蓝皮书

2015年中国社会形势分析与预测

李培林　陈光金　张　翼／主编　2014年12月出版　定价:69.00元

◆ 本报告是中国社会科学院"社会形势分析与预测"课题组2014年度分析报告，由中国社会科学院社会学研究所组织研究机构专家、高校学者和政府研究人员撰写。对2014年中国社会发展的各个方面内容进行了权威解读，同时对2015年社会形势发展趋势进行了预测。

法治蓝皮书

中国法治发展报告No.13（2015）

李　林　田　禾／主编　2015年2月出版　估价:98.00元

◆ 本年度法治蓝皮书一如既往秉承关注中国法治发展进程中的焦点问题的特点，回顾总结了2014年度中国法治发展取得的成就和存在的不足，并对2015年中国法治发展形势进行了预测和展望。

环境绿皮书

中国环境发展报告（2015）

刘鉴强／主编　2015年5月出版　估价:79.00元

◆ 本书由民间环保组织"自然之友"组织编写，由特别关注、生态保护、宜居城市、可持续消费以及政策与治理等版块构成，以公共利益的视角记录、审视和思考中国环境状况，呈现2014年中国环境与可持续发展领域的全局态势，用深刻的思考、科学的数据分析2014年的环境热点事件。

反腐倡廉蓝皮书

中国反腐倡廉建设报告 No.4

李秋芳 张英伟 / 主编　2014年12月出版　定价:79.00元

◆ 本书抓住了若干社会热点和焦点问题，全面反映了新时期新阶段中国反腐倡廉面对的严峻局面，以及中国共产党反腐倡廉建设的新实践新成果。根据实地调研、问卷调查和舆情分析，梳理了当下社会普遍关注的与反腐败密切相关的热点问题。

女性生活蓝皮书

中国女性生活状况报告 No.9（2015）

韩湘景 / 主编　2015年4月出版　估价:79.00元

◆ 本书由中国妇女杂志社、华坤女性生活调查中心和华坤女性消费指导中心组织编写，通过调查获得的大量调查数据，真实展现当年中国城市女性的生活状况、消费状况及对今后的预期。

华侨华人蓝皮书

华侨华人研究报告(2015)

贾益民 / 主编　2015年12月出版　估价:118.00元

◆ 本书为中国社会科学院创新工程学术出版资助项目，是华侨大学向世界提供最新涉侨动态、理论研究和政策建议的平台。主要介绍了相关国家华侨华人的规模、分布、结构、发展趋势，以及全球涉侨生存安全环境和华文教育情况等。

政治参与蓝皮书

中国政治参与报告（2015）

房宁 / 主编　2015年7月出版　估价:105.00元

◆ 本书作者均来自中国社会科学院政治学研究所，聚焦中国基层群众自治的参与情况介绍了城镇居民的社区建设与居民自治参与和农村居民的村民自治与农村社区建设参与情况。其优势是其指标评估体系的建构和问卷调查的设计专业，数据量丰富，统计结论科学严谨。

皮书系列重点推荐

行业报告类

行业报告类

行业报告类皮书立足重点行业、新兴行业领域，提供及时、前瞻的数据与信息

房地产蓝皮书
中国房地产发展报告 No.12（2015）

魏后凯　李景国 / 主编　　2015 年 5 月出版　　估价：79.00 元

◆ 本书汇集了众多研究城市房地产经济问题的专家、学者关于城市房地产方面的最新研究成果。对 2014 年我国房地产经济发展状况进行了回顾，并做出了分析，全面翔实而又客观公正，同时，也对未来我国房地产业的发展形势做出了科学的预测。

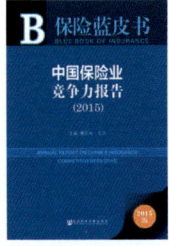

保险蓝皮书
中国保险业竞争力报告（2015）

姚庆海　王　力 / 主编　　2015 年 12 出版　　估价：98.00 元

◆ 本皮书主要为监管机构、保险行业和保险学界提供保险市场一年来发展的总体评价，外在因素对保险业竞争力发展的影响研究；国家监管政策、市场主体经营创新及职能发挥、理论界最新研究成果等综述和评论。

企业社会责任蓝皮书
中国企业社会责任研究报告（2015）

黄群慧　彭华岗　钟宏武　张　蒽 / 编著
2015 年 11 月出版　　估价：69.00 元

◆ 本书系中国社会科学院经济学部企业社会责任研究中心组织编写的《企业社会责任蓝皮书》2015 年分册。该书在对企业社会责任进行宏观总体研究的基础上，根据 2014 年企业社会责任及相关背景进行了创新研究，在全国企业中观层面对企业健全社会责任管理体系提供了弥足珍贵的丰富信息。

皮书系列 重点推荐

行业报告类

投资蓝皮书
中国投资发展报告（2015）

杨庆蔚 / 主编　　2015 年 4 月出版　　估价：128.00 元

◆ 本书是中国建银投资有限责任公司在投资实践中对中国投资发展的各方面问题进行深入研究和思考后的成果。投资包括固定资产投资、实业投资、金融产品投资、房地产投资等诸多领域，尝试将投资作为一个整体进行研究，能够较为清晰地展现社会资金流动的特点，为投资者、研究者、甚至政策制定者提供参考。

住房绿皮书
中国住房发展报告（2014~2015）

倪鹏飞 / 主编　　2014 年 12 月出版　　估价：79.00 元

◆ 本报告从宏观背景、市场主体、市场体系、公共政策和年度主题五个方面，对中国住宅市场体系做了全面系统的分析、预测与评价，并给出了相关政策建议，并在评述 2013~2014 年住房及相关市场走势的基础上，预测了 2014~2015 年住房及相关市场的发展变化。

人力资源蓝皮书
中国人力资源发展报告（2015）

余兴安 / 主编　　2015 年 9 月出版　　估价：79.00 元

◆ 本书是在人力资源和社会保障部部领导的支持下，由中国人事科学研究院汇集我国人力资源开发权威研究机构的诸多专家学者的研究成果编写而成。作为关于人力资源的蓝皮书，本书通过充分利用有关研究成果，更广泛、更深入地展示近年来我国人力资源开发重点领域的研究成果。

汽车蓝皮书
中国汽车产业发展报告（2015）

国务院发展研究中心产业经济研究部　中国汽车工程学会
大众汽车集团（中国）/ 主编　　2015 年 7 月出版　　估价：128.00 元

◆ 本书由国务院发展研究中心产业经济研究部、中国汽车工程学会、大众汽车集团（中国）联合主编，是关于中国汽车产业发展的研究性年度报告，介绍并分析了本年度中国汽车产业发展的形势。

国别与地区类

国别与地区类皮书关注全球重点国家与地区，提供全面、独特的解读与研究

亚太蓝皮书

亚太地区发展报告（2015）

李向阳 / 主编　　2015 年 1 月出版　　估价：59.00 元

◆ 本书是由中国社会科学院亚太与全球战略研究院精心打造的品牌皮书，关注时下亚太地区局势发展动向里隐藏的中长趋势，剖析亚太地区政治与安全格局下的区域形势最新动向以及地区关系发展的热点问题，并对 2015 年亚太地区重大动态做出前瞻性的分析与预测。

日本蓝皮书

日本研究报告（2015）

李薇 / 主编　　2015 年 3 月出版　　估价：69.00 元

◆ 本书由中华日本学会、中国社会科学院日本研究所合作推出，是以中国社会科学院日本研究所的研究人员为主完成的研究成果。对 2014 年日本的政治、外交、经济、社会文化作了回顾、分析与展望，并收录了该年度日本大事记。

德国蓝皮书

德国发展报告（2015）

郑春荣　伍慧萍 / 主编　　2015 年 6 月出版　　估价：69.00 元

◆ 本报告由同济大学德国研究所组织编撰，由该领域的专家学者对德国的政治、经济、社会文化、外交等方面的形势发展情况，进行全面的阐述与分析。德国作为欧洲大陆第一强国，与中国各方面日渐紧密的合作关系，值得国内各界深切关注。

国际形势黄皮书
全球政治与安全报告（2015）

李慎明 张宇燕/主编　2014年12月出版　估价:69.00元

◆ 本书为"十二五"国家重点图书出版规划项目、中国社会科学院创新工程学术出版资助项目，为"国际形势黄皮书"系列年度报告之一。报告旨在对本年度国际政治及安全形势的总体情况和变化进行回顾与分析，并提出一定的预测。

拉美黄皮书
拉丁美洲和加勒比发展报告（2014~2015）

吴白乙/主编　2015年4月出版　估价:89.00元

◆ 本书是中国社会科学院拉丁美洲研究所的第14份关于拉丁美洲和加勒比地区发展形势状况的年度报告。本书对2014年拉丁美洲和加勒比地区诸国的政治、经济、社会、外交等方面的发展情况做了系统介绍，对该地区相关国家的热点及焦点问题进行了总结和分析，并在此基础上对该地区各国2015年的发展前景做出预测。

美国蓝皮书
美国研究报告（2015）

黄平　郑秉文/主编　2015年7月出版　估价:89.00元

◆ 本书是由中国社会科学院美国所主持完成的研究成果，它回顾了美国2014年的经济、政治形势与外交战略，对2014年以来美国内政外交发生的重大事件以及重要政策进行了较为全面的回顾和梳理。

大湄公河次区域蓝皮书
大湄公河次区域合作发展报告（2015）

刘稚/主编　2015年9月出版　估价:79.00元

◆ 云南大学大湄公河次区域研究中心深入追踪分析该区域发展动向，以把握全面，突出重点为宗旨，系统介绍和研究大湄公河次区域合作的年度热点和重点问题，展望次区域合作的发展趋势，并对新形势下我国推进次区域合作深入发展提出相关对策建议。

地方发展类

地方发展类

地方发展类皮书关注大陆各省份、经济区域，提供科学、多元的预判与咨政信息

北京蓝皮书
北京公共服务发展报告（2014~2015）

施昌奎／著　　2015年2月出版　　估价：69.00元

◆ 本书是由北京市政府职能部门的领导、首都著名高校的教授、知名研究机构的专家共同完成的关于北京市公共服务发展与创新的研究成果。内容涉及了北京市公共服务发展的方方面面，既有综述性的总报告，也有细分的情况介绍，既有对北京各个城区的综合性描述，也有对局部、细部、具体问题的分析，对年度热点问题也都有涉及。

上海蓝皮书
上海经济发展报告（2015）

沈开艳／主编　　2015年1月出版　　估价:69.00元

◆ 本书系上海社会科学院系列之一，报告对2015年上海经济增长与发展趋势的进行了预测，把握了上海经济发展的脉搏和学术研究的前沿。

广州蓝皮书
广州经济发展报告（2015）

李江涛　朱名宏／主编　　2015年5月出版　　估价:69.00元

◆ 本书是由广州市社会科学院主持编写的"广州蓝皮书"系列之一，本报告对广州2014年宏观经济运行情况作了深入分析，对2015年宏观经济走势进行了合理预测，并在此基础上提出了相应的政策建议。

文化传媒类

文化传媒类皮书透视文化领域、文化产业，
探索文化大繁荣、大发展的路径

新媒体蓝皮书
中国新媒体发展报告 No.5（2015）

唐绪军 / 主编　　2015 年 6 月出版　　估价：79.00 元

◆ 本书由中国社会科学院新闻与传播研究所和上海大学合作编写，在构建新媒体发展研究基本框架的基础上，全面梳理 2014 年中国新媒体发展现状，发表最前沿的网络媒体深度调查数据和研究成果，并对新媒体发展的未来趋势做出预测。

舆情蓝皮书
中国社会舆情与危机管理报告（2015）

谢耘耕 / 主编　　2015 年 8 月出版　　估价：98.00 元

◆ 本书由上海交通大学舆情研究实验室和危机管理研究中心主编，已被列入教育部人文社会科学研究报告培育项目。本书以新媒体环境下的中国社会为立足点，对 2014 年中国社会舆情、分类舆情等进行了深入系统的研究，并预测了 2015 年社会舆情走势。

文化蓝皮书
中国文化产业发展报告（2015）

张晓明　王家新　章建刚 / 主编　　2015 年 4 月出版　　估价：79.00 元

◆ 本书由中国社会科学院文化研究中心编写。从 2012 年开始，中国社会科学院文化研究中心设立了国内首个文化产业的研究类专项资金——"文化产业重大课题研究计划"，开始在全国范围内组织多学科专家学者对我国文化产业发展重大战略问题进行联合攻关研究。本书集中反映了该计划的研究成果。

经济类

G20国家创新竞争力黄皮书
二十国集团(G20)国家创新竞争力发展报告(2015)
著(编)者：黄茂兴 李闽榕 李建平 赵新力
2015年9月出版 / 估价：128.00元

产业蓝皮书
中国产业竞争力报告(2015)
著(编)者：张其仔 2015年5月出版 / 估价：79.00元

长三角蓝皮书
2015年全面深化改革中的长三角
著(编)者：张伟斌 2015年1月出版 / 估价：69.00元

城乡一体化蓝皮书
中国城乡一体化发展报告(2015)
著(编)者：付崇兰 汝信 2015年12月出版 / 估价：79.00元

城市创新蓝皮书
中国城市创新报告(2015)
著(编)者：周天勇 旷建伟 2015年8月出版 / 估价：69.00元

城市竞争力蓝皮书
中国城市竞争力报告(2015)
著(编)者：倪鹏飞 2015年5月出版 / 估价：89.00元

城市蓝皮书
中国城市发展报告NO.8
著(编)者：潘家华 魏后凯 2015年9月出版 / 估价：69.00元

城市群蓝皮书
中国城市群发展指数报告(2015)
著(编)者：刘新静 刘士林 2015年1月出版 / 估价：59.00元

城乡统筹蓝皮书
中国城乡统筹发展报告(2015)
著(编)者：潘晨光 程志强 2015年3月出版 / 估价：59.00元

城镇化蓝皮书
中国新型城镇化健康发展报告(2015)
著(编)者：张占斌 2015年5月出版 / 估价：79.00元

低碳发展蓝皮书
中国低碳发展报告(2015)
著(编)者：齐晔 2015年3月出版 / 估价：89.00元

低碳经济蓝皮书
中国低碳经济发展报告(2015)
著(编)者：薛进军 赵忠秀 2015年5月出版 / 估价：69.00元

东北蓝皮书
中国东北地区发展报告(2015)
著(编)者：马克 黄文艺 2015年8月出版 / 估价：79.00元

发展和改革蓝皮书
中国经济发展和体制改革报告(2015)
著(编)者：邹东涛 2015年11月出版 / 估价：98.00元

工业化蓝皮书
中国工业化进程报告(2015)
著(编)者：黄群慧 吕铁 李晓华 2015年11月出版 / 估价：89.00元

国际城市蓝皮书
国际城市发展报告(2015)
著(编)者：屠启宇 2015年1月出版 / 估价：69.00元

国家创新蓝皮书
中国创新发展报告(2015)
著(编)者：陈劲 2015年6月出版 / 估价：59.00元

环境竞争力绿皮书
中国省域环境竞争力发展报告(2015)
著(编)者：李闽榕 李建平 王金南
2015年12月出版 / 估价：148.00元

金融蓝皮书
中国金融发展报告(2015)
著(编)者：李扬 王国刚 2014年12月出版 / 估价：69.00元

金融信息服务蓝皮书
金融信息服务发展报告(2015)
著(编)者：鲁广锦 殷剑峰 林义相 2015年6月出版 / 估价：89.00元

经济蓝皮书
2015年中国经济形势分析与预测
著(编)者：李扬 2014年12月出版 / 定价：69.00元

经济蓝皮书·春季号
2015年中国经济前景分析
著(编)者：李扬 2015年5月出版 / 估价：79.00元

经济蓝皮书·夏季号
中国经济增长报告(2015)
著(编)者：李扬 2015年7月出版 / 估价：69.00元

经济信息绿皮书
中国与世界经济发展报告(2015)
著(编)者：杜平 2014年12月出版 / 估价：79.00元

就业蓝皮书
2015年中国大学生就业报告
著(编)者：麦可思研究院 2015年6月出版 / 估价：98.00元

临空经济蓝皮书
中国临空经济发展报告(2015)
著(编)者：连玉明 2015年9月出版 / 估价：79.00元

民营经济蓝皮书
中国民营经济发展报告(2015)
著(编)者：王钦敏 2015年12月出版 / 估价：79.00元

农村绿皮书
中国农村经济形势分析与预测(2014~2015)
著(编)者：中国社会科学院农村发展研究所 国家统计局农村社会经济调查司
2015年4月出版 / 估价：69.00元

农业应对气候变化蓝皮书
气候变化对中国农业影响评估报告(2015)
著(编)者：矫梅燕 2015年8月出版 / 估价：98.00元

经济类・社会政法类 皮书系列 2014全品种

企业公民蓝皮书
中国企业公民报告（2015）
著（编）者：邹东涛　2015年12月出版 / 估价：79.00元

气候变化绿皮书
应对气候变化报告（2015）
著（编）者：王伟光　郑国光　2015年10月出版 / 估价：79.00元

区域蓝皮书
中国区域经济发展报告（2015）
著（编）者：梁昊光　2015年4月出版 / 估价：79.00元

全球环境竞争力绿皮书
全球环境竞争力报告（2015）
著（编）者：李建建　李闽榕　李建平　王金南
2015年12月出版 / 估价：198.00元

人口与劳动绿皮书
中国人口与劳动问题报告（2015）
著（编）者：蔡昉　2015年11月出版 / 估价：59.00元

世界经济黄皮书
2015年世界经济形势分析与预测
著（编）者：王洛林　张宇燕　2014年12月出版 / 估价：69.00元

世界旅游城市绿皮书
世界旅游城市发展报告（2015）
著（编）者：鲁勇　周正宇　宋宇　2015年6月出版 / 估价：88.00元

西北蓝皮书
中国西北发展报告（2015）
著（编）者：张进海　陈冬红　段庆林　2014年12月出版 / 估价：69.00元

西部蓝皮书
中国西部发展报告（2015）
著（编）者：姚慧琴　徐璋勇　2015年7月出版 / 估价：89.00元

新型城镇化蓝皮书
新型城镇化发展报告（2015）
著（编）者：李伟　2015年10月出版 / 估价：89.00元

新兴经济体蓝皮书
金砖国家发展报告（2015）
著（编）者：林跃勤　周文　2015年7月出版 / 估价：79.00元

中部竞争力蓝皮书
中国中部经济社会竞争力报告（2015）
著（编）者：教育部人文社会科学重点研究基地
　　　　　南昌大学中国中部经济社会发展研究中心
2015年9月出版 / 估价：79.00元

中部蓝皮书
中国中部地区发展报告（2015）
著（编）者：喻新安　2015年5月出版 / 估价：69.00元

中国省域竞争力蓝皮书
中国省域经济综合竞争力发展报告（2015）
著（编）者：李建平　李闽榕　高燕京
2015年3月出版 / 估价：198.00元

中三角蓝皮书
长江中游城市群发展报告（2015）
著（编）者：秦尊文　2015年1月出版 / 估价：69.00元

中小城市绿皮书
中国中小城市发展报告（2015）
著（编）者：中国城市经济学会中小城市经济发展委员会
　　　　　《中国中小城市发展报告》编纂委员会
　　　　　中小城市发展战略研究院
2015年1月出版 / 估价：98.00元

中央商务区蓝皮书
中国中央商务区发展报告（2015）
著（编）者：中国商务区联盟
　　　　　中国社会科学院城市发展与环境研究所
2015年10月出版 / 估价：69.00元

中原蓝皮书
中原经济区发展报告（2015）
著（编）者：李英杰　2015年6月出版 / 估价：88.00元

社会政法类

北京蓝皮书
中国社区发展报告（2015）
著（编）者：于燕燕　2015年6月出版 / 估价：69.00元

殡葬绿皮书
中国殡葬事业发展报告（2015）
著（编）者：李伯森　2015年3月出版 / 估价：59.00元

城市管理蓝皮书
中国城市管理报告（2015）
著（编）者：谭维克　刘林　2015年10月出版 / 估价：158.00元

城市生活质量蓝皮书
中国城市生活质量报告（2015）
著（编）者：中国经济实验研究院　2015年6月出版 / 估价：59.00元

城市政府能力蓝皮书
中国城市政府公共服务能力评估报告（2015）
著（编）者：何艳玲　2015年7月出版 / 估价：59.00元

创新蓝皮书
创新型国家建设报告（2015）
著（编）者：詹正茂　2015年3月出版 / 估价：69.00元

皮书系列 2014全品种

社会政法类

慈善蓝皮书
中国慈善发展报告（2015）
著(编)者：杨团　2015年5月出版 / 估价：79.00元

大学生蓝皮书
中国大学生生活形态研究报告（2015）
著(编)者：张新洲　2015年12月出版 / 估价：69.00元

法治蓝皮书
中国法治发展报告No.13（2015）
著(编)者：李林　田禾　2015年2月出版 / 估价：98.00元

反腐倡廉蓝皮书
中国反腐倡廉建设报告No.4
著(编)者：李秋芳　张英伟　2014年12月出版 / 定价：79.00元

非传统安全蓝皮书
中国非传统安全研究报告（2015）
著(编)者：余潇枫　魏志江　2015年6月出版 / 估价：79.00元

妇女发展蓝皮书
中国妇女发展报告（2015）
著(编)者：王金玲　2015年9月出版 / 估价：148.00元

妇女教育蓝皮书
中国妇女教育发展报告（2015）
著(编)者：张李玺　2015年1月出版 / 估价：78.00元

妇女绿皮书
中国性别平等与妇女发展报告（2015）
著(编)者：谭琳　2015年12月出版 / 估价：99.00元

公共服务蓝皮书
中国城市基本公共服务力评价（2015）
著(编)者：钟君　吴正泉　2015年12月出版 / 估价：79.00元

公共服务满意度蓝皮书
中国城市公共服务评价报告（2015）
著(编)者：胡伟　2015年12月出版 / 估价：69.00元

公民科学素质蓝皮书
中国公民科学素质报告（2015）
著(编)者：李群　许佳军　2015年6月出版 / 估价：79.00元

公益蓝皮书
中国公益发展报告（2015）
著(编)者：朱健刚　2015年5月出版 / 估价：78.00元

管理蓝皮书
中国管理发展报告（2015）
著(编)者：张晓东　2015年9月出版 / 估价：98.00元

国际人才蓝皮书
中国国际移民报告（2015）
著(编)者：王辉耀　2015年1月出版 / 估价：79.00元

国际人才蓝皮书
中国海归发展报告（2015）
著(编)者：王辉耀　苗绿　2015年1月出版 / 估价：69.00元

国际人才蓝皮书
中国留学发展报告（2015）
著(编)者：王辉耀　苗绿　2015年9月出版 / 估价：69.00元

国家安全蓝皮书
中国国家安全研究报告（2015）
著(编)者：刘慧　2015年5月出版 / 估价：98.00元

行政改革蓝皮书
中国行政体制改革报告（2014~2015）
著(编)者：魏礼群　2015年3月出版 / 估价：89.00元

华侨华人蓝皮书
华侨华人研究报告（2015）
著(编)者：贾益民　2015年12月出版 / 估价：118.00元

环境绿皮书
中国环境发展报告（2015）
著(编)者：刘鉴强　2015年5月出版 / 估价：79.00元

基金会蓝皮书
中国基金会发展报告（2015）
著(编)者：刘忠祥　2015年6月出版 / 估价：69.00元

基金会绿皮书
中国基金会发展独立研究报告（2015）
著(编)者：基金会中心网　2015年8月出版 / 估价：88.00元

基金会透明度蓝皮书
中国基金会透明度发展研究报告（2015）
著(编)者：基金会中心网　清华大学廉政与治理研究中心
2015年9月出版 / 估价：78.00元

教师蓝皮书
中国中小学教师发展报告（2015）
著(编)者：曾晓东　2015年7月出版 / 估价：59.00元

教育蓝皮书
中国教育发展报告（2015）
著(编)者：杨东平　2015年5月出版 / 估价：79.00元

科普蓝皮书
中国科普基础设施发展报告（2015）
著(编)者：任福君　2015年6月出版 / 估价：59.00元

劳动保障蓝皮书
中国劳动保障发展报告（2015）
著(编)者：刘燕斌　2015年6月出版 / 估价：89.00元

老龄蓝皮书
中国老年宜居环境发展报告(2015)
著(编)者：吴玉韶　2015年9月出版 / 估价：79.00元

连片特困区蓝皮书
中国连片特困区发展报告（2015）
著(编)者：冷志明　游俊　2015年3月出版 / 估价：79.00元

民间组织蓝皮书
中国民间组织报告(2015)
著(编)者：潘晨光　黄晓勇　2015年8月出版 / 估价：69.00元

民调蓝皮书
中国民生调查报告（2015）
著(编)者：谢耘耕　2015年5月出版 / 估价：128.00元

社会政法类 — 皮书系列 2014全品种

民族发展蓝皮书
中国民族区域自治发展报告（2015）
著(编)者：王希恩 郝时远　2015年6月出版 / 估价：98.00元

女性生活蓝皮书
中国女性生活状况报告No.9（2015）
著(编)者：《中国妇女》杂志社 华坤女性生活调查中心 华坤女性消费指导中心
2015年4月出版 / 估价：79.00元

企业国际化蓝皮书
中国企业国际化报告(2015)
著(编)者：王辉耀　2015年10月出版 / 估价：79.00元

汽车社会蓝皮书
中国汽车社会发展报告（2015）
著(编)者：王俊秀　2015年1月出版 / 估价：59.00元

青年蓝皮书
中国青年发展报告No.3
著(编)者：廉思　2015年4月出版 / 估价：59.00元

区域人才蓝皮书
中国区域人才竞争力报告（2015）
著(编)者：桂昭明 王辉耀　2015年6月出版 / 估价：69.00元

群众体育蓝皮书
中国群众体育发展报告（2015）
著(编)者：刘国永 杨桦　2015年8月出版 / 估价：69.00元

人才蓝皮书
中国人才发展报告（2015）
著(编)者：潘晨光　2015年8月出版 / 估价：85.00元

人权蓝皮书
中国人权事业发展报告（2015）
著(编)者：中国人权研究会　2015年8月出版 / 估价：99.00元

森林碳汇绿皮书
中国森林碳汇评估发展报告（2015）
著(编)者：闫文德 胡文臻　2015年9月出版 / 估价：79.00元

社会保障绿皮书
中国社会保障发展报告（2015）
著(编)者：王延中　2015年6月出版 / 估价：79.00元

社会工作蓝皮书
中国社会工作发展报告（2015）
著(编)者：民政部社会工作研究中心
2015年8月出版 / 估价：79.00元

社会管理蓝皮书
中国社会管理创新报告（2015）
著(编)者：连玉明　2015年9月出版 / 估价：89.00元

社会蓝皮书
2015年中国社会形势分析与预测
著(编)者：李培林 陈光金 张翼
2014年12月出版 / 定价：69.00元

社会体制蓝皮书
中国社会体制改革报告（2015）
著(编)者：龚维斌　2015年5月出版 / 估价：79.00元

社会心态蓝皮书
中国社会心态研究报告（2015）
著(编)者：王俊秀 杨宜音　2015年10月出版 / 估价：69.00元

社会组织蓝皮书
中国社会组织评估发展报告（2015）
著(编)者：徐家良 廖鸿　2015年12月出版 / 估价：69.00元

生态城市绿皮书
中国生态城市建设发展报告（2015）
著(编)者：刘举科 孙伟平 胡文臻
2015年6月出版 / 估价：98.00元

生态文明绿皮书
中国省域生态文明建设评价报告（ECI 2015）
著(编)者：严耕　2015年9月出版 / 估价：85.00元

世界社会主义黄皮书
世界社会主义跟踪研究报告（2015）
著(编)者：李慎明　2015年3月出版 / 估价：198.00元

水与发展蓝皮书
中国水风险评估报告（2015）
著(编)者：王浩　2015年9月出版 / 估价：69.00元

土地整治蓝皮书
中国土地整治发展研究报告No.2
著(编)者：国土资源部土地整治中心　2015年5月出版 / 估价：89.00元

危机管理蓝皮书
中国危机管理报告（2015）
著(编)者：文学国　2015年8月出版 / 估价：89.00元

形象危机应对蓝皮书
形象危机应对研究报告（2015）
著(编)者：唐钧　2015年6月出版 / 估价：149.00元

医改蓝皮书
中国医药卫生体制改革报告（2015～2016）
著(编)者：文学国 房志武　2015年12月出版 / 估价：79.00元

医疗卫生绿皮书
中国医疗卫生发展报告（2015）
著(编)者：申宝忠 韩玉珍　2015年4月出版 / 估价：75.00元

应急管理蓝皮书
中国应急管理报告（2015）
著(编)者：宋英华　2015年10月出版 / 估价：69.00元

政治参与蓝皮书
中国政治参与报告（2015）
著(编)者：房宁　2015年7月出版 / 估价：105.00元

政治发展蓝皮书
中国政治发展报告（2015）
著(编)者：房宁 杨海蛟　2015年5月出版 / 估价：88.00元

中国农村妇女发展蓝皮书
流动女性城市融入发展报告（2015）
著(编)者：谢丽华　2015年11月出版 / 估价：69.00元

宗教蓝皮书
中国宗教报告（2015）
著(编)者：金泽 邱永辉　2015年9月出版 / 估价：59.00元

行业报告类

保险蓝皮书
中国保险业竞争力报告（2015）
著(编)者：王力　　2015年12月出版 / 估价:98.00元

彩票蓝皮书
中国彩票发展报告（2015）
著(编)者：益彩基金　　2015年10月出版 / 估价:69.00元

餐饮产业蓝皮书
中国餐饮产业发展报告（2015）
著(编)者：邢颖　　2015年6月出版 / 估价:69.00元

测绘地理信息蓝皮书
智慧中国地理空间智能体系研究报告（2015）
著(编)者：徐德明　　2015年1月出版 / 估价:98.00元

茶业蓝皮书
中国茶产业发展报告（2015）
著(编)者：杨江帆 李闽榕　　2015年1月出版 / 估价:78.00元

产权市场蓝皮书
中国产权市场发展报告（2015）
著(编)者：曹和平　　2015年12月出版 / 估价:79.00元

电子政务蓝皮书
中国电子政务发展报告（2014~2015）
著(编)者：洪毅 杜平　　2015年2月出版 / 估价:79.00元

杜仲产业绿皮书
中国杜仲橡胶资源与产业发展报告（2015）
著(编)者：胡文臻 杜红岩 俞锐
2015年9月出版 / 估价:98.00元

房地产蓝皮书
中国房地产发展报告No.12（2015）
著(编)者：魏后凯 李景国　　2015年5月出版 / 估价:79.00元

服务外包蓝皮书
中国服务外包产业发展报告（2015）
著(编)者：王晓红 刘德军　　2015年6月出版 / 估价:89.00元

工业设计蓝皮书
中国工业设计发展报告（2015）
著(编)者：王晓红 于炜 张立群　　2015年9月出版 / 估价:138.00元

互联网金融蓝皮书
中国互联网金融发展报告（2015）
著(编)者：芮晓武 刘烈宏　　2015年8月出版 / 估价:79.00元

会展蓝皮书
中外会展业动态评估年度报告（2015）
著(编)者：张敏　　2015年1月出版 / 估价:78.00元

金融监管蓝皮书
中国金融监管报告（2015）
著(编)者：胡滨　　2015年5月出版 / 估价:69.00元

金融蓝皮书
中国商业银行竞争力报告（2015）
著(编)者：王松奇　　2015年12月出版 / 估价:69.00元

客车蓝皮书
中国客车产业发展报告（2015）
著(编)者：姚蔚　　2015年12月出版 / 估价:85.00元

老龄蓝皮书
中国老年宜居环境发展报告（2015）
著(编)者：吴玉韶 党俊武　　2015年9月出版 / 估价:79.00元

流通蓝皮书
中国商业发展报告（2015）
著(编)者：荆林波　　2015年5月出版 / 估价:89.00元

旅游安全蓝皮书
中国旅游安全报告（2015）
著(编)者：郑向敏 谢朝武　　2015年5月出版 / 估价:98.00元

旅游景区蓝皮书
中国旅游景区发展报告（2015）
著(编)者：黄安民　　2015年7月出版 / 估价:79.00元

旅游绿皮书
2015年中国旅游发展分析与预测
著(编)者：宋瑞　　2015年1月出版 / 估价:79.00元

煤炭蓝皮书
中国煤炭工业发展报告（2015）
著(编)者：岳福斌　　2015年12月出版 / 估价:79.00元

民营医院蓝皮书
中国民营医院发展报告（2015）
著(编)者：庄一强　　2015年10月出版 / 估价:75.00元

闽商蓝皮书
闽商发展报告（2015）
著(编)者：王日根 李闽榕　　2015年12月出版 / 估价:69.00元

能源蓝皮书
中国能源发展报告（2015）
著(编)者：崔民选 王军生　　2015年8月出版 / 估价:79.00元

农产品流通蓝皮书
中国农产品流通产业发展报告（2015）
著(编)者：贾敬敦 张东科 张玉玺 孔令羽 张鹏毅
2015年9月出版 / 估价:89.00元

企业蓝皮书
中国企业竞争力报告（2015）
著(编)者：金碚　　2015年11月出版 / 估价:89.00元

企业社会责任蓝皮书
中国企业社会责任研究报告（2015）
著(编)者：黄群慧 彭华岗 钟宏武 张蒽
2015年11月出版 / 估价:69.00元

行业报告类 皮书系列 2014全品种

汽车安全蓝皮书
中国汽车安全发展报告（2015）
著（编）者：中国汽车技术研究中心　2015年4月出版 / 估价：79.00元

汽车蓝皮书
中国汽车产业发展报告（2015）
著（编）者：国务院发展研究中心产业经济研究部
　　　　　中国汽车工程学会　大众汽车集团（中国）
2015年7月出版 / 估价：128.00元

清洁能源蓝皮书
国际清洁能源发展报告（2015）
著（编）者：国际清洁能源论坛（澳门）
2015年9月出版 / 估价：89.00元

人力资源蓝皮书
中国人力资源发展报告（2015）
著（编）者：余兴安　2015年9月出版 / 估价：79.00元

软件和信息服务业蓝皮书
中国软件和信息服务业发展报告（2015）
著（编）者：陈新河　洪京一　2015年12月出版 / 估价：198.00元

上市公司蓝皮书
上市公司质量评价报告（2015）
著（编）者：张跃文　王力　2015年10月出版 / 估价：118.00元

食品药品蓝皮书
食品药品安全与监管政策研究报告（2015）
著（编）者：唐民皓　2015年7月出版 / 估价：69.00元

世界能源蓝皮书
世界能源发展报告（2015）
著（编）者：黄晓勇　2015年6月出版 / 估价：99.00元

碳市场蓝皮书
中国碳市场报告（2015）
著（编）者：低碳发展国际合作联盟
2015年11月出版 / 估价：69.00元

体育蓝皮书
中国体育产业发展报告（2015）
著（编）者：阮伟　钟秉枢　2015年4月出版 / 估价：69.00元

投资蓝皮书
中国投资发展报告（2015）
著（编）者：杨庆蔚　2015年4月出版 / 估价：128.00元

物联网蓝皮书
中国物联网发展报告（2015）
著（编）者：黄桂田　2015年1月出版 / 估价：59.00元

西部工业蓝皮书
中国西部工业发展报告（2015）
著（编）者：方行明　甘犁　刘方健　姜凌　等
2015年9月出版 / 估价：79.00元

西部金融蓝皮书
中国西部金融发展报告（2015）
著（编）者：李忠民　2015年8月出版 / 估价：75.00元

新能源汽车蓝皮书
中国新能源汽车产业发展报告（2015）
著（编）者：中国汽车技术研究中心
　　　　　日产（中国）投资有限公司　东风汽车有限公司
2015年8月出版 / 估价：69.00元

信托市场蓝皮书
中国信托业市场报告（2015）
著（编）者：李旸　2015年1月出版 / 估价：198.00元

信息产业蓝皮书
世界软件和信息技术产业发展报告（2015）
著（编）者：洪京一　2015年8月出版 / 估价：79.00元

信息化蓝皮书
中国信息化形势分析与预测（2015）
著（编）者：周宏仁　2015年8月出版 / 估价：98.00元

信用蓝皮书
中国信用发展报告（2015）
著（编）者：田侃　2015年4月出版 / 估价：69.00元

休闲绿皮书
2015年中国休闲发展报告
著（编）者：刘德谦　2015年6月出版 / 估价：59.00元

医药蓝皮书
中国中医药产业园战略发展报告（2015）
著（编）者：裴长洪　房书亭　吴滌心　2015年3月出版 / 估价：89.00元

邮轮绿皮书
中国邮轮产业发展报告（2015）
著（编）者：汪泓　2015年9月出版 / 估价：79.00元

支付清算蓝皮书
中国支付清算发展报告（2015）
著（编）者：杨涛　2015年5月出版 / 估价：45.00元

中国上市公司蓝皮书
中国上市公司发展报告（2015）
著（编）者：许雄斌　张平　2015年9月出版 / 估价：98.00元

中国总部经济蓝皮书
中国总部经济发展报告（2015）
著（编）者：赵弘　2015年5月出版 / 估价：79.00元

住房绿皮书
中国住房发展报告（2014~2015）
著（编）者：倪鹏飞　2014年12月出版 / 估价：79.00元

资本市场蓝皮书
中国场外交易市场发展报告（2015）
著（编）者：高峦　2015年8月出版 / 估价：79.00元

资产管理蓝皮书
中国资产管理行业发展报告（2015）
著（编）者：智信资产管理研究院　2015年7月出版 / 估价：79.00元

19

文化传媒类

传媒竞争力蓝皮书
中国传媒国际竞争力研究报告（2015）
著（编）者：李本乾　2015年9月出版 / 估价：88.00元

传媒蓝皮书
中国传媒产业发展报告（2015）
著（编）者：崔保国　2015年4月出版 / 估价：98.00元

传媒投资蓝皮书
中国传媒投资发展报告（2015）
著（编）者：张向东　2015年7月出版 / 估价：89.00元

动漫蓝皮书
中国动漫产业发展报告（2015）
著（编）者：卢斌　郑玉明　牛兴侦　2015年7月出版 / 估价：79.00元

非物质文化遗产蓝皮书
中国非物质文化遗产发展报告（2015）
著（编）者：陈平　2015年3月出版 / 估价：79.00元

非物质文化遗产蓝皮书
中国少数民族非物质文化遗产发展报告（2015）
著（编）者：肖远平　柴立　2015年4月出版 / 估价：79.00元

广电蓝皮书
中国广播电影电视发展报告（2015）
著（编）者：杨明品　2015年7月出版 / 估价：98.00元

广告主蓝皮书
中国广告主营销传播趋势报告（2015）
著（编）者：黄升民　2015年5月出版 / 估价：148.00元

国际传播蓝皮书
中国国际传播发展报告（2015）
著（编）者：胡正荣　李继东　姬德强
2015年7月出版 / 估价：89.00元

国家形象蓝皮书
2015年国家形象研究报告
著（编）者：张昆　2015年3月出版 / 估价：79.00元

纪录片蓝皮书
中国纪录片发展报告（2015）
著（编）者：何苏六　2015年9月出版 / 估价：79.00元

科学传播蓝皮书
中国科学传播报告（2015）
著（编）者：詹正茂　2015年4月出版 / 估价：69.00元

两岸文化蓝皮书
两岸文化产业合作发展报告（2015）
著（编）者：胡惠林　李保宗　2015年7月出版 / 估价：79.00元

媒介与女性蓝皮书
中国媒介与女性发展报告（2015）
著（编）者：刘利群　2015年8月出版 / 估价：69.00元

全球传媒蓝皮书
全球传媒发展报告（2015）
著（编）者：胡正荣　2015年12月出版 / 估价：79.00元

世界文化发展蓝皮书
世界文化发展报告（2015）
著（编）者：张庆宗　高乐田　郭熙煌
2015年5月出版 / 估价：89.00元

视听新媒体蓝皮书
中国视听新媒体发展报告（2015）
著（编）者：庞井君　2015年6月出版 / 估价：148.00元

文化创新蓝皮书
中国文化创新报告（2015）
著（编）者：于平　傅才武　2015年4月出版 / 估价：79.00元

文化建设蓝皮书
中国文化发展报告（2015）
著（编）者：江畅　孙伟平　戴茂堂
2015年4月出版 / 估价：138.00元

文化科技蓝皮书
文化科技创新发展报告（2015）
著（编）者：于平　李凤亮　2015年1月出版 / 估价：89.00元

文化蓝皮书
中国文化产业供需协调增长测评报告（2015）
著（编）者：王亚南　郝朴宁　张晓明　祁述裕
2015年2月出版 / 估价：79.00元

文化蓝皮书
中国文化消费需求景气评价报告（2015）
著（编）者：王亚南　张晓明　祁述裕　郝朴宁
2015年2月出版 / 估价：79.00元

文化蓝皮书
中国文化产业发展报告（2015）
著（编）者：张晓明　王家新　章建刚
2015年4月出版 / 估价：79.00元

文化蓝皮书
中国公共文化投入增长测评报告(2015)
著（编）者：王亚南　2015年5月出版 / 估价：79.00元

文化蓝皮书
中国文化政策发展报告（2015）
著（编）者：傅才武　宋文玉　燕东升　2015年9月出版 / 估价：98.00元

文化品牌蓝皮书
中国文化品牌发展报告（2015）
著（编）者：欧阳友权　2015年4月出版 / 估价：79.00元

文化遗产蓝皮书
中国文化遗产事业发展报告（2015）
著（编）者：苏杨　刘世锦　2015年12月出版 / 估价：89.00元

文学蓝皮书
中国文情报告（2015）
著（编）者：白烨　2015年5月出版 / 估价：49.00元

新媒体蓝皮书
中国新媒体发展报告（2015）
著（编）者：唐绪军　2015年6月出版 / 估价：79.00元

文化传媒类·地方发展类

新媒体社会责任蓝皮书
中国新媒体社会责任研究报告（2015）
著(编)者：钟瑛　2015年10月出版 / 估价：79.00元

移动互联网蓝皮书
中国移动互联网发展报告（2015）
著(编)者：官建文　2015年6月出版 / 估价：79.00元

舆情蓝皮书
中国社会舆情与危机管理报告（2015）
著(编)者：谢耘耕　2015年8月出版 / 估价：98.00元

地方发展类

安徽经济蓝皮书
芜湖创新型城市发展报告（2015）
著(编)者：杨少华　王开玉　2015年4月出版 / 估价：69.00元

安徽蓝皮书
安徽社会发展报告（2015）
著(编)者：程桦　2015年4月出版 / 估价：79.00元

安徽社会建设蓝皮书
安徽社会建设分析报告（2015）
著(编)者：黄家海　王开玉　蔡宪　2015年4月出版 / 估价：69.00元

澳门蓝皮书
澳门经济社会发展报告（2015）
著(编)者：吴志良　郝雨凡　2015年4月出版 / 估价：79.00元

北京蓝皮书
北京公共服务发展报告（2014~2015）
著(编)者：施昌奎　2015年2月出版 / 估价：69.00元

北京蓝皮书
北京经济发展报告（2015）
著(编)者：杨松　2015年4月出版 / 估价：79.00元

北京蓝皮书
北京社会治理发展报告（2015）
著(编)者：殷星辰　2015年4月出版 / 估价：79.00元

北京蓝皮书
北京文化发展报告（2015）
著(编)者：李建盛　2015年4月出版 / 估价：79.00元

北京蓝皮书
北京社会发展报告（2015）
著(编)者：缪青　2015年5月出版 / 估价：79.00元

北京旅游绿皮书
北京旅游发展报告（2015）
著(编)者：北京旅游学会　2015年7月出版 / 估价：88.00元

北京律师蓝皮书
北京律师发展报告（2015）
著(编)者：王隽　2015年12月出版 / 估价：75.00元

北京人才蓝皮书
北京人才发展报告（2015）
著(编)者：于淼　2015年1月出版 / 估价：89.00元

北京社会心态蓝皮书
北京社会心态分析报告（2015）
著(编)者：北京社会心理研究所　2015年1月出版 / 估价：69.00元

北京社会组织蓝皮书
北京社会组织发展研究报告(2015)
著(编)者：李东松　唐军　2015年2月出版 / 估价：79.00元

北京社会组织蓝皮书
北京社会组织发展报告（2015）
著(编)者：温庆云　2015年9月出版 / 估价：69.00元

滨海金融蓝皮书
滨海新区金融发展报告（2015）
著(编)者：王爱俭　张锐钢　2015年9月出版 / 估价：79.00元

城乡一体化蓝皮书
中国城乡一体化发展报告（北京卷）（2015）
著(编)者：张宝秀　黄序　2015年4月出版 / 估价：69.00元

创意城市蓝皮书
北京文化创意产业发展报告（2015）
著(编)者：张京成　2015年11月出版 / 估价：65.00元

创意城市蓝皮书
无锡文化创意产业发展报告（2015）
著(编)者：谭军　张鸣年　2015年10月出版 / 估价：75.00元

创意城市蓝皮书
武汉市文化创意产业发展报告（2015）
著(编)者：袁堃　黄永林　2015年11月出版 / 估价：85.00元

创意城市蓝皮书
重庆创意产业发展报告（2015）
著(编)者：程宇宁　2015年4月出版 / 估价：89.00元

创意城市蓝皮书
青岛文化创意产业发展报告（2015）
著(编)者：马达　张丹妮　2015年6月出版 / 估价：79.00元

福建妇女发展蓝皮书
福建省妇女发展报告（2015）
著(编)者：刘群英　2015年10月出版 / 估价：58.00元

甘肃蓝皮书
甘肃舆情分析与预测（2015）
著(编)者：郝树声　陈双梅　2015年1月出版 / 估价：69.00元

地方发展类

甘肃蓝皮书
甘肃文化发展分析与预测（2015）
著(编)者：周小华 王福生　2015年1月出版 / 估价：69.00元

甘肃蓝皮书
甘肃社会发展分析与预测（2015）
著(编)者：安文华　2015年1月出版 / 估价：69.00元

甘肃蓝皮书
甘肃经济发展分析与预测（2015）
著(编)者：朱智文 罗哲　2015年1月出版 / 估价：69.00元

甘肃蓝皮书
甘肃县域经济综合竞争力评价（2015）
著(编)者：刘进军　2015年1月出版 / 估价：69.00元

广东蓝皮书
广东省电子商务发展报告（2015）
著(编)者：程晓　2015年12月出版 / 估价：69.00元

广东蓝皮书
广东社会工作发展报告（2015）
著(编)者：罗观翠　2015年6月出版 / 估价：89.00元

广东社会建设蓝皮书
广东省社会建设发展报告（2015）
著(编)者：广东省社会工作委员会　2015年10月出版 / 估价：89.00元

广东外经贸蓝皮书
广东对外经济贸易发展研究报告（2015）
著(编)者：陈万灵　2015年5月出版 / 估价：79.00元

广西北部湾经济区蓝皮书
广西北部湾经济区开放开发报告（2015）
著(编)者：广西北部湾经济区规划建设管理委员会办公室　广西社会科学院广西北部湾发展研究院
2015年8月出版 / 估价：79.00元

广州蓝皮书
广州社会保障发展报告（2015）
著(编)者：蔡国萱　2015年1月出版 / 估价：65.00元

广州蓝皮书
2015年中国广州社会形势分析与预测
著(编)者：张强 陈怡霓 杨秦　2015年5月出版 / 估价：69.00元

广州蓝皮书
广州经济发展报告（2015）
著(编)者：李江涛 朱名宏　2015年5月出版 / 估价：69.00元

广州蓝皮书
广州商贸业发展报告（2015）
著(编)者：李江涛 王旭东 荀振英　2015年6月出版 / 估价：69.00元

广州蓝皮书
2015年中国广州经济形势分析与预测
著(编)者：庾建设 沈奎 郭志勇　2015年6月出版 / 估价：79.00元

广州蓝皮书
中国广州文化发展报告（2015）
著(编)者：徐俊忠 陆志强 顾涧清　2015年6月出版 / 估价：69.00元

广州蓝皮书
广州农村发展报告（2015）
著(编)者：李江涛 汤锦华　2015年8月出版 / 估价：69.00元

广州蓝皮书
中国广州城市建设与管理发展报告（2015）
著(编)者：董皞 冼伟雄　2015年7月出版 / 估价：69.00元

广州蓝皮书
中国广州科技和信息化发展报告（2015）
著(编)者：邹采荣 马正勇 冯元　2015年7月出版 / 估价：79.00元

广州蓝皮书
广州创新型城市发展报告（2015）
著(编)者：李江涛　2015年7月出版 / 估价：69.00元

广州蓝皮书
广州文化创意产业发展报告（2015）
著(编)者：甘新　2015年8月出版 / 估价：79.00元

广州蓝皮书
广州志愿服务发展报告（2015）
著(编)者：魏国华 张强　2015年9月出版 / 估价：69.00元

广州蓝皮书
广州城市国际化发展报告（2015）
著(编)者：朱名宏　2015年9月出版 / 估价：59.00元

广州蓝皮书
广州汽车产业发展报告（2015）
著(编)者：李江涛 杨再高　2015年9月出版 / 估价：69.00元

贵州房地产蓝皮书
贵州房地产发展报告（2015）
著(编)者：武廷方　2015年1月出版 / 估价：89.00元

贵州蓝皮书
贵州人才发展报告（2015）
著(编)者：于杰 吴大华　2015年3月出版 / 估价：69.00元

贵州蓝皮书
贵州社会发展报告（2015）
著(编)者：王兴骥　2015年3月出版 / 估价：69.00元

贵州蓝皮书
贵州法治发展报告（2015）
著(编)者：吴大华　2015年3月出版 / 估价：69.00元

贵州蓝皮书
贵州国有企业社会责任发展报告（2015）
著(编)者：郭丽　2015年10月出版 / 估价：79.00元

海淀蓝皮书
海淀区文化和科技融合发展报告（2015）
著(编)者：孟景伟 陈名杰　2015年5月出版 / 估价：75.00元

海峡西岸蓝皮书
海峡西岸经济区发展报告（2015）
著(编)者：黄端　2015年9月出版 / 估价：65.00元

杭州都市圈蓝皮书
杭州都市圈发展报告（2015）
著(编)者：董祖德 沈翔　2015年5月出版 / 估价：89.00元

地方发展类 皮书系列 2014全品种

杭州蓝皮书
杭州妇女发展报告（2015）
著(编)者：魏颖　2015年6月出版 / 估价:75.00元

河北经济蓝皮书
河北省经济发展报告（2015）
著(编)者：马树强　金浩　张贵　2015年4月出版 / 估价:79.00元

河北蓝皮书
河北经济社会发展报告（2015）
著(编)者：周文夫　2015年1月出版 / 估价:69.00元

河南经济蓝皮书
2015年河南经济形势分析与预测
著(编)者：胡五岳　2015年3月出版 / 估价:69.00元

河南蓝皮书
河南城市发展报告（2015）
著(编)者：王建国　谷建全　2015年1月出版 / 估价:59.00元

河南蓝皮书
2015年河南社会形势分析与预测
著(编)者：刘道兴　牛苏林　2015年1月出版 / 估价:69.00元

河南蓝皮书
河南工业发展报告（2015）
著(编)者：龚绍东　2015年1月出版 / 估价:69.00元

河南蓝皮书
河南文化发展报告（2015）
著(编)者：卫绍生　2015年1月出版 / 估价:69.00元

河南蓝皮书
河南经济发展报告（2015）
著(编)者：完世伟　喻新安　2015年12月出版 / 估价:69.00元

河南蓝皮书
河南法治发展报告（2015）
著(编)者：丁同民　闫德民　2015年3月出版 / 估价:69.00元

河南蓝皮书
河南金融发展报告（2015）
著(编)者：喻新安　谷建全　2015年4月出版 / 估价:69.00元

河南商务蓝皮书
河南商务发展报告（2015）
著(编)者：焦锦淼　穆荣国　2015年5月出版 / 估价:88.00元

黑龙江产业蓝皮书
黑龙江产业发展报告（2015）
著(编)者：于渤　2015年9月出版 / 估价:79.00元

黑龙江蓝皮书
黑龙江经济发展报告（2015）
著(编)者：张新颖　2015年1月出版 / 估价:69.00元

黑龙江蓝皮书
黑龙江社会发展报告（2015）
著(编)者：王爱丽　艾书琴　2015年1月出版 / 估价:69.00元

湖北文化蓝皮书
湖北文化发展报告（2015）
著(编)者：江畅　吴成国　2015年5月出版 / 估价:89.00元

湖南城市蓝皮书
区域城市群整合
著(编)者：罗海藩　2014年12月出版 / 估价:59.00元

湖南蓝皮书
2015年湖南电子政务发展报告
著(编)者：梁志峰　2015年4月出版 / 估价:128.00元

湖南蓝皮书
2015年湖南社会发展报告
著(编)者：梁志峰　2015年4月出版 / 估价:128.00元

湖南蓝皮书
2015年湖南产业发展报告
著(编)者：梁志峰　2015年4月出版 / 估价:128.00元

湖南蓝皮书
2015年湖南经济展望
著(编)者：梁志峰　2015年4月出版 / 估价:128.00元

湖南蓝皮书
2015年湖南县域经济社会发展报告
著(编)者：梁志峰　2015年4月出版 / 估价:128.00元

湖南蓝皮书
2015年湖南两型社会发展报告
著(编)者：梁志峰　2015年4月出版 / 估价:128.00元

湖南县域绿皮书
湖南县域发展报告No.2
著(编)者：朱有志　2015年4月出版 / 估价:69.00元

沪港蓝皮书
沪港发展报告（2015）
著(编)者：尤安山　2015年9月出版 / 估价:89.00元

吉林蓝皮书
2015年吉林经济社会形势分析与预测
著(编)者：马克　2015年1月出版 / 估价:79.00元

济源蓝皮书
济源经济社会发展报告（2015）
著(编)者：喻新安　2015年4月出版 / 估价:69.00元

健康城市蓝皮书
北京健康城市建设研究报告（2015）
著(编)者：王鸿春　2015年3月出版 / 估价:79.00元

江苏法治蓝皮书
江苏法治发展报告（2015）
著(编)者：李力　龚廷泰　2015年9月出版 / 估价:98.00元

京津冀蓝皮书
京津冀发展报告（2015）
著(编)者：文魁　祝尔娟　2015年3月出版 / 估价:79.00元

经济特区蓝皮书
中国经济特区发展报告（2015）
著(编)者：陶一桃　2015年4月出版 / 估价:89.00元

辽宁蓝皮书
2015年辽宁经济社会形势分析与预测
著(编)者：曹晓峰　2015年1月出版 / 估价:79.00元

皮书系列 2014全品种

地方发展类

南京蓝皮书
南京文化发展报告（2015）
著(编)者：南京文化产业研究中心
2015年10月出版　估价：79.00元

内蒙古蓝皮书
内蒙古反腐倡廉建设报告（2015）
著(编)者：张志华　无极　2015年12月出版　估价：69.00元

浦东新区蓝皮书
上海浦东经济发展报告（2015）
著(编)者：沈开艳　陆沪根　2015年1月出版　估价：59.00元

青海蓝皮书
2015年青海经济社会形势分析与预测
著(编)者：赵宗福　2015年1月出版　估价：69.00元

人口与健康蓝皮书
深圳人口与健康发展报告（2015）
著(编)者：曾序春　2015年12月出版　估价：89.00元

山东蓝皮书
山东社会形势分析与预测（2015）
著(编)者：张华　唐洲雁　2015年6月出版　估价：89.00元

山东蓝皮书
山东经济形势分析与预测（2015）
著(编)者：张华　唐洲雁　2015年6月出版　估价：89.00元

山东蓝皮书
山东文化发展报告（2015）
著(编)者：张华　唐洲雁　2015年6月出版　估价：98.00元

山西蓝皮书
山西资源型经济转型发展报告（2015）
著(编)者：李志强　2015年5月出版　估价：98.00元

陕西蓝皮书
陕西经济发展报告（2015）
著(编)者：任宗哲　石英　裴成荣　2015年2月出版　估价：69.00元

陕西蓝皮书
陕西社会发展报告（2015）
著(编)者：任宗哲　石英　牛昉　2015年2月出版　估价：65.00元

陕西蓝皮书
陕西文化发展报告（2015）
著(编)者：任宗哲　石英　王长寿　2015年3月出版　估价：59.00元

陕西蓝皮书
丝绸之路经济带发展报告（2015）
著(编)者：任宗哲　石英　白宽犁
2015年8月出版　估价：79.00元

上海蓝皮书
上海文学发展报告（2015）
著(编)者：陈圣来　2015年1月出版　估价：69.00元

上海蓝皮书
上海文化发展报告（2015）
著(编)者：蒯大申　郑崇选　2015年1月出版　估价：69.00元

上海蓝皮书
上海资源环境发展报告（2015）
著(编)者：周冯琦　汤庆合　任文伟
2015年1月出版　估价：69.00元

上海蓝皮书
上海社会发展报告（2015）
著(编)者：周海旺　卢汉龙　2015年1月出版　估价：69.00元

上海蓝皮书
上海经济发展报告（2015）
著(编)者：沈开艳　2015年1月出版　估价：69.00元

上海蓝皮书
上海传媒发展报告（2015）
著(编)者：强荧　焦雨虹　2015年1月出版　估价：79.00元

上海蓝皮书
上海法治发展报告（2015）
著(编)者：叶青　2015年4月出版　估价：69.00元

上饶蓝皮书
上饶发展报告（2015）
著(编)者：朱寅健　2015年3月出版　估价：128.00元

社会建设蓝皮书
2015年北京社会建设分析报告
著(编)者：宋贵伦　冯虹　2015年7月出版　估价：79.00元

深圳蓝皮书
深圳劳动关系发展报告（2015）
著(编)者：汤庭芬　2015年6月出版　估价：75.00元

深圳蓝皮书
深圳经济发展报告（2015）
著(编)者：张骁儒　2015年7月出版　估价：79.00元

深圳蓝皮书
深圳社会发展报告（2015）
著(编)者：叶民辉　张骁儒　2015年7月出版　估价：89.00元

深圳蓝皮书
深圳法治发展报告（2015）
著(编)者：张骁儒　2015年4月出版　估价：79.00元

四川蓝皮书
四川文化产业发展报告（2015）
著(编)者：侯水平　2015年2月出版　估价：69.00元

四川蓝皮书
四川企业社会责任研究报告（2015）
著(编)者：侯水平　盛毅　2015年4月出版　估价：79.00元

四川蓝皮书
四川法治发展报告（2015）
著(编)者：郑泰安　2015年2月出版　估价：69.00元

四川蓝皮书
2015年四川生态建设报告
著(编)者：四川省社会科学院
2015年2月出版　估价：69.00元

地方发展类·国别与地区类 | 皮书系列 2014全品种

四川蓝皮书
四川省城镇化发展报告（2015）
著(编)者：四川省城镇发展研究中心
2015年2月出版 / 估价:69.00元

四川蓝皮书
2015年四川社会发展形势分析与预测
著(编)者：郭晓鸣 李羚 2015年2月出版 / 估价:69.00元

四川蓝皮书
2015年四川经济发展报告
著(编)者：杨钢 2015年2月出版 / 估价:69.00元

天津金融蓝皮书
天津金融发展报告（2015）
著(编)者：王爱俭 杜强 2015年9月出版 / 估价:89.00元

图们江区域合作蓝皮书
中国图们江区域合作开发发展报告（2015）
著(编)者：李铁 朱显平 吴成章 2015年4月出版 / 估价:79.00元

温州蓝皮书
2015年温州经济社会形势分析与预测
著(编)者：潘忠强 王春光 金浩 2015年4月出版 / 估价:69.00元

扬州蓝皮书
扬州经济社会发展报告（2015）
著(编)者：丁纯 2015年12月出版 / 估价:89.00元

云南蓝皮书
中国面向西南开放重要桥头堡建设发展报告（2015）
著(编)者：刘绍怀 2015年12月出版 / 估价:69.00元

长株潭城市群蓝皮书
长株潭城市群发展报告（2015）
著(编)者：张萍 2015年1月出版 / 估价:69.00元

郑州蓝皮书
2015年郑州文化发展报告
著(编)者：王哲 2015年9月出版 / 估价:65.00元

中医文化蓝皮书
北京中医文化发展报告（2015）
著(编)者：毛嘉陵 2015年4月出版 / 估价:69.00元

珠三角流通蓝皮书
珠三角商圈发展研究报告（2015）
著(编)者：林至颖 王先庆 2015年7月出版 / 估价:98.00元

国别与地区类

阿拉伯黄皮书
阿拉伯发展报告（2015）
著(编)者：马晓霖 2015年4月出版 / 估价:79.00元

北部湾蓝皮书
泛北部湾合作发展报告（2015）
著(编)者：吕余生 2015年8月出版 / 估价:69.00元

大湄公河次区域蓝皮书
大湄公河次区域合作发展报告（2015）
著(编)者：刘稚 2015年9月出版 / 估价:79.00元

大洋洲蓝皮书
大洋洲发展报告（2015）
著(编)者：喻常森 2015年8月出版 / 估价:89.00元

德国蓝皮书
德国发展报告（2015）
著(编)者：郑春荣 伍慧萍 2015年6月出版 / 估价:69.00元

东北亚黄皮书
东北亚地区政治与安全（2015）
著(编)者：黄凤志 刘清才 张慧智
2015年3月出版 / 估价:69.00元

东盟黄皮书
东盟发展报告（2015）
著(编)者：崔晓麟 2015年5月出版 / 估价:75.00元

东南亚蓝皮书
东南亚地区发展报告（2015）
著(编)者：王勤 2015年4月出版 / 估价:79.00元

俄罗斯黄皮书
俄罗斯发展报告（2015）
著(编)者：李永全 2015年7月出版 / 估价:79.00元

非洲黄皮书
非洲发展报告（2015）
著(编)者：张宏明 2015年7月出版 / 估价:79.00元

国际形势黄皮书
全球政治与安全报告（2015）
著(编)者：李慎明 张宇燕 2014年12月出版 / 估价:69.00元

韩国蓝皮书
韩国发展报告（2015）
著(编)者：刘宝全 牛林杰 2015年8月出版 / 估价:79.00元

加拿大蓝皮书
加拿大发展报告（2015）
著(编)者：仲伟合 2015年4月出版 / 估价:89.00元

拉美黄皮书
拉丁美洲和加勒比发展报告（2014~2015）
著(编)者：吴白乙 2015年4月出版 / 估价:89.00元

美国蓝皮书
美国研究报告（2015）
著(编)者：黄平 郑秉文 2015年7月出版 / 估价:89.00元

缅甸蓝皮书
缅甸国情报告（2015）
著(编)者：李晨阳 2015年8月出版 / 估价:79.00元

皮书系列 2014全品种　国别与地区类

欧洲蓝皮书
欧洲发展报告（2015）
著(编)者:周弘　　2015年6月出版 / 估价:89.00元

葡语国家蓝皮书
葡语国家发展报告（2015）
著(编)者:对外经济贸易大学区域国别研究所　葡语国家研究中心
2015年3月出版 / 估价:89.00元

葡语国家蓝皮书
中国与葡语国家关系发展报告·巴西（2014）
著(编)者:澳门科技大学　2015年1月出版 / 估价:89.00元

日本经济蓝皮书
日本经济与中日经贸关系研究报告（2015）
著(编)者:王洛林 张季风　2015年5月出版 / 估价:79.00元

日本蓝皮书
日本研究报告（2015）
著(编)者:李薇　　2015年3月出版 / 估价:69.00元

上海合作组织黄皮书
上海合作组织发展报告（2015）
著(编)者:李进峰 吴宏伟 李伟
2015年9月出版 / 估价:89.00元

世界创新竞争力黄皮书
世界创新竞争力发展报告（2015）
著(编)者:李闽榕 李建平　赵新力
2015年1月出版 / 估价:148.00元

土耳其蓝皮书
土耳其发展报告（2015）
著(编)者:郭长刚 刘义　　2015年7月出版 / 估价:89.00元

亚太蓝皮书
亚太地区发展报告（2015）
著(编)者:李向阳　　2015年1月出版 / 估价:59.00元

印度蓝皮书
印度国情报告（2015）
著(编)者:吕昭义　　2015年5月出版 / 估价:89.00元

印度洋地区蓝皮书
印度洋地区发展报告（2015）
著(编)者:汪戎　　2015年3月出版 / 估价:79.00元

中东黄皮书
中东发展报告（2015）
著(编)者:杨光　　2015年11月出版 / 估价:89.00元

中欧关系蓝皮书
中欧关系研究报告（2015）
著(编)者:周弘　　2015年12月出版 / 估价:98.00元

中亚黄皮书
中亚国家发展报告（2015）
著(编)者:孙力 吴宏伟　　2015年9月出版 / 估价:89.00元

中国皮书网
www.pishu.cn

发布皮书研创资讯，传播皮书精彩内容
引领皮书出版潮流，打造皮书服务平台

栏目设置：

- □ 资讯：皮书动态、皮书观点、皮书数据、皮书报道、皮书发布、电子期刊
- □ 标准：皮书评价、皮书研究、皮书规范
- □ 服务：最新皮书、皮书书目、重点推荐、在线购书
- □ 链接：皮书数据库、皮书博客、皮书微博、在线书城
- □ 搜索：资讯、图书、研究动态、皮书专家、研创团队

中国皮书网依托皮书系列"权威、前沿、原创"的优质内容资源，通过文字、图片、音频、视频等多种元素，在皮书研创者、使用者之间搭建了一个成果展示、资源共享的互动平台。

自2005年12月正式上线以来，中国皮书网的IP访问量、PV浏览量与日俱增，受到海内外研究者、公务人员、商务人士以及专业读者的广泛关注。

2008年、2011年，中国皮书网均在全国新闻出版业网站荣誉评选中获得"最具商业价值网站"称号；2012年，获得"出版业网站百强"称号。

2014年，中国皮书网与皮书数据库实现资源共享，端口合一，将提供更丰富的内容，更全面的服务。

权威报告　热点资讯　海量资源

当代中国与世界发展的高端智库平台

皮书数据库 www.pishu.com.cn

皮书数据库是专业的人文社会科学综合学术资源总库,以大型连续性图书——皮书系列为基础,整合国内外相关资讯构建而成。包含七大子库,涵盖两百多个主题,囊括了近十几年间中国与世界经济社会发展报告,覆盖经济、社会、政治、文化、教育、国际问题等多个领域。

皮书数据库以篇章为基本单位,方便用户对皮书内容的阅读需求。用户可进行全文检索,也可对文献题目、内容提要、作者名称、作者单位、关键字等基本信息进行检索,还可对检索到的篇章再做二次筛选,进行在线阅读或下载阅读。智能多维度导航,可使用户根据自己熟知的分类标准进行分类导航筛选,使查找和检索更高效、便捷。

权威的研究报告,独特的调研数据,前沿的热点资讯,皮书数据库已发展成为国内最具影响力的关于中国与世界现实问题研究的成果库和资讯库。

皮书俱乐部会员服务指南

1. 谁能成为皮书俱乐部成员?
- 皮书作者自动成为俱乐部会员
- 购买了皮书产品(纸质书/电子书)的个人用户

2. 会员可以享受的增值服务
- 免费获赠皮书数据库100元充值卡
- 加入皮书俱乐部,免费获赠该纸质图书的电子书
- 免费定期获赠皮书电子期刊
- 优先参与各类皮书学术活动
- 优先享受皮书产品的最新优惠

3. 如何享受增值服务?

(1) 免费获赠100元皮书数据库体验卡

第1步 刮开皮书附赠充值的涂层(右下);
第2步 登录皮书数据库网站(www.pishu.com.cn),注册账号;
第3步 登录并进入"会员中心"—"在线充值"—"充值卡充值",充值成功后即可使用。

(2) 加入皮书俱乐部,凭数据库体验卡获赠该书的电子书

第1步 登录社会科学文献出版社官网(www.ssap.com.cn),注册账号;
第2步 登录并进入"会员中心"—"皮书俱乐部",提交加入皮书俱乐部申请;
第3步 审核通过后,再次进入皮书俱乐部,填写页面所需图书、体验卡信息即可自动兑换相应电子书。

4. 声明

解释权归社会科学文献出版社所有

皮书俱乐部会员可享受社会科学文献出版社其他相关免费增值服务,有任何疑问,均可与我们联系。
图书销售热线:010-59367070/7028　图书服务QQ:800045692　图书服务邮箱:duzhe@ssap.cn
数据库服务热线:400-008-6695　数据库服务QQ:2475522410　数据库服务邮箱:database@ssap.cn
欢迎登录社会科学文献出版社官网(www.ssap.com.cn)和中国皮书网(www.pishu.cn)了解更多信息

皮书大事记

☆ 2014年8月，第十五次全国皮书年会（2014）在贵阳召开，第五届优秀皮书奖颁发，本届开始皮书及报告将同时评选。

☆ 2013年6月，依据《中国社会科学院皮书资助规定（试行）》公布2013年拟资助的40种皮书名单。

☆ 2012年12月，《中国社会科学院皮书资助规定（试行）》由中国社会科学院科研局正式颁布实施。

☆ 2011年，部分重点皮书纳入院创新工程。

☆ 2011年8月，2011年皮书年会在安徽合肥举行，这是皮书年会首次由中国社会科学院主办。

☆ 2011年2月，"2011年全国皮书研讨会"在北京京西宾馆举行。王伟光院长（时任常务副院长）出席并讲话。本次会议标志着皮书及皮书研创出版从一个具体出版单位的出版产品和出版活动上升为由中国社会科学院牵头的国家哲学社会科学智库产品和创新活动。

☆ 2010年9月，"2010年中国经济社会形势报告会暨第十一次全国皮书工作研讨会"在福建福州举行，高全立副院长参加会议并做学术报告。

☆ 2010年9月，皮书学术委员会成立，由我院李扬副院长领衔，并由在各个学科领域有一定的学术影响力、了解皮书编创出版并持续关注皮书品牌的专家学者组成。皮书学术委员会的成立为进一步提高皮书这一品牌的学术质量、为学术界构建一个更大的学术出版与学术推广平台提供了专家支持。

☆ 2009年8月，"2009年中国经济社会形势分析与预测暨第十次皮书工作研讨会"在辽宁丹东举行。李扬副院长参加本次会议，本次会议颁发了首届优秀皮书奖，我院多部皮书获奖。

皮书数据库
www.pishu.com.cn

皮书数据库三期

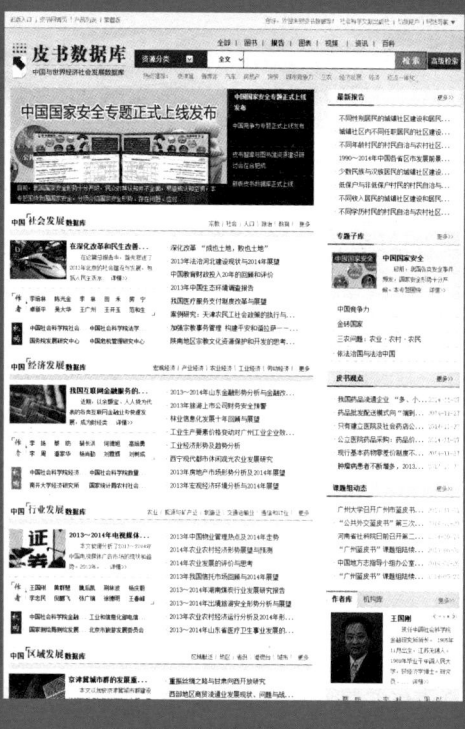

- 皮书数据库（SSDB）是社会科学文献出版社整合现有皮书资源开发的在线数字产品，全面收录"皮书系列"的内容资源，并以此为基础整合大量相关资讯构建而成。

- 皮书数据库现有中国经济发展数据库、中国社会发展数据库、世界经济与国际政治数据库等子库，覆盖经济、社会、文化等多个行业、领域，现有报告30000多篇，总字数超过5亿字，并以每年4000多篇的速度不断更新累积。

- 新版皮书数据库主要围绕存量+增量资源整合、资源编辑标引体系建设、产品架构设置优化、技术平台功能研发等方面开展工作，并将中国皮书网与皮书数据库合二为一联体建设，旨在以"皮书研创出版、信息发布与知识服务平台"为基本功能定位，打造一个全新的皮书品牌综合门户平台，为您提供更优质更到位的服务。

更多信息请登录

中国皮书网
http://www.pishu.cn

皮书微博
http://weibo.com/pishu

皮书博客
http://blog.sina.com.cn/pishu

皮书微信
皮书说

请到各地书店皮书专架／专柜购买，也可办理邮购

咨询／邮购电话：010-59367028　59367070　　　　邮　　箱：duzhe@ssap.cn
邮购地址：北京市西城区北三环中路甲29号院3号楼华龙大厦13层读者服务中心
邮　　编：100029
银行户名：社会科学文献出版社
开户银行：中国工商银行北京北太平庄支行
账　　号：0200010019200365434
网上书店：010-59367070　　qq：1265056568
网　　址：www.ssap.com.cn　　　　www.pishu.com